종교 아랍어 학습을 위한
실용 기독교 아랍어 핸드북

A Christian Arabic Handbook

아랍어 기도, 아랍어 찬양, 예배 인도 표현,
성경 이야기, 성경 강독, 성경 암송 등을 통한 아랍어 학습

이병학 지음

http://www.moonyelim.com

실용 기독교 아랍어 핸드북

초판 2쇄 인쇄 2018년 4월 18일
초판 2쇄 발행 2018년 4월 25일

지은이 이병학
발행인 서덕일
펴낸곳 문예림

주소 경기도 파주시 회동길 366 (10881)
전화 (02)499-1281~2
팩스 (02)499-1283
E-mail info@moonyelim.com

출판등록 1962.7.12 (제406-1962-1호)
ISBN 978-89-7482-830-1 (13790)

잘못된 책은 구입하신 서점에서 교환하여 드립니다.
본 책은 저작권법에 의해 보호를 받는 저작물이므로 무단 전제와 복제를 금합니다.

A Christian Arabic Handbook

By
Byoung Hak Lee

서문

2006년도에 조사된 미국 국무부 외국어 평가서 가운데 자국 외교관들이 가장 배우기 어려운 언어를 선정한 적이 있다. 그 평가서에서 미국 외교관들이 가장 배우기 어려운 초고난이도 언어로 중국어, 일본어, 한국어 그리고 아랍어를 선정했다. 이 평가서에 의하면 극동 아시아 세 나라의 언어와 중동의 아랍어가 미국 사람들에게 가장 어려운 언어인 셈이다. 그렇다면 우리나라 사람들에게 가장 어려운 언어는 무엇일까? 필자는 우리나라 사람들에게 가장 힘든 언어는 아랍어라고 생각한다. 미국 사람들에게 가장 힘든 언어인 중국어, 일본어는 한국인에게 어느 정도 낯익은 언어이다. 같은 한자 문화권이라 사용하는 단어들과 그 발음이 비슷한 것이 꽤 많다. 그래서 그런지 요즘 중국어와 일본어를 잘 구사하는 한국인이 아주 많다. 하지만 아랍어는 문화권도 다르고 어문 체계도 완전히 다르다. 발음하기도 힘들고 문법도 생소하다. 그래서인지 아랍어는 아직도 한국인이 제대로 정복하지 못하고 어렵게만 느끼는 '저 산지'이다.

아랍 국가들에서 살고 있는 사역자들에게 아랍어는 가장 기본적인 도구이다. 그들에게 다가가 그들과 깊이 있는 대화를 하기 위해 그들이 사용하는 마음의 언어를 배워야 한다. 때문에 각 나라의 구어체 아랍어를 배워야 하고 나중에는 문어체 아랍어를 배워야 한다. 뿐만 아니라 그들과 복음으로 교제하기 위해, 그들이 깊이 있는 예배에 들어가는 것을 돕기 위해 그들의 기독교적인 용어와 표현들도 배워야 한다.

종교생활은 인간의 가장 깊고 숭고한 내면의 언어가 표현되는 현장이다. 어느 문화권을 가든지 사람들은 그 종교의식에서 자신의 신념과 가치관이 깃들어 있는 정제된 표현들을 사용한다. 아랍인들도 마찬가지이다. 이러한 표현들은 대부분 난이도가 있고 생활회화로 사용되는 것과는 구분되는 것이기에 배우기가 쉽지 않다. 하지만 만일 이러한 용어와 표현들이 보기 좋고 이해하기 쉽게 주제별로 잘 정리되어 있다면, 그리고 문법적인 내용들까지 설명되어 있다면 얼마나 효과적으로 공부할 수 있을까? 이 책은 아랍권 사역자들의 이런 필요를 충족시키기 위해서 기록되었다.

이집트는 아랍권 기독교 문화의 중심지이다. 인구의 10%인 900만명이 기독교인이다. (많게는 13%까지 보기도 한다.) 중동과 북아프리카의 아랍 국가들 가운데 이만한 기독교 인구를 가진 나라가 없다. 이집트는 2천년 기독교의 역사를 가진 콥틱 교회가 있고, 200년 가까운 역사를 가진 개신 교회가 있다. 비록 이슬람이 이집트의 국교이고, 인구의 다수가 무슬림이며, 소수의 기독교인은 다수의 힘에 억눌려 있는 것이 사실이지만, 다른 한편으론 기독교 문화가 사회 속에 뿌리내리고 있는 것이 사실이다.

뿐만 아니라 이집트의 기독교 문화는 주위 아랍 나라의 기독교인들에게 파급력이 크다. 이집트에서 불리어지는 찬양들 대부분이 주위의 아랍권 교회들에서 그대로 사용되고 있고, 이집트에서 제작되는 성경과 신앙서적들은 다른 아랍 나라로 그대로 배포되고 있다. 아랍권 기독교 사역의 폭을 획기적으로 넓히고 있는 인터넷과 위성방송 사역도 많은 부분에서 이집트 사람들이 주도하고 있다. 중동의 어디를 가나 기독교 사역을 리더하고 있는 사람들은 이집트 디아스포라 성도들이다. 이와 같은 이집트의 문화적 기반과 파급력은 다른 아랍 나라들을 위해 이집트가 얼마나 중요한 복음적 역할을 하고 있는지를 생각하게 한다. 앞으로도 중동의 복음 사역과 기독교 문화 센터로서의 이집트의 역할은 계속되어 질 것이고, 더욱 강화될 것이다.

필자는 이집트 기독교인들이 교회에서 사용하는 용어들에 주목하게 되었다. 이 땅의 무슬림이 사용하는 종교적인 용어가 다르듯이 이 땅의 기독교인들도 여러 가지 독특하고 다양한 용어와 표현들을 사용하고 있었다. 그것들 가운데는 아랍어 성경에서 유래한 것도 있었고, 이들의 관습에서 유래된 것들도 있으며, 이들의 신학적인 내용을 설명하는 용어도 있었다. 그 가운데에는 일반 사전에서 의미를 찾기 힘든 것들도 제법 많았다. 이런 것들을 따로 정리한 책이 있으면 쉽게 공부하고 쉽게 그들에게 다가갈 수 있을 텐데 아쉽게도 그런 것을 발견할 수 없었다. 없다고 포기할 수는 없었다. 나의 교회생활과 사역을 위해 필요한 것들이기에 한 단어, 한 문장 습득하며 필기해 나갔다. 오늘 이 책은 그런 노력의 결과들이다. 특히 이 책은 필자가 2003년도에 영어로 집필한 "Study Arabic through Bible Stories"의 내용과 맥락을 같이한다. 그 내용을 한글로 번역할 뿐만 아니라 많은 부분에서 대폭 증보한 것이다.

지극히 부족한 사람을 이집트로 부르시고, 어려운 아랍어를 조금씩 공부하게 하시고, 이렇게 아랍권 사역자들을 위한 자료를 내게 하신 우리 주님께 감사를 드린다. 또한 이 책이 있기 까지 여러 부분에서 함께 수고해 주신 분들께 감사한다. 지난 시간 필자의 언어공부를 조력해 준 수많은 친구들과 선생님들의 도움이 여기에 들어있다. 일일이 열거를 할 수는 없지만 그분들의 사랑에 진심어린 감사를 드린다. 이 책의 문법 교정 작업을 도와 준 Ashraf 선생님, 책의 여러 부분에서 필자의 아이디어를 글로 옮겨준 Peter Wisa, 그리고 문어체 아랍어 녹음을 담당한 David Victor, 구어체 아랍어 녹음을 담당한 Heba Menasah, 녹음 작업의 기술적인 부분을 도와 준 Jack Samuel, 표지 디자인 작업을 해 준 Emad Fuaad에게도 감사드린다. 특별히 한글 번역 등에 대해 꼼꼼하게 교정을 해 주신 동역자 임현수 선생님께 심심한 감사를 드린다. 뿐만 아니라 이 책의 제2판 출판을 허락해 주신 문예림의 서덕일 사장님께 감사를 드린다. 마지막으로 매일 작업실을 벗삼아 일과 씨름하는 매력없는 사람에게 과분한 사랑과 지원을 보내주는 아내와 예쁜 세 딸들에게 감사 드린다.

필자는 '오래 엎드린 새는 멀리 난다'는 말을 좋아한다. 아랍어는 정말 오래 엎드려야 하는 언어이다. 필자도 아직 엎드리고 있다. 언젠가는 비상할 때를 기다리며 하루하루 최선을 다하고 있다. 멀리 내다보자. 10년 뒤, 20년 뒤에 자신이 어떤 모습으로 사역할지를 바라보자. 섬기는 아랍 사람들과 더 자연스럽게 대화하며 그들을 더 효과적으로 섬길 수 있는 날을 그리자. 그리고 그 날을 위해 오늘 하루하루 진득하게 엎드리는 우리가 되자.

2014년 11월   저자(egyptlee7@gmail.com)

실용 기독교 아랍어 핸드북

이 책의 특징

1. 아랍 기독교인들의 다양한 용어와 표현들 수록

아랍 교회에서 사용되고 있는 기도 용어, 예배 용어, 성경 용어들과 그 표현들을 기록하였다. 책이나 사전에만 기록된 잠자는 어휘들이 아니라 아랍 교회 현장에서 현지인들에 의해 사용되고 있는 살아있는 어휘와 표현들을 수록하였다.

2. 아랍권 기독교 사역자의 교회 사역에 꼭 필요한 여러가지 내용들 수록

아랍어 주기도문으로 부터, 아랍어 찬양, 아랍어 기도, 성경 암송, 성경 강독 등에 이르기까지 아랍권 기독교 사역자들이 교회 생활에 필요한 많은 내용들이 수록되어 있다.

3. 문어체 표준 아랍어로 기록

이집트는 아랍 국가들 가운데 기독교 문화의 중심지이다. 아랍 국가들 가운데 가장 큰 교회가 있는 곳이 이집트이고, 가장 많은 기독교 인구를 가진 나라도 이집트이다. 또한 기독교 서적, 찬양, 위성방송, 인터넷 활동 등에서 아랍 나라들의 중심지이다. 따라서 이집트에서 사용되는 기독교적 용어와 표현들 대부분이 다른 아랍 국가들에 그대로 통용된다. 필자는 이 용어와 표현들을 문어체 표준 아랍어로 기록하였다. 따라서 다른 아랍권 나라들에 나가 있는 사역자들이 그대로 사용할 수 있다.

4. 각 나라의 구어체에 대한 고려

문어체 아랍어로는 동일한 용어와 표현이라도 그 액센트와 발음은 나라마다 조금씩 차이가 있다. 이 책에서 필자는 문어체 아랍어 중심으로 기록하면서도 이집트 구어체에서 다르게 표현되는 것은 별도로 (ع) 로 표기하고 그 내용을 기록하였다. 이집트 외의 다른 아랍 나라에서 사역하는 사역자의 경우 이와같은 방식으로 문어체 용어와 표현들을 그 나라의 구어체로 바꾸어서 익힐 필요가 있을 것이다. 언어는 각자의 모국어인 구어체로 전달될 때 가장 효과적으로 전달되기 때문이다.

5. 모음부호를 충실히 표기

모든 본문에 모음 부호를 표기하여 학습자의 읽기와 독해 그리고 문법적인 내용에 대한 학습이 가능하도록 했다. 필자는 아랍어 공부의 첩경 중 한 가지가 모음부호라고 생각한다. 모음부호를 통해 아랍어를 정확하게 읽을 수 있고, 모음부호를 통해 다양한 아랍어의 문법적인 내용을 파악하기 때문이다. 따라서 독자들은 아랍어 자음의 음가와 함께 모음부호를 익혀서 본문을 정확하게 읽고, 문법적인 내용들까지 파악할 수 있도록 노력하기 바란다.

6. 각주를 충실히 표기

이 책이 아랍어 학습자에게 제공하는 가장 큰 혜택은 각 페이지 하단부에 기록된 각주일 것이다. 각주에는 새로운 단어와 어려운 단어의 의미, 그리고 그 문법적인 기능이 설명되어 있다. 독자들은 각주 표기에 대한 일러두기를 읽고 각주를 활용해 주기 바란다.

7. 아랍 원어민에 의한 질 좋은 MP3 녹음

아랍 원어민이 직접 책 전체를 녹음하여 MP3 파일로 저장하였다. 문어체는 문어체 대로 구어체는 구어체 대로 각각 녹음을 하였다. 따라서 이집트 이외의 다른 아랍권 나라로 나아가는 사역자들은 문어체 녹음을 들으며 공부하기 바란다.

REFERENCES

Study Arabic through Bible Stories, Byoung Hak Lee
Revival 350 (아랍 찬양집), Byoung Hak Lee

현대 아한 사전, 이종택, 중동글방
이집트 구어체 아랍어 사전, 이병학. 여종연, 문예림
종합 아랍어 (이두선, 이규철)
A Dictionary of Modern Written Arabic (Hans Wehr), Librairie du Liban
A Dictionary of Egyptian Arabic, Martin Hinds, El-Said Badawi

실용 기독교 아랍어 앤드북

목차

서문	4
이 책의 특징	6
References	7
목차	8
일러두기	13
아랍어 알파벳의 명칭과 표기형태	15

제 1부 주기도문 익히기
주기도문 전문	19
주기도문 각주 해설	20
찬양을 통해 주기도문 익히기	22

제 2부 아랍 찬양 배우기
① 당신은 위대하십니다.	25
② 우리는 당신을 모든 이들 위에 높이 듭니다	26
③ 주 예수님 당신을 사랑합니다	27
④ 당신은 영광의 왕이십니다	28
⑤ 당신께 모든 영광을 드립니다	29
⑥ 당신 같은 분은 없습니다	30
⑦ 내 손을 주께 높이 듭니다	31
⑧ 당신의 평화는 모든 이해를 초월합니다	32

제 3부 쉬운 성경 이야기
1. 성경
1-1 성경은 우리에게 하나님에 대해 가르칩니다	35
1-2 우리는 하나님에 대해 배우기 위해 성경을 읽습니다	35
1-3 성경을 읽는 것은 중요합니다	36
1-4 성경은 하나님으로 부터 계시되었습니다	36

2. 하나님의 놀라운 행위들
2-1 하나님이 세상을 창조하셨습니다	37
2-2 하나님이 식물과 동물들을 창조하셨습니다	37
2-3 하나님이 천사들을 창조하셨습니다	38
2-4 하나님이 최초의 남자와 최초의 여자를 창조하셨습니다	38
2-5 하나님이 세상을 보살피십니다	39

3. 하나님은 누구십니까?
3-1 하나님은 존재하시고 항상 존재하십니다	40
3-2 하나님은 영이십니다	40
3-3 하나님은 사랑하는 분이십니다	41
3-4 하나님은 거룩하십니다	41
3-5 하나님은 자비로운 분이십니다	42
3-6 하나님은 모든 것을 아시는 분이십니다	42
3-7 하나님은 어디든지 계십니다	43
3-8 하나님은 강하시며, 아무도 그분보다 더 강하지 않습니다	43
3-9 하나님은 한 분이십니다	44
3-10 한 분이신 하나님은 성부와 성자와 성령이십니다	44

4. 죄의 문제
4-1 에덴동산	45
4-2 하나님은 아담과 하와를 경고하셨습니다	45
4-3 사탄은 아담과 하와를 시험합니다	46
4-4 아담과 하와는 하나님께 불순종했습니다	46
4-5 하나님은 아담과 하와에게 벌을 내렸습니다	47
4-6 죄는 우리 모두의 마음속에 있습니다	48

5. 우리를 죄로 부터 구원하시기 위해 주 예수 그리스도께서 오셨습니다
5-1 예수님은 하나님의 아들이십니다	49

5-2 주 예수 그리스도는 영원히 살아계십니다	49
5-3 주 예수님은 하늘을 버리셨습니다	50
5-4 아기 예수님의 탄생	50
5-5 천사가 동정녀 마리아에게 나타납니다	51
5-6 예수님의 탄생	51
5-7 천사가 목자들에게 이야기합니다	52
5-8 천사들이 하나님을 찬양합니다	52
5-9 목자들이 그리스도께 경배합니다	52
5-10 지혜자들(박사들)이 예수님을 방문합니다	53
5-11 소년 예수님이 어른들을 가르칩니다	53
5-12 예수님은 12 제자들을 선택하십니다	53
5-13 예수님은 남자 소경을 고치십니다	54
5-14 예수님은 한 소녀를 죽음에서 일으켜 세웁니다	54
5-15 예수님은 기적들을 행하십니다	54
5-16 왕을 환영함	55
5-17 예수님을 증오하는 다른 사람들이 있었습니다	55
5-18 빌라도가 예수님을 십자가에 못박게 허락합니다	56
5-19 예수님은 십자가 위에서 죽으십니다	56
5-20 예수님은 우리들의 죄 때문에 죽으십니다	57
5-21 예수님의 제자들은 슬픕니다	57
5-22 예수님의 장사	58
5-23 천사가 마리아에게 나타났습니다	58
5-24 예수님의 제자들은 그를 찾습니다	59
5-25 예수님은 살아계십니다	59
5-26 예수님은 그의 제자들에게 나타나십니다	60
5-27 예수님은 하늘로 올라가십니다	60
5-28 예수님은 다시 한 번 오십니다	61
5-29 예수님은 우리를 위해 기도하십니다	61
5-30 예수님은 당신을 사랑하십니다	62
6. 예수님은 당신을 죄로부터 구원하시길 원하십니다	
6-1 우리 모두는 죄인입니다	63
6-2 예수님은 당신을 구원하시길 원하십니다	63
6-3 예수님은 우리를 죄로부터 구원하십니다	64
6-4 당신은 하나님 가족의 일원입니까?	64
6-5 우리는 하늘에서 예수님과 함께 살 수 있습니다	65
6-6 감사합니다 예수님!	65
7. 성령이 우리를 강하게 하십니다	
7-1 성령은 하나님 그 자신입니다	66
7-2 성령은 우리를 도우십니다	66
7-3 성령은 신자들의 삶이 예수님으로 가득차도록 합니다	67
7-4 성령은 예수님의 제자들이 사람들을 가르칠 때 그들을 돕습니다	67
7-5 예수님의 제자들은 기적들을 행합니다	68
7-6 예수님의 제자들과 믿는 자들은 다른 사람에게 복음을 전합니다	68
8. 왜 교회에 가야합니까?	
8-1 어떻게 교회가 시작되었나요?	69
8-2 교회가 무엇인가요?	69
8-3 우리는 하나님에 대해 배우기 위해 교회에 갑니다	70
8-4 우리는 교회에 가서 세례를 받습니다	70
8-5 우리는 성찬식에 참여하기 위해 교회에 갑니다	71
9. 주 예수를 믿는 삶	
9-1 주 예수님을 믿는 사람들은 친절합니다	72
9-2 주 예수님을 믿는 사람들은 기도합니다	72
9-3 예수님을 믿는 사람들은 다른 사람들에게 그에 대해서 이야기합니다	73
9-4 주 예수님을 믿는 사람들은 항상 감사합니다	73
10. 예수님이 다시 오실 때에	
10-1 주 예수님은 다시 오십니다	74
10-2 하나님은 악한 사람들을 벌하실 것입니다	74
10-3 하나님은 평화를 줍니다	75

실용 기독교 아랍어 핸드북

    10-4 하나님은 당신과 함께 하십니다   75
11. 십계명(쉽게 요약한 십계명)   76

제 4부 아랍어 기도 배우기
1. 기도의 대상에 대한 호칭   83
2. 감사를 표현할 때   85
    2-1 '…로 인해 제가 당신께 감사합니다'   85
    2-2 '…로 인해 제가 당신께 감사합니다.'(형용사가 사용된 꼴)   87
    2-3 '당신이 … 함으로 인해 제가 당신께 감사합니다.'(لأنَّ뒤에 문장이 오는 꼴)   88
3. 감탄문 표현   91
    3-1 기본 형태   91
    3-2 형용사의 비교급 뒤에 명사가 사용된 형태   91
    3-3 형용사의 비교급 뒤에 문장이 오는 경우   92
    3-4 관계대명사가 사용된 형태   93
    3-5 다른 형태의 감탄문   93
4. 송영의 표현들   95
    4-1 '동명사 + لله ' 형태   95
    4-2 قَدَّمَ/يُقَدِّمُ 동사를 사용하여   95
    4-3 مُسْتَحِقّ 를 사용한 형태   97
    4-4 송영을 표현하는 여러 동사들   99
5. 회개의 표현들   101
    5-1 기본형태   101
    5-2 قَدَّمَ/يُقَدِّمُ 를 사용한 형태   103
6. 우리의 믿음을 선포하는 표현   105
    6-1 أُعْلِن إِيمَانِي '…에 대한 저의 믿음을 선포합니다' 를 사용한 표현   105
    6-2 إِيمَانَنَا أَنَّ '우리는 …을 믿습니다' 를 사용한 표현   106
7. 요청의 기도   108
    7-1 "…를 위해 기도합니다" 라고 기도할 때 – صَلَّى/يُصَلِّي 를 사용한 형태   108
    7-2 "…를 기억해 주소서" 라고 기도할 때 – ذَكَرَ/يَذْكُرُ 를 사용한 형태   112
    7-3 "…를 축복하소서" 라고 기도할 때 – بَارَكَ/يُبَارِكُ 를 사용한 형태   114
    7-4 "…를 방문해 주소서" 라고 기도할 때 – اِفْتَقِدْ/يَفْتَقِدُ 를 사용한 형태   115
    7-5 "…를 요청합니다" 라고 기도할 때 – طَلَبَ/يَطْلُبُ 를 사용한 형태   117
    7-6 "…를 간구합니다" 라고 기도할 때 – سَأَلَ/يَسْأَلُ 를 사용한 형태   120
    7-7 "…이 필요합니다" 라고 기도할 때 – اِحْتَاجَ/يَحْتَاجُ 를 사용한 형태   123
    7-8 사역동사(…하게 하소서)를 사용한 요청의 기도 – جَعَلَ/يَجْعَلُ 를 사용한 형태   125
    7-9 "…을 가르치소서" 라고 기도할 때 – عَلَّمَ/يُعَلِّمُ 를 사용한 형태   128
    7-10 동사의 명령형을 사용한 요청의 기도 – 주요 동사 명령형   130
    7-11 كَانَ/يَكُونُ 를 사용한 형태   133
8. 기도를 끝낼 때 사용하는 표현   133

제 5부 주제별 기도 모음
1. 감사의 기도   137
2. 찬미의 기도   138
3. 찬양하기 전의 기도   139
4. 회개의 기도   140
5. 위탁과 순종의 기도   141
6. 말씀듣기 전의 기도   142
7. 목회의 기도   143
8. 개인적인 요청의 기도   144
9. 헌금 기도   145
10. 성찬식 기도   146
11. 다른 형제의 삶을 위한 기도   147
12. 방문시의 기도   148

13. 식사 기도   149
14. 환자를 위한 기도   150
15. 결혼한 가정을 위한 기도   151
16. 장례시 위로의 기도   152

제 6부 예배 인도 표현 배우기
1. 예배를 시작하며   155
2. 찬양을 인도할 때   157
3. 묵상기도를 요청할 때   158
4. 대표기도를 요청할 때   159
5. 그룹기도를 요청할 때   160
6. 자리에 앉길 권유할 때   160
7. 성경을 읽을 때   161
8. 설교자를 소개할 때   162
9. 다른 사람을 소개할 때 사용하는 수식어   163
10. 설교가 끝난 뒤 기도를 부탁할 때   164
11. 성찬식을 진행할 때   164
12. 헌금을 할 때   165
13. 모임을 마칠 때   166

제 7부 성경 암송
1. 하나님의 사랑(요3:16)   169
2. 하나님의 자녀(요1:12)   169
3. 가장 큰 계명(마22:37-40)   170
4. 축복기도(고후13:13, 벧전5:10-11, 유:24-25, 민6:24-26)   171

네비게이토 그리스도의 확신 시리즈
1. 구원의 확신(요일5:11-12)   173
2. 기도응답의 확신(요16:24)   173
3. 사죄의 확신(요일1:9)   173
4. 승리의 확신(고전10:13)   174
5. 인도의 확신(잠3:5-6)   174

네비게이토 60구절 성구 암송
A 새로운 삶   175
  1. 중심되신 그리스도(고후5:17, 갈2:20)
  2. 그리스도께 순종(롬12:1, 요14:21)
  3. 말씀(딤후3:16, 수1:8)
  4. 기도(요15:7, 빌4:6-7)
  5. 교제(마18:20, 히10:24-25)
  6. 증거(마4:19, 롬1:16)
B 그리스도를 전파함   178
  1. 모든 사람이 죄를 범함(롬3:23, 사53:6)
  2. 죄의 형벌(롬6:23, 히9:27)
  3. 그리스도가 형벌을 받음(롬5:8, 벧전3:18)
  4. 선행으로 구원받지 못함(엡2:8-9, 딛3:5)
  5. 그리스도를 모셔야 함(요1:12, 계3:20)
  6. 구원의 확신(요일5:13, 요5:24)
C 하나님을 의뢰함   180
  1. 성령(고전3:16, 고전2:12)
  2. 능력(사41:10, 빌4:13)
  3. 성실(애3:22-23, 민23:19)
  4. 평안(사26:3, 벧전5:7)
  5. 공급(롬8:32, 빌4:19)
  6. 유혹에서 도우심(히2:18, 시119:9,11)
D 그리스도 제자의 자격   183
  1. 그리스도를 첫 자리에 모심(마6:33, 눅9:23)

실용 기독교 아랍어 핸드북

　2. 죄에서 떠남(요일2:15-16, 롬12:2)
　3. 견고함(고전15:58, 히12:3)
　4. 다른 사람을 섬김(막10:45, 고후4:5)
　5. 후히 드릴 것(잠3:9-10, 고후9:6-7)
　6. 세계 비전(행1:8, 마28:19-20)
E 그리스도를 닮아감 186
　1. 사랑(요13:34-35, 요일3:18)
　2. 겸손(빌2:3-4, 벧전5:5-6)
　3. 순결(엡5:3, 벧전2:11)
　4. 정직(레19:11, 행24:16)
　5. 믿음(히11:6, 롬4:20-21)
　6. 선행(갈6:9-10, 마5:16)

제 8부 성경 강독
　1. 요한복음 1장 191
　2. 요한복음 2장 196
　3. 요한복음 3장 198
　4. 시편 1편 201
　5. 시편 23편 202
　6. 시편 121편 203
　7. 누가복음 15장 204
　8. 마태복음 5장 207
　9. 마태복음 6장 211
　10. 마태복음 7장 214

제 9부 신앙고백
　1. 사도신경　إقرار الإيمان 219
　2. 믿음의 법(니케아 - 콘스탄티노플 신조) قانون الإيمان 221

제 10부 주제별 용어 사전
　1. 예배의 요소들 225
　2. 교회내의 사람들 227
　3. 콥틱, 카톨릭 교회의 사람들 230
　4. 성경의 인물 및 직위 230
　5. 교회의 활동들 232
　6. 교회의 장소와 기구들 234
　7. 교회의 모임들 235
　8. 수련회 종류 236
　9. 사역의 종류 237
　10. 교단 및 이단의 종류 238
　11. 성경 목차 239
　12. 성경에 대한 여러가지 명칭 241
　13. 교회의 절기 242
　14. 성경의 절기 242
　15. 성막의 기구들 242
　16. 제사의 종류 243
　17. 열두 지파 이름 243
　18. 열 재앙 이름 243
　19. 가나안 7족속 243
　20. 열두 제자 이름 244
　21. 소아시아 일곱 교회 244
　22. 성경의 도량형 244
　23. 신학 과목 이름 245
　24. 성경의 주요 인물들 - 시대순 - 246
　25. 성경의 주요 지명들 - 한글 알파벳 순 - 248

부록 - 동사 변화표 Hollow verbs
250

12

일러두기

이 책은 아랍어를 처음 공부하는 사람에게는 어려운 내용이 될수 있다. 따라서 아랍어 초보자의 경우 아랍어 알파벳과 모음부호, 그리고 읽기와 쓰기, 기본적인 문법을 먼저 공부한 뒤에 이 책을 보는 것이 바람직하다.

각주 표기에 대해
이 책의 가장 큰 특징은 수 많은 단어에 각주를 달아 그 단어의 의미와 함께 문법적인 설명을 첨가한 것이다. 기본적으로 각주에는 새로운 단어나 어려운 단어에 대한 의미 정보와 문법적인 정보가 기록되어 있다.

1. 명사나 형용사의 표기
복수가 불규칙으로 변하는 명사의 경우 학습자는 그 변화형을 반드시 기억하고 넘어가야 한다. 이 책의 각주에서는 단어의 의미와 함께 단수와 복수를 모두 표기하였다.

죄, 죄악　ذَنْب/ذُنُوب　의 경우 (주기도문 각주 해설, 20 페이지)

ذَنْب / ذُنُوب
명사의 복수 ذُنُوب / 명사의 단수 ذَنْب

2. 동사의 표기
동사의 경우 동사의 직설법 3인칭 남성 단수의 완료형(과거)과 미완료형(현재)을 순서대로 기록하였고, 그 다음으로 동사의 동명사 꼴을 기록하였다. 또한 본문에 나오는 단어가 현재 분사나 과거 분사 꼴인 경우 동사의 원형 뿐만 아니라 현재 분사나 과거 분사 꼴 까지 기록하였다. 또한 각각의 동사가 어떤 형태의 목적어를 취하는지에 대해서도 기록하려고 노력하였다. 동사를 암기할 때 단어의 의미 뿐만 아니라 그 변화형까지 익히는 것이 어휘를 늘려가는데 결정적인 역할을 한다. 아래의 예를 확인하기 바란다.

① 오다(to come)　أَتَى / يَأْتِي　의 경우 (주기도문 각주 해설, 20 페이지)

أَتَى / يَأْتِي
3인칭 남성 단수 미완료형 يَأْتِي / 3인칭 남성 단수 완료형 أَتَى

② 자유롭게 하다　حَرَّرَ/يُحَرِّرُ ه أو هـ - تَحْرِير　의 경우 (아랍어 찬양 배우기, 25 페이지)

حَرَّرَ/يُحَرِّرُ ه أو هـ - تَحْرِير
동사의 동명사 꼴 تَحْرِير - 3인칭 남성 단수 미완료형 يُحَرِّرُ / 3인칭 남성 단수 완료형 حَرَّرَ

여기에서 ه 와 ـه 표기는 동사가 어떤 목적어를 취하는지에 대한 정보이다. 즉 ه 는 사람을 목적어로 취한다는 말이고, ـه 는 사물을 목적어로 취한다는 말이다. 위의 동사에서는 ـه أو ه 이기에 사람과 사물 둘 다 목적어로 취할 수 있다는 말이다. أو 표기는 아랍어에서 '혹은(or)'의 의미이다.

③ ..에게 (죄, 잘못)을 용서하다 غَفَرَ/ يَغْفِرُ هـ ل ه - غُفْرَان 의 경우 (주기도문 각주 해설, 20 페이지)

غَفَرَ/ يَغْفِرُ هـ ل ه - غُفْرَان
غَفَرَ 동사의 동명사 꼴 غُفْرَان - 3인칭 남성 단수 미완료형 يَغْفِرُ / 3인칭 남성 단수 완료형
여기에서 ه 와 ـه 표기는 동사가 어떻게 목적어를 취하는지에 대한 정보이다.
이 동사는 목적어 뿐만 아니라 전치사 ل 을 취하는 것에 주목하라.
즉 사물 ـه 뒤에 전치사 ل 이 오고 그 뒤에 사람이 오는 순서이다.

④ ..을 만들다 صَنَعَ/ يَصْنَعُ هـ - صَنْع - صَانِع 의 경우 (아랍어 찬양 배우기, 30 페이지)

صَنَعَ/ يَصْنَعُ هـ - صَنْع - صَانِع
능동 분사 صَانِع - 동명사 صَنْع - 3인칭 남성 단수 미완료형 يَصْنَعُ / 3인칭 남성 단수 완료형 صَنَعَ
ـه 는 사물을 목적으로 취한다는 의미

⑤ ..을 언급하다 ذَكَرَ/ يَذْكُرُ هـ - ذِكْر - ذَاكِر - مَذْكُور 의 경우 (쉬운 성경 이야기, 38 페이지)

ذَكَرَ/ يَذْكُرُ هـ - ذِكْر - ذَاكِر - مَذْكُور
수동분사 مَذْكُور - 능동분사 ذَاكِر - 동명사 ذِكْر - 3인칭남성단수미완료형 يَذْكُرُ / 3인칭남성단수완료형 ذَكَرَ
ـه 는 사물을 목적으로 취한다는 의미

3. < > 표시를 한 경우

위의 표시는 문법사항에 대한 기록이다. 예를들어 <수동형>이라고 되어 있으면 기록된 동사가 수동형이란 의미이다. '<표>' 로 표기된 경우는 이 책 부록 부분에 있는 약변화 동사의 변화형태를 표기한 것이다. 예를들어 '<표 17>' 로 표기된 경우 부록 부분의 동사 변화표 '표17'로 가서 변화를 확인하라는 의미이다.

4. ( ) 표시를 한 경우

위의 표시 또한 문법사항을 기록한 것이다. 주로 문법사항을 아랍어로 표기할 때 이 기호를 사용하였다. 예를들어 20 페이지 각주에서 ( ) 를 보고 확인하기 바란다.

아랍어 알파벳의 명칭과 표기 형태

아랍어 문자는 한글이나 영어와 달리 오른쪽에서 왼쪽으로 쓰고 읽는다. 아랍어의 알파벳 숫자는 28개이며 이들은 주로 자음으로 사용된다. 이들 자음들을 나열하게 되면 의미를 가진 단어가 되는데 대개 이들 자음의 음절을 띄워쓰지 않고 이어서 기록한다. 때문에 기록된 아랍어 문장을 보면 단어들이 어디서 시작하고 어디서 끝나는지 분간하기 힘든 경우가 많다.

아랍어 문자를 읽기 위해서는 아래 도표에서 나오는 독립형, 어두형, 어중형 그리고 어말형의 꼴을 구분할 수 있어야 한다. 아랍어 알파벳이 따로 떨어져 독립적으로 사용될 때는 아래의 독립형을 사용한다. 알파벳이 단어의 첫 글자로 사용될 때는 아래의 어두형을 사용한다. 그리고 아랍어 알파벳이 단어의 중간에 사용될 때는 아래의 어중형 형태를, 단어의 끝에 사용될 때는 아래의 어말형 형태를 사용한다. 각각의 형태에서 차이점을 확인하고 알파벳을 익히기 바란다.

아랍어 알파벳 명칭과 표기형태

명칭	독립형	어두형	어중형	어말형	발음기호
ʕalif-hamzaʔ	أ	أ	ـأ	ـأ	ʔ
baaʔ	ب	بـ	ـبـ	ـب	b
taaʔ	ت	تـ	ـتـ	ـت	t
<u>th</u>æœʔ (ʔæœθ)	ث	ثـ	ـثـ	ـث	θ
jiim	ج	جـ	ـجـ	ـج	j
ɦaaʕ	ح	حـ	ـحـ	ـح	ɦ
<u>kh</u>aaʔ (ʔaaʕ)	خ	خـ	ـخـ	ـخ	x
daal	د	د	ـد	ـد	d
<u>dh</u>aal (ðaal)	ذ	ذ	ـذ	ـذ	ð
ʔaaʔ	ر	ر	ـر	ـر	r
ziin	ز	ز	ـز	ـز	z
siin	س	سـ	ـسـ	ـس	s

ʃiin	ش	ـش	ـشـ	شـ	ʃ
ṣaad	ص	ـص	ـصـ	صـ	ṣ
ḍaad	ض	ـض	ـضـ	ضـ	ḍ
ʔaaṭ	ط	ـط	ـطـ	طـ	t
ḏhaaʔ / ẓaaʔ	ظ	ـظ	ـظـ	ظـ	z
ʕayn	ع	ـع	ـعـ	عـ	ʕ
ɣayn	غ	ـغ	ـغـ	غـ	ɣ
ʔaaf	ف	ـف	ـفـ	فـ	f
qaaf	ق	ـق	ـقـ	قـ	q
kaaf	ك	ـك	ـكـ	كـ	k
laam	ل	ـل	ـلـ	لـ	l
miim	م	ـم	ـمـ	مـ	m
nuun	ن	ـن	ـنـ	نـ	n
ʔaah	ه	ـه	ـهـ	هـ	h
waaw	و	ـو	ـو	وـ	w
yaaʔ	ي	ـي	ـيـ	يـ	y

위의 표에서 독립형 표기를 먼저 익힌 이후 다른 형태를 익히기 바란다.

위의 알파벳에 대한 정확한 음가와 그 쓰는 법에 대해서는 필자가 저술한 신간 '종합 아랍어 문법' 1권에 자세하게 설명하고 있다.

제 1부 주기도문 익히기   الصَّلَاة الرَّبَّانية

아랍 기독교인들에게 주기도문은 가장 기본적인 기도입니다. 이들은 예배 중이나 예배를 마칠 때 거의 빠짐없이 이 기도를 합니다. 때문에 우리도 많이 읽고 익혀서 암송할 필요가 있습니다. 아래의 해설을 보면서 한 단어 한 단어 공부하십시오. 아랍어 문장을 올바로 이해하기 위해서는 문법적인 지식도 필요합니다. 따라서 여기에서 단어 풀이 뿐만 아니라 간단한 문법적인 도해를 기록하였습니다.

주기도문   الصَّلاة الرَّبَّانِيَّة

أَبَانَا الَّذِي فِي السَّمَاوَاتِ

لِيَتَقَدَّسِ اسْمُكَ

لِيَأْتِ مَلَكُوتُكَ

لِتَكُنْ مَشِيئَتُكَ

كَمَا فِي السَّمَاءِ كَذَلِكَ عَلَى الأَرْضِ

خُبْزَنَا كَفَافَنَا أَعْطِنَا الْيَوْمَ

وَاغْفِرْ لَنَا ذُنُوبَنَا

كَمَا نَغْفِرُ نَحْنُ أَيْضًا لِلْمُذْنِبِينَ إِلَيْنَا

وَلاَ تُدْخِلْنَا فِي تَجْرِبَةٍ

لَكِنْ نَجِّنَا مِنَ الشِّرِّيرِ

(بِالْمَسِيحِ يَسُوعَ رَبِّنَا)[1]

لأَنَّ لَكَ الْمُلْكَ وَالْقُوَّةَ وَالْمَجْدَ

إِلَى الأَبَدِ. آمِينَ

---

[1] 괄호 부분은 이집트의 콥틱 정교회에서 첨가하여 기도하는 부분입니다.

실용 기독교 아랍어 핸드북

주기도문 각주 해설

아바-날라지 핏싸마웨-트 하늘에 계신 우리의 아버지여	أَبَانَا[1] الَّذِي[2] فِي[3] السَّمَاوَاتِ[4]
리야타깟다씨 쓰무카 당신의 이름이 거룩히 여김을 받으시오며	لِيَتَقَدَّسِ[5] اسْمُكَ[6]
리에-티 말라쿠-투카 당신의 나라가 오게 되며	لِيَأْتِ[7] مَلَكُوتُكَ[8]
리타쿤 마쉬-아투카 당신의 뜻이 이루어지게 하소서	لِتَكُنْ[9] مَشِيئَتُكَ[10]
카마 핏 싸마-이 카델리카 알랄 아르디 하늘에서와 같이 땅에서도	كَمَا[11] فِي السَّمَاءِ[12] كَذَلِكَ[13] عَلَى[14] الْأَرْضِ[15]
콥자나 카파-파나 아으띠날 야움 오늘 우리에게 먹고 살아갈 빵을 주시며	خُبْزَنَا[16] كَفَافَنَا[17] أَعْطِنَا[18] الْيَوْمَ[19]
와피르 라나 두누-바나 우리의 죄들을 사하여 주시며	وَاغْفِرْ[20] لَنَا ذُنُوبَنَا[21]

[1] (أَبَا + نَا) <1인칭 복수 소유격 대명사> أَبُو <주격> أَبِي <소유격> أَبَا <목적격> أَبَانَا 우리의 아버지여
[2] الَّذِي <관계대명사. 영어의 that 과 같은 것>
[3] فِي <전치사. 영어의 in; at; on 의 의미> ... 안에
[4] (ال <정관사> + سَمَاوَات) سَمَاء/ سَمَاوَات 하늘
[5] (لِ - لَامُ الْأَمْرِ <표 5, 단축법> لِ + يَتَقَدَّسْ) 간접명령. 여기서는 간구를 나타냄
[6] (اسْم + ك <2인칭 단수 소유격 대명사>) اسْم 이름 اسْمُكَ 당신의 이름이
[7] (لِ - لَامُ الْأَمْرِ <표 28, 단축법> لِ + يَأْتِ) أَتَى/ يَأْتِي 오다 명령이나 소원을 나타냄
[8] (مَلَكُوت + ك <2인칭 단수 소유격 대명사>) مَلَكُوت 왕국 مَلَكُوت اللهِ 하나님의 나라 مَلَكَة/مَمَالِك 왕국 (세속)
[9] (لِ - لَامُ الْأَمْرِ <표 17, 단축법> لِ + تَكُنْ) كَانَ/ يَكُونُ (to be) ...이 있다. 명령이나 소원을 나타냄
[10] (مَشِيئَة + ك <2인칭 단수 소유격 대명사>) مَشِيئَة 뜻, 의지, 소원 مَشِيئَتُكَ 당신의 뜻이
[11] كَمَا ...와 같이
[12] (ال <정관사> + سَمَاء) 하늘
[13] (ك <전치사> + ذَلِكَ) ك ...와 같이 ذَلِكَ 지시 대명사. 그것 혹은 저것
[14] عَلَى <전치사> 위에 ...
[15] (ال <정관사> + أَرْض) 땅
[16] (خُبْز + نَا <1인칭 복수 소유격 대명사>) خُبْز 빵 خُبْزَنَا 우리의 빵을
[17] (كَفَاف + نَا <1인칭 복수 소유격 대명사>) كَفَاف 먹고 살아갈 양식
[18] أَعْطِ <명령형, 표 28> + نَا <1인칭 복수 목적격 대명사> أَعْطَى/ يُعْطِي ه هـ ل ه ..에게 ..을 주다, 제공하다
[19] الْيَوْمَ 오늘
[20] <접속사> وَ + <명령형> اغْفِرْ < غَفَرَ/ يَغْفِرُ ه ل – غُفْرَان ..에게 (죄.잘못)을 용서하다
[21] <1인칭 복수 소유격 대명사> ذُنُوب + نَا) ذَنْب/ ذُنُوب 죄, 죄악

제 1부 주기도문

카마 나그피루 나흐누 아이단 릴무드니빈- 일라이나 우리가 우리에게 죄지은 사람을 용서함같이	كَمَا نَغْفِرُ[1] نَحْنُ[2] أَيْضاً[3] لِلْمُذْنِبِينَ[4] إِلَيْنَا[5]
왈라 토드킬나 피 타그리바 우리를 시험에 들지 않게 하옵시며	وَلَا[6] تُدْخِلْنَا[7] فِي تَجْرِبَةٍ[8]
래킨 나깃나 민 낫쉬리-ㄹ 다만 악으로부터 우리를 구원하소서	لَكِنْ[9] نَجِّنَا[10] مِنْ[11] الشِّرِّيرِ[12]
리안나 라카-알 몰카 왈꼬와타 왈마그다 주권과 힘과 영광이 당신에게	لِأَنَّ[13] لَكَ[14] الْمُلْكَ[15] وَالْقُوَّةَ[16] وَالْمَجْدَ[17]
일랄 아바디 아-민 영원히 있기를 … 아멘!	إِلَى[18] الْأَبَدِ[19] آمِين[20]

※ 위에서 한글로 표기된 아랍어 발음은 독자의 편의를 위해서 아랍어에 가장 가깝도록 기록한 것입니다. 아랍어 발음 가운데는 한글에 그 음가가 없는 것들이 많이 있습니다. 때문에 여기에서 기록한 대로 읽을 경우 아랍어 발음과는 많은 차이가 납니다. 독자들께서는 위의 발음 기록을 참고사항으로만 생각하시고 녹음된 아랍어 발음을 정확히 듣고 그대로 발음해 주시기 부탁합니다.

---

[1] نَغْفِرُ ..에게 (죄.잘못)을 용서하다 غُفْرَان – ه ل هـ غَفَرَ/ يَغْفِرُ 우리가 용서하다
[2] نَحْنُ 우리는
[3] أَيْضاً 역시, 또한
[4] <전치사>+ ال <정관사> + مُذْنِب + ين <복수꼴> مُذْنِب 죄 지은, 죄 지은 사람 (ل)
[5] <1인칭 복수 소유격 대명사> نا + إِلَى ... 에게 (to, toward) (إِلَى)
[6] <접속사> وَ + لَا <부정어> وَ 그리고, 또한 لَا 아니, 아니다 (وَ)
[7] <1인칭 복수 목적격 대명사> نا + <명령형> أَدْخِلْ/ يُدْخِلْ هـ أو هـ في (تُدْخِلْ) 도입하다 ; 넣다,포함시키다 ; 들여놓다
 دَخَلَ/ يَدْخُلُ هـ, إِلَى هـ, في هـ – دُخُول 들어가다
[8] تَجْرِبَة/ تَجَارِب 시험, 실험 ; 유혹
[9] لَكِنْ 그러나
[10] <1인칭 복수 목적격 대명사> نا + <명령형> نَجَّى/ يُنَجِّي هـ مِنْ ... (نَجِّ) ...를 ...에서 구원하다
[11] مِنْ ...으로 부터 <영어의 from>
[12] <정관사> ال + شِرِّير) شِرِّير/ أَشْرَار 악한, 사악한, 흉악한 ; 악한 사람
[13] لِأَنَّ ... 때문에, ...를 위하여 (because, for)
[14] <2인칭 단수 소유격 대명사> كَ + لـ) 당신에게 ...이 있다.
[15] <정관사> ال + مُلْك) مُلْك 통치권, 주권 (reign, rule)
[16] <접속사> + ال <정관사> + قُوَّة) قُوَّة 힘 (power)
[17] <접속사> + ال <정관사> + مَجْد) مَجْد 영광 (glory)
[18] إِلَى الْأَبَدِ 영원히 (forever)
[19] <정관사> ال + أَبَد) أَبَد 영원 (eternity)
[20] آمِين 아멘! (amen!)

실용 기독교 아랍어 핸드북

찬양을 통해 주기도문 익히기

우리나라에도 주기도문 찬양이 있지요. "♬ 하늘에 계신 아버지 이름 거룩 하사…. ♬" 마음을 가다듬고 이 찬양을 하고 있노라면 우리의 기도가 절실해 지고, 주님이 더욱 가까이 느껴지곤 합니다. 아랍어 주기도문도 마찬가지입니다. 아랍 사람들에게 많이 알려져 있고, 자주 부르는 주기도문 찬양이 있습니다. 그것을 듣고 그들의 영성을 느끼며 따라 불러 보십시오. 그러다보면 주기도문이 아주 쉽게 외워질 것입니다.
(아래에서 영어식 발음기호 표기는 여러분의 발음 편리를 위해서 단 것입니다.)

'abaana – lladhi fi - ssamaa liyataqaddasi – smuka 하늘에 계신 우리의 아버지여, 당신의 이름이 거룩히 여김을 받으시오며	أَبَانَا الَّذِي فِي السَّمَاءِ لِيَتَقَدَّسِ اسْمُكَ
liyaa'ti malakuutuka, litakun mashi'atuka 당신의 나라가 임하옵시며, 당신의 뜻이 이루어지되	لِيَأْتِ مَلَكُوتُكَ لِتَكُنْ مَشِيئَتُكَ
kama fi - ssama'i, kadhalika 3ala – l'arDi 하늘에서 이루어진 것 같이 땅에서도 이루어지이다	كَمَا فِي السَّمَاءِ كَذَلِكَ عَلَى الأَرْضِ
wakhobzana kafaafana 'a3Tina fi 'ayaamina 매일 우리에게 우리의 일용할 양식을 주옵시며	وَخُبْزَنَا كَفَافَنَا أَعْطِنَا فِي أَيَّامِنَا[1]
waghfir lana dhunuubana kama naHnu lighairina 우리가 다른 사람에게 그렇게 하듯 우리의 허물을 용서하여 주옵시고	وَاغْفِرْ لَنَا ذُنُوبَنَا كَمَا نَحْنُ لِغَيْرِنَا[2]
la todkhilna fi tagriba, bal naggina mina – shshirrir 우리를 시험에 들게 하지 마옵시며, 다만 악으로 부터 건지시옵소서	لَا تُدْخِلْنَا فِي تَجْرِبَةٍ بَلْ نَجِّنَا مِنَ الشِّرِّيرِ
li'anna laka - lmolka walqowwata walmagda 당신에게 나라와 힘과 영광이 있기를	لِأَنَّ لَكَ الْمُلْكَ وَالْقُوَّةَ وَالْمَجْدَ
mina – l'azal 'ila – l'abad aamiin 영원에서 영원까지 아멘	مِنَ الأَزَلْ إِلَى الأَبَدْ آمِينَ

---

[1] يَوْم/ أَيَّام 날, 하루

[2] غَيْر 다른, 딴, 남의 الغَيْر 다른 사람, 제 3 자 (the other, third party)

제 2 부 아랍어 찬양 배우기

이집트 콥틱 교회의 찬양 모습

아랍권 선교사로서 아랍어를 재미있게 배우는 비결이 있습니다. 그것은 다름 아닌 아랍 찬양을 배우는 것입니다. 마치 팝송을 통해 영어를 배우듯이 말입니다.

아랍 전통 찬양은 아주 색다릅니다. 리듬도 독특하고 선율이 구슬프기 그지없습니다. 때문에 처음에는 어색하고 힘든 것이 사실입니다. 하지만 그것을 익혀서 부르면 부를수록 깊은 맛이 납니다. 나중에는 '아랍 사람들의 영성이 이런 것이구나' 라며 느끼게 됩니다.

여러분이 기타나 키이보오드 등을 다룰 수 있다면 연주를 하면서 찬양을 익히십시오. 그렇게 하다보면 앞으로 아랍 교회에서 연주를 하거나 찬양을 인도하는 기회도 생길 것입니다. 찬양을 통해 자연스럽게 아랍어 실력도 늘고 사역의 기회도 생기게 됩니다.

다음의 곡들은 아랍 찬양 애창곡들 가운데 외국인들이 가장 배우기 쉬운 것을 선곡한 것입니다. 영어식 발음기호 표기는 필자가 외국인 사역자들을 위해 집필하여 애용되고 있는 아랍어 찬양집 "Revival"에서 인용한 것입니다. 다음 페이지의 발음기호표에 있는 발음 음가를 확인하시고 찬양을 익히시기 바랍니다. 아울러 본격적으로 아랍 찬양을 배우기 원하시는 분은 "Revival"(350곡) 책을 구입하시기 바랍니다.

발음기호표

f	ف	r	ر	ʿ	ء
q(ف) q(ع)	ق	z	ز	aa like 's<u>a</u>nd' *aa* like 'b<u>a</u>r'	ا
k	ك	s	س	b	ب
l	ل	<u>sh</u>	ش	t	ت
m	م	S	ص	<u>th</u>	ث
n	ن	D	ض	g	ج
h	ه	T	ط	H	ح
w or u	و	<u>TH</u>	ظ	<u>kh</u>	خ
y or i	ي	3	ع	d	د
		<u>gh</u>	غ	<u>dh</u>	ذ

아랍 찬양 정보의 보고(寶庫)
www.taranimarabia.org

◆ 아랍 찬양 8000 곡에 대한 각종 자료

　　(찬양 가사, MP3 음악, 작사, 작곡자, 파워포인트 자료, 기타 코드 등)

◆ 원하는 찬양을 빠르게 검색할 수 있는 찬양 검색 싸이트

◆ 아랍 기독교 사회에 찬양 검색 싸이트로 널리 알려져 있음

※ 이 싸이트에 접속하기 위해서 여러분 컴퓨터의 언어를 아랍어로 설정해야 합니다.

제 2 부 아랍어 찬양 배우기

① 당신은 위대하십니다 — أنت عظيم

| E | Esus4 | Dm | E7 | Am | | E | Esus4 | Dm | E7 | Am |

أَنْتَ عَظِيمٌ عَظِيمٌ عَظِيمٌ يَا الله   أَنْتَ عَظِيمٌ عَظِيمٌ عَظِيمٌ يَا الله

| Am | Em7 | G | F | Am | | E7 | Dm | G | F | Am |

عَظِيمٌ فِي تَحْرِيرِكَ عَظِيمٌ أَيْضاً فِي شِفَائِكَ   عَظِيمٌ فِي مَحَبَّتِكَ عَظِيمٌ فِي أَمَانَتِكَ

'anta 3aTHiimun 3aTHiimun 당신은 위대하십니다 위대하십니다	أَنْتَ[1] عَظِيمٌ[2] عَظِيمٌ
3aTHiimun yaa allaah 위대하십니다. 하나님!	عَظِيمٌ يَا[3] الله
3aTHiimun fi maHabatika 위대하십니다. 당신의 사랑안에서	عَظِيمٌ فِي[4] مَحَبَّتِكَ[5]
3aTHiimun fi 'amaanatika 위대하십니다. 당신의 성실함안에서	عَظِيمٌ فِي أَمَانَتِكَ[6]
3aTHiimun fi taHriirika 위대하십니다. 당신의 자유케함안에서	عَظِيمٌ فِي تَحْرِيرِكَ[7]
3aTHiimun 'ayDan fi shifaa'ika 위대하십니다. 당신의 치료하심안에서도	عَظِيمٌ أَيْضًا[8] فِي شِفَائِكَ[9]

---

[1] أَنْتَ <2인칭 주격 대명사>
[2] عَظِيم/ عُظَمَاء 위대한
[3] يَا <호격 조사>
[4] فِي <전치사> ..안에
[5] <2인칭 단수 소유격 대명사> مَحَبَّة + ك) مَحَبَّة 사랑
[6] <2인칭 단수 소유격 대명사> أَمَانَة + ك) أَمَانَة 신실함, 성실함
[7] <2인칭 단수 소유격 대명사> تَحْرِير + ك) تَحْرِير 자유롭게 함   حَرَّرَ/ يُحَرِّرُ هـ أو ه - تَحْرِير 자유롭게 하다
[8] أَيْضًا 또한, 역시
[9] <2인칭 단수 소유격 대명사> شِفَاء + ك) شِفَاء 치료, 치유   شَفَى/ يَشْفِي ه - شِفَاء ...를 치료하다, 고치다

25

② 우리는 당신을 모든 이들위에 높이 듭니다   نرفعك فوق الجميع

```
D7   D              F#m                              D
نَرْفَعُكَ فَوْقَ الْجَمِيعِ     وَحْدَكَ الْمَلِكُ الْعَظِيم
     D    A7   G           Em          D            G
نَرْفَعُكَ فَوْقَ كُلِّ الأَرْض     وَنَأْتِي لَكَ نَسْجُدُ فِي خُشُوع
```

narfa3uka fawqa – lgamii3 우리는 당신을 모든 이들 위에 높이듭니다	نَرْفَعُكَ¹ فَوْقَ² الْجَمِيعِ³
waHdaka - lmaliku - l3aTHiim 위대하신 왕 당신만을	وَحْدَكَ⁴ الْمَلِكُ⁵ الْعَظِيم
narfa3uka fawqa koll – il'arD 우리는 당신을 모든 땅위에 높이듭니다	نَرْفَعُكَ فَوْقَ⁶ كُلِّ الأَرْض⁷
wana'ti laka nasgudu fi khushuu3 그래서 우리는 당신께 나아가 당신을 경외하며 엎드립니다.	وَنَأْتِي⁸ لَكَ⁹ نَسْجُدُ¹⁰ فِي خُشُوع¹¹ خُشُوع¹¹

---

¹ (نَرْفَعُ + كَ) <2인칭 단수 목적격 대명사> رَفَعَ/يَرْفَعُ هـ – رَفْع ..을 들다, 올리다, 높이다
² فَوْقَ ..위에
³ <정관사(ال)> + جَمِيع) جَمِيع 모두, 전체, 전부
⁴ (وَحْد + كَ) <2인칭 단수 소유격 대명사> وَحْد 혼자의, 단독의
⁵ <정관사(ال)> + مَلِك) مَلِك/ مُلُوك 왕
⁶ كُلّ 모든 (all) ; 전체의 ; 각각의 (every)
⁷ <정관사(ال)> + أَرْض) أَرْض/ أَرَاض 지구 ; 땅
⁸ (وَ + نَأْتِي) و <접속사, 영어의 and 와 같음> أَتَى/ يَأْتِي (to come) 오다
⁹ (لِ + كَ) 당신에게
¹⁰ سَجَدَ/ يَسْجُدُ لـِ – سُجُود ..에게 머리 숙이다, 절하다
¹¹ خَشَعَ/ يَخْشَعُ لـِ ... – خُشُوع خُشُوع ...에 순종하다, 복종하다 경의, 존경심, 경외

③ 주 예수님 당신을 사랑합니다   أحبك ربي يسوع

```
D7 Dm                    A7              Dm                  A7           Dm
وَلَيْسَ لِي سِوَاكْ    أُحِبُّكَ رَبِّي يَسُوعْ    أُحِبُّكَ رَبِّي يَسُوعْ    أُحِبُّكَ رَبِّي يَسُوعْ

D7    F         C          Gm           Dm         F        C          Gm
وَلَيْسَ لِي سِوَاكْ    أُسَبِّحُ اسْمَكَ الْقُدُّوسْ    أَتْبَعُكَ بِلاَ رُجُوعْ    أَتْبَعُكَ رَبِّي دَوْمَاً

Dm             A7           Gm          Dm         F        C          Gm
وَلَيْسَ لِي سِوَاكْ    أُسَبِّحُ اسْمَكَ الْقُدُّوسْ    أَتْبَعُكَ بِلاَ رُجُوعْ    أَتْبَعُكَ رَبِّي دَوْمَاً
```

('uHibbuka rabbii yasuu3) x3 나는 당신을 사랑합니다. 나의 주 예수님!	(أُحِبُّكَ¹ رَبِّي² يَسُوعْ)٣
walaysa li siwaak 나에게는 당신밖에 없습니다.	وَلَيْسَ³ لِي⁴ سِوَاكْ⁵
('atba3uka rabbii dawman 나는 항상 주님 당신을 따릅니다.	(أَتْبَعُكَ⁶ رَبِّي دَوْمَاً
'atba3uka bilaa ruguu3 뒤돌아서지 않고 나는 당신을 따릅니다	أَتْبَعُكَ بِلاَ⁷ رُجُوعْ⁸
'usabbiHu – smaka – lqudduus 나는 당신의 거룩한 이름을 찬양합니다	أُسَبِّحُ⁹ اسْمَكَ¹⁰ الْقُدُّوسْ¹¹
walaysa li siwaak) x2 나에게는 당신밖에 없습니다	وَلَيْسَ لِي سِوَاكْ)٢

---

¹ أَحَبَّ/ يُحِبُّ ه أو هـ 사랑하다
² رَبّ (<1인칭 단수 소유격 대명사> ي + رَبّ) 주 (lord)
³ <접속사> و) + لَيْسَ <부정어>)
⁴ لِي <소유격 대명사> (ي + لِ) 나에게
⁵ سِوَى <2인칭 단수 소유격 대명사> (ك + سِوَى) ..을 제외하고, 밖에
⁶ تَبِعَ – يَتْبَعُ ه /تَبِعَ ..를 따르다, 뒤따르다
⁷ <전치사> ب) + لاَ <부정어>)
⁸ رَجَعَ/ يَرْجِعُ – رُجُوع 돌아가다, 돌아오다 돌아감, 돌아옴
⁹ سَبَّحَ/ يُسَبِّحُ ه – تَسْبِيح ..를 찬양하다
¹⁰ اِسْم <2인칭 단수 소유격 대명사> (ك + اِسْم) إِسْم/ أَسْمَاء أو أَسَام 이름(name)
¹¹ قُدُّوس <정관사> (ال + قُدُّوس) 거룩한

④ 당신은 영광의 왕이십니다   أنت ملك المجد

```
Em        B7      Em  G         D7       Am      E7      Em    B7       Em
```
١- أَنْتَ شَمْسُ الْبِرِّ وَالشِّفَاءُ فِي أَجْنِحَتِكَ   أَنْتَ مَلِكُ الْمَجْدِ أَنْتَ رَئِيسُ السَّلَامِ

```
Em        B7      Em  G         D7       Am      E7      Em    B7       Em
```
٢- يَسُوعُ شَمْسُ الْبِرِّ وَالشِّفَاءُ فِي أَجْنِحَتِهِ   يَسُوعُ مَلِكُ الْمَجْدِ يَسُوعُ رَئِيسُ السَّلَامِ

1. 'anta maliku – lmagd 당신은 영광의 왕이십니다	١. أَنْتَ مَلِكُ الْمَجْدِ¹
'anta ra'iisu – ssalaam 당신은 평화의 수반이십니다	أَنْتَ رَئِيسُ² السَّلَامِ³
'anta shamsu – lberri 당신은 의의 태양이십니다	أَنْتَ شَمْسُ⁴ الْبِرِّ⁵
washshifaa'u fi 'agniHatika 그리고 당신의 날개안에 치료가 있습니다	وَالشِّفَاءُ فِي أَجْنِحَتِكَ⁶
2. yasuu3u maliku – lmagdi 예수님은 영광의 왕이십니다	٢. يَسُوعُ مَلِكُ الْمَجْدِ
yasuu3u ra'iisu – ssalaam 예수님은 평화의 수반이십니다	يَسُوعُ رَئِيسُ السَّلَامِ
yasuu3u shamsu – lberri 예수님은 의의 태양이십니다	يَسُوعُ شَمْسُ الْبِرِّ
washshifaa'u fi 'agniHatihi 그리고 그의 날개안에 치료가 있습니다	وَالشِّفَاءُ فِي أَجْنِحَتِهِ

---

¹ مَلِكُ الْمَجْدِ 영광의 왕   مَجْد 영광   (ال + مَجْد)
² رَئِيس/ رُؤَسَاء 수반, 대통령, 두목
³ رَئِيسُ السَّلَامِ 평화의 수반   سَلَام 평화   (ال + سَلَام)
⁴ شَمْس 태양
⁵ شَمْسُ الْبِرِّ 의의 태양   بِرّ 의   (ال + بِرّ)
⁶ جَنَاح/ أَجْنِحَة 날개   أَنَا فِي جَنَاحِهِ 나는 그의 보호 아래 있습니다.   (أَجْنِحَة + ك)

제 2 부 아랍어 찬양 배우기

⑤ 당신께 모든 영광을 드립니다   أهديك كل المجد

```
        Am    Cmaj7        C                    G7           F            Dm
(أُهْدِيكَ كُلَّ الْمَجْدِ وَالْكَرَامَةِ           أَرْفَعُ يَدَايَ نَحْوَكَ وَأُسَبِّحُ اسْمَكَ)٢
        Am    E7           C                    G7           F       Dm  F
أَنْتَ عَظِيم لَيْسَ مِثْلَكَ يَا رَبّ            تَصْنَعُ الْعَجَائِبَ   تَصْنَعُ الْعَجَائِبَ
        Am    E7           C                    C            G7      F   Dm
أَنْتَ عَظِيم لَيْسَ مِثْلَكَ يَا رَبّ            تَسْتَطِيعُ كُلَّ شَئ  تَسْتَطِيعُ كُلَّ شَئ
```

('uhdiika kolla-lmagdi walkaraamati) 나는 당신께 모든 영광과 존귀를 드립니다	(أُهْدِيكَ[1] كُلَّ الْمَجْدِ وَالْكَرَامَةِ[2]
'arfa3u yadaaya naHwaka wa'usabbiHu – smaka) x2 나는 내 손을 당신을 향해 들고 당신의 이름을 찬양합니다	أَرْفَعُ يَدَايَ[3] نَحْوَكَ[4] وَأُسَبِّحُ اسْمَكَ)٢
'anta 3aTHiim laysa methlaka ya rabb 당신은 위대하십니다. 당신과 같은 분은 없습니다. 오 주님!	أَنْتَ عَظِيم لَيْسَ مِثْلَكَ[5] يَا رَبّ
taSna3u – l3agaa'iba taSna3u – l3agaa'iba 당신은 기이한 일들을 행하십니다	تَصْنَعُ[6] الْعَجَائِبَ[7] تَصْنَعُ الْعَجَائِبَ
'anta 3aTHiim laysa methlaka ya rabb 당신은 위대하십니다. 주여! 당신과 같은 분은 없습니다.	أَنْتَ عَظِيم لَيْسَ مِثْلَكَ يَا رَبّ
tastaTii3u kolla shay' tastaTii3u kolla shay' 당신은 모든 것을 할 수 있습니다	تَسْتَطِيعُ[8] كُلَّ شَيْءٍ تَسْتَطِيعُ كُلَّ شَيْءٍ

---

[1] (أُهْدِي + ك) أَهْدَى/ يُهْدِي هـ – إِهْدَاء ..에게 ..을 주다, 선사하다
[2] كَرَامَة (honor) 존귀
[3] (يَدَان + ي) يَدٌ/ أَيْدٍ 나의 두손 손
[4] (نَحْوَ + ك) نَحْوَ ..쪽으로 향하여
[5] (مِثْلَ + ك) مِثْلَ ..와 같은
[6] صَنَعَ/ يَصْنَعُ هـ – صَنْعٌ ..을 만들다
[7] عَجِيبَة/ عَجَائِب 희한한 일, 기이한 일 ; 기적   عَجِيب 기이한, 신기한
[8] إِسْتَطَاعَ/ يَسْتَطِيعُ هـ، أَنْ ..하는 것이 가능하다, ..할 수 있다, ..할 능력이 있다

⑥ 당신 같은 분은 없습니다   لا مثل لك

A7 F   C   Bb   A7   Dm   GmDm
(لاَ مِثْلَ لَكَ بَيْنَ الآلِهَةِ   يَا رَبُّ وَلاَ مِثْلَ أَعْمَالِكَ)٢

F   A7   C   Dm F   A7   C
(لِأَنَّكَ عَظِيمٌ عَظِيمٌ أَنْتَ   وَصَانِعٌ عَجَائِبَ عَجَائِبَ)٢

     A7   C   Gm
أَنْتَ اللهُ أَنْتَ اللهُ وَحْدَكَ

Dm   A7   Gm   A7   C Bb   A7   Dm   GmDm
لاَ مِثْلَ لَكَ بَيْنَ الآلِهَةِ   يَا رَبُّ وَلاَ مِثْلَ أَعْمَالِكَ   لاَ مِثْلَ لَكَ يَا رَبُّ

(laa me*th*la laka bayna – l'aalihati 신들 가운데서 당신 같은 분은 없습니다	(لاَ مِثْلَ لَكَ بَيْنَ[1] الآلِهَةِ[2]
yaa *r*abbu wala me*th*la a3maalika) x2 주여! 당신의 행적 같은 것도 없습니다	يَا رَبُّ وَلاَ مِثْلَ أَعْمَالكَ[3])٢
(li'annakka 3a*TH*iimun 3a*TH*iimun 'anta 왜냐하면 당신은 위대, 위대하시기 때문입니다	(لِأَنَّكَ[4] عَظِيمٌ عَظِيمٌ أَنْتَ
wa*S*aane3un 3agaa'ib 3agaa'iba) x2 기이한 일을 행하시는 분입니다.	وَصَانِعٌ[5] عَجَائِبَ[6] عَجَائِبَ)٢
'anta *a*llaahu 'anta *a*llaahu wa*H*daka 당신은 하나님, 당신만이 하나님이십니다	أَنْتَ اللهُ أَنْتَ اللهُ وَحْدَكَ
laa me*th*la laka bayna – l'aalihati 신들 가운데서 당신 같은 분은 없습니다	لاَ مِثْلَ لَكَ بَيْنَ الآلِهَةِ
yaa *r*abbu wala me*th*la a3maalika 주여! 당신의 행적 같은 것도 없습니다	يَا رَبُّ وَلاَ مِثْلَ أَعْمَالكَ
laa me*th*la laka yaa *r*abbu 주여, 당신과 같은 분은 없습니다.	لاَ مِثْلَ لَكَ يَا رَبُّ

---

[1] بَيْنَ 사이에, 가운데에
[2] الله 하나님   آلِهَة 신 / إِلَه
[3] عَمَل 일, 노동, 작업 ; 행위 / أَعْمَال
[4] لأَنَّ (ك + لِأَنَّ) <접속사, 영어의 becasue>
[5] صَانِع 행하는 ; 생산하는 ; 행하는 사람 .. 을 만들다 صَانِع – صَنَعَ هـ – يَصْنَعُ / صَنَعَ (و + صَانِع)
[6] عَجِيب 희한한 일, 기이한 일 ; 기적   عَجِيبَة / عَجَائِب 기이한, 신기한

⑦ 내 손을 주께 높이 듭니다   أرفع يديَّ عالياً لله

G　　D7　　C　Em　　G	D7　Am　C　Em　　G
أَفْتَحُ كُلَّ قَلْبِي لِرَبِّي الَّذِي لَهُ تَسْبِيحِي	أَرْفَعُ يَدَيَّ عَالِياً لله الَّذِي لَهُ تَسْبِيحِي
G　D7　Am Em　B7　G	D7　Am　Em　B7　G
تَسْبِيحٌ بَدَلَ الْيَأْسِ أَلْبَسَنِي ثِيَابَ الْخَلاص	جَمَالٌ بَدَلَ الرَّمَاد أَفْرَاحٌ بَدَلَ النُّوَاح

'arfa3u yadaaya 3aliyan lillaah 나는 나의 두 손을 하나님께 높이 듭니다	أَرْفَعُ يَدَيَّ عَالِياً¹ لله
alladhi lahu tasbiiHii 나의 찬양이 있는 그분께	الَّذِي لَهُ تَسْبِيحِي
'aftaHu kolla qalbi liirabbi 나는 나의 모든 마음을 주님께 엽니다	أَفْتَحُ كُلَّ قَلْبِي لِرَبِّي
alladhi lahu tasbiiHii 그분에게 나의 찬양이 있습니다.	الَّذِي لَهُ تَسْبِيحِي
gamaalun badala – rramaad 재 대신 아름다움을	جَمَالٌ بَدَلَ² الرَّمَاد
'afraaHun badala – nnuwaaH 통곡 대신에 기쁨을	أَفْرَاحٌ³ بَدَلَ النُّوَاح⁴
tasbiiHun badala – lya'si 절망대신에 찬양을	تَسْبِيحٌ بَدَلَ الْيَأْسِ⁵
'albasanii thiyaaba – lkhalaaS 그는 나에게 구원의 옷을 입혔습니다	أَلْبَسَنِي⁶ ثِيَاب⁷ الْخَلاص

* 위의 찬양은 한국 찬양 "내 손을 주께 높이 듭니다"를 아랍어로 번역한 것입니다. 필자는 지난 2004년 11곡의 한국 찬양을 아랍어로 번역하여 이집트에서 음반을 내었습니다. "Revive Your People انهض شعبك" 라는 음반이었는데요, 위의 곡은 그 곡들 가운데 아랍 기독교인들에게 가장 사랑을 받고 있는 곡입니다.

---

[1] عَالِياً 높은 عَال(الْعَالِي) 높게
[2] بَدَلَ.. ..대신에
[3] فَرَح/ أَفْرَاح 기쁨, 즐거움
[4] نُوَاح 통곡, 애도
[5] يَأْس (ال + يَأْس) 절망, 실망
[6] أَلْبَس/ يُلْبِس ه هـ <1인칭 단수 목적격 대명사> (أَلْبَس + ني) ..에게 ..을 입히다
[7] ثَوْب/ ثِيَاب 옷

⑧ 당신의 평화는 모든 이해를 초월합니다   سَلامَك فَاق الْعُقُول

```
                    E      F    G      F                    Dm            A7              Am
٢(سَلاَم حَيَاتْنَا مَالِي بِيْقُول الْعَدُوّ مَهْمَا              -١ (سَلامَك فَاق العُقُول فِينَا وْمِش مُمْكِن يَزُول
                         E       F   G    Am                       E       F   G    Am
         مَكَان كُلّ فِي الرَّبّ لِشَعْب سَلاَم سَلاَم     القرار–      سَلاَم سَلاَم لِشَعْبِ الرَّبِّ فِي كُلّ مَكَان
                    E     F      G      F                    Dm            A7
٢(سَلاَم قُلُوبْنَا وْيَمْلاَ وْيْهْدِينَا نُفُوسْنَا بِيرُدّ             -٢ (وحَتَّى إِنْ تَاهِتْ رِجْلِينَا دَه رُوحَك فِينَا وحَوَالِينَا
                    E      F     G      F                    Dm            A7
٢(سَلاَم فِي دَايْماً شَعْبَك فِينَا عَايَش رُوحَك وِمَدَامْ       -٣ (سَلاَم الله سِبْتُه لِينَا مِش زَيّ العَالَم تِدِّينَا
```

1. (salaamak faaq - l3oquul fiina - wmesh momken yezuu 우리 안에 있는 당신의 평화는 모든 이해를 초월하며 멈출 수 없습니다	١-(سَلامَكَ فَاق¹ الْعُقُول² فِينَا وْمِش مُمْكِن يَزُول³
mahma - l3adeww beyquul, maali Hayaatna salaam) x2 원수가 무엇이라 하더라도 우리의 삶은 평화로 가득합니다	مَهْمَا⁴ الْعَدُوّ بِيْقُول، مَالِي⁵ حَيَاتْنَا سَلاَم)2
Chorus: (salaam salaam lesha3b - irrabb fi koll makaan) x2 평화, 평화, 모든 곳에 있는 주님의 백성에게 평화가 있습니다.	القرار –(سَلاَم سَلاَم لِشَعْبِ الرَّبِّ فِي كُلّ مَكَان)2
2. (weHatta in taahet regleina, da rooHak fiina wHawaaleina 우리의 발이 길을 잃더라도 당신의 영은 우리 안에, 또 우리 주위에 계십니다.	٢-(وحَتَّى إِنْ تَاهِتْ⁶ رِجْلِينَا، دَه رُوحَك فِينَا وحَوَالِينَا
beyrodd nufosna - wyehdiina, weyemla qoluubna salaam) x2 그는 우리 영혼을 소생시키시고, 안내하시며, 우리 마음을 평화로 채우십니다.	بِيرُدّ⁷ نُفُوسْنَا وْيْهْدِينَا⁸، وِيَمْلاَ قُلُوبْنَا سَلاَم)2
3. (salaam allaah sebtu liina, mesh zayy - l3alaam teddiina 당신은 우리에게 하나님의 평화를 주셨습니다. 세상이 우리에게 주는 것 같지 않는	٣-(سَلاَم الله سِبْتُه⁹ لِينَا، مِش زَيّ العَالَم تِدِّينَا
wemadaam rooHak 3aayesh fiina, sha3abak dayman fi salaam) x2 당신의 영이 우리와 함께 거하는 한 당신의 백성은 항상 평화를 가집니다	وِمَدَامْ¹⁰ رُوحَك عَايَش¹¹ فِينَا، شَعْبَك دَايْماً فِي سَلاَم)2

* 이 찬양 가사는 이집트 구어체로 되어 있습니다.

---

¹ (ع) فَاق/ يفُوق ...을 능가하다...

² عَقْل/ عُقُول 이성, 이지, 지능 ; 이해

³ (ع) زَال/ يَزُول 멈추다

⁴ مَهْمَا ...하는 것은 무엇이든지, 어떤 일이든지(whatever, no matter what)

⁵ (ع) مَلاَ/ يَمْلاَ 채우다   مَالِي 가득찬

⁶ (ع) تَاه/ يِتُوه 길을 잃다

⁷ (ع) رَدّ/ يِرُدّ 회복하다, 되돌리다

⁸ (ع) هَدَى/ يِهْدِي = أَرْشَدَ 안내하다, 가이드하다

⁹ (ع) سَاب/ يِسِيب 남겨두다 ; ...하도록 허락하다

¹⁰ مَادَام أو مَدَام (since, so long as) ...하는 한

¹¹ (ع) عَاش/ يِعِيش 살다 (to live)   عَايَش 살고 있는

제 3 부 쉬운 성경 이야기

　다음은 이집트의 Master Media라는 출판사에서 어린이의 신앙 교육을 위해 펴낸 " 신앙의 진리들 حقائق إيمانية " 란 책의 내용입니다. 이 책은 원래 미국에서 "Eeverything A Child Should Know About God" - Kenneth N. Tylor 출판사 - 이름으로 출판된 것입니다. 아랍어로 번역된 책은 아랍 어린이들이 기독교의 기본적인 가르침들을 쉽게 이해하고 배울수 있도록 아주 쉬운 표준 아랍어로 기록되어 있습니다.
　필자는 이 책의 내용이 아랍어를 처음 배우는 선교사들에게 아주 적합하다는 생각을 하였습니다. 그래서 독자들의 효과적인 학습을 위해 본문 내용에 모음 부호와 한글 의미 번역 그리고 각주를 달았습니다. 이 내용을 공부함으로 독자들은 기본적인 아랍어 표현 뿐만 아니라 여러가지 성경 용어들과 기초적인 신학 표현 까지도 터득할 수 있게 될 것입니다.
** "신앙의 진리들 حقائق إيمانية"의 본문을 사용할 수 있도록 허락하신 Master Media 관계자들께 감사드립니다.
** 이집트나 다른 아랍 국가들의 기독교 서점에서 위의 책을 구입할 수 있습니다. 큼직한 본문 글씨에 컬러 삽화까지 곁들여 있기 때문에 이해도 빠르고 지루하지 않을 것입니다. 함께 사용할 것을 권합니다.

실용 기독교 아랍어 앤드북

제 3 부 쉬운 성경 이야기

1. 성경

الْكِتَابُ الْمُقَدَّسُ[1]

1-1	الْكِتَابُ الْمُقَدَّسُ يُعَلِّمُنَا[2] عَنِ الله

성경은 우리에게 하나님에 대해 가르칩니다.

هَذِهِ صُورَةٌ[3] لِلْكِتَابِ الْمُقَدَّسِ. وَهُوَ أَعْظَمُ[4] كِتَابٍ عِنْدَنَا. إِنَّهُ[5] يُعَلِّمُنَا عَنِ اللهِ الْعَظِيمِ، خَالِقِ[6] السَّمَاءِ وَالْأَرْضِ وَمَا[7] فِيهَا.

이것은 성경(에 대한) 그림입니다.(*아랍어 책 원본에 성경 그림이 있음) 그것은 우리가 가진 가장 위대한 책입니다. 정말로 그것은 우리에게 위대한 하나님과, 하늘과 땅과 그 가운데 있는 것들의 창조자에 대해 가르칩니다.

1-2	نَحْنُ نَقْرَأُ[8] الْكِتَابَ الْمُقَدَّسَ لِنَتَعَلَّمَ[9] عَنِ الله

우리는 하나님에 대해 배우기 위해 성경을 읽습니다.

هَذِهِ صُورَةُ أُسْرَةٍ[10] تَقْرَأُ[11] الْكِتَابَ الْمُقَدَّسَ. وَهُمْ يَقْرَؤُونَهُ[12] مَعًا كُلَّ يَوْمٍ. إِنَّهُمْ يَقْرَؤُونَ عَنِ اللهِ، أَبِينَا[13] السَّمَاوِيِّ.

이것은 성경을 읽고 있는 한 가족의 그림입니다.(* 아랍어 책 원본에 한 가족의 그림이 있음) 그들은 매일 함께 성경을 읽습니다. 정말 그들은 하나님에 대해, 하늘에 계신 우리의 아버지에 대해서 읽고 있습니다.

---

[1] الْكِتَابُ الْمُقَدَّسُ   성경
[2] (يُعَلِّمُ + نا)   عَلَّمَ/ يُعَلِّمُ هـ ، ه ب هـ - تَعْلِيم ..에게 ..을 가르치다.
[3] صُورَةٌ/ صُوَر   그림, 사진
[4] عَظِيم/ عِظَام أو عُظَمَاء   أَعْظَم <비교급> 위대한, 거대한
[5] (إِنَّ + هـ)   إِنَّ + جُمْلَة اِسْمِيَّة – '조믈라 이쓰메이야' 문장 처음에 사용
[6] خَالِق   창조자, 조물주
[7] (و + 접속사) + ما <what>   وَمَا فِيهَا   그리고 그 안에 있는 것
[8] (نَحْنُ نَقْرَأُ)   قَرَأَ/ يَقْرَأُ هـ - قِرَاءَة ..을 읽다.
[9] تَعَلَّمَ/ يَتَعَلَّمُ هـ - تَعَلُّم   ..을 배우다.
[10] أُسْرَة   가족 (family)   هَذِهِ صُورَةُ أُسْرَةٍ   이것은 한 가족 사진이다.
[11] تَقْرَأُ الْكِتَابَ الْمُقَدَّسَ   앞의 '가족'이란 단어를 수식
[12] (هُمْ يَقْرَؤُون + هـ)   قَرَأَ/ يَقْرَأُ هـ - قِرَاءَة ..을 읽다.
[13] أَبُونَا (الأَسْمَاء الْخَمْسَة – أَبُو، أَخُو، حَمُو، فُو، ذُو)   우리의 아버지   أَبُونَا <주격>   أَبِينَا <소유격>   أَبَانَا <목적격>

| 1-3 | 성경을 읽는 것은 중요합니다 | قِرَاءَةُ الْكِتَابِ الْمُقَدَّسِ مُهِمَّةٌ |

هَذَا الصَّبِيُّ اسْمُهُ سَمِير وَعُمْرُهُ¹ سِتُّ سَنَوَاتٍ²، وَيَسْتَطِيعُ³ أَنْ⁴ يَقْرَأَ. إِنَّهُ يَقْرَأُ كُلَّ يَومٍ فِي كِتَابِهِ الْمُقَدَّسِ. وَأَحْيَانًا يَقْرَأُ قِصَّةً مِنَ الْكِتَابِ الْمُقَدَّسِ لِأُخْتِهِ⁵ الصَّغِيرَةِ نَادِيَةَ. لِأَنَّ عُمْرَهَا أَرْبَعُ سَنَوَاتٍ فَقَطْ. إِنَّ قِرَاءَةَ الْكِتَابِ الْمُقَدَّسِ أَمْرٌ مُهِمٌّ جِدًّا.

이 소년은 이름이 싸미르입니다.(* 아랍어 책 본문에 소년의 그림이 있음) 그의 나이는 여섯살이고, 그는 (글을) 읽을 수 있습니다. 그는 매일 그의 성경을 읽습니다. 때때로 그는 그의 여동생 나디아에게 성경의 이야기들을 읽어줍니다. 왜냐하면 그녀의 나이가 4살 밖에 되지 않기 때문입니다. 정말로 성경을 읽는 것은 아주 중요한 일 입니다.

| 1-4 | 성경은 하나님으로부터 계시되었습니다. | الْكِتَابُ الْمُقَدَّسُ مُوحًى⁶ بِهِ مِنَ الله |

الله فَقَطْ هُوَ الَّذِي يَعْلَمُ⁷ الْمُسْتَقْبَلَ⁸. وَيُخْبِرُنَا⁹ اللهُ بِأَسْرَارِهِ¹⁰ الْعَجِيبَةِ فِي كِتَابِهِ الَّذِي أَعْطَاهُ¹¹ لَنَا. هَذَا الْكِتَابُ هُوَ الْكِتَابُ الْمُقَدَّسُ. إِنَّهُ أَعْظَمُ كِتَابٍ فِي الْعَالَمِ لِأَنَّهُ كَلَامُ¹² اللهِ.

오직 하나님만 미래를 아십니다. 하나님은 우리에게 주신 그의 책(성경 책)에서 그의 신비한 비밀들을 알려주십니다. 그 책은 바로 성경입니다. 정말 그것은 세상에서 가장 위대한 책인데, 왜냐하면 그것이 하나님의 말씀이기 때문입니다.

---

¹ (و + عُمْر + ﻩ)   عُمْر/ أَعْمَار   나이

² سَنَة/ سَنَوَات   해, 년도

³ اِسْتَطَاعَ/ يَسْتَطِيعُ هـ ، أَنْ   ..하는 것이 가능하다, 할 수 있다, .. 할 능력이 있다.

⁴ أَنْ + جُمْلَة فِعْلِيَّة   ،   إِنَّ + جُمْلَة اسْمِيَّة '조믈라 이쓰메야' '조믈라 페일레야' - 문장 처음에 사용
  أَنَّ + جُمْلَة اسْمِيَّة '조믈라 이쓰메야' - 문장 중간에 사용

⁵ (لـ + أُخْت + ﻩ)   أُخْت   누이, 자매 (sister)

⁶ أَوْحَى/ يُوحِي إِلَى ﻩ ب هـ   مُوحَى ب هـ ..에게 ..에 대해 영감을 주다   وَحْي 영감된, 계시된   영감, 계시

⁷ عَلِمَ/ يَعْلَمُ ﻩ أَوْ هـ   -   عِلْم   .. 을 알다 (to know)

⁸ مُسْتَقْبَل   미래

⁹ (و + يُخْبِر + نَا)   أَخْبَرَ/ يُخْبِرُ ﻩ ب هـ ، ﻩ ﻩ   ..에게 ..을 전하다, 알리다

¹⁰ (ب + أَسْرَار + ﻩ)   سِرّ/ أَسْرَار   비밀

¹¹ (أَعْطَى + ﻩ)   أَعْطَى/ يُعْطِي هـ ، هـ ل ﻩ   ..에게 ..을 주다, 제공하다

¹² كَلَام   كَلِمَة/ كَلِمَات   말, 언어 ; 단어

제 3 부 쉬운 성경 이야기

2. 하나님의 위대한 행위들

أَعْمَالُ[1] اللهِ الْعَظِيمَةُ

| 2-1 | 하나님이 세상을 창조하셨습니다. | خَلَقَ[2] اللهُ الْعَالَمَ |

نَحْنُ نَعْرِفُ[3] الْكَثِيرَ عَنِ اللهِ مِنَ الْكِتَابِ الْمُقَدَّسِ. خَلَقَ اللهُ الْعَالَمَ الَّذِي نَعِيشُ[4] فِيهِ، وَخَلَقَ الشَّمْسَ وَالْقَمَرَ وَمَلَايِين[5] النُّجُومِ[6] الَّتِي فِي السَّمَاءِ. يُمْكِنُنَا[7] أَنْ نَرَى[8] مَا[9] خَلَقَهُ اللهُ فِي الْعَالَمِ عِنْدَمَا نَنْظُرُ[10] إِلَى السَّمَاءِ لَيْلاً.

우리는 성경으로부터(성경을 통해) 하나님에 대해 많은 것을 알고 있습니다. 하나님은 우리들이 살고 있는 세상을 창조했습니다. 그리고 그는 해와 달과 하늘에 있는 수많은 별들을 창조하셨습니다. 우리가 밤에 하늘을 쳐다볼 때 하나님이 세상에서 창조하신 것들을 볼 수 있습니다.

| 2-2 | 하나님이 식물과 동물을 창조했습니다. | خَلَقَ اللهُ النَّبَاتَ وَالْحَيَوَانَاتِ[11] |

خَلَقَ اللهُ الْعَالَمَ الْجَمِيلَ الَّذِي حَوْلَنَا، وَخَلَقَ كُلَّ الْأَشْجَارِ[12] وَالْأَزْهَارِ[13] الَّتِي فِيهِ كَمَا خَلَقَ كُلَّ الْحَيَوَانَاتِ. هَلْ تَرَى الْأَسَدَ الَّذِي فِي الصُّورَةِ؟ وَهَلْ تَرَى الزَّرَافَةَ؟

하나님은 우리 주위에 있는 아름다운 세상을 창조하셨습니다. 그리고 모든 동물들을 창조하신 것 같이 세상에 있는 나무들과 꽃들을 창조하셨습니다. 당신은 이 그림에 있는 사자를 보고 있습니까? 그리고 당신은 기린을 보고 있습니까?

---

[1] عَمَل/ أَعْمَال ; 일, 노동 ; 행동, 행위 ; 작품, 저작
[2] خَلَقَ/ يَخْلُقُ هـ ← خَلْق ..을 창조하다
[3] عَرَفَ/ يَعْرِفُ هـ أو ه – مَعْرِفَة (to know) ..을 알다
[4] عَاشَ/ يَعِيشُ – مَعِيشَة (to live) 살다
[5] مَلْيُون/ مَلَايِين (و + مَلَايِين) 100 만 مَلَايِين النُّجُوم 수백만의 별
[6] نَجْم/ نُجُوم 별
[7] يُمْكِنُ ه أَنْ ... 가 ...하는 것이 가능하다 .. لاَ يُمْكِنُ ه أَنْ ... 가 ...하는 것이 불가능하다 (يُمْكِنُ + نا)
[8] رَأَى/ يَرَى هـ، أَنْ .. – رُؤْيَة (to see) ..을 보다.. نَرَى 우리가 보다
[9] مَا خَلَقَهُ اللهُ فِي الْعَالَمِ "이 세상에서 하나님이 창조하신 것을" what God creates in the world <관계대명사 문장>
[10] نَظَرَ/ يَنْظُرُ إِلَى ه أو هـ – نَظَر (to look at) ..을 보다, 주시하다
[11] حَيَوَان/ حَيَوَانَات 동물
[12] شَجَرَة/ أَشْجَار 나무
[13] زَهْر/ زُهُور أو أَزْهار 꽃

37

2-3 하나님이 천사들을 창조하셨습니다. خَلَقَ اللهُ الْمَلَائِكَةَ[1]

خَلَقَ اللهُ مَلَايِينَ الْمَلَائِكَةِ أَيْضًا. نَحْنُ لَا نَقْدِرُ[2] أَنْ نَرَى الْمَلَائِكَةَ، لَكِنَّ بَعْضَ رِجَالِ[3] اللهِ الْمَذْكُورِينَ[4] فِي الْكِتَابِ الْمُقَدَّسِ رَأَوْا مَلَائِكَةً وَتَكَلَّمُوا[5] مَعَهُمْ. مِنَ الْمُمْكِنِ[6] أَنْ يَكُونَ فِي الْحُجْرَةِ الآنَ مَلَاكٌ. يُرْسِلُ[7] اللهُ الْمَلَائِكَةَ لِيُسَاعِدُونَا[8].

하나님은 수없이 많은 천사들도 창조하셨습니다. 우리는 천사들을 볼 수 없습니다. 하지만 성경에 언급된 몇몇 하나님의 사람들은 천사들을 보았고, 그들과 이야기를 나누었습니다. 지금 (당신의) 이 방에 천사가 있을 수도 있습니다. 하나님은 우리를 도우라고 천사들을 보내십니다.

2-4 하나님이 최초의 남자와 최초의 여자를 창조하셨습니다. خَلَقَ اللهُ أَوَّلَ رَجُلٍ وَأَوَّلَ امْرَأَةٍ

فِي الصُّورَةِ نَرَى أَوَّلَ رَجُلٍ وَأَوَّلَ امْرَأَةٍ خَلَقَهُمَا[9] اللهُ. كَانَ اسْمُ الرَّجُلِ آدَمَ وَاسْمُ الْمَرْأَةِ حَوَّاءَ. خَلَقَ اللهُ آدَمَ مِنْ تُرَابِ الأَرْضِ وَنَفَخَ[10] فِيهِ نَسَمَةَ حَيَاةٍ. ثُمَّ خَلَقَ اللهُ حَوَّاءَ مِنْ أَحَدِ ضُلُوعِ[11] آدَمَ.

이 그림에서 우리는 하나님이 창조하신 최초의 남자와 최초의 여자를 봅니다. 그 남자의 이름은 아담이었고 여자의 이름은 하와였습니다. 하나님은 흙으로부터 아담을 창조하셨고 그 안에(아담안에) 생명의 호흡을 불어넣었습니다. 그후 하나님은 아담의 한 갈비뼈로 부터 하와를 창조하셨습니다.

---

[1] مَلَاك/ مَلَائِكَة 천사
[2] قَدَرَ/ يَقْدِرُ أَو يَقْدِرُ أَنْ ... ...을 할 수 있다
[3] رَجُل/ رِجَال ; 남자, 사나이 ; 사람
[4] (ال + مَذْكُور + ين) ذَكَرَ/ يَذْكُرُ هـ - ذِكْر – ذَاكِر – مَذْكُور ...을 언급하다 ; 상기하다, 기억하다
[5] تَكَلَّمَ/ يَتَكَلَّمُ مَعَ هـ عَنْ(على) ... ..와 ..에 대해서 이야기하다
[6] مِنَ الْمُمْكِنِ أَنْ ... ...을 할 수 있다...은 가능하다
[7] أَرْسَلَ/ يُرْسِلُ هـ أَو ه – إِرْسَال ..을 보내다, 파견하다 ; 발송하다
[8] (لِـ + يُسَاعِدُوا + نَا) سَاعَدَ/ يُسَاعِدُ هـ عَلَى أَو فِي ... سَاعَدَ/ يُسَاعِدُ ..을 돕다 ..에 대해 ..을 돕다
[9] (خَلَقَ + هُمَا) خَلَقَهُمَا اللهُ 하나님이 그들(dual)을 창조하셨다.
[10] نَفَخَ/ يَنْفُخُ هـ، فِي – نَفْخ ..을 불다, 끄다 ; 바람을 넣다
[11] ضِلْع/ ضُلُوع أَو أَضْلَاع 갈비, 늑골

제 3 부 쉬운 성경 이야기

| 2-5 | 하나님이 세상을 보살피십니다. | اللهُ يَهْتَمُّ[1] بِالْعَالَمِ |

بَعْدَ[2] أَنْ خَلَقَ اللهُ النَّبَاتَاتِ[3] وَالْحَيَوَانَاتِ وَآدَمَ وَحَوَّاءَ وَكُلَّ شَيْءٍ فِي الْعَالَمِ، كَانَ سَعِيدًا جِدًّا بِالْخَلِيقَةِ[4]. أَحَبَّ اللهُ خَلِيقَتَهُ. وَلِهَذَا[5] فَهُوَ يَهْتَمُّ بِمَا يَحْدُثُ[6] لِكُلِّ مَخْلُوقٍ[7]. يُعَرِّفُنَا[8] الْكِتَابُ الْمُقَدَّسُ أَنَّ اللهَ يَهْتَمُّ بِالطُّيُورِ[9] الصَّغِيرَةِ كَمَا يَهْتَمُّ بِالْأَطْفَالِ[10] مِثْلَكَ[11].

하나님이 식물들과 동물들, 아담과 하와, 그리고 세상에 있는 모든 것을 창조하신 이후, 하나님은 그 창조물을 매우 기뻐하셨습니다. 하나님은 그의 창조물을 사랑하셨습니다. 그렇기 때문에 각각의 피조물들에 일어나는 일들을 보살피십니다. 성경은 하나님이 너와 같은 아이들을 보살피듯이 작은 새들을 보살피신다는 것을 우리에게 알려주십니다.

---

[1] اِهْتَمَّ/ يَهْتَمُّ بِ ... – اِهْتِمَام ; ..에 관심.흥미를 갖다 ; ..에 주의하다
[2] بَعْدَ أَنْ ...، بَعْدَ مَا ... ..후에, .. 다음에..
[3] نَبَات/ نَبَاتَات 식물
[4] خَلِيقَة/ خَلَائِق (복수) 자연, 대자연 ; 우주, 만물, 창조물
[5] (و + لـ + هَذَا)   لِهَذَا = لِذَا = لِذَلِكَ   그러므로, 그래서
[6] حَدَثَ/ يَحْدُثُ – حُدُوث (사건이) 일어나다, 발생하다
[7] خَلَقَ/ يَخْلُقُ هـ – خَلْق – خَالِق – مَخْلُوق/ مَخْلُوقَات ..을 창조하다 ; 생물 ; 인간 ; 피조물
[8] (يُعَرِّفُ + نَا) عَرَّفَ/ يُعَرِّفُ هـ ..에게 ..을 알게하다, 소개하다, 알려주다
[9] (بـ + ال + طُيُور)   طَائِر/ طُيُور 새
[10] (بـ + ال + أَطْفَال)   طِفْل/ أَطْفَال 아이, 어린이, 아기
[11] (مِثْل + ك) مِثْل ..와 같은

실용 기독교 아랍어 핸드북

3. 하나님은 누구십니까?   مَنْ هُوَ اللهُ

3-1	اللهُ حَيٌّ وَمَوْجُودٌ عَلَى الدَّوَامِ[1]
	하나님은 살아계시고 항상 존재하십니다.

اللهُ هُوَ خَالِقُ كُلِّ شَيْءٍ. وَلاَ يُوجَدُ[2] إِلَهٌ وَرَبٌّ وَخَالِقٌ غَيْرُهُ، وَهُوَ مَوْجُودٌ عَلَى الدَّوَامِ، وَسَيَبْقَى[3] حَيًّا إِلَى الأَبَدِ[4]. اللهُ أَعْظَمُ مِنْ كُلِّ مَخْلُوقٍ.

하나님은 모든 것들을 창조하신 분입니다. 그분 외에는 어떤 신도, 주(主)도, 창조자도 존재하지 않습니다. 그는 항상 존재하는 분이며, 영원토록 살아계신 분입니다. 하나님은 각 피조물 보다 더 위대한 분입니다.

3-2	اللهُ رُوحٌ
	하나님은 영이십니다.

اللهُ رُوحٌ. هَذَا يَعْنِي[5] أَنَّ اللهَ لَيْسَ لَهُ جِسْمٌ. لِكُلِّ إِنْسَانٍ مِثْلِي وَمِثْلِكَ جِسْمٌ. لَكِنَّ اللهَ لاَ يَحْتَاجُ[6] لِجِسْمٍ مِثْلِنَا. أُنْظُرْ[7] إِلَى الطِّفْلَةِ الَّتِي فِي الصُّورَةِ. إِنَّهَا تَتَحَرَّكُ[8] وَتُبَيِّنُ[9] أَنَّ جِسْمَهَا قَوِيٌّ. إِنَّ اللهَ يَرَاهَا لَكِنَّنَا[10] لاَ نَقْدِرُ أَنْ نَرَى اللهَ لِأَنَّهُ رُوحٌ وَلَيْسَ لَهُ جِسْمٌ.

하나님은 영이십니다. 이 말은 하나님은 육체가 없다는 의미입니다. 저와 당신처럼 모든 인간은 육체가 있습니다. 하지만 하나님은 우리처럼 육체를 필요로 하지 않습니다. 이 그림에 있는 여자 아이를 보십시오. 그녀는 움직이며 자신의 신체가 튼튼한 것을 보여줍니다. 하나님은 그 소녀를 보시지만 우리는 하나님을 볼 수 없습니다. 왜냐하면 그는 영이시며, 육체가 없기 때문입니다.

---

[1] دَوَام 지속, 계속, 영구성   عَلَى الدَّوَامِ 항상, 늘, 항시적으로

[2] وَجُود – وَجَدَ هـ أو ه ..을 찾다, 발견하다 <수동형> وَجَدَ/ يَجِدُ <수동형> وُجِدَ/ يُوجَدُ 있다, 존재하다
   لاَ يُوجَدُ إِلَهٌ 신이 존재하지 않는다

[3] بَقَاء – بَقِيَ/ يَبْقَى (س + و) 남다, 보존되다 ; 계속되다

[4] إِلَى الأَبَدِ 영원히

[5] عَنَى/ يَعْنِي 의미하다 (to mean)   مَاذَا يَعْنِي هَذَا؟ 이것은 무슨 의미인가?   يَعْنِي 즉, 이를테면, 말하자면

[6] اِحْتِيَاج – اِحْتَاجَ إِلَى (لـ) ... ...을 필요로 하다

[7] نَظَرَ – نَظَرَ إِلَى ه أو هـ ..을 보다, 주시하다 (to look at)   <명령형> ... أُنْظُرْ إِلَى

[8] تَحَرَّكَ/ يَتَحَرَّكُ 움직이다, 흔들리다

[9] بَيَّنَ/ يُبَيِّنُ هـ ..을 명백하게 하다, 해명하다, 밝히다, 설명하다 ; 보여주다, 드러내다

[10] لَكِنَّ (لَكِنَّ + نَا) 그러나

제 3 부 쉬운 성경 이야기

| 3-3 | 하나님은 사랑하는 분이십니다. | اللهُ مُحِبٌّ[1] |

يُعَرِّفُنَا[2] الْكِتَابُ الْمُقَدَّسُ أَنَّ اللهَ يُحِبُّنَا[3]. وَهُوَ يُحِبُّ[4] أَنْ يُسَاعِدَنَا[5]. إِنَّهُ صَدِيقٌ لَنَا وَيُحِبُّنَا أَنْ نَتَحَدَّثَ[6] إِلَيْهِ فِي الصَّلَاةِ. أُنْظُرْ إِلَى الطِّفْلِ الَّذِي فِي الصُّورَةِ إِنَّهُ يَتَحَدَّثُ إِلَى اللهِ

성경은 우리에게 하나님이 우리를 사랑하심을 알려줍니다. 또한 그는(하나님은) 우리를 돕기를 좋아하십니다. 참으로 그는 우리의 친구이시며 기도중에 우리가 그에게 이야기하는 것을 좋아하십니다. 하나님께 이야기하고 있는 그림 속의 소년을 보십시오.

| 3-4 | 하나님은 거룩하십니다. | اللهُ قُدُّوسٌ |

اللهُ قُدُّوسٌ. هَذَا يَعْنِي أَنَّ اللهَ لَا يُخْطِئُ[7] أَبَدًا، وَكُلُّ أَعْمَالِهِ صَالِحَةٌ[8]. لَا أَحَدَ[9] قُدُّوسٌ مِثْلَ اللهِ، فَكُلُّنَا نُخْطِئُ. اللهُ كَامِلٌ وَلَا يُمْكِنُ أَنْ يَعْمَلَ[10] الشَّرَّ وَلَا مَا يَضُرُّ[11]، لَكِنَّنَا نَحْنُ أَحْيَانًا نَعْمَلُ[12] مَا يَضُرُّ، كَمَا تَرَى فِي الصُّورَةِ.

하나님은 거룩하십니다. 이것은 하나님이 결코 죄를 짓지 않는다는 의미이며, 또한 그의 모든 일들이 선하다는 의미입니다. 아무도 하나님처럼 거룩하지 않습니다. 그래서 우리 모두는 죄를 짓습니다. 하나님은 완전하시고, 악을 행할 수 없으며, 해로운 것을 하지 않습니다. 그러나 우리들은 그림에서 보는 것 처럼 때때로 해로운 것을 행하기도 합니다.

---

[1] مُحِبٌّ 사랑하는, 좋아하는 ; 애인 أَحَبَّ / يُحِبُّ ه أو هـ ..을 사랑하다, 좋아하다

[2] عَرَّفَ / يُعَرِّفُ ه هـ ..에게 ..을 알게하다, 소개하다, 알려주다

[3] (يُحِبُّ + نَا) أَحَبَّ / يُحِبُّ ه أو هـ ..을 사랑하다, 좋아하다

[4] أَحَبَّ / يُحِبُّ أَنْ ... ...하기를 좋아하다

[5] سَاعَدَ / يُسَاعِدُ ه = مُسَاعَدَة ..을 돕다

[6] تَحَدَّثَ / يَتَحَدَّثُ – تَحَدَّثَ 이야기하다 تَحَدَّثَ مَعَ (إِلَى) ه في (ب، عَنْ) ... ...와 ...에 관해 이야기하다, 말하다

[7] أَخْطَأَ / يُخْطِئُ في ... ..에서 틀리다, 실수하다 أَخْطَأَ / يُخْطِئُ في حَقِّ اللهِ 하나님께 죄를 짓다

[8] صَالِح 좋은 ; 의로운 ; 선한

[9] لَا أَحَدَ قُدُّوسٌ (لَا النَّافِيَة لِلْجِنْسِ) 아무도 거룩한 자가 없다.

[10] عَمِلَ / يَعْمَلُ هـ – عَمَل ..을 하다, 일하다, 행하다 ; 행동하다

[11] ضَرَّ / يَضُرُّ ه أو هـ – ضَرّ ..에게 해를 끼치다, 손실을 주다 ; 유해하다

[12] نَحْنُ أَحْيَانًا نَعْمَلُ مَا يَضُرُّ 우리는 때때로 해를 끼치는 것을 합니다. We do sometimes what is harmful to

3-5	하나님은 자비로운 분입니다.	اللهُ رَحِيمٌ

هَلْ تَعْرِفُ¹ شَخْصًا رَحِيمًا جِدًّا وَلَطِيفًا مَعَكَ؟ رُبَّمَا تُفَكِّرُ² الآنَ فِي أَبِيكَ³ وَأُمِّــكَ، وَهَذَا صَحِيحٌ . لَكِنْ، هُنَاكَ آخَرُ يُحِبُّ أَنْ يَعْمَلَ مِنْ أَجْلِكَ كُلَّ شَيْءٍ جَمِيلٍ. إِنَّهُ اللهُ. إِنَّهُ رَحِيمٌ وَلَطِيفٌ بِنَا. وَهُوَ يَغْفِرُ⁴ أَخْطَاءَنَا⁵ أَيْضًا.

당신은 당신에게 아주 자비롭고 상냥한 사람을 알고 계십니까? 아마도 지금 당신의 아버지나 어머니를 생각하고 있을 것입니다. 그것은 사실입니다. 하지만 여기 당신을 위해 모든 좋은 것을 행하길 좋아하는 한 분이 있습니다. 그분은 바로 하나님이십니다. 그분은 우리에게 자비롭고 친절한 분입니다. 또한 그는 우리의 잘못을 용서하십니다.

3-6	하나님은 모든 것을 아시는 분입니다.	اللهُ عَالِمٌ بِكُلِّ شَيْءٍ

فِي الصُّورَةِ تَرَى نَادِيَة، وَأُمُّهَا تَشْرَحُ⁶ لَهَا كَيْفَ أَنَّ اللهَ يَعْلَمُ⁷ بِكُلِّ شَيْءٍ تُفَكِّرُ⁸ أَنْ تَعْمَلَهُ فِي الأُسْبُوعِ القَادِمِ، وَحَتَّى فِي السَّنَةِ القَادِمَةِ. اللهُ يَعْرِفُ اسْمَكَ، وَمَكَانَ بَيْتِكَ. إِنَّهُ يَعْرِفُ كُلَّ شَيْءٍ يَعْمَلُهُ كُلُّ وَاحِدٍ فِي كُلِّ مَكَانٍ فِي العَالَمِ. إِنَّهُ يَعْلَمُ كُلَّ شَيْءٍ.

당신은 이 그림에서 '나디야'를 보고 있습니다. 그녀의 엄마는 그녀에게, 그녀가 다음주 심지어 내년에 하려고 생각하고 있는 모든 것들을 하나님이 어떻게 아시는지를 설명하고 있습니다. 하나님은 당신의 이름과 당신 집이 어디에 있는지도 아십니다. 참으로 그는 한 사람 한 사람이 지구상 각 장소에서 행하는 모든 것들을 아십니다. 참으로 그는 모든 것을 아십니다.

---

[1] عَرَفَ/ يَعْرِفُ هـ أو ه – مَعْرِفَة (to know) 을 알다..
[2] فَكَّرَ/ يُفَكِّرُ فِي ... – تَفْكِير ...에 대해 생각하다, 사고하다
[3] 너의 아버지 (ك + أَبُو) <주격> أَبُوكَ <소유격> أَبِيكَ <목적격> أَبَاكَ <소유격> (أَبِي)
[4] غَفَرَ/ يَغْفِرُ هـ لـ ه – غَفْر، غُفْرَان ..에게..을 용서하다
[5] خَطَأٌ / أَخْطَاءٌ 실수, 오류, 과오, 잘못
[6] شَرَحَ/ يَشْرَحُ هـ – شَرْح ..을 설명하다, 해설하다
[7] عَلِمَ/ يَعْلَمُ ه أو هـ، ب ه أو هـ – عِلْم (to know) 을 알다..
[8] فَكَّرَ/ يُفَكِّرُ أَنْ ... ...에 대해 생각하다, 사고하다

3-7	هانا님은 어디든지 계십니다.	اللهُ مَوْجُودٌ فِي كُلِّ مَكَانٍ

فِي الصُّورَةِ يَسْأَلُ¹ سَمِيرٌ أَبَاهُ²: "هَلْ يَسْكُنُ³ اللهُ السَّمَاءَ؟" فَيَقُولُ لَهُ أَبُوهُ⁴: "نَعَمْ، وَلَكِنْ مَعَنَا هُنَا أَيْضًا. كَمَا أَنَّهُ مَعَ عَمِّكَ⁵ سَعِيدٍ فِي الْمَدِينَةِ الَّتِي يَعِيشُ⁶ فِيهَا فِي الْيَابَانِ". إِنَّ اللهَ مَوْجُودٌ فِي كُلِّ مَكَانٍ فِي نَفْسِ الْوَقْتِ.

그림에서 싸미르는 그의 아버지께 질문합니다. "하나님은 하늘에 사시나요?" 그의 아버지께서 그에게 이야기 합니다. "그래, 하지만 하나님은 일본의 도시에 살고 계신 싸이드 삼촌과 함께 계신 것 처럼 여기 우리와도 함께 계신단다." 참으로 하나님은 동시에 모든 곳에 존재하십니다.

3-8	하나님은 강하시며, 아무도 그분보다 더 강하지 않습니다.	اللهُ قَوِيٌّ، وَلَا أَحَدَ أَقْوَى مِنْهُ

مَنْ هُوَ أَقْوَى⁷ شَخْصٍ تَعْرِفُهُ؟ حَتَّى أَقْوَى شَخْصٍ رَأَيْتَهُ⁸ أَوْ سَمِعْتَ⁹ عَنْهُ لَا يُمْكِنُ أَنْ يَكُونَ أَقْوَى مِنَ اللهِ. قُوَّةُ اللهِ أَكْبَرُ مِنْ أَيِّ قُوَّةٍ نَعْرِفُهَا، لِأَنَّهُ خَلَقَ الْعَالَمَ وَكُلَّ مَا فِيهِ. لَا أَحَدَ أَقْوَى مِنَ اللهِ. اللهُ قَادِرٌ¹⁰ عَلَى كُلِّ شَيْءٍ.

당신이 알고 있는 사람 가운데 누가 가장 강합니까? 당신이 보았거나 들었던 가장 강한 사람이라도 하나님보다 더 강할 수는 없습니다. 하나님의 힘은 우리가 아는 어떤 힘보다 셉니다. 왜냐하면 그분은 세상과 그 가운데 있는 것들을 창조하셨기 때문입니다. 아무도 하나님 보다 강하지 않습니다. 하나님은 모든 것을 할 수 있는 분입니다.

---

¹ سَأَلَ/ يَسْأَلُ ه ،، عَنْ هـ ..에게 ..에 관해 묻다, 질문하다

² أَبَاهُ أَبُو + ه <목적격> (أَبَا) 그의 아버지에게

³ سَكَنَ/ يَسْكُنُ (فِي) – سَكَن ..에 살다, 거주하다

⁴ أَبُوهُ أَبُو + ه <주격> (أَبُو) 그의 아버지가

⁵ عَمّ عَمّ + ك 삼촌 (عَمّ)

⁶ عَاشَ/ يَعِيشُ – مَعِيشَة 살다 (to live), 생활하다

⁷ قَوِيّ/ أَقْوِيَاء 힘센, 강한, 강력한 أَقْوَى <비교급>

⁸ (أَنْتَ رَأَيْتَ + ه) رَأَى/ يَرَى ه، هـ، أَنْ – رُؤْيَة ..을 보다(to see)

⁹ سَمِعَ/ يَسْمَعُ ه أَوْ هـ – سَمْع ..을 듣다 ; 알아듣다

¹⁰ قَدَرَ/ يَقْدِرُ عَلَى، أَنْ – قُدْرَة – قَادِر ..할 수 있다, 능력이 있다 قَادِر عَلَى ..할 수 있는

| 3-9 | 하나님은 한 분이십니다. | اللهُ وَاحِدٌ |

سَأَلَ الْمُدَرِّسُ الْأَوْلَادَ[1] وَالْبَنَاتَ[2] فِي مَدْرَسَةِ[3] الْأَحَدِ : " كَمْ إِلَهًا تَعْرِفُونَ؟"[4] رَدَّ[5] عَلَيْهِ كُلُّ الْأَطْفَالِ: "يُوجَدُ[6] إِلَهٌ وَاحِدٌ فَقَطْ." فَقَالَ الْمُدَرِّسُ:" هَذَا صَحِيحٌ، يُوجَدُ إِلَهٌ وَاحِدٌ فَقَطْ. يَظُنُّ[7] بَعْضُ النَّاسِ أَنَّ هُنَاكَ آلِهَةً[8] كَثِيرَةً، لَكِنْ يُوجَدُ إِلَهٌ وَاحِدٌ فَقَطْ."

주일학교에서 선생님이 남자 아이들과 여자 아이들에게 묻습니다. "너희들은 몇 분의 하나님을 알고 있니?" 모든 아이들이 그에게 대답합니다. "하나님은 한 분 밖에 없습니다." 선생님이 말씀하시길 "네, 맞습니다. 하나님은 오직 한 분 밖에 없습니다. 어떤 사람들은 많은 신들이 있다고 생각하지만, 그러나 하나님은 오직 한 분 밖에 없습니다.

| 3-10 | 한 분이신 하나님은 성부와 성자와 성령이십니다. | اللهُ الْوَاحِدُ هُوَ الآبُ وَالابْنُ وَالرُّوحُ الْقُدُسُ[9] |

قَالَ الْمُدَرِّسُ لِلْأَوْلَادِ وَالْبَنَاتِ فِي مَدْرَسَةِ الْأَحَدِ:" اللهُ هُوَ أَبُونَا السَّمَاوِيُّ[10]، وَيَسُوعُ الْمَسِيحُ هُوَ اللهُ، وَالرُّوحُ الْقُدُسُ هُوَ اللهُ. لَكِنْ، يُوجَدُ إِلَهٌ وَاحِدٌ فَقَطْ. هَذَا لِأَنَّ الآبَ وَيَسُوعَ الْمَسِيحَ وَالرُّوحَ الْقُدُسَ هُمْ مَعًا إِلَهٌ وَاحِدٌ".

주일학교에서 선생님이 남자 아이들과 여자 아이들에게 말했습니다. "하나님은 하늘 아버지 이십니다. 그리고 예수 그리스도는 하나님이십니다. 그리고 성령도 하나님이십니다. 하지만 하나님은 오직 한 분 밖에 없습니다. 왜냐하면 성부와 예수 그리스도 그리고 성령이 함께 한 하나님이시기 때문입니다.

---

[1] وَلَد/ أَوْلَاد 아이(child) ; 아들 (boy), 남자 아이
[2] بِنْت/ بَنَات 딸 (girl) ; 처녀
[3] مَدْرَسَة الْأَحَد 주일학교
[4] (أَنْتُمْ تَعْرِفُونَ) عَرَفَ/ يَعْرِفُ ـهـ أو ه – مَعْرِفَة (to know) ..을 알다
[5] رَدَّ/ يَرُدُّ عَلَى ... – رَدَّ ...에게 대답하다
[6] وَجَدَ/ يَجِدُ ـهـ أو ه – وُجُود ..을 찾다, 발견하다 يُوجَدُ <수동형> 있다, 존재하다
[7] ظَنَّ/ يَظُنُّ ـهـ ـ ، ه ه – ظَنَّ 생각하다, 간주하다, 추측하다
[8] إِلَه/ آلِهَة 신 (god) ; 하나님 إِلَهُنَا 우리의 하나님
[9] الرُّوحُ الْقُدُسُ 성령
[10] سَمَاوِيّ 하늘의, 하늘에 있는 سَمَاء 하늘

제 3 부 쉬운 성경 이야기

4. 죄의 문제 مُشْكِلَةُ الْخَطِيَّةِ[1]

| 4-1 | 에덴 동산 | جَنَّةُ[2] عَدْنَ |

بَعْدَ أَنْ خَلَقَ اللهُ آدَمَ وَحَوَّاءَ، وَضَعَهُمَا[3] فِي جَنَّةِ عَدْنَ. كَانَتِ الْجَنَّةُ جَمِيلَةً جِدًّا. وَكَانَ آدَمُ وَحَوَّاءُ سَعِيدَيْنِ[4] جِدًّا هُنَاكَ.

하나님께서 아담과 하와를 창조하신 이후 그들을 에덴동산에 두셨습니다. 이 동산은 아주 아름다웠습니다. 아담과 하와는 거기에서 아주 행복하였습니다.

| 4-2 | 하나님은 아담과 하와에게 경고하셨습니다. | اللهُ يُحَذِّرُ[5] آدَمَ وَحَوَّاءَ |

قَالَ اللهُ لِآدَمَ وَحَوَّاءَ إِنَّهُمَا[6] يُمْكِنُ أَنْ يَأْكُلَا[7] مِنْ ثِمَارِ[8] أَيِّ شَجَرَةٍ فِي جَنَّةِ عَدْنَ مَاعَدَا[9] الشَّجَرَةَ الَّتِي كَانَتْ فِي وَسَطِ الْجَنَّةِ. وَأَوْصَاهُمَا[10] أَنْ يُطِيعَاهُ[11] وَلَا يَأْكُلَا مِنْ ثِمَارِ هَذِهِ الشَّجَرَةِ.

하나님은 아담과 하와에게 말씀하길, 동산 중앙에 있는 나무의 열매를 제외한, 에덴동산에 있는 어떤 나무의 열매든지 먹을 수 있다고 하셨습니다. 그리고 그들에게 그에게 순종할 것과 이 나무의 열매들을 먹지 말 것을 명령하였습니다.

---

[1] خَطِيَّة أَو خَطِيئَة/ خَطَايَا 죄 (sin) خَاطِئ/ خُطَاة 죄인
[2] جَنَّة/ جَنَّات أَو جِنَان 동산, 꽃동산, 정원 الْجَنَّة 천국, 낙원 جَنَّةُ عَدْنَ 에덴동산
[3] وَضَعَ/ يَضَعُ ه أَو - وَضْع 놓다, 두다 اللهُ وَضَعَهُمَا فِي جَنَّةِ عَدْنَ 하나님이 그들(dual)을 에덴동산에 두셨다.
[4] سَعِيد/ سُعَدَاء 행복한 (happy) سَعِيدَانِ <dual 주격> سَعِيدَيْنِ <dual 소유격, 목적격>
[5] حَذَّرَ/ يُحَذِّرُ ه مِنْ ... – تَحْذِير ..에게 ..을 경고하다
[6] قَالَ/ يَقُولُ إِنَّ ... ...를(라는 것을) 말하다 قَالَ اللهُ لِآدَمَ إِنَّهُ جَمِيلٌ 하나님이 아담에게 그가(아담이) 아름답다고 말했다.
[7] أَكَلَ/ يَأْكُلُ ه – أَكْل 먹다 (to eat) هُمَا يَأْكُلَانِ <dual 직설법> إِنَّهُمَا يُمْكِنُ أَنْ يَأْكُلَا 그들이 먹는다 <dual 접속법>
[8] ثَمَر/ أَثْمَار أَو ثِمَار 열매 ; 과실
[9] مَا عَدَا = مَاعَدَا (except) ..을 제외하고는
[10] (و + أَوْصَى + هُمَا) أَوْصَى/ يُوصِي – إِيصَاء 부탁하다, 명령하다 ; 유언하다
[11] أَطَاعَ/ يُطِيعُ ه – إِطَاعَة ..에게 순종하다 (<dual 접속법> + ه) (يُطِيعَا)

| 4-3 | 사탄은 아담과 하와를 시험합니다. | الشَّيْطَانُ يُجَرِّبُ[1] آدَمَ وَحَوَّاءَ |

هُنَاكَ مَلَائِكَةٌ تَعْمَلُ لِلْخَيْرِ، وَمَلَائِكَةٌ تَعْمَلُ لِلشَّرِّ. الْمَلَائِكَةُ الْأَشْرَارُ[2] اسْمُهُمْ "الشَّيَاطِينُ"[3]. الشَّيْطَانُ هُوَ رَئِيسُ الْمَلَائِكَةِ الْأَشْرَارِ. حَوَّلَ[4] الشَّيْطَانُ شَكْلَهُ إِلَى ثُعْبَانٍ[5] وَأَقْنَعَ[6] آدَمَ وَحَوَّاءَ أَنْ لَا يُطِيعَا اللهَ وَأَنْ يَأْكُلَا مِنْ الشَّجَرَةِ الَّتِي كَانَتْ فِي وَسَطِ الْجَنَّةِ مَعَ أَنَّ[7] اللهَ قَالَ لَهُمَا عَكْسَ ذَلِكَ. أَتَمَنَّى[8] لَوْ أَنَّ آدَمَ وَحَوَّاءَ لَمْ يَسْمَعَا كَلَامَ الشَّيْطَانِ وَلَمْ يَعْمَلَا مَا أَرَادَهُ[9]. أَتَمَنَّى لَوْ أَنَّهُمَا سَمِعَا كَلَامَ اللهِ.

천사들 가운데 선한 일을 하는 천사도 있고, 악을 행하는 천사들도 있습니다. 이 악한 천사들의 이름은 사탄입니다. 이 사탄은 악한 천사들의 우두머리입니다. 하나님께서 아담과 하와에게 반대로 말씀하셨음에도 불구하고, 사탄은 그의 모습을 뱀으로 변하여, 아담과 하와가 하나님께 불순종하여 동산 중앙에 있는 실과를 먹도록 설득했습니다. 아담과 하와가 사탄의 말을 듣지 않고 사탄이 원하는 그것을 하지 않았으면 좋겠습니다. 그들이 하나님의 말씀을 들었으면 좋겠습니다.

| 4-4 | 아담과 하와는 하나님께 불순종했습니다. | آدَمُ وَحَوَّاءُ يَعْصِيَانِ[10] اللهَ |

مِنَ الْمُحْزِنِ[11] أَنْ نَعْرِفَ أَنَّ حَوَّاءَ اسْتَمَعَتْ[12] لِكَلَامِ الشَّيْطَانِ وَأَكَلَتْ مِنْ ثِمَارِ الشَّجَرَةِ الَّتِي قَالَ اللهُ أَلَّا[13] يَأْكُلَا مِنْهَا، كَمَا أَعْطَتْ[1] آدَمَ مِنْهَا وَأَكَلَ هُوَ أَيْضًا. إِنَّهُمَا لَمْ يُطِيعَا[2] اللهَ، وَهَذَا أَمْرٌ سَيِّئٌ[3] جِدًّا. إِنَّهُ الْخَطِيَّةُ[4]

---

[1] جَرَّبَ/ يُجَرِّبُ هـ – تَجْرِيب ..을 시험하다, 실험하다

[2] شِرِّير/ أَشْرَار 간악한, 흉악한   شَرّ/ شُرُور 악, 악의

[3] شَيْطَان/ شَيَاطِين 사탄 (Satan), 귀신

[4] حَوَّلَ/ يُحَوِّلُ هـ – هـ، هـ إِلَى ... – تَحْوِيل 변화시키다, 전환하다 (to change)

[5] ثُعْبَان = حَيَّة 뱀

[6] أَقْنَعَ/ يُقْنِعُ ه أَوْ هـ ..을 확신시키다 ; 믿게하다, 설득시키다

[7] مَعَ أَنَّ <양보의 접속사> ... 함에도 불구하고(although)

[8] تَمَنَّى/ يَتَمَنَّى هـ ..을 바라다, 희망하다, 원하다

[9] (أَرَادَ + هـ)   أَرَادَ/ يُرِيدُ هـ، أَنْ – إِرَادَة ..을 원하다, 바라다

[10] <dual> + أن + يَعْصِيَ)   عَصَى/ يَعْصِي ه أَوْ هـ 불순종하다, 거역하다

[11] مُحْزِن 슬픈, 비통한, 비극적인   مِنَ الْمُحْزِنِ أَنْ ... ...하는 것이 슬프게도

[12] اِسْتَمَعَ/ يَسْتَمِعُ إِلَى(لـ) ... – اِسْتِمَاع ...을 듣다, 청취하다, 귀를 기울이다

[13] أَلَّا = أَنْ لَا

제 3 부 쉬운 성경 이야기

하와가 사탄의 말을 듣고 하나님이 먹지말라고 말씀한 그 나무의 열매를 먹었다는 것을 우리가 아는 것은 슬픈 일입니다. 그리고 그녀는 아담에게 그것을 주었고, 그도 역시 먹고 말았습니다. 그들은(dual) 하나님께 순종하지 않았고, 이것은 참 나쁜 일입니다. 그것은 정말로 죄입니다.

4-5 하나님은 아담과 하와에게 벌을 내렸습니다. اللهُ يُعَاقِبُ⁵ آدَمَ وَحَوَّاءَ

ضَاعَتِ⁶ السَّعَادَةُ⁷ مِنْ آدَمَ وَحَوَّاءَ لِأَنَّهُمَا⁸ لَمْ يُطِيعَا اللهَ. وَلِذَلِكَ عَاقَبَهُمَا⁹ اللهُ وَأَرْسَلَ مَلَاكًا يَطْرُدُهُمَا¹⁰ مِنَ الْجَنَّةِ الْجَمِيلَةِ. قَالَ اللهُ لِآدَمَ وَحَوَّاءَ إِنَّهُمَا سَيَعْرِفَانِ¹¹ الْحُزْنَ وَالْأَلَمَ بِسَبَبِ عَدَمِ طَاعَتِهِمَا¹² لَهُ. وَمُنْذُ¹³ ذَلِكَ الْيَوْمِ بَدَأَ¹⁴ يَكْبُرَانِ¹⁵ فِي السِّنِّ، ثُمَّ مَاتَا¹⁶.

아담과 하와는 행복을 잃었습니다. 왜냐하면 그들이 하나님께 불순종했기 때문입니다. 그래서 하나님은 그들에게 벌을 내렸습니다. 하나님은 그들을 아름다운 동산으로 부터 쫓아낼 천사들을 보내었습니다. 하나님이 아담과 하와에게, 그들은 하나님께 순종하지 않음으로 인해 슬픔과 고통을 알게 될 것이라고 말씀하셨습니다. 그날로 부터 그들은 나이가 자라기 시작했습니다. 그래서 결국 죽고 말았습니다.

---

¹ (هِيَ أَعْطَتْ)   أَعْطَى/ يُعْطِي ه ه، ه ل ه..   ..에게 ..을 주다, 제공하다
² (يُطِيعَا) <dual 단축법>   أَطَاعَ/ يُطِيعُ ه – إِطَاعَة   ..에게 순종하다
³ 이것은 나쁜 문제(것)입니다.   هَذَا أَمْرٌ سَيِّئٌ   نَبِّئٌ 나쁜, 악한, 추악한
⁴ (sin) 죄   خَطِيَّة أَو خَطِيئَة/ خَطَايَا   خَاطِئٌ/ خُطَاة 죄인
⁵ عَاقَبَ/ يُعَاقِبُ ه بـ، عَلَى ... – عِقَاب   ...에 대하여 ...를 처벌하다, 징벌하다
⁶ ضَاعَ/ يَضِيعُ – ضَيَاع 잃어지다, 잃다 (사물이 주어)   ضَاعَ كِتَابِي مِنِّي. 나의 책이 나로부터 잃어졌다(책을 잃었다.)
⁷ سَعَادَة 행복 (happiness)
⁸ (لِأَنَّ + هُمَا)
⁹ عَاقَبَ/ يُعَاقِبُ ه بـ، عَلَى ... – عِقَاب   ...에 대하여 ...를 처벌하다, 징벌하다
¹⁰ طَرَدَ/ يَطْرُدُ ه – طَرْد   ..을 몰아내다, 내쫓다, 추방하다
¹¹ <dual> عَرَفَ/ يَعْرِفُ ه أو ه – مَعْرِفَة (to know) ..을 알다   (س + يَعْرِفُ + ان)
¹² طَاعَة 순종   <동명사를 부정하는 조사> عَدَم + طَاعَة + هُمَا
¹³ مُنْذُ ... 부터   مُنْذُ ذَلِكَ الْيَوْمِ 그날로 부터
¹⁴ بَدَأَ/ يَبْدَأُ هـ، بـ هـ – بَدْء ..을 시작하다, 착수하다   بَدَأَ/ يَبْدَأُ + 현재동사 ...하기 시작하다
¹⁵ <dual 직설법> كَبُرَ/ يَكْبُرُ ; 자라다 ; 나이가 들다, 늙어가다   (يَكْبُرُ + ان)
¹⁶ <dual 직설법> مَاتَ/ يَمُوتُ – مَوْت   مَاتَ + ا 죽다, 사망하다

| 4-6 | 죄는 우리 모두의 마음속에 있습니다. | الْخَطِيَّةَ فِي قُلُوبِنَا[1] كُلِّنَا |

عَمِلَ أَبْنَاءُ[2] آدَمَ وَحَوَّاءَ وَأَحْفَادُهُمْ[3] خَطَايَا[4] كَثِيرَةً. مَا الأَخْطَاءُ[5] الَّتِي نَرَاهَا تَحْدُثُ[6] فِي الصُّورَةِ الْمُقَابِلَةِ؟ وَلِمَاذَا يَعْمَلُ هَؤُلَاءِ[7] النَّاسُ هَذِهِ الأَخْطَاءَ؟ هَذَا لِأَنَّنَا كُلَّنَا نَحْتَفِظُ[8] بِخَطَايَا فِي قُلُوبِنَا. لَكِنَّ يَسُوعَ الْمَسِيحَ جَاءَ[9] لِكَيْ يُنْقِذَنَا[10] مِنْ هَذِهِ الْخَطَايَا وَيُطَهِّرَنَا[11] مِنْهَا.

아담과 하와의 아들들과 후손들은 많은 죄를 지었습니다. 다음의 그림에서 우리는 어떤 잘못이 일어나는 것을 봅니까? 왜 이 사람들은 이러한 잘못을 행합니까? 그것은 우리 모두가 우리의 마음속에 죄악들을 품고 있기 때문입니다. 하지만 예수 그리스도는 우리를 이 죄악들로 부터 구원하고, 우리를 그 죄로부터 깨끗케 하시기 위해서 오셨습니다.

[1] قَلْب/ قُلُوب ; 심장 ; 마음, 심정
[2] اِبْن/ بَنُون أَو أَبْنَاء 아들
[3] حَفِيد/ أَحْفَاد (و + أَحْفَاد + هم) 손자
[4] خَاطِئ/ خُطَاة 죄인 خَطِيَّة أَو خَطِيئَة/ خَطَايَا 죄 (sin)
[5] خَطَأ / أَخْطَاء 실수, 오류, 과오, 잘못
[6] حَدَثَ/ يَحْدُثُ – حُدُوث (사건이) 일어나다, 발생하다
[7] <지시대명사> هَذَا 이것은, 그것은   هَؤُلَاء 이것들은
[8] اِحْتَفَظَ/ يَحْتَفِظُ بـ ..을 간직하다 ; 유지하다, 견지하다, 지키다 ; 보존하다
[9] جَاءَ/ يَجِيءُ ه أَو هـ، إِلَى 오다(to come)
[10] أَنْقَذَ/ يُنْقِذُ ه مِن – إِنْقَاذ (يُنْقِذُ + نا) ..에서 ..를 구조하다, 구원하다
[11] طَهَّرَ/ يُطَهِّرُ ه أَو هـ – تَطْهِير (يُطَهِّرُ + نا) 깨끗하게 하다, 정결히 하다, 정화시키다

제 3 부 쉬운 성경 이야기

5. 우리를 죄로부터 구원하시기 위해 주 예수 그리스도께서 오셨습니다.

جَاءَ الرَّبُّ يَسُوعُ الْمَسِيحُ لِيُنْقِذَنَا[1] مِنَ الْخَطِيَّة

| 5-1 | 예수님은 하나님의 아들이십니다. | يَسُوعُ هُوَ ابْنُ الله |

يُخْبِرُنَا[2] الْكِتَابُ الْمُقَدَّسُ بِالْكَثِيرِ عَنِ الرَّبِّ يَسُوعَ الْمَسِيحِ. إِنَّهُ ابْنُ الله. وَاللهُ الآبُ يُحِبُّهُ كَثِيرًا، وَيُحِبُّكَ أَنْتَ. لَقَدْ أَحَبَّكَ اللهُ لِدَرَجَةِ[3] أَنَّهُ أَرْسَلَ يَسُوعَ الْمَسِيحِ مِنَ السَّمَاءِ لِكَي يُنْقِذَكَ. وَلِذَلِكَ مَاتَ الْمَسِيحُ بِسَبَبِ خَطِيَّتِكَ. وَالآنَ اللهُ قَادِرٌ أَنْ يَغْفِرَ خَطَايَاكَ كُلَّهَا.

성경은 우리에게 주 예수 그리스도에 대해서 많은 것들을 알려줍니다. 진실로 그는 하나님의 아들입니다. 성부 하나님께서 그를 무척 사랑하십니다. 그리고 당신도 사랑하십니다. 하나님은 당신을 무척 사랑하셔서, 당신을 구원하시기 위해 하늘로 부터 예수 그리스도를 보내기 까지 하셨습니다. 그래서 그리스도는 당신의 죄 때문에 죽으셨습니다. 그리고 지금 하나님은 당신의 모든 죄들을 사하실 수 있습니다.

| 5-2 | 주 예수 그리스도는 영원이 살아계십니다. | الرَّبُّ يَسُوعُ الْمَسِيحُ حَيٌّ إِلَى الأَبَدِ |

هَذَا هُوَ الرَّبُّ يَسُوعُ الْمَسِيحُ حِينَمَا عَاشَ عَلَى أَرْضِنَا. يُعَلِّمُنَا الْكِتَابُ الْمُقَدَّسُ أَنَّهُ كَانَ فِي السَّمَاءِ قَبْلَ[4] أَنْ يَأْتِيَ إِلَى الأَرْضِ. لَقَدْ كَانَ فِي السَّمَاءِ مَعَ اللهِ الآبِ وَقَدْ جَاءَ إِلَى الأَرْضِ لِيُنْقِذَنَا مِنَ الْخَطِيَّةِ. وَهُوَ الآنَ مَازَالَ[5] حَيًّا فِي السَّمَاءِ.

이 분이 우리의 땅위에 사셨던 주 예수 그리스도이십니다.(이 분은 우리의 땅에 사셨을 동안 주 예수 그리스도이셨습니다.) 성경은 그가 이 땅에 오시기 전에 하늘에 계셨다고 우리에게 가르칩니다. 그는 성부 하나님과 함께 하늘에 계셨고, 우리를 죄에서 구원하시기 위해 이 땅에 오셨습니다. 그리고 그는 지금도 여전히 하늘에서 살아 계십니다.

---

[1] أَنْقَذَ/ يُنْقِذُ ه مِن – إِنْقَاذ ..에서 ..를 구조하다, 구원하다

[2] (يُخْبِرُ + نَا) أَخْبَرَ/ يُخْبِرُ ه بـ هـ، ه هـ ..에게 ..을 전하다, 알리다, 통지하다

[3] لِدَرَجَةِ أَنَّ ... ...하기까지 하다

[4] قَبْلَ أَنْ ... ...하기 전에

[5] مَازَالَ = مَا زَالَ ...여전히...하다 مَا زَالَ قَائِمًا 그는 여전히 서있다.

49

| 5-3 | 주 예수님은 하늘을 버리셨습니다. | الرَّبُّ يَسُوعُ تَرَكَ[1] السَّمَاءَ |

الرَّبُّ يَسُوعُ هُوَ ابْنُ اللهِ . وَهُوَ حَيٌّ فِي السَّمَاءِ وَقَدْ رَأَى النَّاسَ يَعْمَلُونَ شُرُورًا[2] كَثِيرَةً، وَكَانَ اللهُ سَيُعَاقِبُهُمْ، مَعَ أَنَّهُ يُحِبُّهُمْ. فَأَرْسَلَ اللهُ الآبُ الرَّبَّ يَسُوعَ الْمَسِيحَ لِيَعْمَلَ عَمَلاً مُهِمًّا جِدًّا. قَالَ الْمَسِيحُ : "سَأَنْزِلُ[3] إِلَى الأَرْضِ، وَأَتَحَمَّلُ[4] عِقَابَ[5] النَّاسِ عَلَى الْخَطِيَّةِ بَدَلاً عَنْهُمْ. لَقَدِ اسْتَحَقُّوا[6] الْمَوْتَ، وَسَأَمُوتُ بَدَلاً عَنْهُمْ".

주 예수님은 하나님의 아들이십니다. 그는 하늘에서 살아계셔서, 많은 악을 행하는 사람을 보았습니다. 하나님은 그들을 사랑하셨음에도 불구하고, 그들을 벌하려고 하셨습니다. 그래서 하나님 아버지께서는 주 예수 그리스도를 보내셔서, 아주 중요한 일을 하도록 하셨습니다. 그리스도께서 말씀하시길 "내가 땅으로 내려가겠다. 그리고 죄에 대한 사람들의 형벌을 그들을 대신해서 지겠다. 정말 그들은 죽는 것이 마땅하지만 내가 그들을 대신해서 죽겠다"

| 5-4 | 아기 예수님의 탄생 | وِلاَدَةُ[7] الطِّفْلِ يَسُوعَ |

عَرَفْنَا أَنَّ الرَّبَّ يَسُوعَ تَرَكَ السَّمَاءَ بِكُلِّ مَا فِيهَا مِنْ أَشْيَاءٍ[8] جَمِيلَةٍ وَجَاءَ إِلَى الأَرْضِ لِيُنْقِذَنَا[9] مِنَ الْخَطِيَّةِ. لَكِنْ هَلْ جَاءَ إِلَى الأَرْضِ فِي صُورَةِ مَلاَكٍ؟ لاَ. لَقَدْ جَاءَ فِي صُورَةِ طِفْلٍ مَوْلُودٍ. وَلِهَذَا لَمْ يَخَفْ[10] أَيُّ شَخْصٍ مِنْ يَسُوعَ.

우리는 주 예수님이 하늘에 있는 모든 아름다운 것들을 버리시고 우리를 죄로부터 구원하시기 위해 이 땅에 오셨다는 것을 알고 있습니다. 그런데 그분이 천사의 모습으로 이 땅에 오셨을까요? 아닙니다. 그분은 갓난 아기의 모습으로 오셨습니다. 그래서 그 어느 누구도 예수님을 무서워하지 않았습니다.

---

[1] تَرَكَ – يَتْرُكُ ه أو هـ ..를 떠나다 ; 버리고 가다
[2] شَرٌّ/ شُرُورٌ 악, 악의 شِرِّير/ أَشْرَار 간악한, 흉악한
[3] نَزَلَ / يَنْزِلُ – نُزُولٌ 내려오다, 내려앉다
[4] تَحَمَّلَ / يَتَحَمَّلُ ه أو هـ ..을 지니다, 걸머지다 ; 참다, 감수하다, 견디다
[5] عِقَابٌ/ عِقَابَاتٌ 처벌, 벌
[6] اِسْتَحَقَّ/ يَسْتَحِقُّ هـ ...을 할 만하다, ..할 자격이 있다
[7] وِلاَدَةٌ 출생, 탄생 وَلَدَ/ يَلِدُ ه أو هـ – وِلاَدَة (아이를) 낳다
[8] شَيْءٌ/ أَشْيَاءُ 물건, 사물 ; 그 무엇, 그 어떤 것 (thing)
[9] أَنْقَذَ/ يُنْقِذُ ه مِن – إِنْقَاذٌ (ل + يُنْقِذ + نا) ..에서 ..를 구조하다, 구원하다
[10] خَافَ/ يَخَافُ مِنْ ه أو هـ – خَوْفٌ ..을 무서워하다 لَمْ يَخَفْ <표 19 단축법>

제 3 부 쉬운 성경 이야기

| 5-5 | 천사가 동정녀 마리아에게 나타납니다 | الْمَلَاكُ يَظْهَرُ¹ لِلْعَذْرَاءِ مَرْيَمَ |

هَذِهِ الصُّورَةُ تُمَثِّلُ² الْمَلَاكَ جِبْرَائِيلَ وَهُوَ يُكَلِّمُ³ الْعَذْرَاءَ مَرْيَمَ وَيَقُولُ لَهَا إِنَّهَا سَتَحْبَلُ⁴ وَتَلِدُ⁵ ابْنًا. وَقَالَ إِنَّ هَذَا الِابْنَ سَيَكُونُ عَظِيمًا وَسَيُخَلِّصُ⁶ النَّاسَ مِنَ الْخَطِيَّةِ وَعِقَابِهَا، وَمَعْنَى اسْمِ يَسُوعَ هُوَ "الْمُخَلِّصُ"

이 그림은 천사 가브리엘을 묘사합니다. 그는 동정녀 마리아에게 그녀가 임신하여 아들을 낳게 될 것이라고 말합니다. 그리고 이 아들은 위대하게 될 것이며, 백성들을 죄와 그 형벌에서 구원하실 것이라고 말합니다. 예수 이름의 의미는 "구원자" 입니다.

| 5-6 | 예수님의 탄생 | مَوْلِدُ⁷ يَسُوعَ |

كَانَتِ الْعَذْرَاءُ مَرْيَمُ مَعَ يُوسُفَ النَّجَّارِ فِي بَيْتِ لَحْمٍ عِنْدَمَا جَاءَ وَقْتُ وِلَادَتِهَا. وَلَمْ يَجِدَا⁸ مَكَانًا يَبِيتَانِ⁹ فِيهِ، فَبَاتَا فِي حَظِيرَةِ¹⁰ الْبَقَرِ. وَفِي تِلْكَ اللَّيْلَةِ وُلِدَ يَسُوعُ الْمَسِيحُ، فِي حَظِيرَةِ الْبَقَرِ وَالْحَمِيرِ¹¹ وَالْغَنَمِ. هَذَا أَمْرٌ عَجِيبٌ، أَنْ يُولَدَ¹² ابْنُ اللهِ الْخَالِقُ الْعَظِيمُ فِي حَظِيرَةٍ، وَلَيْسَ فِي بَيْتٍ جَمِيلٍ.

해산의 때가 다가왔을 때 동정녀 마리아는 목수 요셉과 함께 베들레헴에 있었습니다. 그들은(dual) 밤을 지샐 장소를 찾지 못했습니다. 그래서 소의 우리에서 밤을 보냈습니다. 그날 밤 소와 당나귀들과 양이 있는 우리에서 예수 그리스도가 태어났습니다. 위대한 창조주 하나님의 아들이 아름다운 집이 아닌, 우리에서 태어나셨다는 것은 정말 놀라운 사실입니다.

---

¹ ظَهَرَ/ يَظْهَرُ – ظُهُور   나타나다, 출현하다
² مَثَّلَ/ يُمَثِّلُ هـ أَوْ ه   1. 대표하다 (to represent) 2. 묘사하다, 비유하다
³ كَلَّمَ/ يُكَلِّمُ ه   ..에게 말하다
⁴ حَبِلَ/ يَحْبَلُ – حَبَل   임신하다
⁵ وَلَدَ/ يَلِدُ ه – وِلَادَة   (아이를) 낳다   وُلِدَ/ يُولَدُ   태어나다
⁶ خَلَّصَ/ يُخَلِّصُ ه مِنْ   ...로 부터 ...를 구원하다, 구하다
⁷ مَوْلِد/ مَوَالِد   출생, 탄생
⁸ وَجَدَ/ يَجِدُ ه أَوْ هـ – وُجُود   ..을 찾다, 발견하다
⁹ (يَبِيت + أَن) بَاتَ/ يَبِيتُ   밤을 지내다, 철야하다
¹⁰ حَظِيرَة/ حَظَائِر   담, 울타리 ; 우리   حَظِيرَة الْغَنَم   양 우리
¹¹ حِمَار/ حَمِير أَوْ حُمُر   당나귀
¹² وُلِدَ/ يُولَدُ <수동태>   태어나다   وَلَدَ/ يَلِدُ ه – وِلَادَة   (아이를) 낳다

| 5-7 | 천사가 목자들에게 이야기합니다. | الْمَلَاكُ يُكَلِّمُ الرُّعَاةَ[1] |

فِي اللَّيْلَةِ الَّتِي وُلِدَ فِيهَا يَسُوعُ، كَانَ بَعْضُ الرُّعَاةِ يَحْرُسُونَ[2] أَغْنَامَهُمْ[3]. وَفَجْأَةً[4] ظَهَرَ لَهُمْ مَلَاكٌ وَقَالَ لَهُمْ: "وُلِدَ لَكُمُ الْيَوْمَ مُخَلِّصٌ[5] هُوَ الْمَسِيحُ فِي مَدِينَةِ بَيْتِ لَحْمٍ"

예수님이 태어나시던 저녁에 어떤 목자들이 그들의 양떼를 지키고 있었습니다. 갑자기 그들에게 천사가 나타나서 이야기 했습니다. "오늘 베들레헴 도시에서 너희를 위해 구세주가 태어나셨다"

| 5-8 | 천사들이 하나님을 찬양합니다. | الْمَلَائِكَةُ يُسَبِّحُونَ[6] اللهَ |

بَعْدَ ذَلِكَ اِمْتَلَأَتِ[7] السَّمَاءُ بِالْمَلَائِكَةِ وَكَانُوا يُسَبِّحُونَ اللهَ قَائِلِينَ: "الْمَجْدُ لله". لَقَدْ كَانُوا سُعَدَاءَ[8] لِأَنَّ الْمَسِيحَ جَاءَ إِلَى الْعَالَمِ لِيُنْقِذَ النَّاسَ مِنَ الْخَطِيَّةِ وَعِقَابِهَا.

그 후 하늘이 천사들로 가득차서 그들이 하나님을 찬양하며 말하길 "하나님께 영광이라" 하였습니다. 그래서 그들은 기뻤습니다. 왜냐하면 그리스도가 백성들을 죄와 그 형벌에서 구원하시기 위해 이 세상에 오셨기 때문입니다.

| 5-9 | 목자들이 그리스도께 경배합니다. | الرُّعَاةُ يَسْجُدُونَ[9] لِلْمَسِيحِ |

ذَهَبَ[10] الرُّعَاةُ بِسُرْعَةٍ إِلَى مَدِينَةِ بَيْتِ لَحْمٍ، الَّتِي وُلِدَ فِيهَا الْمَسِيحُ. وَسَجَدُوا أَمَامَهُ لِأَنَّهُ هُوَ ابْنُ الله.

목자들은 빨리 그리스도가 태어난 베들레헴으로 갔습니다. 그들은 그 앞에 경배했는데 왜냐하면 그분은 하나님의 아들이시기 때문입니다.

---

[1] رَاعٍ(الرَّاعِي)/ رُعَاةٌ 양치기, 목동 ; 목사, 신부
[2] حَرَسَ/ يَحْرُسُ ه أو هـ — حَرْسٌ، حِرَاسَةٌ 경비하다 ; 지키다, 수호하다
[3] غَنَمٌ/ أَغْنَامٌ 양
[4] (و + فَجْأَةً) فَجْأَةً 갑자기, 돌연히, 불시에
[5] مُخَلِّصٌ 구세주(savior) خَلَّصَ/ يُخَلِّصُ ه مِنْ ...로 부터 ...를 구원하다, 구하다
[6] سَبَّحَ/ يُسَبِّحُ ه — تَسْبِيحٌ ..을 찬양하다, 찬미하다
[7] اِمْتَلَأَ/ يَمْتَلِئُ ب هـ — اِمْتِلَاءٌ ..로 가득차다, 충만되다, 채워지다
[8] سَعِيدٌ/ سُعَدَاءُ 행복한 (happy)
[9] سَجَدَ/ يَسْجُدُ لـ ه — سُجُودٌ ..에게 머리숙이다, 절하다
[10] ذَهَبَ/ يَذْهَبُ – ذَهَابٌ 가다 (to go) ذَهَبَ/ يَذْهَبُ إِلَى ... ...로 가다

5-10 الْحُكَمَاءُ[1] (الْمَجُوسُ) يَزُورُونَ[2] يَسُوعَ
지혜자들(박사들)이 예수님을 방문합니다.

بَعْدَ ذَلِكَ جَاءَ حُكَمَاءُ مِنْ بِلَادٍ بَعِيدَةٍ وَمَعَهُمْ هَدَايَا[3] لِلطِّفْلِ يَسُوعَ. هَلْ تَعْرِفُ السَّبَبَ؟ لِأَنَّ يَسُوعَ هُوَ ابْنُ اللهِ وَهُوَ مَلِكٌ عَظِيمٌ.

그 후 지혜자들이 먼 나라들에서 왔는데, 그들에게 아기 예수를 위한 선물이 있었습니다. 당신은 그 이유를 하십니까? 그것은 예수님이 하나님의 아들이기 때문이고, 그분이 위대한 왕이시기 때문입니다.

5-11 الصَّبِيُّ يَسُوعُ يُعَلِّمُ الْكِبَارَ[4]
소년 예수님이 어른들을 가르칩니다.

هَذِهِ صُورَةٌ تُمَثِّلُ[5] يَسُوعَ عِنْدَمَا كَانَ عُمْرُهُ ١٢ سَنَةً. إِنَّهُ يُعَلِّمُ الْكِبَارَ عَنِ اللهِ. كَانَ يَسُوعُ يَعْرِفُ اللهَ الْآبَ جَيِّدًا لِأَنَّهُ كَانَ مَعَهُ فِي السَّمَاءِ مِنْ قَبْلِ أَنْ يَأْتِيَ إِلَى الْأَرْضِ.

이것은 예수님이 12살 때의 일을 묘사하는 그림입니다. 그분은 어른들에게 하나님에 대해 가르칩니다. 예수님은 성부 하나님에 대해 아주 잘 알았습니다. 왜냐하면 그분이 이 땅에 오기전에 하나님과 함께 하늘에 계셨기 때문입니다.

5-12 يَسُوعُ يَخْتَارُ[6] ١٢ تِلْمِيذًا
예수님은 12 제자를 선택하십니다.

عِنْدَمَا كَبُرَ[7] يَسُوعُ، اِخْتَارَ ١٢ شَابًّا لِيَكُونُوا تَلَامِيذَ[8] لَهُ. وَقَدْ كَانُوا مَعَهُ فِي كُلِّ مَكَانٍ ذَهَبَ إِلَيْهِ وَعَلَّمَهُمْ كُلَّ شَيْءٍ عَنِ اللهِ الْآبِ وَعَنِ الْحَيَاةِ الرُّوحِيَّةِ.

예수님이 성인이 되었을 때 12명의 청년을 그의 제자로 삼기 위해 선택하셨습니다. 그들은 예수님이 가는 어느 곳이던 함께 하였고, 예수님은 그들에게 성부 하나님과 영적인 삶에 대해서 모든 것을 가르쳤습니다.

---

[1] حَكِيم/ حُكَمَاء ; 현명한 사람, 철학가   현명한, 지혜로운
[2] زَارَ/ يَزُورُ ه – زِيَارَة   ..를 방문하다
[3] هَدِيَّة/ هَدَايَا   선물, 예물
[4] كَبِير/ كِبَار أو كُبَرَاء   큰, 거대한 ; 늙은, 나이 많은
[5] مَثَّلَ/ يُمَثِّلُ هـ أو ه   1. 대표하다 (to represent) 2. 묘사하다, 비유하다
[6] اِخْتَارَ/ يَخْتَارُ ه أو هـ – اِخْتِيَار   ..을 고르다, 선택하다
[7] كَبَرَ/ يَكْبُرُ – كِبَر   나이가 들다, 늙어가다 ; 자라다   كَبُرَ/ يَكْبُرُ   크다, 거대하다 ;크게 되다, 자라다
[8] تِلْمِيذ/ تَلَامِيذ   제자

| 5-13 | 예수님은 남자 소경을 고치십니다. | يَسُوعُ يَشْفِي[1] رَجُلاً أَعْمَى[2] |

عَمِلَ الْمَسِيحُ عَجَائِبَ[3] وَمُعْجِزَاتٍ[4] كَثِيرَةً. فَقَدْ شَفَى مَرْضَى كَثِيرِينَ. الصُّورَةُ تُبَيِّنُ[5] أَنَّهُ يَشْفِي رَجُلاً أَعْمَى. لَقَدْ أَمَرَ الْأَعْمَى أَنْ يُشْفَى وَفِي الْحَالِ[6] اسْتَطَاعَ[7] الرَّجُلُ أَنْ يَرَى.

예수님은 신기한 일과 기적들을 많이 행하셨습니다. 그래서 많은 병자들을 고치셨습니다. 이 사진은 그가 남자 소경을 고치시는 것을 나타냅니다. 그는 소경에게 낫기를 명령했고 곧바로 그 남자는 볼 수 있게 되었습니다.

| 5-14 | 예수님은 안 소녀를 죽음에서 일으켜세웁니다 | يَسُوعُ يُقِيمُ طِفْلَةً مِنَ الْمَوْتِ |

فِي الصُّورَةِ نَرَى يَسُوعَ يُقِيمُ[8] طِفْلَةً صَغِيرَةً مِنَ الْمَوْتِ. يَسْتَطِيعُ يَسُوعُ أَنْ يَعْمَلَ مُعْجِزَاتٍ وَأَشْيَاءَ[9] كَثِيرَةً عَجِيبَةً لِأَنَّهُ هُوَ ابْنُ الله.

이 그림에서 우리들은 예수님이 한 작은 소녀를 죽음에서 일으켜 세우는 것을 봅니다. 예수님은 기적들과 수많은 놀라운 일들을 행하실 수 있습니다. 왜냐하면 그는 하나님의 아들이시기 때문입니다.

| 5-15 | 예수님은 기적들을 행하십니다. | يَسُوعُ يَعْمَلُ الْمُعْجِزَاتِ |

هَلْ نَرَى فِي الصُّورَةِ يَسُوعَ وَهُوَ يَمْشِي[10] عَلَى الْمَاءِ؟ هَلْ تَسْتَطِيعُ أَنْتَ أَنْ تَمْشِيَ عَلَى الْمَاءِ؟ طَبْعًا لَا. لَكِنَّ يَسُوعَ اسْتَطَاعَ أَنْ يَمْشِيَ عَلَى الْمَاءِ لِأَنَّهُ ابْنُ الله.

이 그림에서 우리는 예수님이 물 위를 걷는 것을 보고 있습니까? 당신은 물 위를 걸을 수 있습니까? 물론 불가능합니다. 하지만 예수님은 물위를 걸을 수 있는데, 그 이유는 하나님의 아들이시기 때문입니다.

---

[1] شَفَى/ يَشْفِي ه – شِفَاء ..를 치료하다, 고치다

[2] أَعْمَى، عَمْيَاء(مُؤَنَّث)/ عُمْيَان أَوْ عُمْي ; 눈이 먼 ; 소경

[3] عَجِيبَة/ عَجَائِب 신기한 일, 기적 (wonder)

[4] مُعْجِزَة/ مُعْجِزَات 기적 (miracle)

[5] بَيَّنَ/ يُبَيِّنُ هـ ..을 명백하게 하다, 밝히다 ; 보여주다, 드러내다

[6] فِي الْحَالِ = حَالًا 즉시, 곧바로

[7] اِسْتَطَاعَ/ يَسْتَطِيعُ هـ، أَنْ ..하는 것이 가능하다, 할 수 있다, ..할 능력이 있다

[8] أَقَامَ/ يُقِيمُ هـ أَوْ ه ..을 일어서게 하다, 일으켜 세우다 ; 세우다, 건립. 설립하다 قَامَ/ يَقُومُ – قِيَام 일어서다

[9] شَيْء/ أَشْيَاء 물건, 사물 ; 그 무엇, 그 어떤 것 (thing)

[10] مَشَى/ يَمْشِي – مَشْي 걷다, 걸어다니다 ; 행진하다

5-16	왕을 환영함	الـتَّرْحِيبُ بِالْمَلِكِ

أَرَادَ[1] النَّاسُ أَنْ يَكُونَ يَسُوعُ مَلِكًا عَلَيْهِمْ. وَفِي الصُّورَةِ نَرَاهُمْ يُرَحِّبُونَ[2] بِيَسُوعَ وَفِي أَيْدِيهِمْ[3] سَعَفُ[4] النَّخِيلِ[5] وَيَفْرِشُونَ[6] مَلَابِسَهُمْ[7] عَلَى الْأَرْضِ أَمَامَ الْحِمَارِ الَّذِي رَكِبَهُ يَسُوعُ. لَقَدْ عَمِلُوا ذَلِكَ لِكَيْ يُبَيِّنُوا[8] لَهُ أَنَّهُمْ يَعْرِفُونَ أَنَّهُ مَلِكٌ وَصَالِحٌ.

사람들은 예수님이 그들을 다스리는 왕이되길 바랐습니다. 이 그림에서 우리들은 그들이 그들의 손에 종려나무 가지를 들고 예수님을 환영하는 것을 보며, 또한 예수님이 타고 있는 당나귀 앞에서 그들의 옷을 땅에 펴고 있는 것을 봅니다. 그들이 이렇게 하는 것은 그들이 예수님이 왕이란 사실과 선하신 분이란 사실을 보여주기 위함입니다.

5-17	وَهُنَاكَ أُنَاسٌ[9] آخَرُونَ كَانُوا يَكْرَهُونَ[10] يَسُوعَ
	예수님을 증오하는 다른 사람들이 있었습니다.

وَبَعْضُ النَّاسِ لَمْ يُرِيدُوا أَنْ يَكُونَ الرَّبُّ يَسُوعُ الْمَسِيحُ مَلِكًا عَلَيْهِمْ. لَقَدْ غَضِبُوا[11] وَغَارُوا[12] مِنْهُ، فَأَرْسَلُوا الْجُنُودَ لِيَقْبِضُوا[13] عَلَيْهِ.

몇 사람들은 주 예수 그리스도께서 그들을 다스리는 왕이 되는 것을 원하지 않았습니다. 그들은 화를 내었고 시기하였습니다. 그래서 그들은 그를 체포하기 위해 군사를 보내었습니다.

---

[1] أَرَادَ/ يُرِيدُ هـ، أَنْ - إِرَادَة ..을 원하다, 바라다

[2] رَحَّبَ/ يُرَحِّبُ بـ ه - تَرْحِيب ...를 환영하다

[3] أَيْدِي (أَيْدِي + هم) يَدَ/ أَيْدٍ أَوْ أَيَادٍ 손

[4] سَعَفَ/ سُعُوف 대추야자 나무(종려나무) 가지 혹은 그 잎

[5] نَخِيل = نَخْلَة 대추야자 나무

[6] فَرَشَ/ يَفْرُشُ هـ - فَرْش ...을 펴다, 깔다 ; 방을 꾸미다

[7] مَلْبَس/ مَلَابِس 옷

[8] بَيَّنَ/ يُبَيِّنُ هـ ..을 명백하게 하다, 해명하다, 밝히다, 설명하다 ; 보여주다, 드러내다

[9] أُنَاس = نَاس 사람들

[10] كَرِهَ/ يَكْرَهُ ه أَوْ هـ - كُرْه ..을 싫어하다 ; 미워하다, 증오하다

[11] غَضِبَ/ يَغْضَبُ مِنْ، عَلَى - غَضَب ..에게 화를 내다, 노하다, 성내다

[12] غَارَ/ يَغَارُ مِنْ ..에 질투심을 보이다, 질투하다 غَارَ/ يَغَارُ عَلَى ه ..에 열렬하다, 열심이다

[13] قَبَضَ/ يَقْبِضُ عَلَى ه - قَبْض ..을 체포하다

| 5-18 | بِيلَاطُسُ يَسْمَحُ[1] بِصَلْبِ يَسُوعَ |

빌라도가 예수님을 십자가에 못박게 허락합니다.

أَخَذَ الأَعْدَاءُ[2] يَسُوعَ إِلَى رَجُلٍ اسْمُهُ بِيلَاطُسُ لِيُحَاكِمَهُ[3]. وَقَرَّرَ هَذَا الرَّجُلُ قَرَارًا خَطِيرًا. لَقَدْ سَمَحَ لِأَعْدَاءِ يَسُوعَ أَنْ يَأْخُذُوهُ[4] وَيَقْتُلُوهُ.[5] وَفِي الصُّورَةِ نَرَى يَسُوعَ يَحْمِلُ[6] الصَّلِيبَ الَّذِي سَيُصْلَبُ[7] عَلَيْهِ وَيَمُوتُ.

원수들은 예수님을 빌라도라 이름하는 사람에게 데리고 가서 그를 재판하도록 합니다. 이 남자는 위험한 결정을 합니다. 그는 예수님의 원수들에게 그들이 예수님을 데리고 가서 죽이는 것을 허락했습니다. 이 그림에서 우리는 예수님이 자신이 달려서 죽을 십자가를 지고 가는 것을 봅니다.

| 5-19 | يَسُوعُ يَمُوتُ عَلَى الصَّلِيبِ |

예수님은 십자가 위에서 죽으십니다.

سَمَّرَ[8] النَّاسُ يَدَيْ[9] يَسُوعَ وَرِجْلَيْهِ[10] عَلَى الصَّلِيبِ وَرَفَعُوا الصَّلِيبَ عَالِيًا، لِكَيْ يَمُوتَ يَسُوعُ عَلَيْهِ. هَلْ كَانَ يَسُوعُ شِرِّيرًا لِيُصْلَبَ عَلَيْهِ؟ لَا. لَمْ يَعْمَلْ أَيَّ خَطِيَّةٍ. لَقَدْ مَاتَ وَأَخَذَ عِقَابَ خَطِيَّتِي وَخَطِيَّتِكَ وَمَاتَ بَدَلًا عَنَّا وَالآنَ يُمْكِنُنَا أَنْ نَحْصُلَ[11] عَلَى غُفْرَانِ خَطَايَانَا إِذَا طَلَبْنَا مِنَ اللهِ أَنْ يَغْفِرَ لَنَا.

예수님을 십자가에서 죽이기 위해 사람들은 예수님의 두 손과 두 발을 십자가에 못 박아 그 십자가를 높이 들어올렸습니다. 예수님이 십자가에 달릴 만큼 악하였을까요? 아닙니다. 그분은 아무 죄도 짓지 않았습니다. 그분은 죽으셨고, 나의 죄와 당신의 죄의 형벌을 받으셨습니다. 그리고 우리를 대신해서 죽으셨습니다. 이제 우리는 하나님께 우리를 용서해 달라고 요청하기만 하면 우리 죄에 대한 용서를 받을 수 있습니다.

---

[1] سَمَحَ/ يَسْمَحُ لـ ه ب هـ، لـ ه أَنْ ... – سَمَاح ..에게 ..을 허락하다, 승인하다, 허용하다

[2] عَدُوّ/ أَعْدَاء 원수   عُضْو/ أَعْضَاء 멤버, 회원, 등록교인

[3] حَاكَمَ/ يُحَاكِمُ ه – مُحَاكَمَة ..를 기소하다, 소송하다, 고발하다

[4] (أَنْ يَأْخُذُوا + ه) أَخَذَ/ يَأْخُذُ هـ، هـ من ه – أَخْذ ..을 취하다, 가지다 ; 얻다

[5] قَتَلَ/ يَقْتُلُ ه أو هـ – قَتْل ..을 죽이다, 잡다

[6] حَمَلَ/ يَحْمِلُ هـ – حَمْل ..을 나르다, 운반하다 ; 지니다, 휴대하다 ; (짐을) 들다, 지다

[7] صَلَبَ/ يَصْلِبُ ه – صَلْب   صُلِبَ/ يُصْلَبُ 십자가에 못 박다 <수동형>

[8] سَمَّرَ/ يُسَمِّرُ هـ إِلَى ... – تَسْمِير ..에 못을 박다..

[9] يَد/ أَيْد أو أَيَاد 손   (يَسُوعَ + <두 손, 목적격> يَدَيْ)

[10] <두 발, 목적격> + ه (رِجْلَيْ)

[11] حَصَلَ/ يَحْصُلُ عَلَى ... – حُصُول ..을 획득하다, 얻다 ; 받다, 가지다   حَصَلَ/ يَحْصُلُ 일어나다, 발생하다

5-20 예수님은 우리들의 죄 때문에 죽으십니다. يَسُوعُ يَمُوتُ¹ بِسَبَبِ خَطَايَانَا².

هَلْ مَاتَ الْمَسِيحُ لِأَنَّهُ كَانَ شِرِّيرًا؟ لَا. لَقَدْ كَانَ صَالِحًا³ وَطُولَ حَيَاتِهِ عَلَى الأَرْضِ لَمْ يَعْمَلْ خَطِيَّةً وَاحِدَةً. لَكِنَّهُ تَحَمَّلَ⁴ عِقَابَ خَطِيَّتِي وَخَطِيَّتِكَ. كَانَتْ هَذِهِ هِيَ خُطَّةَ⁵ اللهِ الْخَاصَّةَ الَّتِي أَرْسَلَ يَسُوعَ مِنْ أَجْلِهَا. إِنَّ مَا عَمِلَهُ يَسُوعُ مَعَنَا عَمَلٌ عَظِيمٌ جِدًّا! إِنَّهُ يُحِبُّنَا كَثِيرًا! كَيْفَ يُمْكِنُنَا أَنْ نَشْكُرَهُ عَلَى كُلِّ هَذَا؟

그리스도는 악하시기 때문에 죽으셨을까요? 아닙니다. 그분은 선한 분이었고 땅위에 있는 모든 그의 삶에서 한 번도 죄를 짓지 않았습니다. 하지만 나의 죄의 형벌과 당신의 죄의 형벌을 지셨습니다. 이것은 하나님이 우리 죄를 위해 예수님을 보내신 하나님의 특별한 계획이었습니다. 예수님이 우리에게 행하신 그것은 아주 위대한 행위입니다! 그분은 우리를 매우 사랑하십니다! 어떻게 이 모든 것에 대해 우리가 그에게 감사를 할 수 있을지요?

5-21 예수님의 제자들은 슬픕니다. تَلَامِيذُ يَسُوعَ يَحْزَنُونَ⁶

جَاءَ تَلَامِيذُ يَسُوعَ وَأَخَذُوهُ⁷ مِنْ عَلَى الصَّلِيبِ بَعْدَ أَنْ مَاتَ. لَقَدْ حَزِنُوا جِدًّا عَلَيْهِ. كَانُوا يَظُنُّونَ⁸ أَنَّ يَسُوعَ سَيَكُونُ مَلِكًا عَظِيمًا، وَلَكِنَّهُمُ الآنَ يَرَوْنَهُ⁹ بَعْدَ أَنْ مَاتَ عَلَى الصَّلِيبِ.

예수님이 죽으신 뒤 예수님의 제자들이 와서 그를 십자가에서 취하였습니다. 그들은 그에 대해서 아주 슬퍼했습니다. 그들은 예수님이 앞으로 위대한 왕이 되실 것으로 생각했습니다. 그러나 지금 그들은 예수님이 십자가 위에서 죽으신 뒤 그를(예수님을) 보고 있습니다.

---

¹ مَاتَ/ يَمُوتُ – مَوْت 죽다, 사망하다

² خَطِيَّة أو خَطِيئَة/ خَطَايَا 죄 (sin)

³ صَالِح 좋은; 의로운; 선한 صَالِحًا (خَبَر كان، مَنْصُوب، <목적격>)

⁴ تَحَمَّلَ/ يَتَحَمَّلُ ه أو هـ ..을 지니다, 걸머지다; 참다, 감수하다, 견디다

⁵ خُطَّة/ خُطَط 계획 (plan)

⁶ حَزِنَ/ يَحْزَنُ عَلَى ... – حُزْن ..에 대해 슬퍼하다, 슬퍼하다

⁷ (و + أَخَذُوا + ه)

⁸ ظَنَّ/ يَظُنُّ هـ ، هـ ه – ظَنّ 생각하다, 간주하다, 추측하다

⁹ (يَرَوْن + ه) رَأَى/ يَرَى ه، هـ، أَنْ – رُؤْيَة ..을 보다(to see)

| 5-22 | 예수님의 장사 | دَفْنُ يَسُوعَ |

دَفَنَ¹ تَلَامِيذُ يَسُوعَ جَسَدَهُ فِي قَبْرٍ² مَنْحُوتٍ³ فِي الصَّخْرِ، وَوَضَعُوا⁴ عَلَيْهِ حَجَرًا ضَخْمًا⁵ وَأَغْلَقُوهُ⁶ جَيِّدًا، وَكَانَ عَلَى الْقَبْرِ حُرَّاسٌ⁷.

예수님의 제자들은 그의 시체를 바위에 새겨진 무덤에 장사했습니다. 그리고 그들은 그 위에 큰 바위를 둔 뒤 그것을 굳게 닫았습니다. 그리고 무덤 주위에는 경비들이 있었습니다.

| 5-23 | 천사가 마리아에게 나타났습니다. | مَلَاكٌ يَظْهَرُ لِمَرْيَمَ |

فِي فَجْرِ يَوْمِ الْأَحَدِ وَهُوَ الْيَوْمُ الثَّالِثُ بَعْدَ مَوْتِ يَسُوعَ، حَدَثَ⁸ زِلْزَالٌ⁹ عَظِيمٌ، وَجَاءَ مَلَاكٌ مِنْ عِنْدِ اللهِ وَدَحْرَجَ¹⁰ الْحَجَرَ الَّذِي كَانَ عَلَى الْقَبْرِ وَجَلَسَ¹¹ عَلَيْهِ. كَانَ وَجْهُ الْمَلَاكِ يَلْمَعُ¹² بِالنُّورِ، وَكَانَتْ مَلَابِسُهُ بَيْضَاءَ لَامِعَةً. وَلَمَّا ذَهَبَتْ مَرْيَمُ إِلَى الْقَبْرِ قَالَ لَهَا الْمَلَاكُ: "يَسُوعُ لَيْسَ هُنَا، لَكِنَّهُ قَامَ!". لَقَدْ أَقَامَ¹³ اللهُ الْآبُ الرَّبَّ يَسُوعَ مِنَ الْمَوْتِ.

주일 새벽 그러니까 예수님이 죽은지 삼일되던 날, 큰 지진이 일어났습니다. 그리고 하나님으로 부터 온 천사가 무덤 위에 있던 돌을 굴리고 그 위에 앉아있었습니다. 그 천사의 얼굴은 빛과 같이 빛났습니다. 그의 옷은 빛나는 하얀색이었습니다. 마리아가 그 무덤에 갔을 때 그 천사가 말하길 "예수님은 여기에 계시지 않다. 그분은 살아나셨다. 성부 하나님께서 주 예수님을 죽음에서 일으키셨다."

---

¹ دَفَنَ/ يَدْفِنُ ه أو هـ – دَفْن – ...을 파묻다, 매장하다
² قَبْر/ قُبُور – 무덤, 묘
³ نَحَتَ/ يَنْحُتُ أَو يَنْحِتُ – نَحْت – نَاحِت – مَنْحُوت (돌을) 새기다, 조각하다　مَنْحُوت (돌에) 새겨진, 조각된
⁴ وَضَعَ/ يَضَعُ هـ أو ه – وَضْع – 놓다, 두다
⁵ ضَخْم – 큰, 거대한, 웅대한
⁶ أَغْلَقَ/ يُغْلِقُ هـ – ..을 닫다, 채우다, 잠그다
⁷ حَارِس/ حُرَّاس أو حَرَسَة
⁸ حَدَثَ/ يَحْدُثُ – حُدُوث – (사건이) 일어나다, 발생하다
⁹ زِلْزَال/ زَلَازِل – 지진, 진동
¹⁰ دَحْرَجَ/ يُدَحْرِجُ هـ – ..을 굴리다
¹¹ جَلَسَ/ يَجْلِسُ – جُلُوس – 앉다
¹² لَمَعَ/ يَلْمَعُ – لَمْع – 번쩍이다, 빛나다
¹³ أَقَامَ/ يُقِيمُ هـ أو ه – قَام – قِيَام ..을 일어서게 하다, 일으켜 세우다 ; 세우다, 건립. 설립하다　일어서다

제 3 부 쉬운 성경 이야기

| 5-24 | 예수님의 제자들은 그를 찾습니다. | تَلَامِيذُ يَسُوعَ يَبْحَثُونَ[1] عَنْهُ |

سَمِعَ بُطْرُسُ وَيُوحَنَّا وَهُمَا التِّلْمِيذَانِ الْقَرِيبَانِ جِدًّا مِنْ يَسُوعَ، سَمِعَا أَنَّ قَبْرَهُ فَارِغٌ[2]، فَأَسْرَعَا[3] لِيَرَيَا[4] مَا حَدَثَ، وَبِالْفِعْلِ وَجَدَا أَنَّ الْحَجَرَ الَّذِي كَانَ مَوْضُوعًا[5] عَلَى الْقَبْرِ تَدَحْرَجَ[6] وَكَانَ الْقَبْرُ مَفْتُوحًا. دَخَلَ بُطْرُسُ وَيُوحَنَّا إِلَى الْقَبْرِ، وَنَظَرَا إِلَى الْمَكَانِ الَّذِي كَانَ جَسَدُ يَسُوعَ مَوْضُوعًا عَلَيْهِ، وَلَمْ يَجِدَا[7] الْجَسَدَ. فَعَرَفَا أَنَّ يَسُوعَ قَامَ مِنَ الْمَوْتِ!

예수님과 아주 가까운 제자였던 베드로와 요한은 예수님의 무덤이 비었다는 것을 들었습니다. 그래서 어떤 일이 일어났는지 보기 위해 서둘러 달려갔습니다. 실제로 보니 무덤 위에 놓여있던 돌이 굴려져있고 무덤은 열려있었습니다. 베드로와 요한은 무덤에 들어갔습니다. 그리고 그들은 예수님의 시체가 놓여져 있던 장소를 보았습니다. 하지만 그 시체를 찾지 못했습니다. 그래서 그 두 사람은 예수님이 죽음에서 살아나신 것을 알았습니다.

| 5-25 | 예수님은 살아계십니다. | يَسُوعُ حَيٌّ! |

بَعْدَ مَوْتِ يَسُوعَ بِثَلَاثَةِ أَيَّامٍ، قَامَ مِنَ الْمَوْتِ. وَهُوَ مَازَالَ[8] حَيًّا. وَنَحْنُ نَحْتَفِلُ[9] بِهَذِهِ الْمُنَاسَبَةِ[10] الْجَمِيلَةِ كُلَّ سَنَةٍ فِي عِيدِ الْقِيَامَةِ الْمَجِيدِ. وَفِي الصُّورَةِ نَرَى هَذِهِ الْعَائِلَةَ تَحْتَفِلُ بِالْعِيدِ. وَفِي الْكَنَائِسِ[11] يُرَنِّمُ النَّاسُ قَائِلِينَ:"الْمَسِيحُ قَامَ .. بِالْحَقِيقَةِ قَامَ". لِأَنَّ يَسُوعَ حَيٌّ.

예수님이 죽은지 삼일 이후에 그는 죽음에서 살아났습니다. 그리고 그는 여전히 살아계십니다. 우리는 이 아름다운 경사를 매년 영광스런 부활절에 축하합니다. 이 그림에서 우리는 이 가족이 명절(부활절)을 즐기는 것을 봅니다. 교회들에서 사람들은 노래하며 "그리스도는 살아나셨네, 진실로 살아나셨네" 라고 말합니다. 왜냐하면 예수님은 살아계시기 때문입니다.

---

[1] بَحَثَ/ يَبْحَثُ عَنْ ... ...을 찾다, 탐사하다 (to search for)

[2] فَارِغٌ - فَرَغَ/ يَفْرُغُ ; 빈 ; 한가한, 여유있는 فَارِغ 비다(to be empty), 자리가 비다

[3] <dual> أَسْرَعَا / أَسْرَعَ/ يُسْرِعُ إِلَى، فِي 서두르다, 빨리하다

[4] (لِ + يَرَيَا) <dual 접속법> رَأَى/ يَرَى ه، هـ ، أَنْ - رُؤْيَة ...을 보다(to see)

[5] وَضَعَ/ يَضَعُ هـ أَوْ ه - وَضْعًا - وَاضِع - مَوْضُوع 놓다 (to put) 놓여진

[6] دَحْرَجَ/ يُدَحْرِجُ هـ ...을 굴리다 تَدَحْرَجَ/ يَتَدَحْرَجُ 굴러내리다, 굴러떨어지다

[7] <dual 단축법> لَمْ يَجِدَا وَجَدَ/ يَجِدُ هـ أَوْ ه - وُجُود ..을 찾다, 발견하다

[8] مَازَالَ = مَا زَالَ هُوَ مَا زَالَ حَيًّا 여전히... 하다 그는 여전히 살아있다.

[9] اِحْتَفَلَ/ يَحْتَفِلُ بِ ... ...을 경축하다, 기념하다

[10] مُنَاسَبَة 특별한 행사, 경사(occasion)

[11] كَنِيسَة/ كَنَائِس 교회

5-26	예수님은 그의 제자들에게 나타나십니다. يَسُوعُ يَظْهَرُ[1] لِتَلَامِيذِهِ

فِي نَفْسِ الْيَوْمِ الَّذِي قَامَ فِيهِ يَسُوعُ مِنَ الْمَوْتِ، كَانَ التَّلَامِيذُ مُجْتَمِعِينَ[2] مَعًا وَكَانَ بَابُ الْغُرْفَةِ مَقْفُولًا[3] بِشِدَّةٍ. وَفَجْأَةً وَجَدُوا يَسُوعَ وَاقِفًا فِي وَسْطِهِمْ وَيَتَكَلَّمُ مَعَهُمْ. لَمْ يَفْتَحْ[4] يَسُوعُ بَابَ الْغُرْفَةِ لِيَدْخُلَ، فَكَيْفَ دَخَلَ؟ لَقَدِ اسْتَطَاعَ أَنْ يَدْخُلَ بِدُونِ[5] أَنْ يَفْتَحَ الْبَابَ لِأَنَّهُ هُوَ اللهُ الْقَادِرُ عَلَى كُلِّ شَيْءٍ.

예수님이 죽음에서 살아나시던 바로 그 날 제자들은 함께 모여있었고, 방들의 문은 굳게 닫혔습니다. 갑자기 그들은 예수님이 그들 가운데 서 계신 것과 그들에게 이야기 하는 것을 봅니다. 예수님은 들어오시기 위해 방문을 열지 않았습니다. 그러면 어떻게 들어오셨을까요? 예수님은 모든 것을 할 수 있는 능력의 하나님이시기 때문에 문을 열지 않고도 들어갈 수 있었습니다.

5-27	예수님은 하늘로 올라가십니다. يَسُوعُ يَصْعَدُ[6] إِلَى السَّمَاءِ

بَعْدَ عِدَّةِ[7] أَسَابِيعَ[8]، كَانَ يَسُوعُ مَعَ تَلَامِيذِهِ عَلَى أَحَدِ الْجِبَالِ[9]. وَفَجْأَةً بَدَأَ[10] يَصْعَدُ إِلَى السَّمَاءِ حَتَّى جَاءَتْ سِحَابَةٌ وَخَبَّأَتْهُ[11]. السَّمَاءُ هِيَ الْمَكَانُ الَّذِي كَانَ يَسُوعُ فِيهِ قَبْلَ أَنْ يَأْتِيَ[12] إِلَى الْأَرْضِ وَيُولَدَ مِنَ الْعَذْرَاءِ مَرْيَمَ.

몇 주가 지나고 난 뒤 예수님은 그의 제자들과 함께 한 산 위에 있었습니다. 그가 갑자기 하늘로 올라가기 시작하더니 구름이 와서 그를 감출 때까지 올라가셨습니다. 하늘은 예수님이 이 땅에 오시기 전, 동정녀 마리아로부터 태어나기 전에 그분이 계셨던 곳입니다.

---

[1] ظَهَرَ/ يَظْهَرُ – ظُهُور   나타나다, 출현하다
[2] اِجْتَمَعَ/ يَجْتَمِعُ – اِجْتِمَاع – مُجْتَمِع   모이다, 모여들다 (to meet) مُجْتَمِع 모인, 모여있는 مُجْتَمَع/ مُجْتَمَعَات 사회(society)
[3] قَفَلَ/ يَقْفُلُ هـ – قَفْل – قَافِل – مَقْفُول   (문, 수도꼭지 등)잠그다, 닫다   مَقْفُول 닫힌
[4] فَتَحَ/ يَفْتَحُ هـ – فَتْح   열다 (to open)
[5] بِدُونِ أَنْ ...   ...하지 않고, ... 없이...
[6] صَعِدَ/ يَصْعَدُ هـ – صُعُود   ..를 올라가다.. صَعِدَ/ يَصْعَدُ الْجَبَل 산을 오르다
[7] عِدَّة   عِدَّة مَرَّات 약간, 몇   몇번
[8] أُسْبُوع/ أَسَابِيع   주 (week)
[9] جَبَل/ جِبَال   산 (mountain)
[10] بَدَأَ/ يَبْدَأُ هـ، ب هـ – بَدْء   بَدَأَ/ يَبْدَأُ + 현재동사   ...을 시작하다, 착수하다   ...하기 시작하다
[11] خَبَّأَ/ يُخَبِّئُ ه أو هـ   ...을 숨기다, 감추다
[12] أَتَى/ يَأْتِي إِلَى ...   ...에게 오다 (to come)

| 5-28 | 예수님은 다시 한 번 오십니다. | يَسُوعُ سَيَأْتِي[1] مَرَّةً ثَانِيَةً |

بَعْدَ أَنْ صَعِدَ يَسُوعُ إِلَى السَّمَاءِ، وَكَانَ تَلَامِيذُهُ يَنْظُرُونَ[2] إِلَى السَّحَابَةِ[3] الَّتِي خَبَّأَتْهُ[4] عَنْ عُيُونِهِمْ[5]، ظَهَرَ مَلَاكَانِ وَقَالَا لَهُمْ: "سَيَرْجِعُ[6] يَسُوعُ مَرَّةً أُخْرَى - عَلَى السَّحَابِ - مِثْلَمَا صَعِدَ". وَعِنْدَمَا يَعُودُ[7] الرَّبُّ يَسُوعُ سَيَأْخُذُ الَّذِينَ يُحِبُّونَهُ مَعَهُ إِلَى السَّمَاءِ لِيَكُونُوا مَعَهُ إِلَى الأَبَدِ. رُبَّمَا يَرْجِعُ الْيَوْمَ، فَهَلْ أَنْتَ وَاحِدٌ مِنَ الَّذِينَ يُحِبُّونَ يَسُوعَ؟

예수님이 하늘로 올라가신 이후 그의 제자들은 그들의 눈으로부터 그를(예수님을) 감춘 구름을 쳐다보고 있었습니다. 두 천사가 나타나더니 그들에게 말했습니다. "예수님은 올라가실 때 처럼 구름을 타고 다시 한 번 오실 것입니다." 주 예수님이 다시 오실 때 그를 사랑하는 사람들을 영원히 그와 함께 있게 하기 위해 하늘로 데리고 가실 것입니다. 만일 그가 오늘 오신다면 당신은 예수님을 사랑하는 그 사람들 중의 한 사람입니까?

| 5-29 | 예수님은 우리를 위해 기도하십니다. | يَسُوعُ يُصَلِّي[8] مِنْ أَجْلِنَا[9] |

إِنَّ يَسُوعَ يُصَلِّي مِنْ أَجْلِنَا وَهُوَ فِي السَّمَاءِ وَيَتَكَلَّمُ[10] مَعَ اللهِ الآبِ عَنَّا. إِنَّهُ يُخْبِرُ[11] الآبَ أَنَّنَا أَصْدِقَاؤُهُ[12]، هُوَ يَطْلُبُ مِنْهُ أَنْ يَغْفِرَ لَنَا خَطَايَانَا وَيُسَاعِدَنَا. إِنَّ يَسُوعَ صَدِيقٌ طَيِّبٌ! وَفِي الصُّورَةِ نَرَى يَسُوعَ مَعَ اثْنَيْنِ مِنَ الَّذِينَ يُحِبُّونَهُ وَيَعْتَبِرُهُمْ[13] أَصْدِقَاءَهُ. وَأَنْتَ أَيْضًا يُمْكِنُكَ أَنْ تَكُونَ صَدِيقًا لَهُ!

---

[1] أَتَى/ يَأْتِي إِلَى ... ...에게 오다 (to come)
[2] نَظَرَ/ يَنْظُرُ إِلَى ه أَوْ هـ – نَظَر ..을 보다, 주시하다 (to look at)
[3] سَحَاب/ سُحُب   سَحَابَة 구름 한 점   구름
[4] خَبَّأَ/ يُخَبِّئُ ه أَوْ هـ   ...을 숨기다, 감추다
[5] عَيْن/ عُيُون أَوْ أَعْيُن   눈
[6] رَجَعَ/ يَرْجِعُ – رُجُوع 돌아가다, 돌아오다   رَجَعَ/ يَرْجِعُ إِلَى ...로 복귀하다 ; 회복하다
[7] عَادَ/ يَعُودُ – عَوْدَة 돌아오다, 돌아가다 (to return)
[8] صَلَّى/ يُصَلِّي 기도하다, 빌다
[9] مِنْ أَجْلِ ...   مِنْ أَجْلِنَا ... 때문에, ...를 위하여   우리 때문에, 우리를 위하여
[10] تَكَلَّمَ/ يَتَكَلَّمُ مَعَ ه عَنْ(عَلَى) ... ..와 ..에 대해서 이야기하다
[11] أَخْبَرَ/ يُخْبِرُ ب هـ، هـ ..에게 ..을 전하다, 알리다
[12] صَدِيق/ أَصْدِقَاء 벗, 친우
[13] اِعْتَبَرَ/ يَعْتَبِرُ ه أَوْ هـ ...로 인정하다, 간주하다, 고려하다 (to consider)

실용 기독교 아랍어 앤드북

예수님은 그가 하늘에 계시면서 우리를 위해 기도하시며, 성부 하나님께 우리에 대해 이야기 하십니다. 그는 성부께 우리가 그의 친구들이라는 것을 알립니다. 그는 성부께 우리의 죄를 용서해 줄 것과 우리를 도와줄 것을 요청합니다. 정말로 예수님은 좋은 친구입니다. 이 그림에서 우리는 예수님이 예수님을 사랑하고, 예수님도 그를 그의 친구라고 생각하는 사람들 중 두 명과 함께 있는 것을 봅니다. 당신도 또한 그의 친구가 될 수 있습니다.

5-30	예수님은 당신을 사랑하십니다.	يَسُوعُ يُحِبُّكَ

هَلْ مَاتَ يَسُوعُ لأَجْلِكَ¹؟ نَعَمْ! هَلْ يَسُوعُ يُحِبُّكَ؟ نَعَمْ! قَالَ يَسُوعُ : "دَعُوا² الأَوْلَادَ يَأْتُونَ إِلَيَّ". يَقُولُ الْكِتَابُ الْمُقَدَّسُ: "آمِنْ³ بِالرَّبِّ يَسُوعَ الْمَسِيحِ فَتَخْلُصَ⁴".

예수님이 당신을 위해 죽으셨나요? 네, 그렇습니다. 예수님이 당신을 사랑하십니까? 네, 그렇습니다. 예수님이 말씀했습니다. "아이들이 내게 오게 하라" 성경은 이야기 합니다. "주 예수를 믿으라 그리하면 구원받을 것이다"

---

¹ لأَجْلِ ... 을 위하여   لأَجْلِكَ 당신을 위하여
² (دَعُوا <명령형>) وَدَعَ/ يَدَعُ 하게 하다 (to let)..
دَعَا/ يَدْعُو ه إلى ... – دَعْوَة ...를..에 초대.초청하다..
³ (آمِنْ <명령형>) آمَنَ/ يُؤْمِنُ بِ – إِيمَان 을 믿다, 신앙하다..
⁴ (فَ – "ف" سَبَبِيَّة + تَخْلُصَ) خَلَصَ/ يَخْلُصُ مِنْ ... – خَلَاص ...로 부터 구원되다, 벗어나다, 해방되다

6. 예수님은 당신을 죄로 부터 구원하시길 원하십니다.

يَسُوعُ يُرِيدُ أَنْ يُنْقِذَكَ مِنَ الْخَطِيَّةِ

| 6-1 | 우리 모두는 죄인입니다. | كُلُّنَا خُطَاةٌ[1] |

كُلُّ وَاحِدٍ مِنَّا أَخْطَأَ[2] فِي حَيَاتِهِ. لَكِنَّ اللهَ يَقُولُ لَنَا لاَ يَجِبُ[3] أَنْ نُخْطِئَ. هَلْ كَذَبْتَ[4] مِنْ قَبْلُ؟ هَذَا الْكَذِبُ خَطِيَّةٌ. هَلْ أَخَذْتَ شَيْئًا لَيْسَ مِلْكَكَ[5]؟ هَذَا أَيْضًا خَطِيَّةٌ.

모든 사람들은 그의 삶에서 죄를 짓습니다. 하지만 하나님께서는 우리에게 죄를 짓지 않아야 한다고 말씀하십니다. 당신은 이전에 거짓말을 한 적이 있습니까? 거짓말 하는 죄입니다. 당신은 당신의 것이 아닌 것을 취한적이 있습니까? 이것도 또한 죄입니다.

| 6-2 | 예수님은 당신을 구원하시길 원하십니다. | يَسُوعُ يُرِيدُ أَنْ يُخَلِّصَكَ |

لَقَدْ مَاتَ يَسُوعُ مِنْ أَجْلِكَ، لِأَنَّهُ أَرَادَ أَنْ يُعْطِيَكَ[6] حَيَاةً جَدِيدَةً، وَيُحِبُّ أَنْ يَغْفِرَ لَكَ خَطِيَّتَكَ إِذَا طَلَبْتَ مِنْهُ أَنْ يُسَامِحَكَ[7]. يُمْكِنُكَ أَنْ تَقُولَ لَهُ: "أَشْكُرُكَ لِأَنَّكَ مُتَّ[8] مِنْ أَجْلِي، تَعَالَ إِلَى قَلْبِي، أَيُّهَا الرَّبُّ يَسُوعُ". هَلْ تُرِيدُ أَنْ تَعْمَلَ ذَلِكَ الْآنَ؟

예수님은 당신을 위하여 죽으셨습니다. 왜냐하면 그분이 당신에게 새 생명을 주시길 원하셨고, 만일 당신이 그분께 당신을 사하여 줄 것을 요청한다면 당신의 죄를 용서하는 것을 좋아하시기 때문입니다. 당신은 그분께 이렇게 이야기 할 수 있습니다. "당신이 나를 위하여 죽으셨으니 당신께 감사드립니다. 제 마음속에 오십시오. 오 주 예수님!" 당신은 지금 이렇게 하길 원하십니까?

---

[1] خَاطِئ/ خُطَاة 죄인   خَطِيَّة أو خَطِيئَة/ خَطَايَا 죄 (sin)
[2] أَخْطَأَ/ يُخْطِئُ فِي ... ...에서 틀리다, 실수하다 ; 죄를 짓다
[3] وَجَبَ/ يَجِبُ – وُجُوب 당연히 ..해야 한다   يَجِبُ عَلَى ه أَنْ ...는 ..할 의무를 지닌다, 해야한다
يَجِبُ عَلَيْهِ أَنْ يَذْهَبَ 그는 가야한다.
[4] كَذَبَ/ يَكْذِبُ عَلَى ه – كَذِب, كِذب ...를 속이다, 거짓말하다
[5] مِلْك/ أَمْلاَك 재산, 소유물 ; 소유, 점유   مِلْكُكَ 당신의 소유물
[6] أَعْطَى/ يُعْطِي ه – هـ ل ه ..에게 ..을 주다, 제공하다
[7] سَامَحَ/ يُسَامِحُ ه – مُسَامَحَة ..를 용서하다
[8] مَاتَ/ يَمُوتُ – مَوْت 죽다, 사망하다   (أَنْتَ مُتَّ <표 17>)

6-3	예수님은 우리를 죄로부터 구원하십니다 يَسُوعُ يُخَلِّصُنَا مِنْ خَطَايَانَا

اللهُ يُعَاقِبُ¹ عَلَى الْخَطِيَّةِ دَائِمًا، فَهَلْ سَيُعَاقِبُنَا لِأَنَّنَا ارْتَكَبْنَا² خَطَايَا؟ لَا، لِأَنَّ الرَّبَّ يَسُوعَ الْمَسِيحَ قَدَّمَ نَفْسَهُ لِلْعِقَابِ بَدَلًا عَنَّا. لَقَدْ مَاتَ عَلَى الصَّلِيبِ بِسَبَبِ خَطَايَانَا. وَالْآنَ اللهُ مُسْتَعِدٌّ³ أَنْ يَغْفِرَ لَنَا خَطَايَانَا فَيَرَانَا وَكَأَنَّنَا⁴ لَمْ نُخْطِئْ مِنْ قَبْلُ! نَشْكُرُكَ أَيُّهَا الرَّبُّ يَسُوعُ لِأَنَّكَ خَلَّصْتَنَا مِنْ خَطَايَانَا وَعِقَابِهَا!

하나님은 항상 죄를 벌하십니다. 그래서 우리가 죄를 지었기 때문에 하나님께서 우리를 벌하실까요? 아닙니다. 주 예수 그리스도께서 형벌을 위해 우리 대신에 자신을 드렸기 때문입니다. 그는 우리의 죄들 때문에 십자가에 죽으셨습니다. 이제 하나님께서는 우리 죄를 사하실 준비가 되어 있고, 이전에 우리가 죄를 짓지 않은 것 처럼 우리를 보십니다. 주 예수님! 당신이 우리를 죄와 형벌로 부터 구원하여 주시니 감사드립니다.

6-4	당신은 하나님 가족의 일원입니까? هَلْ أَنْتَ عُضْوٌ فِي عَائِلَةِ اللهِ؟

حِينَمَا تُصْبِحُ⁵ مُؤْمِنًا بِالْمَسِيحِ، تَصِيرُ⁶ عُضْوًا فِي عَائِلَةِ اللهِ. إِنَّ اللهَ يُحِبُّكَ لِأَنَّكَ ابْنٌ لَهُ وَلِأَنَّكَ ابْنَةٌ لَهُ. وَهُوَ يُسَاعِدُ أَبَاكَ وَأُمَّكَ فِي رِعَايَتِكَ، وَسَيُخْبِرُكَ بِكُلِّ خَطَأٍ تَعْمَلُهُ. كَمَا أَنَّهُ يَسْعَدُ⁷ جِدًّا إِذَا عَمِلْتَ الْأَشْيَاءَ الصَّحِيحَةَ. اللهُ يُرِيدُكَ أَنْ تَعْرِفَ أَنَّهُ يُحِبُّكَ. فِي الصُّورَةِ يُلَوِّنُ⁸ الطِّفْلُ صُورَةَ عَائِلَتِهِ، أَتَمَنَّى⁹ أَنْ يَكُونُوا جَمِيعًا مُؤْمِنِينَ بِالْمَسِيحِ!

당신이 그리스도를 믿는 신자가 될 때 당신은 하나님 가족의 일원이 됩니다. 하나님은 정말 당신을 사랑하시는데, 왜냐하면 당신이 그분을 위한 아들과 딸이 되었기 때문입니다. 그분은 당신을 돌보기 위해 당신의 아버지와 어머니를 도우십니다. 그분은 당신이 행하는 모든 죄를 당신에게 알릴 것입니다. 또한 만일 당신이 옳은 일들을 행한다면 그분은 아주 행복해하실 것입니다. 하나님은 그가 당신을 사랑한다는 것을 당신이 알길 원하십니다. 이 그림에서 어린이가 그의 가족의 그림을 색칠하고 있습니다. 그들 모두 예수님을 믿는 신자들이 되었으면 좋겠습니다.

---

¹ عَاقَبَ/ يُعَاقِبُ هـ بـ، عَلَى ... – عِقَاب ...에 대하여 ...를 처벌하다, 징벌하다

² اِرْتَكَبَ/ يَرْتَكِبُ هـ (죄 또는 과오를) 저지르다 اِرْتَكَبَ/ يَرْتَكِبُ خَطِيَّة 죄를 저지르다

³ اِسْتَعَدَّ/ يَسْتَعِدُّ لـ ... – اِسْتِعْدَاد – مُسْتَعِدٌّ ... 할 준비가 되다, 준비되다 مُسْتَعِدٌ لـ ... ... 할 준비가 된

⁴ كَأَنَّ ... (و + ك + أَنَّ + نَا) ...하는 것 처럼 (as if)

⁵ أَصْبَحَ/ يُصْبِحُ ... (كَانَ وَأَخَوَاتُهَا أَوِ الْأَفْعَالُ النَّاسِخَة) ...로 되다, ...이 되다 (to become)

⁶ صَارَ/ يَصِيرُ ... (كَانَ وَأَخَوَاتُهَا أَوِ الْأَفْعَالُ النَّاسِخَة) ...로 되다, ...이 되다 (to become)

⁷ سَعِدَ/ يَسْعَدُ – سَعَادَة 행복하다, 행운이 있다 (to be happy)

⁸ لَوَّنَ/ يُلَوِّنُ هـ ...을 색칠하다

⁹ تَمَنَّى/ يَتَمَنَّى هـ، ... أَنْ ...을 바라다, 희망하다, 원하다

제 3 부 쉬운 성경 이야기

6-5	نَسْتَطِيعُ أَنْ نَعِيشَ مَعَ يَسُوعَ فِي السَّمَاءِ
	우리는 하늘에서 예수님과 함께 살 수 있습니다.

اللهُ حَيٌّ دَائِمًا وَسَيَبْقَى حَيٌّ إِلَى الأَبَدِ. وَأَنْتَ أَيْضًا سَتَحْيَا¹ دَائِمًا. وَفِي يَوْمٍ مِنَ الأَيَّامِ² سَنَكْبُرُ وَسَنَمُوتُ. فِي هَذَا الْوَقْتِ إِنْ كُنَّا نُحِبُّ يَسُوعَ فَسَنَعِيشُ³ مَعَ اللهِ فِي السَّمَاءِ. يُعَلِّمُنَا الْكِتَابُ الْمُقَدَّسُ أَنَّ السَّمَاءَ مَكَانٌ جَمِيلٌ وَسَيَكُونُ الْجَمِيعُ فِيهِ سُعَدَاءَ⁴. وَفِي الصُّورَةِ طِفْلَةٌ تُفَكِّرُ وَتَتَأَمَّلُ⁵ فِي الْجَمَالِ الَّذِي سَتَكُونُ عَلَيْهِ السَّمَاءُ.

하나님은 항상 살아계시고 영원토록 살아계십니다. 그리고 당신도 항상 살 것입니다. 어느날 우리는 자라있을 것이며 또한 죽을 것입니다. 지금 이시간 만일 우리가 예수님을 사랑한다면 우리는 하나님과 함께 하늘에서 살 것입니다. 성경은 하늘이 아름다운 곳이며 행복한 무리들이 있을 것이라고 우리에게 가르칩니다. 이 사진에서 한 여자 어린이는 하늘에 있는 아름다움에 대해 생각하며 묵상하고 있습니다.

6-6	감사합니다. 예수님!	أَشْكُرُكَ يَا يَسُوعُ!

نَحْتَاجُ أَنْ نَشْكُرَ يَسُوعَ دَوْمًا عَلَى إِحْسَانِهِ⁶ إِلَيْنَا. فِي الصُّورَةِ تُصَلِّي الطِّفْلَةُ مَعَ وَالِدَتِهَا. هَلْ تُحِبُّ أَنْتَ أَيْضًا أَنْ تُصَلِّيَ؟ وَهَلْ تُحِبِّينَ⁷ أَنْتِ أَيْضًا أَنْ تُصَلِّي؟ يُمْكِنُكَ أَنْ تُصَلِّيَ الآنَ. "أَشْكُرُكَ يَا يَسُوعُ، لِأَنَّكَ مُتَّ بِسَبَبِ خَطِيَّتِي. يُسْعِدُنِي⁸ أَنْ أَسْتَطِيعَ أَنْ أَعِيشَ مَعَكَ فِي السَّمَاءِ يَوْمًا⁹ مَا. أَشْكُرُكَ لِأَنَّكَ جَعَلْتَنِي¹⁰ عُضْوًا فِي عَائِلَتِكَ".

우리는 항상 예수님께 우리를 향한 그분의 선하심에 대해 감사할 필요가 있습니다. 이 사진에서 여자 어린이가 그녀의 어머니와 함께 기도하고 있습니다. 당신도 역시 기도하시길 좋아하십니까? 당신은 지금 기도할 수 있습니다. "예수님, 감사합니다. 왜냐하면 나의 죄 때문에 당신이 죽으셨기 때문입니다. 어느날 하늘에서 당신과 함께 살 수 있는 것은 저를 기쁘게 합니다. 감사합니다. 왜냐하면 나를 당신의 가족의 일원으로 만들어주셨기 때문입니다."

---

¹ حَيِيَ / يَحْيَا هـ – حَيَاة = عَاشَ (to live) 살다

² فِي يَوْمٍ مِنَ الأَيَّامِ (once upon a time) 어느날

³ (ف – "فَ" سَبَبِيَّة + س <미래형> + نَعِيشُ) عَاشَ/ يَعِيشُ – مَعِيشَة (to live) 살다

⁴ سَعِيد/ سُعَدَاء (happy) 행복한

⁵ تَأَمَّلَ/ يَتَأَمَّلُ فِي هـ، هـ – تَأَمُّل 깊이 생각하다, 숙고하다, 사색하다, 묵상하다

⁶ إِحْسَان/ إِحْسَانَات 자선 ; 선행

⁷ أَنْتِ تُحِبِّينَ <2 인칭 여성>) أَحَبَّ/ يُحِبُّ ه أو هـ ..을 사랑하다, 좋아하다

⁸ أَسْعَدَ/ يُسْعِدُ ه يُسْعِدُنِي أَنْ ... ...은 저에게 있어서 행복(기쁨)입니다 ..를 행복하게 하다 ; 기쁘게 하다

⁹ يَوْمًا مَا (someday) 어느 날

¹⁰ جَعَلَ/ يَجْعَلُ ه هـ (to let) ..에게 ...하게 하다, 시키다

실용 기독교 아랍어 핸드북

7. 성령이 우리를 강하게 하십니다.   الرُّوحُ الْقُدُسُ يُقَوِّينَا[1]

| 7-1 | 성령은 하나님 그 자신입니다. الرُّوحُ الْقُدُسُ هُوَ اللهُ نَفْسُهُ |

تَذَكَّرْ[2] هَذَا الْأَمْرَ الْمُهِمَّ: اللهُ هُوَ أَبُونَا السَّمَاوِيُّ، وَيَسُوعُ الْمَسِيحُ هُوَ اللهُ، وَالرُّوحُ الْقُدُسُ هُوَ اللهُ نَفْسُهُ. وَالْآنَ سَنَتَعَلَّمُ[3] عَنِ اللهِ الرُّوحِ الْقُدُسِ: إِنَّهُ يَسْكُنُ السَّمَاءَ وَكَذَلِكَ الْأَرْضَ، كَمَا أَنَّهُ يَسْكُنُ فِي قُلُوبِ الْمُؤْمِنِينَ بِهِ. إِنَّ الرُّوحَ الْقُدُسَ يَسْكُنُ فِي قُلُوبِهِمْ وَهُمْ لِذَلِكَ سُعَدَاءُ[4] وَيُحِبُّ كُلُّ وَاحِدٍ مِنْهُمْ الْآخَرَ.

이 중요한 문제들을 기억하십시오. 하나님은 하늘에 계신 우리의 아버지이시고, 예수 그리스도는 하나님이시며, 성령은 하나님 자신이십니다. 지금 우리는 성령 하나님에 대해서 배울 것입니다. 그분은(성령은) 하늘에 사시며 그와 같이 땅에서도 사십니다. 그와같이 그를 믿는 신자들의 마음속에도 거하십니다. 성령은 그들의 마음속에 거하시며, 그래서 그들은 행복하며 그들 각자는 다른 사람을 사랑합니다.

| 7-2 | 성령은 우리를 도우십니다. الرُّوحُ الْقُدُسُ يُسَاعِدُنَا |

هُنَاكَ شَيْءٌ عَجِيبٌ عَنِ الرُّوحِ الْقُدُسِ. إِنَّهُ يُسَاعِدُنَا عَلَى أَنْ نَكُونَ صَالِحِينَ. وَيُمْكِنُهُ أَنْ يُسَاعِدَنَا عَلَى أَنْ نَكُونَ لُطَفَاءَ[5] وَنُحِبَّ الْآخَرِينَ. وَيُسَاعِدُنَا عَلَى أَلَّا[6] نَكُونَ سُخَفَاءَ[7] مَعَ بَاقِي الْأَطْفَالِ. إِنَّهُ يُسَاعِدُنَا عَلَى أَنْ نُطِيعَ[8] وَالِدَيْنَا[9] دَائِمًا. وَسَيُسَاعِدُنَا فِي الْمَدْرَسَةِ أَيْضًا.

성령에 대해서 신기한 것이 있습니다. 성령은 우리가 선하도록 우리를 돕습니다. 성령은 우리가 친절하며 다른 사람들을 사랑도록 우리를 돕습니다. 그는 우리가 다른 어린이들에 대해 우리가 어리석지 않도록 우리를 돕습니다. 그는 우리가 항상 부모님께 순종하도록 돕습니다. 그는 학교에서도 우리를 돕습니다.

---

[1] قَوَّى/ يُقَوِّي ه، ـه ← (to strengthen) ..을 강화하다, 증강시키다, 강하게 하다

[2] تَذَكَّرَ/ يَتَذَكَّرُ ـه ← ..을 기억하다, 회상하다

[3] تَعَلَّمَ/ يَتَعَلَّمُ ـه ، عَنْ ـه ← تَعَلَّمَ ..을 배우다, ..에 대해서 배우다

[4] سَعِيد/ سُعَدَاء (happy) 행복한

[5] لَطِيف/ لُطَفَاء 친절한, 상냥한

[6] (أَنْ + لَا)

[7] سَخِيف/ سُخَفَاء (silly, stupid) 우둔한, 어리석은, 유치한

[8] أَطَاعَ/ يُطِيعُ ه ..에게 순종하다

[9] (نا + <dual 목적격>) وَالِد 아버지, 친 아버지 وَالِدَة 어머니, 친 어머니 وَالِدَان وَالِدَيْنِ 부모, 아버지 두명

제 3 부 쉬운 성경 이야기

7-3	الرُّوحُ الْقُدُسُ يَمْلأُ¹ حَيَاةَ الْمُؤْمِنِينَ بِيَسُوعَ
	성령은 신자들의 삶이 예수님으로 가득차도록 합니다.

بَعْدَ أَنْ صَعِدَ الرَّبُّ يَسُوعُ إِلَى السَّمَاءِ، كَانَ تَلَامِيذُهُ مُجْتَمِعِينَ² مَعًا وَيُصَلُّونَ. وَفَجْأَةً سَمِعُوا صَوْتًا مِثْلَ صَوْتِ الرِّيحِ، وَاسْتَقَرَّتْ³ عَلَى رُؤُوسِهِمْ⁴ أَلْسِنَةُ⁵ نَارٍ، لَكِنَّهَا لَمْ تَحْرِقْهُمْ⁶ أَوْ تُؤْلِمْهُمْ⁷. كَانَ هَذَا عَلَامَةً عَلَى حُلُولِ⁸ الرُّوحِ الْقُدُسِ الَّذِي أَرْسَلَهُ يَسُوعُ لِكَيْ يُسَاعِدَهُمْ!

주 예수님이 하늘로 올라간 뒤에 그의 제자들은 함께 모여서 기도하였습니다. 갑자기 그들은 바람소리 같은 소리를 들었고, 그들의 머리위에 불의 혀가 안착하였습니다. 하지만 그것은 그들을 태우거나 그들을 아프게하지 않았습니다. 이것은 예수님이 그들을 돕기 위해 보내신 성령 강림의 표시였습니다.

7-4	الرُّوحُ الْقُدُسُ يُسَاعِدُ تَلَامِيذَ يَسُوعَ وَهُمْ يُعَلِّمُونَ النَّاسَ
	성령은 예수님의 제자들이 사람들을 가르칠 때 그들을 도웁니다.

بَعْدَ أَنْ مَلَأَ الرُّوحُ الْقُدُسُ تَلَامِيذَ الرَّبِّ يَسُوعَ، خَرَجُوا⁹ مِنَ الْمَكَانِ الَّذِي كَانُوا مُجْتَمِعِينَ فِيهِ، وَبَدَأُوا يُكَلِّمُونَ النَّاسَ وَيَعِظُونَهُمْ¹⁰ بِلُغَاتٍ لَمْ يَعْرِفُوهَا مِنْ قَبْلُ. كَانَ النَّاسُ أَنَّهُمْ يَتَكَلَّمُونَ بِهَذِهِ اللُّغَاتِ لِأَنَّ رُوحَ اللهِ الْقُدُّوسِ سَاعَدَهُمْ عَلَى ذَلِكَ!

성령이 주 예수님의 제자들에게 가득찼을 때 그들은 그들이 모여있던 장소에서 바깥으로 나갔습니다. 그리고 이전에 알지 못했던 언어로 사람들에게 이야기하며 설교하기를 시작하였습니다. 사람들은 그들이 이 언어로 이야기하는 것을 신기해했습니다. 왜냐하면 성령 하나님이 그들을 그렇게 할 수 있도록 도왔기 때문입니다.

---

¹ مَلَأَ / يَمْلأُ هـ بـ(مِنْ) ... – مَلْء ...을 ...으로 가득 채우다, 충만시키다
² اِجْتَمَعَ / يَجْتَمِعُ – اِجْتِمَاع 모이다, 모여들다 (to meet) مُجْتَمِع 모인, 모여있는 مُجْتَمَع / مُجْتَمَعَات 사회(society)
³ اِسْتَقَرَّ / يَسْتَقِرُّ فِي ، بـ ... – اِسْتِقْرَار ...에 살다, 거주하다 ; 정착하다, ..에 잘 자리잡다
⁴ رَأْس / رُؤُوس 머리 (head)
⁵ لِسَان / أَلْسُن أَوْ أَلْسِنَة 혀 ; 언어, 말
⁶ أَحْرَقَ / يُحْرِقُ هـ 불사르다, 태워버리다
⁷ آلَمَ / يُؤْلِمُ ه ...를 아프게하다, 괴롭히다
⁸ حَلَّ / يَحِلُّ أَوْ يَحُلُّ – حُلُول 위로부터 내려오다, 임하다 حَلَّ / يَحِلُّ أَوْ يَحُلُّ عَلَى ، بـ 머물다, 체류하다 내려옴, 임함
⁹ خَرَجَ / يَخْرُجُ مِنْ ... – خُرُوج ...로 부터 나가다 (to go out)
¹⁰ وَعَظَ ه / يَعِظُ ه – وَعْظ (وَ + يَعِظُونَ + هُمْ) ..에게 설교하다
¹¹ تَعَجَّبَ / يَتَعَجَّبُ مِنْ ... – تَعَجُّب – مُتَعَجِّب ...에 놀라다(to be astonished), 감탄하다, 경탄하다

| 7-5 | 예수님의 제자들은 기적들을 행합니다 تَلَامِيذُ يَسُوعَ يَعْمَلُونَ الْمُعْجِزَاتِ |

أَعْطَى الرُّوحُ الْقُدُسُ قُوَّةً لِتَلَامِيذِ يَسُوعَ الْمَسِيحِ لِيَشْفُوا[1] الْمَرْضَى[2] وَيُقِيمُوا[3] الْمَوْتَى[4]. فِي الصُّورَةِ تَرَى أَحَدَ تَلَامِيذِ يَسُوعَ وَهُوَ يَشْفِي مَرِيضَةً.

성령은 예수 그리스도의 제자들이 병든자들을 고치며 죽은 자들을 일으키도록 능력을 주셨습니다. 이 그림에서 당신은 한 예수님의 제자가 병자를 고치는 것을 봅니다.

| 7-6 | 예수님의 제자들과 믿는 자들은 다른 사람에게 복음을 전합니다 تَلَامِيذُ يَسُوعَ وَالْمُؤْمِنُونَ بِهِ يُبَشِّرُونَ[5] الْآخَرِينَ |

عَلَّمَ تَلَامِيذُ يَسُوعَ النَّاسَ عَنِ الْمَسِيحِ. لَكِنَّ بَعْضَ النَّاسِ غَضِبُوا، لِأَنَّهُمْ لَمْ يُحِبُّوا اللهَ، فَعَذَّبُوا[6] التَّلَامِيذَ. فِي الصُّورَةِ نرى بُولُسَ الرَّسُولَ يَتَكَلَّمُ عَنْ يَسُوعَ، وَبَعْضُ النَّاسِ غَاضِبِينَ فَأَرَادُوا أَنْ يَرْجُمُوهُ[7] بِالْحِجَارَةِ. لَمْ يَخَفْ[8] بُولُسُ مِنْهُمْ. كَانَ مُسْتَعِدًّا[9] لِأَنْ يُقْتَلَ[10]، لَكِنَّهُ لَمْ يَكُنْ مُسْتَعِدًّا أَلَّا[11] يَتَكَلَّمَ عَنْ يَسُوعَ وَمَحَبَّتِهِ الْعَجِيبَةِ. أَعْطَى الرُّوحُ الْقُدُسُ بُولُسَ شَجَاعَةً[12].

예수님의 제자들은 사람들에게 그리스도에 대해서 가르쳤습니다. 그러나 어떤 사람들은 화를 내었습니다. 왜냐하면 그들은 하나님을 사랑하지 않았기 때문입니다. 그래서 그들은 제자들을 괴롭혔습니다. 이 그림에서 우리들은 바울 사도가 예수님에 대해서 말하는 것을 봅니다. 어떤 사람들은 화를 내서 돌로 그를 치길 원했습니다. 바울은 그들을 무서워하지 않았습니다. 그는 죽는 것도 준비가 되었습니다. 그는 예수님과 그의 신기한 사랑에 대해서 이야기 하는 것에 준비가 되어 있었습니다. 성령께서 바울에게 용감함을 주셨습니다.

---

[1] شَفَى/ يَشْفِي ه – شِفَاء ..를 치료하다, 고치다

[2] مَرِيض/ مَرْضَى 환자, 아픈 사람

[3] أَقَامَ/ يُقِيمُ ه أَو ه .. 을 일어서게 하다, 일으켜 세우다 ; 세우다, 건립, 설립하다 ; قَامَ/ يَقُومُ – قِيَام 일어서다

[4] مَيْت/ مَوْتَى أَو أَمْوَات = مَيِّت 시체, 죽은 사람

[5] بَشَّرَ/ يُبَشِّرُ ه بِـ ... ...에게 (반가운 소식)...을 알리다, 전하다 ; 복음을 전하다

[6] عَذَّبَ/ يُعَذِّبُ ه ...을 고통스럽게 하다, 괴롭히다 ; 고문하다

[7] رَجَمَ/ يَرْجُمُ ه – رَجْم ..를 돌맹이로 치다

[8] خَافَ/ يَخَافُ مِنْ ه أَو هـ – خَوْف ..을 무서워하다 <표 19 단축법> لَمْ يَخَفْ

[9] اِسْتَعَدَّ/ يَسْتَعِدُّ لِـ ... – اِسْتِعْدَاد – مُسْتَعِدٌّ لِـ ... 할 준비가 되다, 준비되다 ; مُسْتَعِدٌّ لِـ ... ...할 준비가 된

[10] قَتَلَ/ يَقْتُلُ ه أَو هـ – قَتْل ..을 죽이다, 잡다 ; <수동형> قُتِلَ/ يُقْتَلُ

[11] أَلَّا = أَنْ + لَا

[12] شَجَاعَة 용감성, 용기, 담대함

8. 왜 교회에 가야합니까?   لِمَاذَا نَذْهَبُ إِلَى الْكَنِيسَةِ؟

8-1	어떻게 교회가 시작되었나요?	كَيْفَ بَدَأَتِ الْكَنِيسَةُ؟

رَأَيْنَا فِي الصُّورَةِ السَّابِقَةِ أَنَّ شَخْصًا مَا وَاجَهَ[1] الْعَذَابَ[2] لِأَنَّهُ كَانَ يُحِبُّ الرَّبَّ يَسُوعَ. كَانَ عَلَى الْكَثِيرِ مِنَ الْمُؤْمِنِينَ بِيَسُوعَ أَنْ يَتْرُكُوا[3] بُيُوتَهُمْ وَمُدُنَهُمْ[4] لِكَيْ يَعِيشُوا فِي أَمَانٍ[5]. كَانَ هَؤُلَاءِ يَذْهَبُونَ مِنْ مَكَانٍ لِآخَرَ وَيَتَكَلَّمُونَ عَنْ يَسُوعَ مَعَ جِيرَانِهِمْ[6]. وَكَانُوا يَتَقَابَلُونَ[7] مَعًا لِيُرَنِّمُوا لِيَسُوعَ وَيُسَبِّحُوا اللهَ. وَكَانُوا يُشَجِّعُونَ وَيُسَاعِدُونَ بَعْضُهُمْ بَعْضًا.

우리들은 이전 사진에서 어떤 사람이 주 예수님을 사랑한 것 때문에 고통에 직면한 것을 보았습니다. 예수님을 믿는 많은 사람들이 안전하게 살기 위해서 그들의 집과 도시를 떠나야 했습니다. 이 사람들은 여기저기 다니면서 그들의 이웃들에게 예수님에 대해 이야기 했습니다. 그들은 예수님께 찬양과 하나님께 경배를 드리기 위해 함께 모였습니다. 그들은 서로 격려하고 서로 도와주었습니다.

8-2	교회가 무엇인가요?	مَا هِيَ الْكَنِيسَةُ؟

أَغْلَبُ الْمُؤْمِنِينَ بِيَسُوعَ يَتَقَابَلُونَ مَعًا كُلَّ أُسْبُوعٍ. إِنَّهُمْ يَقْرَأُونَ الْكِتَابَ الْمُقَدَّسَ، وَيُرَنِّمُونَ، وَيُصَلُّونَ وَيُشَجِّعُونَ بَعْضُهُمْ بَعْضًا. هَذَا هُوَ سَبَبُ ذَهَابِنَا[8] إِلَى الْكَنِيسَةِ. إِنَّ الْكَنِيسَةَ مَكَانٌ عَظِيمٌ فِيهِ نَعْبُدُ[9] اللهَ وَنَتَعَرَّفُ[10] عَلَى أَصْدِقَاءَ جُدُدٍ[11] مِنَ الْمُؤْمِنِينَ بِيَسُوعَ.

예수님을 믿는 대부분의 사람들은 매주 만났습니다. 그들은 성경을 읽고, 찬양을 하며, 기도를 하고, 서로서로 격려하였습니다. 이것이 바로 우리가 교회에 가는 이유입니다. 진실로 교회는 우리가 하나님을 예배하고 예수님을 믿는 새로운 친구들을 사귀는 위대한 곳입니다.

---

[1] وَاجَهَ/ يُوَاجِهُ ه أو هـ ...와 맞서다, 직면하다, 마주하다
[2] عَذَاب/ عَذَابَات أو أَعْذِبَة 고통, 괴로움, 고문
[3] تَرَكَ/ يَتْرُكُ ه أو هـ – تَرْك ..를 떠나다, 버리고 가다
[4] مَدِينَة/ مُدُن 도시
[5] أَمَان (safety) 안전 أَمِن 안전한
[6] جَار/ جِيرَان 이웃
[7] تَقَابَلَ/ يَتَقَابَل مَعَ 서로 만나다 (to meet each other)
[8] ذَهَبَ/ يَذْهَبُ إِلَى – ذَهَاب 가다 (to go) 가는 것, 출발
[9] عَبَدَ/ يَعْبُدُ ه – عِبَادَة ..를 숭배하다, 예배하다
[10] تَعَرَّفَ/ يَتَعَرَّف بـ، إِلَى، عَلَى ...을 알게되다, 사귀다
[11] جَدِيد/ جُدُد 새로운, 최근의

8-3	إِنَّنَا نَذْهَبُ إِلَى الْكَنِيسَةِ لِنَتَعَلَّمَ عَنِ الله
	우리는 하나님에 대해 배우기 위해 교회에 갑니다.

هَؤُلاءِ الأَطْفَالُ فِي الْكَنِيسَةِ، وَهُنَاكَ سَيُقَابِلُونَ[1] أَطْفَالاً أَكْثَرَ وَسَيُرَنِّمُونَ[2] وَيُسَبِّحُونَ[3] اللهَ. وَإِذَا لَمْ يَذْهَبُوا إِلَى الْكَنِيسَةِ كُلَّ أُسْبُوعٍ، فَسَيَنْسَونَ[4] اللهَ الَّذِي يُحِبُّهُمْ. مِنَ الرَّائِعِ أَنْ يَذْهَبُوا إِلَى الْكَنِيسَةِ. هَلْ تَذْهَبُ أَنْتَ إِلَى الْكَنِيسَةِ؟

이 아이들은 교회에 있습니다. 거기에서 그들은 다른 아이들을 더 만날 것입니다. 그들은 노래하고, 하나님을 찬양할 것입니다. 만일 그들이 매주 교회에 가지 않는다면 그들은 그들을 사랑하는 하나님을 잊어버릴 것입니다. 그들이 교회에 가는 것은 놀라운 일입니다. 당신은 교회에 가십니까?

8-4	إِنَّنَا نَذْهَبُ إِلَى الْكَنِيسَةِ وَنَتَعَمَّدُ[5] فِيهَا
	우리는 교회에 가서 세례를 받습니다.

لَمَّا كَانَ الرَّبُّ يَسُوعُ فِي الأَرْضِ، عَمَّدَهُ[6] أَحَدُ الْمُؤْمِنِينَ بِهِ وَاسْمُهُ يُوحَنَّا الْمَعْمَدَانُ. وَنَحْنُ نَتَعَلَّمُ مِنْ يَسُوعَ أَنَّنَا يَجِبُ[7] أَنْ نَتَعَمَّدَ نَحْنُ أَيْضًا. وَالْمَعْمُودِيَّةُ[8] مَعْنَاهَا أَنَّنَا نُخْبِرُ كُلَّ النَّاسِ أَنَّنَا نُؤْمِنُ بِالرَّبِّ يَسُوعَ. الْمَعْمُودِيَّةُ مُهِمَّةٌ جِدًّا. اِسْأَلُوا وَالِدَيْكُمْ عَنِ الْمَعْمُودِيَّةِ الَّتِي فِي كَنِيسَتِكُمْ. فِي الصُّورَةِ نَرَى يُوحَنَّا الْمَعْمَدَانَ وَهُوَ يُعَمِّدُ الرَّبَّ يَسُوعَ بِتَغْطِيسِهِ[9] فِي الْمَاءِ.

주 예수님이 땅에 계실 때에 그를 믿는 사람들 중의 하나가 그(예수님)에게 세례를 주었는데, 그의 이름은 세례 요한입니다. 우리는 예수님으로 부터 우리도 반드시 세례를 받아야 함을 배웁니다. 세례의 의미는 우리가 모든 사람들에게 우리가 주 예수님을 믿는다는 것을 증거하는 것입니다. 세례는 아주 중요합니다. 당신의 부모님께 당신의 교회에서 행하는 세례에 대해서 물어보십시오. 이 그림에서 우리는 주 예수님을 물속에 잠기게 해서 세례를 주는 세례 요한을 봅니다.

---

[1] قَابَلَ/ يُقَابِلُ ه – مُقَابَلَة (to meet) ..를 만나다

[2] رَنَّمَ/ يُرَنِّمُ – تَرْنِيمٌ بـ 노래하다, (성가를) 부르다

[3] سَبَّحَ/ يُسَبِّحُ بـ – تَسْبِيحٌ ...을 찬양하다, 찬미하다

[4] نَسِيَ/ يَنْسَى هـ – نَسْيٌ ..을 잊다, 망각하다

[5] تَعَمَّدَ/ يَتَعَمَّدُ 세례를 받다

[6] عَمَّدَ/ يُعَمِّدُ ه.. ..에게 세례를 주다

[7] وَجَبَ/ يَجِبُ – وُجُوبٌ 당연히 해야 한다.. يَجِبُ عَلَى ه أَنْ ...는..할 의무를 지닌다, 해야 한다

[8] مَعْمُودِيَّة 세례

[9] غَطَّسَ/ يُغَطِّسُ ه أو هـ في ... – تَغْطِيسٌ ...에 잠그다, 가라앉히다 ; 세례 تَغْطِيس (물에) 잠그기

8-5	إِنَّنَا نَذْهَبُ إِلَى الْكَنِيسَةِ لِلتَّنَاوُلِ[1] مِنْ عَشَاءِ[2] الرَّبِّ
	우리는 성찬식에 참여하기 위해 교회에 갑니다.

فِي اللَّيْلَةِ الَّتِي سَبَقَتْ[3] مَوْتَ يَسُوعَ عَلَى الصَّلِيبِ، أَكَلَ مَعَ تَلَامِيذِهِ آخِرَ عَشَاءٍ لَهُ. أَرَادَ بِذَلِكَ أَنْ يَعْمَلَ شَيْئًا لِيَتَذَكَّرَهُ[4] التَّلَامِيذُ. أَخَذَ الرَّبُّ يَسُوعُ خُبْزًا[5] وَشَكَرَ مِنْ أَجْلِهِ، وَأَعْطَى تَلَامِيذَهُ لِيَأْكُلُوا مِنْهُ. كَمَا أَخَذَ كَأْسًا[6]، وَشَكَرَ، وَجَعَلَ تَلَامِيذَهُ يَشْرَبُونَ[7] مِنْهُ. وَفِي الصُّورَةِ نَرَى يَسُوعَ يُقَدِّمُ[8] الْخُبْزَ لِتَلَامِيذِهِ. وَعِنْدَمَا نَتَنَاوَلُ عَشَاءَ الرَّبِّ فِي الْكَنِيسَةِ، نَتَذَكَّرُ أَنَّ الرَّبَّ يَسُوعَ مَاتَ بِسَبَبِ خَطَايَانَا وَأَنَّنَا نُؤْمِنُ بِهِ.

예수님이 십자가에서 죽기 전날 밤에, 그는 제자들과 함께 마지막 만찬을 드셨습니다. 마지막 만찬에서 주님은 제자들이 그를 기억하도록 어떤 것을 하길 원하셨습니다. 주 예수님은 떡을 취하시고 그것을 위해 감사했습니다. 그리고 그의 제자들에게 주어 먹게 하셨습니다. 그리고 잔을 취하셔서 감사하시고, 그의 제자들이 마시도록 하셨습니다. 이 그림에서 우리들은 그의 제자들에게 떡을 주시는 예수님을 봅니다. 우리가 교회에서 성찬식에 참여할 때, 우리는 우리 죄 때문에 예수님이 죽으신 것을 기억하며, 우리가 그분을 믿는 다는 것을 기억합니다.

---

[1] تَنَاوَلَ/ يَتَنَاوَلُ هـ - تَنَاوُل ; 1. 다루다, 취급하다 2. 받다, 받아들이다 3. 먹다 ; 성찬에 참여하다

[2] عَشَاءُ الرَّبِّ = الْمَائِدَةُ الرَّبَّانِيَّة   주의 만찬

[3] سَبَقَ/ يَسْبِقُ أو يَسْبُقُ هـ أو هـ - سَبْق ..를 앞서다, 선행하다, ..보다 이전에 하다

[4] تَذَكَّرَ/ يَتَذَكَّرُ هـ   ..을 기억하다, 회상하다

[5] خُبْز هـ   빵

[6] كَأْس/ كُؤُوس   잔, 컵

[7] شَرِبَ/ يَشْرَبُ هـ - شُرْب   ..을 마시다

[8] قَدَّمَ/ يُقَدِّمُ ه أو هـ   1. ....를 앞서게 하다 2. 제출하다, 제공하다(to offer, present)

실용 기독교 아랍어 앤드북

9. 주 예수를 믿는 삶　　　　　　　　　　　حَياةُ الإيمَانِ بِالرَّبِّ يَسُوعَ

| 9-1 | 주 예수님을 믿는 사람들은 친절합니다 [1]   الْمُؤْمِنُونَ بِالرَّبِّ يَسُوعَ لُطَفَاءُ |

فِي الصُّورَةِ نَرَى طِفْلَيْنِ يُحِبَّانِ[2] الرَّبَّ يَسُوعَ. إِنَّهُمَا يَقْطِفَانِ[3] زُهُورًا[4] لِيَأْخُذَاهَا إِلَى أَحَدِ الْجِيرَانِ وَهُوَ مَرِيضٌ. إِنَّهُمَا بِذَلِكَ يَكُونَانِ لَطِيفَيْنِ[5]. إِنَّ الرُّوحَ الْقُدُسَ الَّذِي يَمْلَأُ قَلْبَيْهِمَا[6] يُسَاعِدُهُمَا أَنْ يَكُونَا لَطِيفَيْنِ.

　　이 그림에서 우리는 주 예수님을 사랑하는 두 어린이를 봅니다. 그들(dual)은 아픈 한 이웃에게 가져가기 위해 꽃들을 꺾고 있습니다. 그들(dual)은 이토록 친절합니다. 그들(dual)의 마음을 채우시는 성령은 그들(dual)이 친절하도록 그들(dual)을 돕습니다.

| 9-2 | 주 예수님을 믿는 사람들은 기도합니다   الْمُؤْمِنُونَ بِالرَّبِّ يَسُوعَ يُصَلُّونَ |

فِي الصُّورَةِ نَرَى طِفْلاً وَهُوَ يَتَحَدَّثُ[7] إِلَى اللهِ، أَبِيهِ السَّمَاوِيِّ. إِنَّ اللهَ مَسْرُورٌ لِأَنَّ الطِّفْلَ يَذْهَبُ لِيَتَحَدَّثَ إِلَيْهِ. أَنْتَ أَيْضًا، يُمْكِنُكَ أَنْ تَتَحَدَّثَ إِلَى اللهِ. رُبَّمَا تَعْمَلُ ذَلِكَ قَبْلَ أَنْ تَنَامَ[8]، لَكِنْ يُمْكِنُكَ أَنْ تُكَلِّمَ اللهَ وَأَنْتَ جَالِسٌ[9]، أَوْ وَأَنْتَ وَاقِفٌ[10]، أَوْ وَأَنْتَ رَاكِعٌ[11].

　　이 그림에서 우리는 하나님 즉, 그의 하늘 아버지에게 이야기하는 한 소년을 봅니다. 이 소년이 하나님께 이야기 하러 가기 때문에 참으로 하나님은 기뻐하십니다. 당신도 마찬가지입니다. 당신도 하나님께 이야기 할 수 있습니다. 아마도 당신이 잠을 자기 전에 그렇게 할 수 있습니다. 하지만 당신이 앉아 있을 때나, 혹은 당신이 서 있을 때, 혹은 꿇어앉아 있을 때에도 하나님과 이야기 할 수 있습니다.

---

[1] لَطِيف/ لُطَفَاء　친절한, 상냥한

[2] (يُحِبَّانِ <dual 주격>)　أَحَبَّ/ يُحِبُّ ه أَوْ هـ　..을 사랑하다, 좋아하다

[3] (يَقْطِفَانِ <dual 주격>)　قَطَفَ/ يَقْطِفُ هـ - قَطْف　..을 꺾다, 따다(꽃, 열매 따위를)

[4] زَهْر/ زُهُور أَوْ أَزْهَار　꽃

[5] لَطِيفَانِ <dual 주격>　لَطِيفَيْنِ <dual 소유격, 목적격>

[6] (قَلْبَيْنِ + هُمَا)

[7] تَحَدَّثَ/ يَتَحَدَّثُ　تَحَدَّثَ/ يَتَحَدَّثَ مَعَ(إِلَى) هـ فِي(عَنْ) ...　이야기하다, 말하다 ...와 ..에 관해 이야기하다

[8] نَامَ/ يَنَامُ – نَوْم　자다, 잠자리에 눕다

[9] جَلَسَ/ يَجْلِسُ – جُلُوس – جَالِس　앉다 (to sit down)

[10] وَقَفَ/ يَقِفُ – وُقُوف – وَاقِف　서다, 정지되다, 멎다 ; 일어서다, 일어나다

[11] رَكَعَ/ يَرْكَعُ – رُكُوع – رَاكِع　무릎을 꿇다 (to kneel down)

9-3 الْمُؤْمِنُونَ بِيَسُوعَ يُكَلِّمُونَ الْآخَرِينَ عَنْهُ
예수님을 믿는 사람들은 다른 사람들에게 그에 대해서 이야기합니다.

اللهُ يُحِبُّ أَنْ يَتَكَلَّمَ الْمُؤْمِنُونَ بِهِ عَنْ أَعْمَالِهِ[1] وَمَحَبَّتِهِ لَهُمْ. وَيُمْكِنُكَ عَمَلُ ذَلِكَ بِثَلَاثِ طُرُقٍ[2]: ١- كَلِّمْ أَصْدِقَاءَكَ عَنِ الرَّبِّ يَسُوعَ. ٢- اُدْعُهُمْ[3] إِلَى مَدَارِسِ الْأَحَدِ لِيَتَعَلَّمُوا عَنْهُ. ٣- قَدِّمْ جُزْءًا مِنْ مَصْرُوفِكَ[4] لِلْكَنِيسَةِ، فَهَذَا يُسَاعِدُهَا عَلَى أَنْ تَقُومَ بِأَنْشِطَةٍ[5] يَتَعَلَّمُ مِنْهَا النَّاسُ عَنْ يَسُوعَ فِي كُلِّ مَكَانٍ.

하나님은 그를 믿는 자들이 그(하나님)의 일과 그들을 위한 그(하나님)의 사랑을 이야기하는 것을 좋아하십니다. 당신이 그렇게 하는 세가지 방법이 있습니다. 1. 당신의 친구에게 주 예수님에 대해서 이야기 하세요. 2. 그들을 주일학교로 초청하여 그들이 예수님을 배울 수 있도록 하십시오. 3. 당신의 지출 얼마를 교회에 드리세요. 이것은 교회가 모든 장소에서 사람들이 예수님에 대해 배우는 활동들을 실시하는데 도움이 됩니다.

9-4 الْمُؤْمِنُونَ بِالرَّبِّ يَسُوعَ دَائِمًا يَشْكُرُونَ
주 예수님을 믿는 사람들은 항상 감사합니다.

أَحْيَانًا نُرَنِّمُ فِي الْكَنِيسَةِ " شُكْرًا شُكْرًا للهِ مِنْ أَجْلِ جَمِيعِ عَطَايَاهُ[6]....". يَجِبُ أَنْ نُسَبِّحَ اللهَ وَنَشْكُرَهُ كُلَّ يَوْمٍ. دَعُونَا[7] نُصَلِّ[8] هَذِهِ الصَّلَاةَ مَعًا الْآنَ: "نَشْكُرُكَ يَا رَبُّ لِأَنَّكَ تُحِبُّنَا. وَنُرَنِّمُ لَكَ لِأَنَّكَ إِلَهٌ عَظِيمٌ".

때때로 우리는 교회에서 "하나님께 감사합니다. 감사합니다. 모든 좋은 선물로 인해서..." 라고 찬양합니다. 우리는 반드시 하나님을 찬양하고 매일 감사해야 합니다. 지금 우리 함께 이 기도를 드립시다. "주님! 당신이 우리를 사랑하시니 우리가 감사드립니다. 우리가 당신께 찬양드립니다. 왜냐하면 당신은 위대한 하나님이시기 때문입니다.

---

[1] عَمَل/ أَعْمَال ; 일, 노동 ; 행동, 행위 ; 작품, 저작
[2] طَرِيق/ طُرُق 길, 도로
[3] (اُدْعُ <명령법, 표 27>) دَعَا/ يَدْعُو ه إِلَى ... - دَعْوَة ..를 ..에 초대.초청하다
[4] مَصْرُوف/ مَصْرُوفَات 비용, 지출, 경비   مَصْرُوف الْجَيْب 용돈
[5] نَشَاط/ نَشَاطَات أَو أَنْشِطَة 활동 ; 활기
[6] عَطِيَّة/ عَطَايَا 주는 것, 제공 ; 선물   عَطَاء 선물
[7] وَدَعَ/ يَدَعُ ..하게 하다 (to let) دَعُونَا ... 하십시다. (Let us ...)
[8] (دَعُونَا + <동사의 단축법>) صَلَّى/ يُصَلِّي 기도하다, 빌다

10. 예수님이 다시 오실 때에
عِنْدَمَا يَأْتِي يَسُوعُ مَرَّةً ثَانِيَةً

| 10-1 | 주 예수님은 다시 오십니다. | الرَّبُّ يَسُوعُ سَيَأْتِي مَرَّةً ثَانِيَةً |

الرَّبُّ يَسُوعُ حَيٌّ الآنَ فِي السَّمَاءِ، لَكِنَّهُ سَيَأْتِي مَرَّةً ثَانِيَةً فِي وَقْتٍ مَا عَلَى السَّحَابِ[1]، وَسَنَرَاهُ، وَسَيَأْخُذُنَا إِلَى السَّمَاءِ لِنَحْيَا[2] مَعَهُ. سَيَكُونُ هَذَا يَوْمًا مُثِيرًا[3] جِدًّا! رُبَّمَا يَأْتِي الرَّبُّ يَسُوعُ الْيَوْمَ! فِي الصُّورَةِ نَرَى أُسْرَةً يَتَكَلَّمُونَ عَمَّا سَيَحْدُثُ[4] عِنْدَمَا يَعُودُ[5] الرَّبُّ يَسُوعُ مَرَّةً ثَانِيَةً.

주 예수님은 지금 하늘에 살아계십니다. 하지만 그는 구름을 타고 다시 오실 것입니다. 그리고 우리가 그를 볼 것입니다. 그리고 우리가 그와 함께 살기 위해 그는 우리를 하늘로 데리고 갈 것입니다. 이 날은 아주 흥분된 날이 될 것입니다. 어쩌면 주 예수님이 오늘 오실 것입니다. 이 그림에서 우리는 주 예수님이 다시 오실 때 어떤 일이 일어날찌에 대해 이야기 한 가족을 봅니다.

| 10-2 | 하나님은 악안 사람들을 벌하실 것입니다. | اللهُ سَيُعَاقِبُ[6] الْأَشْرَارَ[7] |

فِي يَوْمٍ مَا سَيُعَاقِبُ اللهُ كُلَّ شَخْصٍ يَسْتَحِقُّ[8] الْعِقَابَ[9] عَلَى الشُّرُورِ الَّتِي عَمَلَهَا. لَكِنَّ الَّذِينَ غَفَرَ[10] لَهُمْ خَطَايَاهُمْ سَيَكُونُونَ مَعَهُ فِي السَّمَاءِ. يَطْلُبُ الرَّبُّ يَسُوعُ مِنَّا أَنْ نَأْتِيَ إِلَيْهِ وَسَيُخَلِّصُنَا[11] مِنَ الْخَطِيَّةِ، وَيُعْطِينَا[12] حَيَاةً أَبَدِيَّةً مَعَهُ فِي السَّمَاءِ.

---

[1] سَحَاب/ سُحُب سَحَابَة 구름 한 점 / 구름
[2] عَاشَ = حَيَاة – هـ – يَحْيَا / حَيِيَ 살다 (to live)
[3] مُثِير - إِثَارَة – هـ – أَوْ ه يُثِيرُ / أَثَارَ ..을 흥분시키다, 자극. 선동. 고무하다 ; 흥분시키는, 일으키는, 선동하는
[4] حَدَثَ/ يَحْدُثُ – حُدُوث (사건이) 일어나다, 발생하다
[5] عَادَ/ يَعُودُ – عَوْدَة 돌아오다, 돌아가다 ; 재생되다, 회복되다
[6] عَاقَبَ/ يُعَاقِبُ ه بـ، عَلَى ... – عِقَاب ...에 대하여 ...를 처벌하다, 징벌하다
[7] شَرّ/ شُرُور 악, 악의   شِرِّير/ أَشْرَار 간악한, 흉악한
[8] اِسْتَحَقَّ/ يَسْتَحِقُّ هـ ...을 할 만하다, ..할 자격이 있다
[9] عِقَاب/ عِقَابَات 처벌, 벌
[10] غَفَرَ/ يَغْفِرُ هـ لـ ه – غَفْر، غُفْرَان، مَغْفِرَة ..에게 ..을 용서하다
[11] خَلَّصَ/ يُخَلِّصُ ه مِنْ ...로 부터 ...를 구원하다, 구하다
[12] أَعْطَى/ يُعْطِي هـ، ه لـ ه ..에게 ..을 주다, 제공하다

어느날 하나님은 그들이 행한 악들에 대해 형벌받음이 마땅한 모든 사람들을 벌하실 것입니다. 그러나 그들의 죄들을 용서받은 자들은 하늘에서 그와 함께 있을 것입니다. 주 예수님은 우리에게 그에게 올 것을 요청합니다. 그러면 그는 우리를 죄로부터 구원하실 것이고, 또한 우리에게 하늘에서 그와 함께 하는 영원한 삶을 주실 것입니다.

10-3 하나님은 평화를 줍니다.   الله يُعْطِي السَّلاَمَ

عِنْدَمَا يَأْتِي الرَّبُّ يَسُوعُ مَرَّةً ثَانِيَةً، سَيَمْلأُ¹ اللهُ الأرْضَ سَلاَمًا. وَلَنْ يَكُونَ هُنَاكَ قَتْلٌ² وَلاَ بُكَاءٌ³. وَسَيَطِيعُهُ⁴ كُلُّ النَّاسِ وَيَعْمَلُونَ أَعْمَالاً⁵ صَالِحَةً. سَيَكُونُ هَذَا جَمِيلاً جِدًّا!! يُعَلِّمُنَا الْكِتَابُ الْمُقَدَّسُ أَنْ نُصَلِّيَ قَائِلِينَ⁶: " تَعَالَ، أَيُّهَا الرَّبُّ يَسُوعُ".

주 예수님이 다시 오실 때 하나님께서는 이 땅에 평화를 가득 채우실 것입니다. 거기에는 살인이나 울음이 없을 것입니다. 모든 사람들은 그에게 순종하며 선한 행위를 할 것입니다. 이것은 아주 아름다울 것입니다. 성경은 우리에게 이렇게 기도할 것을 가르칩니다. "주 예수님! 오시옵소서"

10-4 하나님은 당신과 함께 하십니다.   الله مَعَكَ

اللهُ يَعْرِفُ دَائِمًا الصَّلاَحَ⁷ الَّذِي يَجِبُ أَنْ تَعْمَلَهُ، وَهُوَ يُحِبُّ دَائِمًا أَنْ يُسَاعِدَكَ عَلَى مَعْرِفَةِ⁸ إِرَادَتِهِ⁹. أَنْتَ ابْنٌ لَهُ، وَهُوَ سَيَكُونُ مَعَكَ وَسَيُسَاعِدُكَ الْيَوْمَ، وَغَدًا، وَكُلَّ أَيَّامِ حَيَاتِكَ.

하나님은 항상 당신이 행해야 하는 선을 아십니다. 그는 그의 의지를 아는 것에 대해 항상 당신을 돕길 좋아합니다. 당신은 그의 아들입니다. 그리고 그는 당신과 함께 하시며, 오늘도 내일도 당신 삶의 모든 날들도 당신을 도울 것입니다.

---

[1] مَلأَ - مَلأ (مِنْ) ... هـ ب/ يَمْلأُ /مَلأَ   ...을 ...으로 가득 채우다, 충만시키다
[2] قَتْل - قَتَلَ ...هـ أو ه قَتَلَ/ يَقْتُلُ   을 죽이다   قَتْل 살인, 살해, 죽임
[3] بُكَاء - (... عَلَى) بَكَى/ يَبْكِي   울다, 흐느끼다, 통곡하다   بُكَاء 울음, 통곡
[4] إِطَاعَة - أَطَاعَ ه أَطَاعَ/ يُطِيعُ   ..에게 순종하다
[5] أَعْمَال صَالِحَة   선행
[6] قَالَ/ يَقُولُ - قَوْل - قَائِل   말하다, 이야기하다 قَائِلُون <주격, 복수> قَائِلِين <소유격 혹은 목적격, 복수>
[7] صَلاَح = اِسْتِقَامَة، بِرّ   의로움, 선함 ; 복리 ; 좋은 것, 유익성   صَالِح 좋은 ; 의로운, 선한
[8] عَرَفَ/ يَعْرِفُ هـ أو ه - مَعْرِفَة   ...을 알다 (to know)
[9] أَرَادَ/ يُرِيدُ هـ، أَنْ - إِرَادَة   ..을 원하다, 바라다

11. 십계명   الْوَصَايَا¹ الْعَشَرْ

اللهُ يُكَلِّمُنَا² عَنْ مَحَبَّتِهِ لَنَا فِي الْكِتَابِ الْمُقَدَّسِ، كَمَا يُكَلِّمُنَا عَنْ كُلِّ شَيْءٍ يَجِبُ أَنْ نَعْمَلَهُ. كَمَا يُكَلِّمُنَا عَنْ أَشْيَاءٍ³ أُخْرَى لَا يَجِبُ أَنْ نَعْمَلَهَا، وَبَعْضُ الْأُمُورِ⁴ الْمُهِمَّةِ الَّتِي يُوصِينَا⁵ بِهَا هِيَ مَا يَأْتِي:

١. يَجِبُ أَلَّا تَعْبُدَ⁶ أَيَّ إِلَهٍ آخَرَ

هَذَا يَعْنِي⁷ أَنَّنَا لَا نَعْبُدُ إِلَّا اللهَ. وَيَجِبُ أَنْ نُحِبَّهُ مِنْ كُلِّ قُلُوبِنَا، وَنُصَلِّيَ لَهُ فَهُوَ إِلَهُنَا الْوَحِيدُ.

٢. لَا تَصْنَعْ تَمَاثِيلَ⁸ لِتَعْبُدَهَا

فِي بَعْضِ الْأَمَاكِنِ⁹ يَصْنَعُ النَّاسُ تَمَاثِيلَ وَيَعْبُدُونَهَا كَأَنَّهَا آلِهَةٌ¹⁰. اللهُ يُحَذِّرُنَا¹¹ أَلَّا نَعْمَلَ مِثْلَهُمْ.

    하나님은 성경에서 우리에게 우리에 대한 그분의 사랑에 대해 이야기 합니다. 그리고 그는 우리가 행해야 할 모든 것들에 대해 우리에게 이야기 합니다. 그리고 그는 우리에게 우리가 행하지 말아야 할 다른 것들과, 그가 우리에게 명하시는 중요한 명령들 몇가지를 다음과 같이 이야기 합니다.
1.   당신이 다른 신을 예배해서는 안됩니다
    이것은 우리가 하나님 외에는 다른 신을 예배하지 말라는 의미입니다. 그리고 우리가 우리의 모든 마음으로 그를 사랑해야 하며, 그에게 기도해야 함을 말합니다. 왜냐하면 그가 유일하신 우리의 하나님이시기 때문입니다.
2.   당신이 예배할 다른 신들을 만들지 마세요
    어떤 곳에서는 사람들이 우상을 만들어서 그것이 신들인 것처럼 그것을 예배합니다. 하나님은 우리에게 그들과 같이 하지 말것을 경고합니다.

---

¹ الْوَصَايَا الْعَشَرْ 십계명 ; 명령 ; 위임 ; 유언, 유서   وَصِيَّة / وَصَايَا
² كَلَّمَ / يُكَلِّمُ ه عَنْ ... ...에게 ...에 대해서 말하다
³ شَيْء / أَشْيَاء 물건, 사물 ; 그 무엇, 그 어떤 것 (thing)
⁴ أَمْر / أُمُور 일, 사무(matter), 문제   أَمْر / أَوَامِر 명령, 지시
⁵ أَوْصَى / يُوصِي – إِيصَاء 부탁하다, 명령하다 ; 유언하다
⁶ عَبَدَ / يَعْبُدُ ه – عِبَادَة ..를 숭배하다, 예배하다
⁷ عَنَى / يَعْنِي ..을 고려하다 ; 의미하다, 의도하다   مَاذَا يَعْنِي هَذَا؟ 이것은 무슨 의미인가?   يَعْنِي 즉, 이를테면, 말하자면
⁸ تِمْثَال / تَمَاثِيل 동상, 조각상 ; 우상
⁹ مَكَان / أَمَاكِن 장소, 곳
¹⁰ إِلَه / آلِهَة 신 (god) ; 하나님   إِلَهُنَا 우리의 하나님
¹¹ حَذَّرَ / يُحَذِّرُ ه مِنْ ... – تَحْذِير ..에게 ..을 경고하다

제 3 부 쉬운 성경 이야기

٣. لاَ تَنْطِقْ[1] بِاسْمِ اللهِ بَاطِلاً[2]

مِنَ الْخَطَأِ أَنْ تَسْتَخْدِمَ[3] اسْمَ اللهِ بِاسْتِخْفَافٍ[4] أَوْ وَأَنْتَ غَاضِبٌ. لَكِنْ يَجِبُ أَنْ نَنْطِقَ اسْمَهُ وَنَحْنُ نُصَلِّي لَهُ وَنَسْجُدُ وَنَدْعُوهُ[5].

٤. اُذْكُرْ[6] يَوْمَ[7] الرَّاحَةِ لِتُقَدِّسَهُ[8]

نَحْنُ نُعَبِّرُ[9] عَنْ مَحَبَّتِنَا لِلهِ عِنْدَمَا نَذْهَبُ إِلَى الْكَنِيسَةِ كُلَّ أُسْبُوعٍ. هُنَاكَ نَسْتَمِعُ[10] إِلَى الْكِتَابِ الْمُقَدَّسِ وَشَرْحِهِ. شَيْءٌ مُهِمٌّ وَجَمِيلٌ أَنْ نَجْتَمِعَ مَعَ الآخَرِينَ الَّذِينَ يُحِبُّونَ اللهَ.

٥. أَكْرِمْ[11] أَبَاكَ وَأُمَّكَ

يَجِبُ أَنْ نُحِبَّ وَالِدَيْنَا وَنُعَامِلَهُمْ[12] بِاحْتِرَامٍ[13] وَإِكْرَامٍ. فَلاَ يَجِبُ أَنْ نَرُدَّ[14] عَلَيْهِمْ بِطَرِيقَةٍ سَيِّئَةٍ. وَيَجِبُ أَنْ نُطِيعَهُمْ فِيمَا يُرِيدُونَ مِنَّا أَنْ نَعْمَلَهُ أَوْ لاَ نَعْمَلَهُ.

---

3. 하나님의 이름을 헛되이 말하지 마세요
   당신이 하나님의 이름을 경시하거나 당신이 화가 났을 때 그 이름을 사용하는 것은 잘못입니다. 때문에 우리는 기도하는 동안, 그리고 예배하거나 그를 초청하면서 그의 이름을 불러야 합니다.
4. 안식일을 거룩하게 하기 위해 그 날을 기억하세요
   우리가 매주 교회에 나갈 때 우리는 하나님에 대한 우리의 사랑을 표현합니다. 거기에서 우리는 성경과 그것에 대한 설명을 듣습니다. 우리가 하나님을 사랑하는 다른 사람들과 함께 모임을 가지는 것은 아주 중요한 것이고 아름다운 것입니다.
5. 당신의 아버지와 당신의 어머니를 공경하세요
   우리는 우리의 부모님을 사랑하고 그들에게 존경과 공경으로 대해야 합니다. 때문에 우리는 그들에게 나쁜 방법으로 대답해서는 안됩니다. 우리는 그들이 우리가 하기를 원하는 것이나, 그들이 우리가 하지 않길 원하는 것에 대해 그들에게 순종해야 합니다.

---

[1] نَطَقَ/ يَنْطِقُ – نُطْق   نَطَقَ/ يَنْطِقُ 발음하다   نَطَقَ بِ … …을 말하다, 진술하다
[2] بَاطِل/ بَوَاطِل أَوْ أَبَاطِيل   허위의, 근거없는, 허황된 ; 쓸데없는, 헛된, 공연한
[3] اِسْتَخْدَمَ/ يَسْتَخْدِمُ ه أَو هـ – اِسْتِخْدَام   …을 사용하다(사람이나, 사물을)
[4] اِسْتَخَفَّ/ يَسْتَخِفُّ هـ أَو هـ .. اِسْتِخْفَاف   …을 가볍게 여기다   اِسْتَخَفَّ بِ … …을 깔보다, 경시하다   경솔한 태도; 무시
[5] دَعَا/ يَدْعُو ه إِلَى … – دَعْوَة   ..에 초대.초청하다 …를
[6] ذَكَرَ/ يَذْكُرُ هـ – ذِكْر   …을 언급하다 ; 상기하다, 기억하다 ..
[7] يَوْمُ الرَّاحَةِ 쉬는 날   يَوْمُ السَّبْتِ 안식일
[8] قَدَّسَ/ يُقَدِّسُ هـ أَو ه – تَقْدِيس   …을 거룩하게 하다, 신성화하다..
[9] عَبَّرَ/ يُعَبِّرُ عَنْ … – تَعْبِير (to express) …에 대하여 표현하다
[10] اِسْتَمَعَ/ يَسْتَمِعُ إِلَى(لِ) … – اِسْتِمَاع   …을 듣다, 청취하다, 귀를 기울이다
[11] أَكْرَمَ/ يُكْرِمُ ه – إِكْرَام   ..에게 존경을 표하다, 존대하다 ; 예우하다
[12] عَامَلَ/ يُعَامِلُ ه – مُعَامَلَة   …를 대하다, 상대하다, 취급하다 ; 거래하다, 상업관계를 가지다
[13] اِحْتَرَمَ/ يَحْتَرِمُ هـ أَو ه – اِحْتِرَام   …를 존경하다, 존중하다 ; (질서,규칙을) 지키다   존경, 존중
[14] رَدَّ/ يَرُدُّ عَلَى ه – رَدّ   ..에게 대답하다

٦. لاَ تَقْتُلْ[1]

هَذِهِ الْوَصِيَّةُ تَعْنِي[2] أَنَّهُ مِنَ الْخَطَأِ[3] أَنْ نَقْتُلَ أَحَدًا. اللهُ هُوَ الَّذِي يُعْطِي النَّاسَ الْحَيَاةَ لِيَخْدِمُوهُ[4]، وَنَحْنُ لاَ يَجِبُ أَنْ نَأْخُذَ حَيَاتَهُمْ بِاسْتِهْتَارِنَا[5]. يَقُولُ اللهُ إِنَّنَا لاَ يَجِبُ أَنْ نُؤْذِيَ[6] النَّاسَ بَلْ نُسَاعِدُهُمْ.

٧. الأَزْوَاجُ[7] وَالزَّوْجَاتُ[8]

اللهُ هُوَ الَّذِي يُعْطِي الأَزْوَاجَ لِلزَّوْجَاتِ، وَهُوَ يُعْطِي الزَّوْجَاتِ لِلأَزْوَاجِ، وَهُوَ لاَ يُرِيدُ لَهُمْ أَبَدًا أَنْ يَنْفَصِلُوا[9] وَيَتَزَوَّجَ[10] كُلُّ وَاحِدٍ زَوْجَةً أُخْرَى أَوْ تَتَزَوَّجَ كُلُّ وَاحِدَةٍ رَجُلاً آخَرَ. لَكِنْ يَجِبُ أَنْ يُحِبَّ كُلُّ وَاحِدٍ زَوْجَتَهُ وَيَحْمِيَهَا[11] دَائِمًـا. اللهُ سَيُسَـاعِدُ الزَّوْجَاتِ وَالأَزْوَاجَ عَلَى ذَلِكَ. وَعِنْدَمَا يَأْتِي الأَطْفَالُ سَيُسَاعِدُ الأَطْفَالَ أَيْضًا.

---

6. 살인하지 마세요
이 계명은 우리가 어떤 사람을 죽이는 것은 잘못이라는 의미입니다. 하나님은 사람들이 그를 섬기라고 사람들에게 생명을 주시는 분입니다. 우리는 우리의 무모함으로 그들의 생명을 취하지 않아야 합니다. 하나님이 말씀하시길 우리는 사람들을 해치지 않고 오히려 그들을 도와주어야 한다고 말씀합니다.

7. 남편들과 부인들
하나님은 부인들에게 남편들을 주시는 분입니다. 또한 그는 남편들에게 부인들을 주십니다. 그는 결코 두 사람이 나누어져서 각 남자가 다른 아내와 결혼하는 것이나 각 여자가 다른 남자와 결혼하는 것을 원하지 않습니다. 대신에 각자가 그의 부인을 사랑하고 그녀를 항상 지켜주어야 합니다. 하나님은 부인들과 남편들을 그렇게 되도록 도우실 것입니다. 그리고 아이들이 생기게 되면 그는 또한 아이들을 도우실 것입니다.

---

[1] قَتَلَ / يَقْتُلُ ه أو هـ – قَتْل ..을 죽이다, 잡다

[2] عَنَى / يَعْنِي يَعْنِي 이것은 무슨 의미인가? مَاذَا يَعْنِي هَذَا؟ ..을 고려하다 ; 의미하다, 의도하다 즉, 이를테면, 말하자면

[3] خَطَأً / أَخْطَاءٌ 실수, 오류, 과오, 잘못 مِنَ الْخَطَأِ أَنْ ... ...하는 것은 잘못입니다.

[4] خَدَمَ / يَخْدِمُ ه أو هـ – خِدْمَة 봉사하다, 섬기다 ; 시중들다

[5] اِسْتَهْتَرَ / يَسْتَهْتِرُ – اِسْتِهْتَار 무모하게 행동하다 무모한 짓, 무분별 ; 경시, 홀시

[6] آذَى / يُؤْذِي ه – إِيذَاء – مُؤْذٍ ..를 괴롭히다, 해를 끼치다, 상해하다 ; 모욕하다

[7] زَوْج / أَزْوَاج 남편

[8] زَوْجَة / زَوْجَات 아내

[9] اِنْفَصَلَ / يَنْفَصِلُ مِنْ ... – اِنْفَصَلَ عَنْ ... – اِنْفِصَال ...로 부터 떨어지다, ...로 부터 분리되다, ...부터 나오다, 탈퇴하다

[10] تَزَوَّجَ / يَتَزَوَّجُ ه ...와 결혼하다

[11] حَمَى / يَحْمِي ه أو هـ – حِمَايَة ..을 지키다, 보호하다

제 3 부 쉬운 성경 이야기

٨. لاَ تَسْرِقْ[1]

اللهُ يُحَذِّرُنَا[2] مِنْ أَخْذِ[3] أَيِّ نُقُودٍ[4] أَوْ أَشْيَاءٍ لَيْسَتْ لَنَا. لاَ يَجِبُ أَنْ نَسْرِقَ شَيْئًا مِنْ أَحَدٍ وَهُوَ لاَ يَرَانَا، حَتَّى[5] وَلَوْ كَانَ شَيْئًا صَغِيرًا.

٩. لاَ تَكْذِبْ[6]

اللهُ يُرِيدُ أَنْ نَكُونَ أُمَنَاءَ[7] وَنَقُولَ الْحَقَّ دَائِمًا. فَإِنْ أَخْطَأْتَ[8] وَكَسَرْتَ[9] شَيْئًا فِي الْبَيْتِ، فَاعْتَرِفْ[10] أَنَّكَ كَسَرْتَهُ وَاعْتَذِرْ[11]. لاَ تَكْذِبْ وَتَقُلْ إِنَّ شَخْصًا غَيْرَكَ كَسَرَهُ. هَذَا خَطَأٌ وَاللهُ لاَ يُرِيدُ لَكَ أَنْ تَكْذِبَ.

---

8. 도둑질하지 마세요
하나님은 우리 것이 아닌 어떤 것들이나 어떤 돈을 취하는 것을 경고하십니다. 우리는 어떤 사람으로 부터, 그가 보지 않는 동안, 어떤 것을 훔쳐서는 안됩니다. 설령 작은 것이라 하더라도 그렇습니다.

9. 거짓말하지 마세요
하나님은 우리가 정직하길 원하시고, 우리가 항상 진실을 말하길 원하십니다. 만일 당신이 실수를 하여서 집 안에 있는 어떤 것을 부수었다면, 당신이 그것을 부수었다고 고백하고 사과를 하십시오. 다른 사람이 그것을 부수었다고 거짓말하지 마십시오. 이것은 잘못이고 하나님은 당신이 거짓말 하는 것을 원하시지 않습니다.

---

[1] سَرَقَ/ يَسْرِقُ هـ – سَرِقَة ..을 훔치다, 도둑질하다..

[2] حَذَّرَ/ يُحَذِّرُ ه مِنْ ... – تَحْذِير ..에게 ..을 경고하다..

[3] أَخَذَ/ يَأْخُذُ هـ – أَخْذ ..을 취하다, 가지다 ; 차지하다..

[4] نَقْد/ نُقُود 현금, 돈 ; 화폐

[5] حَتَّى وَلَوْ ... 비록 ...할찌라도, 설령 ...할찌라도 (even if...) مَعَ أَنْ ... 함에도 불구하고(although)

[6] كَذَبَ/ يَكْذِبُ ه،، عَلَى ه – كَذِب، كِذْب ..에게 거짓말하다..

[7] أَمِين/ أُمَنَاء 성실한, 충실한 ; 정직한

[8] أَخْطَأَ/ يُخْطِئُ فِي ... – أَخْطَأ/ يُخْطِئُ فِي حَقِّ الله 하나님께 죄를 짓다 ..에서 틀리다, 실수하다

[9] كَسَرَ/ يَكْسِرُ هـ – كَسْر (to break) ..을 깨뜨리다, 부수다..

[10] اِعْتَرَفَ/ يَعْتَرِفُ بِـ ...، أَنْ ... – اِعْتِرَاف ...을 인정하다 ; ...을 고백하다, 자백하다...

[11] اِعْتَذَرَ/ يَعْتَذِرُ هـ – اِعْتِذَار اِعْتَذَرَ عَنْ ... لـ ه ...에게 ..에 대하여 용서를 빌다, 사죄하다 구실.핑계를 대다, 변명하다...

١٠. لَا تَشْتَهِ[1] شَيْئًا لَيْسَ لَكَ

رُبَّمَا تَرَى لُعْبَةً عِنْدَ صَدِيقِكَ وَلَيْسَ عِنْدَكَ مِثْلُهَا. يَجِبُ أَنْ تَنْتَظِرَ[2] حَتَّى[3] يَكُونَ مَعَكَ نُقُودٌ كَافِيَةٌ[4] لِتَشْتَرِيَ مِثْلَهَا، وَرُبَّمَا تَحْصُلُ[5] عَلَيْهَا كَهَدِيَّةٍ[6] فِي الْعِيدِ أَوْ فِي عِيدِ مِيلَادِكَ. اللهُ لَا يُرِيدُكَ أَنْ تُفَكِّرَ وَتَقْلَقَ[7] عَلَى ذَلِكَ وَتَشْعُرَ[8] بِالْحُزْنِ لِأَنَّ لَيْسَ عِنْدَكَ لُعْبَةٌ. لَكِنْ يَجِبُ أَنْ تَفْرَحَ[9] بِمَا أَعْطَاكَ[10] اللهُ، هَدَايَاكَ وَبَيْتِكَ وَكُلِّ الْأَشْيَاءِ الْجَمِيلَةِ الَّتِي عِنْدَكَ.

10. 당신의 것이 아닌 어떤 것을 탐내지 마세요.
어쩌면 당신은 친구가 장난감을 가지고 있는 것을 보는데, 당신은 그와 같은 것이 없을 것입니다. 당신은 당신에게 그것을 살 수 있는 충분한 돈이 있을 때 까지 기다려야 합니다. 어쩌면 명절이나 당신의 생일 때 선물로 그것을 받을 수 있습니다. 하나님은 당신에게 장난감이 없다는 것 때문에 그것을 생각하고 걱정하며 슬픔을 느끼는 것을 원하지 않습니다. 대신에 당신은 하나님께서 당신에게 주신 것으로 인해 기뻐하셔야 합니다. 당신의 선물들과 당신의 집과 당신에게 있는 모든 아름다운 것들로 인해 말입니다.

---

[1] اِشْتَهَى/ يَشْتَهِي هـ – اِشْتِهَاء (<표 28, 단축법> لَا تَشْتَهِ) ..을 갈망.열망.동경하다, 바라다 ; 식욕을 느끼다

[2] اِنْتَظَرَ/ يَنْتَظِرُ هـ أو ه – اِنْتِظَار ..를 기다리다

[3] حَتَّى <접속사> (until) ..할 때 까지

[4] كَافٍ (الْكَافِي) 충분한, 만족한, 넉넉한

[5] حَصَلَ/ يَحْصُلُ عَلَى ... – حُصُول ..을 획득하다, 얻다 ; 받다, 가지다 حَصَلَ/ يَحْصُلُ ... 일어나다, 발생하다

[6] هَدِيَّة/ هَدَايَا 선물, 예물

[7] قَلِقَ/ يَقْلَقُ عَلَى – قَلَق 근심하다, 걱정하다

[8] شَعَرَ/ يَشْعُرُ بِـ ...، أَنْ ... – شُعُور (to feel) ...을 느끼다

[9] فَرِحَ/ يَفْرَحُ بِـ ... – فَرَح ..을 기뻐하다, 즐거워하다

[10] أَعْطَى/ يُعْطِي ه هـ، هـ ه ..에게 ..을 주다, 제공하다

제 4 부 아랍어 기도 배우기

이집트 콥틱 정교회 사제의 기도하는 모습

 기도는 하나님께 대한 우리 마음의 표현입니다. 훌륭한 기도에는 마음이 녹아있는 특정한 표현들이 있기 마련입니다. 아랍 사람들의 기도도 마찬가지입니다. 그들이 하나님께 사랑과 열정을 쏟아내는 특정한 표현들이 있습니다. 그것들 중 많은 수는 일상생활에서 자주 사용하지 않는 것들입니다. 따라서 이런 것들을 따로 정리하여 배울 필요가 있습니다.
 다음은 아랍어 기도의 표현들을 용례별로 정리한 것입니다. 문어체 표현들을 중심으로 기록하였고 이집트 구어체 아랍어의 용례도 함께 기록하였습니다. 여러가지 다양한 기도의 표현들을 잘 익히십시오. 쉽게 느껴지는 표현들을 먼저 공부하시고, 어렵게 느껴지는 것은 나중에 하시면 됩니다.

1. 기도의 대상에 대한 호칭

우리말로 기도를 시작할 때 "주님!", "예수님!", "사랑하는 하나님", "하늘에 계시는 우리 아버지!" 등등으로 시작합니다. 아랍어 기도에서도 마찬가지입니다. 아래는 아랍어 기도에서 기도의 대상을 부르는 여러가지 호칭입니다. 기도의 내용에 따라 호칭도 달라지기 때문에 아래의 모든 호칭이 항상 사용되는 것은 아닙니다. 따라서 앞쪽에 기록된 흔하게 사용하는 것들부터 먼저 익히시기 바랍니다.

의미	이집트 구어체 아랍어	문어체 표준 아랍어
주님!	(ع) يَا رَبّ !	يَا[1] رَبُّ !
우리의 주님!	(ع) يَا رَبَّنَا (يَا رَبِّي) !	يَا رَبَّنَا[2] (يَا رَبِّي[3]) !
우리의 아버지!	(ع) يَا أَبُونَا !	يَا أَبَانَا[4] !
우리의 하늘 아버지시여!	(ع) يَا أَبُونَا السَّمَاوِيّ !	يَا أَبَانَا السَّمَاوِيّ[5] !
우리(나)의 하나님!	(ع) يَا إِلَهْنَا (يَا إِلَهِي) !	يَا إِلَهَنَا[6] (يَا إِلَهِي[7]) !
우리(나)의 주인님!	(ع) يَا سَيِّدْنَا (يَا سَيِّدِي) !	يَا سَيِّدَنَا[8] (يَا سَيِّدِي) !
우리(나)의 사랑하는 님이시여!	(ع) يَا حَبِيبْنَا (يَا حَبِيبِي) !	يَا حَبِيبَنَا[9] (يَا حَبِيبِي) !
우리(나)의 왕이시여!	(ع) يَا مَلِكْنَا (يَا مَلِكِي) !	يَا مَلِكَنَا[10] (يَا مَلِكِي) !
우리의 구속자시여!	(ع) يَا فَادِينَا !	يَا فَادِينَا[11] !
영혼의 구속자여!	(ع) يَا فَادِي النُّفُوس !	يَا فَادِيَ النُّفُوس[12] !
사랑하는 예수님!	(ع) يَا يَسُوع الْحَبِيب !	يَا يَسُوعَ الْحَبِيبَ !

---

[1] يَا <호격사> يَا رَبّ 주님!, 오 주님!

[2] (رَبّ + نَا) <1인칭 복수 소유격 대명사> يَا رَبَّنَا 오 우리의 주님!

[3] (رَبّ + ي) <1인칭 단수 소유격 대명사> يَا رَبِّي 오 나의 주님!

[4] (أَبّ) <목적격> + نَا <1인칭 복수 소유격 대명사> أَبُو <주격> أَبِي <소유격> أَبَا <목적격> 아버지, 아비

[5] سَمَاوِيّ سَمَاء/ سَمَوَات 하늘의, 하늘에 있는 하늘

[6] (إِلَه + نَا) <1인칭 복수 소유격 대명사> إِلَه/ آلِهَة 신, 하나님

[7] (إِلَه + ي) <1인칭 단수 소유격 대명사> يَا إِلَهِي 오 나의 하나님!

[8] (سَيِّد + نَا) سَيِّد/ سَادَة أو أَسْيَاد 주인; 선생, 각하, 씨

[9] (حَبِيب + نَا) حَبِيب/ أَحِبَّاء أو أَحْبَاب 사랑하는, 친애하는 ; 애인, 벗

[10] (مَلِك + نَا) مَلِك/ مُلُوك 왕, 국왕

[11] (فَادِي + نَا) فَادٍ/ فُدَاة 구원자, 구속자(redeemer)

[12] (ال <정관사> + نُفُوس) نَفْس/ نُفُوس أو أَنْفُس 심리, 마음 ; 정신 ; 사람, 인원

우주의 왕이시여!	(ع) يَا مَلِك الْكَوْن !	يَا مَلِكَ الْكَوْن[1] !
만군의 주 시여!	(ع) يَا رَبَّ الْجُنُود !	يَا رَبَّ الْجُنُود[2] !
만 백성의 통치자시여!	(ع) يَا مَالِك الشُّعُوب !	يَا مَالِك[3] الشُّعُوب[4] !
인자한 아버지시여!	(ع) يَا أَبُونَا الْحَنُون !	يَا أَبَانَا الْحَنُون[5] !
오! 십자가에 달린 분이시여!	(ع) يَا مَصْلُوب !	يَا أَيُّهَا[6] الْمَصْلُوب[7] !
우리의 선한 목자시여!	(ع) يَا رَاعِينَا الصَّالِح !	يَا رَاعِينَا[8] الصَّالِح[9] !
죄들을 용서하는 분이시여!	(ع) يَا غَافِر الْخَطَايَا !	يَا غَافِر[10] الآثَام[11] !
만지심으로 치료하는 분이시여!	(ع) يَالِّي بِتِشْفِي بِلَمْسَة !	يَا مَنْ[12] تَشْفِي[13] بِلَمْسَةٍ[14] !
사탄을 부셔뜨린 분이시여!	(ع) يَالِّي سَحَقْت إِبْلِيس !	يَا مَنْ سَحَق[15] إِبْلِيس[16] !
소경의 눈들을 뜨게하신 분이시여!	(ع) يَالِّي فَتَحْت عُيُون الْعُمْيَان	يَا مَنْ فَتَح[17] عُيُون[18] الْعُمْيَان[19] !

---

[1] <정관사> ال> + كَوْن) كَوْن 실재, 존재, 본질 ; 우주, 세계 الْكَوْن 우주

[2] <정관사> ال> + جُنُود) جُنُود/ جُنْد 또는 أَجْنَاد 군대

[3] مَالِك/ مُلَّاك 소유자, 점유자 ; (물건의) 주인 ; 통치자, 지배자

[4] <정관사> ال> + شُعُوب) شُعُوب/ شَعْب 국민 ; 민족 ; 민중

[5] <정관사> ال> + حَنُون) حَنُون 자애로운, 인정깊은, 인자한

[6] <호격사> أَيُّهَا ..아!, ..야!

[7] <정관사> ال> + مَصْلُوب) صَلَب – صَالِب – يَصْلِبُ /صَلَبَ ...을 십자가에 못박다

[8] (رَاعِي + نَا) رَاعٍ/ رُعَاة 또는 رُعْيَان ; 양몰이, 목동 (종교) 목사

[9] <정관사> ال> + صَالِح) صَالِح 좋은, 선한

[10] غَفَرَ/ يَغْفِرُ هـ ل ه – غَفْر 또는 غُفْرَان – غَافِر ..에게 (죄.잘못)을 용서하다

[11] إِثْم/ آثَام 죄, 죄악

[12] مَنْ <의문사> 누구 ; <관계대명사> ..하는 사람

[13] شَفَى/ يَشْفِي هـ – شِفَاء ...를 치료하다, 고치다

[14] (ب <전치사> + لَمْسَة) لَمْسَة/ لَمَسَات 만져보는 것, 접촉, 감촉 لَمَسَ/ يَلْمِسُ هـ 또는 ه – لَمْس (to touch) ...을 만지다

[15] سَحَقَ/ يَسْحَقُ هـ – سَحْق ...을 가루내다, 쩧다 ; 박멸하다

[16] إِبْلِيس 사탄, 귀신

[17] فَتَحَ/ يَفْتَحُ هـ – فَتْح (to open) ...을 열다

[18] عَيْن/ عُيُون 또는 أَعْيُن 눈 (eye)

[19] أَعْمَى/ عَمْيَاء(f) عُمْي 또는 عُمْيَان 눈이 먼, 소경

2. 감사를 표현할 때

우리말로 기도할 때 "… 해 주셔서 감사합니다." 란 표현을 많이 합니다. 아랍어에서도 마찬가지입니다. 아래는 그 용례입니다.

2-1 "…으로 인해 제가(우리가) 당신께 감사합니다."

2-1-1	أَشْكُرُكَ[1] مِنْ أَجْلِ[2] + 명사 ، أَشْكُرُكَ لِأَجْلِ + 명사
	نَشْكُرُكَ مِنْ أَجْلِ + 명사 ، نَشْكُرُكَ لِأَجْلِ + 명사

당신의 사랑으로 인해 제가 당신께 감사합니다.	أَشْكُرُكَ مِنْ أَجْلِ مَحَبَّتِكَ[3]
당신의 은혜로 인해 제가 당신께 감사합니다.	أَشْكُرُكَ مِنْ أَجْلِ نِعْمَتِكَ[4]
당신의 돌보심으로 인해 제가 당신께 감사합니다	أَشْكُرُكَ مِنْ أَجْلِ اهْتِمَامِكَ[5]
당신의 자비로 인해 …	أَشْكُرُكَ مِنْ أَجْلِ رَحْمَتِكَ[6]
당신의 성실하심으로 인해 …	أَشْكُرُكَ مِنْ أَجْلِ أَمَانَتِكَ[7]
당신의 선하심으로 인해 …	أَشْكُرُكَ مِنْ أَجْلِ صَلَاحِكَ[8]
당신의 선한 행위로 인해 …	أَشْكُرُكَ مِنْ أَجْلِ إِحْسَانِكَ[9]
당신의 불쌍히 여기심으로 인해 …	أَشْكُرُكَ مِنْ أَجْلِ حَنَانِكَ[10]
당신의 선물들로 인해 …	أَشْكُرُكَ مِنْ أَجْلِ عَطَايَاكَ[11]
당신의 자비하심으로 인해 …	أَشْكُرُكَ مِنْ أَجْلِ رَأْفَتِكَ[12]
당신의 선하심(좋으심)으로 인해 …	أَشْكُرُكَ مِنْ أَجْلِ خَيْرِكَ[13]

---

[1] شَكَرَ/ يَشْكُرُ ه، ل ه ..에게 ..을 감사하다 ، شَكَرَ/ يَشْكُرُ ه عَلَى ..에게 감사를 드리다...

[2] مِنْ أَجْلِ ...로 인하여, .. 때문에

[3] <2인칭 단수 소유격 대명사 ك + مَحَبَّة) مَحَبَّة 사랑

[4] <2인칭 단수 소유격 대명사 ك + نِعْمَة) نِعْمَة 은혜

[5] <2인칭 단수 소유격 대명사 ك + اِهْتِمَام) اِهْتِمَام 관심, 돌봄

[6] <2인칭 단수 소유격 대명사 ك + رَحْمَة) رَحْمَة 자비

[7] <2인칭 단수 소유격 대명사 ك + أَمَانَة) أَمَانَة 성실, 성실성, 충실성

[8] <2인칭 단수 소유격 대명사 ك + صَلَاح) صَلَاح 선함, 의로운 것, 정의

[9] <2인칭 단수 소유격 대명사 ك + إِحْسَان) إِحْسَان 선을 베품, 자선, 선행

[10] <2인칭 단수 소유격 대명사 ك + حَنَان) حَنَان 동정심, 측은한 마음

[11] <2인칭 단수 소유격 대명사 ك + عَطَايَا) عَطِيَّة/ عَطَايَا 선물

[12] <2인칭 단수 소유격 대명사 ك + رَأْفَة) رَأْفَة 자비, 연민, 동정

[13] <2인칭 단수 소유격 대명사 ك + خَيْر) خَيْر 선함

실용 기독교 아랍어 핸드북

당신의 관대하심으로 인해 …	أَشْكُرُكَ مِنْ أَجْلِ جُودِكَ[1]
당신의 십자가의 행위로 인해 …	أَشْكُرُكَ مِنْ أَجْلِ عَمَلِ صَلِيبِكَ[2]
그(이) 음식으로 인해 제가 당신께 감사합니다.	أَشْكُرُكَ مِنْ أَجْلِ الطَّعَامِ
그(이) 교회로 인해 제가 당신께 감사합니다.	أَشْكُرُكَ مِنْ أَجْلِ الْكَنِيسَة
그(이) 섬김의 기회로 인해 제가 당신께 감사합니다.	أَشْكُرُكَ مِنْ أَجْلِ فُرْصَةِ الْخِدْمَةِ

위의 표현을 이집트 구어체 에서는 아래와 같이 표현합니다.

2-1-2	(ع) بَاشْكُرَكْ عَلَى + 명사, بِنِشْكُرَكْ عَلَى + 명사
당신의 사랑으로 인해 제가 당신께 감사합니다.	(ع) بَاشْكُرَكْ عَلَى مَحَبَّتَكْ
당신의 은혜로 인해 제가 당신께 감사합니다.	(ع) بَاشْكُرَكْ عَلَى نِعْمَتَكْ
당신의 돌보심으로 인해 제가 당신께 감사합니다	(ع) بَاشْكُرَكْ عَلَى اهْتِمَامَكْ
당신의 자비로 인해 …	(ع) بَاشْكُرَك عَلَى رَحْمِتَك
당신의 성실하심으로 인해 …	(ع) بَاشْكُرَك عَلَى أَمَانْتَك
당신의 선하심으로 인해 …	(ع) بَاشْكُرَك عَلَى صَلَاحَك
당신의 선한 행위로 인해 …	(ع) بَاشْكُرَك عَلَى إِحْسَانَك
당신의 불쌍히 여기심으로 인해 …	(ع) بَاشْكُرَك عَلَى حَنَانَك
당신의 선물들로 인해 …	(ع) بَاشْكُرَك عَلَى عَطَايَاك
당신의 자비하심으로 인해 …	(ع) بَاشْكُرَك عَلَى رَأْفِتَك
당신의 선하심(좋으심)으로 인해 …	(ع) بَاشْكُرَك عَلَى خَيْرَك
당신의 관대하심으로 인해 …	(ع) بَاشْكُرَك عَلَى جُودَك
당신의 십자가의 행위로 인해 …	(ع) بَاشْكُرَك عَلَى عَمَلِ صَلِيبَك
그(이) 음식으로 인해 제가 당신께 감사합니다.	(ع) بَاشْكُرَك عَلَى الْأَكْل
그(이) 교회로 인해 제가 당신께 감사합니다.	(ع) بَاشْكُرَك عَلَى الْكَنِيسَة
그(이) 섬김의 기회로 인해 제가 당신께 감사합니다.	(ع) بَاشْكُرَك عَلَى فُرْصَةِ الْخِدْمَة

[1] (جُودْ + كَ <2인칭 단수 소유격 대명사>)   جُودْ   후함, 너그러움
[2] (صَلِيبْ + كَ <2인칭 단수 소유격 대명사>)   صَلِيبْ   십자가

제 4 부 아랍어 기도 배우기

2-2 "…으로 인해 제가(우리가) 당신께 감사합니다." (형용사가 사용된 꼴)

2-2-1	أَشْكُرُكَ مِنْ أَجْلِ + 명사 + 형용사، نَشْكُرُكَ مِنْ أَجْلِ + 명사 + 형용사
당신의 크신 사랑으로 인해 제가 당신께 감사합니다.	أَشْكُرُكَ مِنْ أَجْلِ مَحَبَّتِكَ الْكَبِيرَةِ [1]
당신의 부요한 은혜로 인해 제가 당신께 감사합니다.	أَشْكُرُكَ مِنْ أَجْلِ نِعْمَتِكَ الْغَنِيَّةِ [2]
당신의 넓은 자비하심으로 인해 …	أَشْكُرُكَ مِنْ أَجْلِ رَحْمَتِكَ الْوَاسِعَةِ [3]
당신의 풍성한 선행으로 인해…	أَشْكُرُكَ مِنْ أَجْلِ إِحْسَانِكَ الْوَفِيرِ [4]
당신의 풍성한 선하심으로 인해…	أَشْكُرُكَ مِنْ أَجْلِ خَيْرِكَ الْغَزِيرِ [5]
당신의 선한 선물들로 인해…	أَشْكُرُكَ مِنْ أَجْلِ عَطَايَاكَ الصَّالِحَةِ [6]
당신의 끊임없는 불쌍히 여기심으로 인해	أَشْكُرُكَ مِنْ أَجْلِ حَنَانِكَ اللَّامُتَنَاهِي [7]
그(이) 새 날로 인해 제가 당신께 감사합니다.	أَشْكُرُكَ مِنْ أَجْلِ الْيَوْمِ الْجَدِيدِ

위의 표현을 이집트 구어체 에서는 아래와 같이 표현합니다.

2-2-2	(ع) بَاشْكُرَكْ عَلَشَان + 명사 + 형용사، بِنِشْكُرَكْ عَلَشَان + 명사 + 형용사
당신의 크신 사랑으로 인해 제가 당신께 감사합니다.	(ع) بَاشْكُرَكْ عَلَشَان مَحَبِّتَكْ الْكَبِيرَة
당신의 부요한 은혜로 인해 제가 당신께 감사합니다.	(ع) بَاشْكُرَكْ عَلَشَان نِعْمِتَكْ الْغَنِيَّة
당신의 넓은 자비하심으로 인해 …	(ع) بَاشْكُرَكْ عَلَشَان رَحْمِتَكْ الْوَاسِعَة
당신의 풍성한 선행으로 인해…	(ع) بَاشْكُرَكْ عَلَشَان إِحْسَانَكْ الْوَفِير
당신의 풍성한 선하심으로 인해…	(ع) بَاشْكُرَكْ عَلَشَان خيرَكْ الْكتير
당신의 선한 선물들로 인해…	(ع) بَاشْكُرَكْ عَلَشَان عَطَايَاكْ الْحِلْوَة
당신의 끊임없는 불쌍히 여기심으로 인해	(ع) بَاشْكُرَكْ عَلَشَان حَنَانَكْ اللِّي مَالُوش نِهَايَة
그(이) 새 날로 인해 제가 당신께 감사합니다.	(ع) بَاشْكُرَكْ عَلَشَان الْيَوْم الْجِّدِيد

---

[1] (ال + كَبِيرَة) <여성형 형용사> كَبِير/ كِبَار أَو كُبَرَاء 큰, 거대한

[2] (ال + غَنِيَّة) <여성형 형용사> غَنِيّ/ أَغْنِيَاء 부유한; 부자

[3] (ال + وَاسِعَة) <여성형 형용사> وَاسِع 넓은, 광활한

[4] (ال + وَفِير) وَفِير 풍부한

[5] (ال + غَزِير) غَزِير 많은, 풍부한

[6] (ال + صَالِحَة) <여성형 형용사> صَالِح 좋은; 선한, 의로운

[7] (ال + لَا + مُتَنَاهِي) مُتَنَاهٍ/ مُتَنَاهِيَة(f) 끝이있는, 한계가 있는

실용 기독교 아랍어 핸드북

2-3 "당신이 …함으로 인해 제가(우리가) 당신께 감사합니다." (لِأَنَّ 뒤에 문장이 오는 경우)

2-3-1	문장 + أَشْكُرُكَ لِأَنَّ، 문장 + نَشْكُرُكَ لِأَنَّ
당신은 위대하신 분이시기에 제가 당신께 감사합니다.	أَشْكُرُكَ لِأَنَّكَ[1] عَظِيمٌ[2]
당신은 불쌍히 여기시는 분이시기에 제가 당신께 감사합니다.	أَشْكُرُكَ لِأَنَّكَ حَنَّانٌ[3]
당신이 자비하시기에 제가 당신께 감사합니다.	أَشْكُرُكَ لِأَنَّكَ رَحِيمٌ[4]
당신이 거룩하신 하나님이시기에 …	أَشْكُرُكَ لِأَنَّكَ إِلَهٌ قُدُّوسٌ[5]
당신이 우리를 구원하여 주셨기에 …	أَشْكُرُكَ لِأَنَّكَ خَلَّصْتَنَا[6]
당신이 우리를 돌보시기에 …	أَشْكُرُكَ لِأَنَّكَ تَرْعَانَا[7]
당신이 당신의 피로 우리를 구속하여 주셨기에 …	أَشْكُرُكَ لِأَنَّكَ فَدَيْتَنَا[8] بِدَمِكَ[9]
그리스도안에서 당신이 우리에게 선을 행하시기에 …	أَشْكُرُكَ لِأَنَّكَ أَحْسَنْتَ[10] إِلَيْنَا فِي الْمَسِيحِ
당신이 우리를 당신의 집으로 데리고 오시기에 …	أَشْكُرُكَ لِأَنَّكَ أَتَيْتَ[11] بِنَا إِلَى بَيْتِكَ
한 주 내내 당신이 우리를 지켜주셔서 …	أَشْكُرُكَ لِأَنَّكَ حَفِظْتَنَا[12] طُوَالَ الْأُسْبُوعِ
당신이 우리를 사랑하시기에 …	أَشْكُرُكَ لِأَنَّكَ تُحِبُّنَا[13]
당신은 불쌍히 여기시는 아버지시기에 …	أَشْكُرُكَ لِأَنَّكَ أَبٌ عَطُوفٌ[14]

[1] (لِ + أَنَّ + كَ<2 인칭 소유격 대명사, 여기서는 종속절 문장의 주어 역할>)
[2] عَظِيمٌ / عِظَامٌ أَو عُظَمَاءُ 위대한, 거대한
[3] حَنَّانٌ 동정어린, 인자한
[4] رَحِيمٌ 자비로운, 인정있는, 동정어린
[5] قُدُّوسٌ 신성한, 거룩한, 숭고한
[6] (خَلَّصْتَ + نَا<1 인칭 단수 목적격>) خَلَّصَ / يُخَلِّصُ هـ أَو هـ ..을 해방하다, 구출하다 ; ..을 구원하다
[7] رَعَى / يَرْعَى هـ أَو هـ – رِعَايَةٌ ..을 지켜보다, 관찰하다 ; 먹이다, 방목하다
[8] فَدَى / يَفْدِي هـ أَو هـ – فِدَاءٌ أَو فِدًى (to redeem) 댓가를 치르고 찾다, 희생하다
[9] (بِ + دَمِ + كَ<2 인칭 단수 소유격>) دَمٌ 피(blood)
[10] أَحْسَنَ / يُحْسِنُ إِلَى هـ، بِـ هـ … ..에게 좋은 일을 하다, 선을 행하다, 자선하다
[11] أَتَى / يَأْتِي إِلَى هـ ..에게 오다 .. أَتَى / يَأْتِي بِـ هـ ..을 데려오다
[12] حَفِظَ / يَحْفَظُ هـ – حِفْظٌ ...을 지키다, 수호하다, 보호하다
[13] أَحَبَّ / يُحِبُّ هـ أَو هـ ...을 사랑하다, 좋아하다
[14] عَطُوفٌ 사랑하는, 다정한, 정다운 ; 자애로운, 인자한

제 4 부 아랍어 기도 배우기

당신이 한없이 성실하시기에 …	أَشْكُرُكَ لِأَنَّكَ أَمِين[1] لِلْمُنْتَهَى[2]
당신이 우리에게 선을 행하시기에 …	أَشْكُرُكَ لِأَنَّكَ تُحْسِن[3] إِلَيْنَا
당신이 우리의 죄들을 용서하시기에 …	أَشْكُرُكَ لِأَنَّكَ تَغْفِر[4] آثَامَنَا[5]
당신에게 승리가 있기에 …	أَشْكُرُكَ لِأَنَّ بِكَ النُّصْرَة[6]
당신이 선한 분이시기에, 당신의 자비하심이 영원하기에 …	أَشْكُرُكَ لِأَنَّكَ صَالِحٌ، لِأَنَّ إِلَى الأَبَد[7] رَحْمَتَكَ
당신이 우리의 간구와 기도를 들어시기에 …	أَشْكُرُكَ لِأَنَّكَ تَسْمَع[8] دُعَاءَنَا[9] وَصَلَاتَنَا
당신이 진노를 더디하시는 분이시기에 …	أَشْكُرُكَ لِأَنَّكَ بَطِيءُ[10] الْغَضَب
당신이 우리에게 새로운 말씀을 주셨기에…	أَشْكُرُكَ لِأَنَّكَ أَعْطَيْتَ لَنَا كَلِمَةً جَدِيدَةً

위의 표현을 이집트 구어체 에서는 아래와 같이 표현합니다.

2-3-2	문장 + لِأَنّ، نَشْكُرَكْ لِأَنْ + 문장 (ع) أَشْكُرَكْ
당신은 위대하신 분이시기에 제가 당신께 감사합니다.	(ع) أَشْكُرَكْ لِأَنَّكْ عَظِيم
당신은 불쌍히 여기시는 분이시기에 제가 당신께 감사합니다.	(ع) أَشْكُرَكْ لِأَنَّكْ حَنُون
당신이 자비하시기에 제가 당신께 감사합니다.	(ع) أَشْكُرَكْ لِأَنَّكْ رَحِيم
당신이 거룩하신 하나님이시기에 …	(ع) أَشْكُرَكْ لِأَنَّكْ إِلَه قُدُّوس
당신이 우리를 구원하여 주셨기에 …	(ع) أَشْكُرَكْ لِأَنَّكْ خَلَّصْتِنَا
당신이 우리를 돌보시기에 …	(ع) أَشْكُرَكْ لِأَنَّكْ بِتِرْعَانَا

---

[1] أَمِين/ أُمَنَاء 성실한, 충실한 ; 정직한
[2] لِلْمُنْتَهَى 끝없이, 한없이   مُنْتَهَى 끝, 마지막 ; 한계, 극단
[3] أَحْسَن/ يُحْسِن إِلَى ه، بِ … ..에게 좋은 일을 하다, 선을 행하다, 자선하다
[4] غَفَر/ يَغْفِر هـ لـ ه - غَفْر، غُفْرَان …에게 …을 용서하다
[5] إِثْم/ آثَام 죄, 죄악
[6] نَصْرَة = نَصْر 승리
[7] إِلَى الأَبَد 영원히
[8] سَمِع/ يَسْمَعُ ه أو هـ - سَمْع …을 듣다 ; 알아듣다
[9] دُعَاء/ أَدْعِيَة 부름, 호소 ; 요구, 청구 ; 기도   دَعَا/ يَدْعُو إِلَى الله - دُعَاء 하나님께 간구하다, 기원하다
[10] بَطِيء/ بِطَاء 느린

당신이 당신의 피로 우리를 구속하여 주셨기에 …	(ع) أَشْكُرَك لِأَنَّك فَدَيتَنَا بِدَمَّك
예수안에서 당신이 우리에게 선을 행하시기에 …	(ع) أَشْكُرَك لِأَنَّك أَحْسَنْت إِلينَا فِي الْمَسِيح
당신이 우리를 당신의 집으로 데리고 오시기에 …	(ع) أَشْكُرَك لِأَنَّك جِبْتَنَا[1] لِبيتَك
한 주 내내 당신이 우리를 지켜주셔서 …	(ع) أَشْكُرَك لِأَنَّك حَفَظْتَنَا طُول الأُسْبُوع
당신이 우리를 사랑하시기에 …	(ع) أَشْكُرَك لِأَنَّك بِتْحِبَّنَا
당신이 한없이 성실하시기에 …	(ع) أَشْكُرَك لِأَنَّك أَمِين لِلْمُنْتَهَى
당신은 불쌍히 여기시는 아버지시기에 …	(ع) أَشْكُرَك لِأَنَّك أَبّ عَطُوف
당신이 우리에게 선을 행하시기에 …	(ع) أَشْكُرَك لِأَنَّك بِتِحْسِن إِلينَا
당신이 우리의 죄들을 용서하시기에 …	(ع) أَشْكُرَك لِأَنَّك بِتِغْفِر خَطَايَانَا
당신에게 승리가 있기에 …	(ع) أَشْكُرَك لِأَنَّ فِيك النُّصْرَة
당신이 선한 분이시기에, 당신의 자비하심이 영원하기에 …	(ع) أَشْكُرَك لِأَنَّك صَالِح وِرَحْمِتَك لِلأَبَد
당신이 우리의 간구와 기도를 들어시기에 …	(ع) أَشْكُرَك لِأَنَّك بِتِسْمَع دُعَانَا وِصَلاتْنَا
당신은 진노를 더디하시는 분이시기에 …	(ع) أَشْكُرَك لِأَنَّك بَطِيء الغَضَب
당신이 우리를 돌보시기에(당신의 눈이 우리로 향하기에) …	(ع) أَشْكُرَك لِأَنَّ عِينَك عَلِينَا
당신이 우리에게 새로운 말씀을 주셨기에 …	(ع) أَشْكُرَك لِأَنَّك إِدِّيتَنَا كِلْمَة جديدة

---

[1] (ع) جَاب/ يِجِيب لِـ (to bring) 가져오다, 데리고 오다

3. 감탄문 표현

아랍어 기도의 서두에 감탄문을 사용하는 경우가 많습니다. 우리말로 표현하면 "당신의 은혜가 얼마나 놀라운지요!", "당신이 얼마나 위대한 분인지요!", "당신은 얼마나 아름다운 분인지요!" 등등의 표현들인데요, 아래에 그런 감탄문의 종류들과 규칙을 정리합니다.

3-1 기본 형태

3-1	2인칭 대명사의 목적격 كَ + 형용사의 비교급 + مَا (مَا + أَعْظَمَ + كَ)		
당신은 얼마나 위대한 분인지요!	(ع) مَا أَعْظَمَكَ !	مَا أَعْظَمَكَ[1] !
당신은 얼마나 영화로운 분인지요!	(ع) مَا أَمْجَدَكَ !	مَا أَمْجَدَكَ[2] !
당신은 얼마나 훌륭한 분인지요!	(ع) مَا أَرْوَعَكَ !	مَا أَرْوَعَكَ[3] !
당신은 얼마나 아름다운 분인지요!	(ع) مَا أَجْمَلَكَ !	مَا أَجْمَلَكَ[4] !
당신은 얼마나 관대한 분인지요!	(ع) مَا أَكْرَمَكَ !	مَا أَكْرَمَكَ[5] !
당신은 얼마나 좋으신 분인지요!	(ع) مَا أَجْوَدَكَ !	مَا أَجْوَدَكَ[6] !

3-2 형용사의 비교급 뒤에 명사가 사용된 형태

3-2	2인칭 대명사의 목적격 كَ + 명사 + 형용사의 비교급 + مَا (مَا + أَجْمَلَ + شَخْصَ + كَ)		
당신의 성품은 얼마나 아름다운지요!	(ع) مَا أَجْمَلَ شَخْصَكَ !	مَا أَجْمَلَ شَخْصَكَ !
당신의 성품이 얼마나 존귀한지요!	(ع) مَا أَكْرَمَ شَخْصَكَ !	مَا أَكْرَمَ شَخْصَكَ !
당신의 이름이 얼마나 거룩한지요!	(ع) مَا أَقْدَسَ اسْمَكَ !	مَا أَقْدَسَ[7] اسْمَكَ !
당신의 사랑이 얼마나 놀라운지요!	(ع) مَا أَرْوَعَ حُبَّكَ !	مَا أَرْوَعَ حُبَّكَ !
당신의 힘이 얼마나 위대한지요!	(ع) مَا أَعْظَمَ قُوَّتَكَ !	مَا أَعْظَمَ قُوَّتَكَ !

---

[1] عَظِيم/ أَعْظَم <비교급> عَظِيم/ عِظَام أَو عُظَمَاء 위대한, 거대한
[2] مَجِيد/ أَمْجَد <비교급> مَجِيد 영광스러운, 영예로운
[3] رَائِع/ أَرْوَع <비교급> رَائِع 무시무시한 ; 훌륭한, 우수한
[4] جَمِيل/ أَجْمَل <비교급> جَمِيل 아름다운, 고운
[5] كَرِيم/ أَكْرَم <비교급> كَرِيم/ كِرَام أَو كُرَمَاء 너그러운, 후한, 관대한
[6] جَيِّد/ أَجْوَد <비교급> جَيِّد/ جِيَاد 좋은, 훌륭한
[7] قُدُّوس/ أَقْدَس <비교급> قُدُّوس 신성한, 거룩한, 숭고한

실용 기독교 아랍어 앤드북

당신의 창조가 얼마나 솜씨있는지요!	! مَا أَبْرَعَ خَلْقَكَ (ع)	! مَا أَبْرَعَ[1] خَلْقَكَ[2]
당신의 임재가 얼마나 아름다운지요!	! مَا أَجْمَل وُجودَك (ع)	! مَا أَجْمَلَ وُجُودَكَ
(ع) مَا أَجْمَل الْقَعْدَة فِي مَحْضَرَك		! مَا أَجْمَلَ الْجُلُوسَ فِي مَحْضَرِكَ
당신의 임재가 있는 곳에 앉아있는 것이 얼마나 아름다운지요!		
(ع) مَا أَحْلَى مَسَاكِنَك يَا رَبَّ الْجُنُود		! مَا أَحْلَى[3] مَسَاكِنَكَ[4] يَا رَبَّ الْجُنُودِ
만군의 여호와여! 당신의 장막(거하는 곳)이 얼마나 달콤한지요!		

3-3 형용사의 비교급 뒤에 문장이 오는 경우

3-3	مَا + 형용사의 비교급 + أَنْ + 문장
(ع) مَا أَجْمَل أَنّ إِنَّنَا نِيجِي[5] لِبِيتَك	! مَا أَجْمَلَ أَنْ نَأْتِي[6] إِلَى بَيْتِكَ
우리가 당신의 집으로 나온 것이 얼마나 아름다운지요!	
(ع) مَا أَجْمَل أَنّ إِنَّنَا نِتْقَابِل[7] مَعَاك	! مَا أَجْمَلَ أَنْ نَلْتَقِي[8] مَعَكَ
우리가 당신을 만나는 것이 얼마나 아름다운지요!	
(ع) مَا أَرْوَع أَنّ إِنَّنَا نِشُوف جَمَالَك	! مَا أَرْوَعَ أَنْ نَنْظُرَ[9] جَمَالَكَ[10]
우리가 당신의 아름다움을 본다는 것이 얼마나 위대한지요!	
(ع) مَا أَشْهَى أَنّ إِنَّنَا نُقْعُد فِي ظِلَّك	! مَا أَشْهَى[11] أَنْ نَجْلِسَ[12] فِي ظِلِّكَ
당신의 그림자 안에 앉아있는 것이 입맛당기는 것인지요!	
(ع) مَا أَجْمَل أَنْ يَسْكُنَ الإِخْوَة مَعًا	! مَا أَجْمَلَ أَنْ يَسْكُنَ الإِخْوَةُ مَعًا
형제들이 동거하는 것이 얼마나 아름다운지요!	

---

[1] بَارِع / أَبْرَع <비교급> بَارِع 재간있는, 능란한, 솜씨있는
[2] خَلَقَ / يَخْلُقُ هـ - خَلْق ...을 창조하다
[3] حُلْو / أَحْلَى <비교급> حُلْو 달콤한, 맛있는
[4] مَسْكَن / مَسَاكِن 숙소, 거처
[5] (ع) جه/ ييجي لـ (to come) ..에게 오다
[6] أَتَى/ يَأْتِي إِلَى ه ..에게 오다
[7] (ع) اِتْقَابِل/ يِتْقَابِل مَعَ ..와 만나다
[8] اِلْتَقَى/ يَلْتَقِي بـ أو مَعَ ..와 만나다, 상봉하다
[9] نَظَرَ/ يَنْظُرُ ه أو هـ، أو إِلَى – نَظَر ..을 보다 ; 주시하다
[10] جَمَال 아름다움 جَمِيل 아름다운
[11] شَهِيّ / أَشْهَى <비교급> شَهِيّ 바라는, 원하는 ; 맛있는, 먹음직한, 입맛이 도는
[12] جَلَسَ/ يَجْلِس – جُلُوس 앉다

제 4 부 아랍어 기도 배우기

(ع) مَا أَحْلَى إِنَّنَا نِتْجَمَّع فِي الْجَسَدِ الْوَاحِدِ	مَا أَحْلَى أَنْ نَجْتَمِعَ[1] فِي الْجَسَدِ الْوَاحِدِ !	
우리가 한 몸 안에서 모이는 것이 얼마나 달콤한지요!		
(ع)مَا أَجْمَل إِنَّنَا نِتْجَمَّع حَوَالين الْمَايْدَة الرَّبَّانِيَّة	مَا أَجْمَلَ أَنْ نَلْتَفَّ[2] حَوْلَ الْمَائِدَةِ[3] الرَّبَّانِيَّةِ !	
우리가 성찬식으로 모이는 것이 얼마나 아름다운지요!		

3-4 관계대명사가 사용된 형태

3-4	관계대명사 + 명사 + 형용사의 비교급	مَا +
(ع) مَا أَرْوَعَ الْوَقْت اللِّي بِنِنْفِرد بِيك فِيه	مَا أَرْوَعَ الْوَقْتَ الَّذِي نَخْتَلِي[4] بِكَ فِيهِ	
우리가 당신과 함께 있는 시간이 얼마나 훌륭한지요!		
(ع) مَا أَعْظَم الْفُرْصَة اللِّي فِيهَا بِنِيجِي لِبِيتَك	مَا أَعْظَمَ هَذِهِ الْفُرْصَةَ الَّتِي فِيهَا نَأْتِي إِلَى دِيَارِكَ	
우리가 당신의 집에 나아오는 이 기회가 얼마나 위대한지요!		

3-5 다른 형태의 감탄문

당신은 얼마나 달콤한 분인지요!	كَمْ أَنْتَ حُلْوٌ
당신은 얼마나 위대한 분인지요!	كَمْ أَنْتَ عَظِيمٌ
당신은 얼마나 아름다운 분인지요!	كَمْ أَنْتَ جَمِيلٌ
당신은 얼마나 성실한 분인지요!	كَمْ أَنْتَ أَمِينٌ
당신은 얼마나 좋으신 분인지요!	كَمْ أَنْتَ صَالِحٌ
당신은 얼마나 능력있는 분인지요!	كَمْ أَنْتَ قَدِيرٌ
당신은 얼마나 긍휼이 많은 분인지요!	كَمْ أَنْتَ حَنُونٌ (كَمْ أَنْتَ حَنَّانٌ)
당신은 얼마나 자비로운 분인지요!	كَمْ أَنْتَ رَؤُوفٌ[5]
당신은 얼마나 자비로운 분인지요!	كَمْ أَنْتَ رَحِيمٌ
당신은 얼마나 오래 참으시는 분인지요!	كَمْ أَنْتَ طَوِيلُ[6] الرُّوحِ

---

[1] اِجْتَمَعَ/ يَجْتَمِعُ - اِجْتِمَاع 모이다, 모여들다
[2] اِلْتَفَّ/ يَلْتَفُّ بِ ... - اِلْتِفَاف 주위에 모여들다, 뭉치다 اِلْتَفَّ حَوْلَ هـ أَو عَلَي هـ ..의 주위에 모이다
[3] الْمَائِدَة الرَّبَّانِيَّة 성찬식
[4] اِخْتَلَى/ يَخْتَلِي بِ ـ أَو مَعَ ..와 함께 따로 있다, ..와 고독하게 있다 (to be alone with, retire with)
[5] رَؤُوف 인자한, 동정어린, 자비로운
[6] طَوِيلُ الرُّوحِ = طَوِيلُ الأَنَاةِ 참을성 있는

당신은 얼마나 겸손한 분인지요!	كَمْ أَنْتَ وَدِيعٌ[1]
당신은 얼마나 정직한 분인지요!	كَمْ أَنْتَ صَادِقٌ
당신은 얼마나 아름다운 분인지요!	كَمْ أَنْتَ بَارِعُ[2] الْجَمَالِ

3-6 위의 문장을 이집트 구어체에서는 아래와 같이 표현합니다.

당신은 얼마나 달콤한 분인지요!	(ع) قَدّ إِيه إِنْتَ حِلْوُ
당신은 얼마나 위대한 분인지요!	(ع) قَدّ إِيه إِنْتَ عَظِيم
당신은 얼마나 아름다운 분인지요!	(ع) قَدّ إِيه إِنْتَ جَمِيل
당신은 얼마나 성실한 분인지요!	(ع) قَدّ إِيه إِنْتَ أَمِين
당신은 얼마나 좋으신 분인지요!	(ع) قَدّ إِيه إِنْتَ صَالِح
당신은 얼마나 능력있는 분인지요!	(ع) قَدّ إِيه إِنْتَ قَدِير
당신은 얼마나 긍휼이 많은 분인지요!	(ع) قَدّ إِيه إِنْتَ حِنَيِّن
당신은 얼마나 자비로운 분인지요!	(ع) قَدّ إِيه إِنْتَ رَحِيم
당신은 얼마나 자비로운 분인지요!	(ع) قَدّ إِيه إِنْتَ رَؤُوف
당신은 얼마나 오래 참으시는 분인지요!	(ع) قَدّ إِيه إِنْتَ صَبُور
당신은 얼마나 겸손한 분인지요!	(ع) قَدّ إِيه إِنْتَ وَدِيع
당신은 얼마나 정직한 분인지요!	(ع) قَدّ إِيه إِنْتَ صَادِق
당신은 얼마나 아름다운 분인지요!	(ع) قَدّ إِيه إِنْتَ جَمِيل

---

[1] وَدِيع/ وُدَعَاء 겸손한, 유순한

[2] بَارِع 재간있는, 솜씨있는

4. 송영의 표현들

아랍 사람들의 기도에는 하나님께 영광을 돌리는 표현들이 많습니다. 한국이나 서양 사람들의 기도가 인간에게 촛점을 맞추어 자신의 상황을 솔직하게 고백하거나 요청하는 기도가 많다면, 아랍 사람들의 기도는 하나님의 위대하심을 선포하고 그분께 영광을 돌리는 송영의 기도가 많습니다. 아래에 그런 표현들을 형태별로 구분하여 기록합니다.

4-1 '동명사 + لَكَ' 형태

4-1	이집트 구어체	표준 아랍어
	동명사 혹은 명사 + (ع) لِيك	동명사 혹은 명사 + لَكَ
당신께 찬양을 돌립니다.	(ع) لِيك الْحَمْد	لَكَ الْحَمْدُ
당신께 감사를 드립니다.	(ع) لِيك الشُّكْر	لَكَ الشُّكْرُ
당신께 경배를 드립니다.	(ع) لِيك السُّجُود	لَكَ السُّجُودُ[1]
당신께 존귀를 돌립니다.	(ع) لِيك الْإِكْرَام	لَكَ الْإِكْرَامُ[2]
당신께 위대함(존경,영광)을 드립니다.	(ع) لِيك التَّعْظِيم	لَكَ التَّعْظِيمُ[3]
당신에 찬양을 드립니다.	(ع) لِيك التَّسْبِيح	لَكَ التَّسْبِيحُ
당신께 우리의 찬양을 드립니다.	(ع) لِيك تَسْبِيحْنَا	لَكَ سُبْحُنَا[4]
당신께 우리의 사랑을 드립니다.	(ع) لِيك حُبِّنَا	لَكَ حُبُّنَا[5]
당신께 영광과 존귀를 드립니다.	(ع) لِيك الْمَجْد والْإِكْرَام	لَكَ الْمَجْدُ والْإِكْرَامُ
당신께 예배와 기도를 드립니다.	(ع) لِيك الْعِبَادَة والصَّلَاة	لَكَ الْعِبَادَةُ والصَّلَاةُ

4-2 قَدَّمَ/يُقَدِّمُ 동사를 사용하여

4-2-1	لَكَ نُقَدِّمُ[6] + 동명사 혹은 명사 (أو أُقَدِّمُ لَكَ + 동명사 혹은 명사)
우리가 우리의 찬양을 당신께 바칩니다.	نُقَدِّمُ لَكَ حَمْدَنَا (أو أُقَدِّمُ لَكَ حَمْدِي)
우리가 우리의 감사를 당신께 바칩니다.	نُقَدِّمُ لَكَ شُكْرَنَا (أو أُقَدِّمُ لَكَ شُكْرِي)

---

[1] سَجَدَ/يَسْجُدُ لِـ – سُجُود ..에게 머리숙이다, 절하다

[2] أَكْرَمَ/يُكْرِمُ ه – إِكْرَام ...에게 존경을 표하다, 존대하다   كَرَامَة 존경, 존엄

[3] عَظَّمَ/يُعَظِّمُ هـ أو ه – تَعْظِيم ..을 크게하다, 거대하게하다 ; 존경.존중하다, 찬양.찬미하다

[4] (سُبْح + نَا) <1인칭 대명사 소유격>   سُبْح = تَسْبِيح

[5] (حُبّ + نَا) <1인칭 대명사 소유격>   حُبّ 사랑

[6] قَدَّمَ/يُقَدِّمُ هـ أو ه – تَقْدِيم ...를 앞서게 하다, 앞지르다 ; 제출하다, 제공하다

실용 기독교 아랍어 핸드북

우리가 우리의 경배를 당신께 바칩니다.	نُقَدِّمُ لَكَ سُجُودَنَا (أَو أُقَدِّمُ لَكَ سُجُودِي)
우리가 당신께 우리의 찬양을 드립니다.	نُقَدِّمُ لَكَ سُبْحَنَا (أَو أُقَدِّمُ لَكَ سُبْحِي)
우리가 당신께 우리의 사랑을 드립니다.	نُقَدِّمُ لَكَ حُبَّنَا (أَو أُقَدِّمُ لَكَ حُبِّي)
우리가 우리의 예배를 당신께 바칩니다.	نُقَدِّمُ لَكَ عِبَادَاتِنَا[1] (أَو أُقَدِّمُ لَكَ عِبَادَاتِي)
우리가 당신께 존귀를 돌립니다.	نُقَدِّمُ لَكَ الْإِكْرَامَ (أَو أُقَدِّمُ لَكَ الْإِكْرَامَ)
우리가 당신께 위대함(존경,영광)을 돌립니다.	نُقَدِّمُ لَكَ التَّعْظِيمَ (أَو أُقَدِّمُ لَكَ التَّعْظِيمَ)
우리가 당신께 찬양을 드립니다.	نُقَدِّمُ لَكَ التَّسْبِيحَ (أَو أُقَدِّمُ لَكَ التَّسْبِيحَ)
우리가 당신께 영광과 존귀를 드립니다.	نُقَدِّمُ لَكَ الْمَجْدَ وَالْإِكْرَامَ (أَو أُقَدِّمُ لَكَ الْمَجْدَ وَالْإِكْرَامَ)
우리가 당신께 예배와 기도를 드립니다.	نُقَدِّمُ لَكَ الْعِبَادَةَ وَالصَّلَاةَ (أَو أُقَدِّمُ لَكَ الْعِبَادَةَ وَالصَّلَاةَ)

4-2-2 위의 표현을 이집트 구어체에서는 아래와 같이 표현합니다.

4-2-2	(ع) بِنْقَدِّم لَك + 동명사 (أَو بَاقَدِّم لَك + 동명사)
우리가 우리의 찬양을 당신께 바칩니다.	(ع) بِنْقَدِّم لَك حَمْدِنَا (أَو بَاقَدِّم لَك حَمْدِي)
우리가 우리의 감사를 당신께 바칩니다.	(ع) بِنْقَدِّم لَك شُكْرِنَا (أَو بَاقَدِّم لَك شُكْرِي)
우리가 우리의 경배를 당신께 바칩니다.	(ع) بِنْقَدِّم لَك سُجُودَنَا (أَو بَاقَدِّم لَك سُجُودِي)
우리가 당신께 우리의 찬양을 드립니다.	(ع) بِنْقَدِّم لَك سُبْحَنَا (أَو بَاقَدِّم لَك سُبْحِي)
우리가 당신께 우리의 사랑을 드립니다.	(ع) بِنْقَدِّم لَك حُبَّنَا (أَو بَاقَدِّم لَك حُبِّي)
우리가 우리의 예배를 당신께 바칩니다.	(ع) بِنْقَدِّم لَك عِبَادَتْنَا (أَو بَاقَدِّم لَك عِبَادَتِي)
우리가 당신께 존귀를 돌립니다.	(ع) بِنْقَدِّم لَك الْإِكْرَام (أَو بَاقَدِّم لَك الْإِكْرَام)
우리가 당신께 위대함(존경,영광)을 돌립니다.	(ع) بِنْقَدِّم لَك التَّعْظِيم (أَو بَاقَدِّم لَك التَّعْظِيم)
우리가 당신께 찬양을 드립니다.	(ع) بِنْقَدِّم لَك التَّسْبِيح (أَو بَاقَدِّم لَك التَّسْبِيح)
우리가 당신께 영광과 존귀를 드립니다.	(ع) بِنْقَدِّم لَك الْمَجْد وَالْإِكْرَام (أَو بَاقَدِّم لَك الْمَجْد وَالْإِكْرَام)
우리가 당신께 예배와 기도를 드립니다.	(ع) بِنْقَدِّم لَك الْعِبَادَة وَالصَّلَاة (أَو بَاقَدِّم لَك الْعِبَادَة وَالصَّلَاة)

---

[1] عَبَدَ/ يَعْبُدُ هـ – عِبَادَة ..를 숭배하다, 예배하다   عِبَادَة/ عِبَادَات 예배

4-3 مُسْتَحِقّ 를 사용한 형태

مُسْتَحِقّ 는 '…하기에 합당한(deserved)' 이란 의미를 가지고 있습니다. 이 단어는 '…하기에 합당하다'는 의미를 가진 동사 اِسْتَحَقَّ/ يَسْتَحِقُّ 의 능동분사 꼴입니다. 아랍 사람들은 이 مُسْتَحِقّ 혹은 이 동사의 2인칭 남성 단수 꼴인 تَسْتَحِقّ 을 사용하여 주님께 영광을 돌리는 표현을 많이 사용합니다. 즉 '당신은 …받기에 합당하신 분입니다.' 라는 의미로 아래와 같이 사용합니다.

4-3-1	أَنْتَ مُسْتَحِقٌّ[1] (أَوْ أَنْتَ تَسْتَحِقُّ)، 동명사 혹은 명사 + 동명사 혹은 명사
당신은 경배를 받으시기 합당하십니다.	أَنْتَ مُسْتَحِقٌّ السُّجُودَ (أَوْ أَنْتَ تَسْتَحِقُّ السُّجُودَ)
당신은 찬양을 받기에 합당하십니다.	أَنْتَ مُسْتَحِقٌّ التَّسْبِيحَ (أَوْ أَنْتَ تَسْتَحِقُّ التَّسْبِيحَ)
당신은 예배를 받으시기 합당하십니다.	أَنْتَ مُسْتَحِقٌّ العِبَادَةَ (أَوْ أَنْتَ تَسْتَحِقُّ العِبَادَةَ)
당신은 존귀를 받기에 합당하십니다.	أَنْتَ مُسْتَحِقٌّ الإِكْرَامَ (أَوْ أَنْتَ تَسْتَحِقُّ الإِكْرَامَ)
당신은 홀로 모든 영광을 받기에 합당하십니다.	أَنْتَ مُسْتَحِقٌّ كُلَّ المَجْدِ وَحْدَكَ (أَنْتَ تَسْتَحِقُّ …)
당신은 영광과 존귀를 받기에 합당하십니다.	أَنْتَ مُسْتَحِقٌّ الحَمْدَ وَالكَرَامَةَ (أَنْتَ تَسْتَحِقُّ …)
당신은 권세와 주권이 합당하십니다.	أَنْتَ مُسْتَحِقٌّ السُّلْطَانَ وَالسِّيَادَةَ[2] (أَنْتَ تَسْتَحِقُّ …)
당신은 힘과 능력이 합당하십니다.	أَنْتَ مُسْتَحِقٌّ القُوَّةَ وَالقُدْرَةَ (أَنْتَ تَسْتَحِقُّ …)

4-3-2 위의 표현을 이집트 구어체 에서는 아래와 같이 표현합니다.

4-3-2	(ع) إِنْتَ مُسْتَحِقّ (أَوْ إِنْتَ تِسْتَحِقّ)، 동명사 혹은 명사 + 동명사 혹은 명사
당신은 경배를 받으시기 합당하십니다.	(ع) إِنْتَ مُسْتَحِقّ السُّجُود (أَوْ إِنْتَ تِسْتَحِقّ السُّجُود)
당신은 찬양을 받기에 합당하십니다.	(ع) إِنْتَ مُسْتَحِقّ التَّسْبِيح (أَوْ إِنْتَ تِسْتَحِقّ …)
당신은 예배를 받으시기 합당하십니다.	(ع) إِنْتَ مُسْتَحِقّ العِبَادَة (أَوْ إِنْتَ تِسْتَحِقّ …)
당신은 존귀를 받기에 합당하십니다.	(ع) إِنْتَ مُسْتَحِقّ الإِكْرَام (أَوْ إِنْتَ تِسْتَحِقّ …)
당신은 홀로 모든 영광을 받기에 합당하십니다.	(ع) إِنْتَ مُسْتَحِقّ كُلّ المَجْد وَحْدَك (أَوْ إِنْتَ تِسْتَحِقّ …)
당신은 영광과 존귀를 받기에 합당하십니다.	(ع) إِنْتَ مُسْتَحِقّ الحَمْد وَالكَرَامَة (أَوْ إِنْتَ تِسْتَحِقّ …)
당신은 권세와 주권이 합당하십니다.	(ع) إِنْتَ مُسْتَحِقّ السُّلْطَان وَالسِّيَادَة (أَوْ إِنْتَ تِسْتَحِقّ …)
당신은 힘과 능력이 합당하십니다.	(ع) إِنْتَ مُسْتَحِقّ القُوَّة وَالقُدْرَة (أَوْ إِنْتَ تِسْتَحِقّ …)

---

[1] اِسْتَحَقَّ/ يَسْتَحِقُّ هـ - اِسْتِحْقَاق - مُسْتَحِقّ (to deserve) ..에 대한 권리를 가지다, ..을 할 만하다, ..할 자격이 있다.
[2] سِيَادَة - سَادَ/ يَسُودُ ه أو هـ - ...을 지배하다, 통치하다 ; 주권, 최고 주권 ; 통치, 지배

4-3-3 مستحقّ 뒤에 문장이 오는 경우

4-3-3	أَنْتَ مُسْتَحِقٌّ أَنْ + 문장
당신은 홀로 모든 영광을 받으시기에 합당한 분입니다.	أَنْتَ مُسْتَحِقٌّ أَنْ تَأْخُذَ[1] كُلَّ الْمَجْدِ وَحْدَكَ
당신은 모든 무릎이 당신께 무릎 꿇기에 합당한 분입니다.	أَنْتَ مُسْتَحِقٌّ أَنْ تَجْثُوَ[2] لَكَ كُلُّ رُكْبَةٍ
당신은 우리가 완전히 복종함으로 당신 앞에 나아가기에 합당하신 분입니다.	أَنْتَ مُسْتَحِقٌّ أَنْ نَأْتِيَ أَمَامَكَ بِكُلِّ خُضُوعٍ
당신은 모든 혀가 당신의 이름을 고백하기에 합당한 분입니다.	أَنْتَ مُسْتَحِقٌّ أَنْ يَعْتَرِفَ[3] بِاسْمِكَ كُلُّ لِسَانٍ
당신은 우리가 모든 복종함으로 당신 앞에 몸을 굽히기에 합당하십니다.	أَنْتَ مُسْتَحِقٌّ أَنْ نَنْحَنِيَ[4] أَمَامَكَ بِكُلِّ خُشُوعٍ
당신은 우리가 거룩한 장식으로 당신께 경배하기에 합당하십니다.	أَنْتَ مُسْتَحِقٌّ أَنْ نَسْجُدَ[5] لَكَ فِي زِينَةٍ[6] مُقَدَّسَةٍ
당신은 우리의 입술이 당신의 이름을 고백하기에 합당하십니다.	أَنْتَ مُسْتَحِقٌّ أَنْ تَعْتَرِفَ بِاسْمِكَ أَفْوَاهُنَا

4-3-4 위의 표현을 이집트 구어체에서는 아래와 같이 표현합니다

4-3-4	(ع) إِنْتَ مُسْتَحِقّ + 문장
당신은 홀로 모든 영광을 받으시기에 합당한 분입니다.	(ع) إِنْتَ مُسْتَحِقّ تَأْخُذ كُلّ الْمَجْد وَحْدَك
당신은 모든 무릎이 당신께 무릎 꿇기에 합당한 분입니다.	(ع) إِنْتَ مُسْتَحِقّ تِنْحِنِي[7] لَك كُلّ رُكْبَة
당신은 우리가 완전히 복종함으로 당신 앞에 나아가기에 합당하신 분입니다.	(ع) إِنْتَ مُسْتَحِقّ نِيجِي[8] قُدَّامَك بِكُلّ خُضُوع
당신은 모든 혀가 당신의 이름을 고백하기에 합당한 분입니다.	(ع) إِنْتَ مُسْتَحِقّ يِعْتِرِف بِاسْمَك كُلّ لِسَان
당신은 우리가 모든 복종함으로 당신 앞에 몸을 굽히기에 합당하십니다.	(ع) إِنْتَ مُسْتَحِقّ نِنْحِنِي قُدَّامَك بِكُلّ خُشُوع
당신은 우리가 거룩한 장식으로 당신께 경배하기에 합당하십니다.	(ع) إِنْتَ مُسْتَحِقّ نَسْجُد لَك فِي زِينَة مُقَدَّسَة
당신은 우리의 입술이 당신의 이름을 고백하기에 합당하십니다.	(ع) إِنْتَ مُسْتَحِقّ تِعْتِرِف بِاسْمَك شَفَايِفْنَا

---

[1] أَخَذَ / يَأْخُذُ ـ أَخْذ هـ ..을 취하다, 가지다

[2] جَثَا / يَجْثُو ـ جُثُوّ 무릎을 꿇다, 꿇어앉다

[3] اِعْتَرَفَ / يَعْتَرِفُ بِـ ... ـ اِعْتِرَاف ..을 고백·자백하다

[4] اِنْحَنَى / يَنْحَنِي ـ اِنْحِنَاء 구부러지다; 몸을 굽히다

[5] سَجَدَ / يَسْجُدُ لـ ـ سُجُود ..에게 머리숙이다, 절하다

[6] زِينَة / زِينَات 장식, 장식품

[7] (ع) اِنْحَنَى / يِنْحِنِي 고개를 숙이다, 구부리다, 절하다

[8] (ع) جِه / يِيجِي لـ (to come) ..에게 오다

4-4 송영을 표현하는 여러 동사들

아래의 송영을 위한 여러 동사들이 기도에서 어떻게 사용되는지 확인하시고 익히십시오.

4-4-1	우리가(혹은 제가) 당신을 찬양합니다.	نَحْمَدُكَ[1] (أَوْ أَحْمَدُكَ)
	우리가 당신께 당신의 위대함을 기립니다. (당신을 높입니다. 영광을 돌립니다)	نُعَظِّمُكَ[2] (أَوْ أُعَظِّمُكَ)
	우리가(제가) 당신을 축복합니다.	نُبَارِكُكَ[3] (أَوْ أُبَارِكُكَ)
	우리가(제가) 당신께 예배합니다.	نَعْبُدُكَ[4] (أَوْ أَعْبُدُكَ)
	우리가(혹은 제가) 당신을 찬양합니다.	نُسَبِّحُكَ[5] (أَوْ أُسَبِّحُكَ)
	우리가(혹은 제가) 당신께 존귀를 돌립니다.	نُكْرِمُكَ[6] (أَوْ أُكْرِمُكَ)
	우리가 당신께 영광을 돌립니다.	نُمَجِّدُكَ[7] (أَوْ أُمَجِّدُكَ)
	우리가 당신께 경배합니다.	نَسْجُدُ لَكَ (أَوْ أَسْجُدُ لَكَ)
	우리가 당신의 통치하심을 알립니다.	نُعْلِنُ[8] مُلْكَكَ (أَوْ أُعْلِنُ مُلْكَكَ)
	우리가 당신의 영광을 높여드립니다.	نُعَلِّي[9] مَجْدَكَ (أَوْ أُعَلِّي مَجْدَكَ)
	우리가 당신을 위해 삽니다.	نَعِيشُ[10] لَكَ (أَوْ أَعِيشُ لَكَ)
	우리가 당신에게 복종합니다.	نَخْضَعُ[11] لَكَ (أَوْ أَخْضَعُ لَكَ)
	우리가(혹은 제가) 모든 것 위에 당신을 높여 드립니다.	نَرْفَعُكَ[12] فَوْقَ الْكُلِّ (أَوْ أَرْفَعُكَ ...)
	우리가 당신께 노래부릅니다.	نَشْدُو[13] لَكَ (أَوْ أَشْدُو لَكَ)

---

[1] حَمَدَ / يَحْمَدُ هـ – حَمْدٌ ...을 칭찬.찬양하다

[2] عَظَّمَ / يُعَظِّمُ هـ أَوْ هـ – تَعْظِيمٌ ...을 크게하다, 거대하게하다 ; 존경.존중하다 ; 찬양.찬미하다

[3] بَارَكَ / يُبَارِكُ هـ، فِي – مُبَارَكَةٌ ...를 축복하다

[4] عَبَدَ / يَعْبُدُ هـ – عِبَادَةٌ ...를 숭배하다, 예배하다

[5] سَبَّحَ / يُسَبِّحُ هـ – تَسْبِيحٌ ...을 찬양하다, 찬미하다

[6] أَكْرَمَ / يُكْرِمُ هـ – إِكْرَامٌ ...에게 존경을 표하다, 존대하다

[7] مَجَّدَ / يُمَجِّدُ هـ أَوْ هـ – تَمْجِيدٌ ...를 명성을 떨치게 하다, 영광스럽게 하다 ; 찬미.칭찬.찬양하다

[8] أَعْلَنَ / يُعْلِنُ هـ ، أَنَّ – إِعْلَانٌ ...을 알리다, 공개하다 ; 발표하다 ; 선포하다, 선언하다

[9] عَلَّى / يُعَلِّي هـ أَوْ هـ ...을 들어올리다 ; 높이다

[10] عَاشَ / يَعِيشُ – مَعِيشَةٌ 살다, 생활하다, 존재하다

[11] خَضَعَ / يَخْضَعُ لِـ – خُضُوعٌ ...에게 순종.굴종.복종하다 أَخْضَعَ / يُخْضِعُ هـ ...을 굴복.복종시키다

[12] رَفَعَ / يَرْفَعُ هـ أَوْ هـ – رَفْعٌ ...을 들다, 올리다, 높이다

[13] شَدَا / يَشْدُو هـ – شَدْوٌ ...를 노래부르다 ; (시를) 읊다 ; <자>새 등이 우짖다

4-4-2 위의 문장들을 이집트 구어체 아랍어에서는 아래와 같이 표현합니다.

우리가(혹은 제가) 당신을 찬양합니다.	(ع) نِحْمِدَك (أو أَحْمِدَك)
우리가 당신께 당신의 위대함을 기립니다. (당신을 높입니다. 영광을 돌립니다)	(ع) نِعَظَّمَك (أو أَعَظَّمْك)
우리가(제가) 당신을 축복합니다.	(ع) نِبَارْكَك (أو أَبَارْكَك)
우리가(제가) 당신께 예배합니다.	(ع) نُعْبُدَك (أو أَعْبُدَك)
우리가(혹은 제가) 당신을 찬양합니다.	(ع) نِسَبِّحَك (أو أَسَبِّحَك)
우리가(혹은 제가) 당신께 존귀를 돌립니다.	(ع) نِكْرِمَك (أو أَكْرِمَك)
우리가 당신께 영광을 돌립니다.	(ع) نِمَجِّدَك (أو أَمَجِّدَك)
우리가 당신께 경배합니다.	(ع) نُسْجُدْ لَك (أو أَسْجُدْ لَك)
우리가 당신의 통치하심을 알립니다.	(ع) نِعْلِن مُلْكَك (أو أَعْلِن مُلْكَك)
우리가 당신의 영광을 높여드립니다.	(ع) نِعَلِّي مَجْدَك (أو أَعَلِّي مَجْدَك)
우리가 당신을 위해 삽니다.	(ع) نَعِيش لَك (أو أَعِيشْ لَك)
우리가 당신에게 복종합니다.	(ع) نِخْضَع لَك (أو أَخْضَع لَك)
우리가(혹은 제가) 모든 것 위에 당신을 높여 드립니다.	(ع) نِرْفَعَك فُوق الكُلّ (أو أَرْفَعَك ...)
우리가 당신께 노래부릅니다.	نَشْدُو لَكَ (أو أَشْدُو لَكَ)

제 4 부 아랍어 기도 배우기

5. 회개의 표현들

5-1 기본 형태 - 아래는 아랍 사람들이 회개할 때 사용하는 표현들입니다.

5-1-1	명사(동명사) + عَنْ (أَوْ نَتُوبُ) أَتُوبُ[1]
저는 죄들을 회개합니다.	أَتُوبُ عَنْ الْخَطَايَا
제가 당신에게서 멀어졌음을 회개합니다.	أَتُوبُ عَنْ بُعْدِي عَنْكَ
제가 악한 것을 본 것을 회개합니다.	أَتُوبُ عَنْ نَظَرَاتِي الشِّرِّيرَةِ
제가 사탄으로 부터 온 모든 생각들을 회개합니다.	أَتُوبُ عَنْ كُلِّ فِكْرٍ مِنْ إِبْلِيسَ
봉사하는 일에 제가 게을렀음을 회개합니다.	أَتُوبُ عَنْ كَسَلِي فِي الْخِدْمَةِ
저의 영적인 미지근함을 회개합니다.	أَتُوبُ عَنْ الْفُتُورِ الرُّوحِي
저의 영적인 무지함을 회개합니다.	أَتُوبُ عَنْ جَهْلِي الرُّوحِي
교만의 죄를 회개합니다.	أَتُوبُ عَنْ خَطِيَّةِ التَّكَبُّرِ
나의 형제를 실족케 한 모든 시간에 대해 회개합니다.	أَتُوبُ عَنْ كُلِّ وَقْتٍ عَثَرْتُ فِيهِ إِخْوَتِي
제가 당신의 말씀을 듣고 실행하지 않았던 모든 시간에 대해..	أَتُوبُ عَنْ كُلِّ وَقْتٍ سَمِعْتُ فِيهِ كَلِمَاتِكَ وَلَمْ أَعْمَلْ بِهَا
저의 속에 있는 모든 증오와 용서하지 못함을 …	أَتُوبُ عَنْ كُلِّ كَرَاهِيَةٍ بِدَاخِلِي وَعَدَمِ تَسَامُحٍ
저의 삶을 위한 당신의 계획에 대해 의심했던 모든 시간을 …	أَتُوبُ عَنْ كُلِّ وَقْتٍ شَكَكْتُ فِي خِطَّتِكَ لِحَيَاتِي
실망과 실패에 대한 저의 감정에 대해 …	أَتُوبُ عَنْ شُعُورِي بِالْإِحْبَاطِ وَالْفَشَلِ
제가 다른 사람을 실망케했던 모든 시간에 대해 …	أَتُوبُ عَنْ كُلِّ وَقْتٍ كُنْتُ مُحْبِطًا فِيهِ لِلْآخَرِينَ
저의 사랑없음을 회개합니다.	أَتُوبُ عَنْ عَدَمِ[2] مَحَبَّتِي
저의 믿음 없음을 회개합니다.	أَتُوبُ عَنْ عَدَمِ الْإِيمَانِ
저의 성실하지 못함을 회개합니다.	أَتُوبُ عَنْ عَدَمِ الْأَمَانَةِ
저의 거룩하지 못함을 회개합니다.	أَتُوبُ عَنْ عَدَمِ الْقَدَاسَةِ
저의 계명을 듣지 않음에 대해 회개합니다.	أَتُوبُ عَنْ عَدَمِ الاسْتِمَاعِ لِلْوَصَايَا
저의 순종하지 않음에 대해 회개합니다.	أَتُوبُ عَنْ عَدَمِ الطَّاعَةِ
당신의 약속을 제가 신뢰하지 못함에 대해 …	أَتُوبُ عَنْ عَدَمِ ثِقَتِي بِوَعْدِكَ
인내와 기다림이 없음에 대해 …	أَتُوبُ عَنْ عَدَمِ الصَّبْرِ وَالْانْتِظَارِ

[1] (죄인이) 후회하다, 뉘우치다 ; 회개하다 تَابَ / يَتُوبُ – تَوْبَةً أَوْ تَوْبٌ
[2] عَدَم 비…, 무…, 불…, …가 없음 <부정 접두어, 동명사 앞에 와서 부정의 의미를 가짐>

5-1-2 위의 문장들을 이집트 구어체 아랍어에서는 아래와 같이 표현합니다.

5-1-2	(ع) بَاتُوب عَنْ + 명사	
저는 죄들을 회개합니다.	(ع) بَاتُوب عَنْ الْخَطَايَا	
제가 당신에게서 멀어졌음을 회개합니다.	(ع) بَاتُوب عَنْ بُعْدِي عَنَّك	
제가 악한 것을 본 것을 회개합니다.	(ع) بَاتُوب عَنْ نَظَرَاتِي الشِّرِّيرَة	
제가 사탄으로 부터 온 모든 생각들을 회개합니다.	(ع) بَاتُوب عَنْ كُلّ فِكْر مِنْ إِبْلِيس	
봉사하는 일에 제가 게을렀음을 회개합니다.	(ع) بَاتُوب عَنْ كَسَلِي فِي الْخِدْمَة	
저의 영적인 미지근함을 회개합니다.	(ع) بَاتُوب عَنْ فُتُورِي الرُّوحِي	
저의 영적인 무지함을 회개합니다.	(ع) بَاتُوب عَنْ جَهْلِي الرُّوحِي	
교만의 죄를 회개합니다.	(ع) بَاتُوب عَنْ التَّكَبُّر	
나의 형제를 실족케 한 모든 시간에 대해 회개합니다.	(ع) بَاتُوب عَنْ كُلّ وَقْت كُنْت مُعَثِّر فِيه لاخْوَاتِي	
제가 당신의 말씀을 듣고 실행하지 않았던 모든 시간에 대해..	(ع) بَاتُوب عَنْ كُلّ وَقْت سِمِعْت فِيه وَمَانَفَّذْتِش	
저의 속에 있는 모든 증오와 용서하지 못함을 …	(ع) بَاتُوب عَنْ كُلّ كَرَاهِيَة وعَدَم تَسَامُح جُوَّايَا	
저의 삶을 위한 당신의 계획에 대해 의심했던 모든 시간을 …	(ع) بَاتُوب عَنْ كُلّ وَقْت شَكِّيت فِي خِطَّتَك لِحَيَاتِي	
실망과 실패에 대한 저의 감정에 대해 …	(ع) بَاتُوب عَنْ كُلّ وَقْت حَسِّيت فِيه بِإحْبَاط وفَشَل	
제가 다른 사람을 실망케 했던 모든 시간에 대해 …	(ع) بَاتُوب عَنْ كُلّ وَقْت كُنْت مُحْبِط فِيه لِلِّي حَوَالَيَّ	
저의 사랑없음을 회개합니다.	(ع) بَاتُوب عَنْ عَدَم مَحَبَّتِي	
저의 믿음 없음을 회개합니다.	(ع) بَاتُوب عَنْ عَدَم إِيمَانِي	
제가 저의 (시간, 일, 봉사에 있어) 성실하지 못함을 회개합니다.	(ع) بَاتُوب عَنْ عَدَم الْأَمَانَة فِي وَقْتِي	
	(ع) بَاتُوب عَنْ عَدَم الْأَمَانَة فِي شُغْلِي	
	(ع) بَاتُوب عَنْ عَدَم الْأَمَانَة فِي خِدْمَتِي	
저의 거룩하지 못함을 회개합니다.	(ع) بَاتُوب عَنْ عَدَم الْقَدَاسَة	
저의 계명을 듣지 않음에 대해 회개합니다.	(ع) بَاتُوب عَنْ عَدَم الاسْتِمَاع لِلْوَصَايَا	
제가 당신의 계명을 순종하지 않음에 대해 회개합니다.	(ع) بَاتُوب عَنْ عَدَم الطَّاعَة لِوَصَايَاك	
당신의 약속을 제가 신뢰하지 못함에 대해 …	(ع) بَاتُوب عَنْ عَدَم ثِقَتِي بِوَعْدَك	
저의 인내와 기다림이 없음에 대해 …	(ع) بَاتُوب عَنْ عَدَم صَبْرِي وَانْتِظَارِي لِيك	

제 4 부 아랍어 기도 배우기

5-2 위의 문장들을 قَدَّمَ/يُقَدِّمُ 동사를 사용하여 아래와 같이 표현하기도 합니다.

5-2-1	أُقَدِّم (أو نُقَدِّم) تَوْبَةً عَنْ + 명사
저는 죄들을 회개합니다.	أُقَدِّمُ تَوْبَةً عَنِ الْخَطَايَا
제가 당신에게서 멀어졌음을 회개합니다.	أُقَدِّمُ تَوْبَةً عَنْ بُعْدِي¹ عَنْكَ
제가 악한 것을 본 것을 회개합니다.	أُقَدِّمُ تَوْبَةً عَنْ نَظَرَاتِي الشِّرِّيرَةِ
제가 사탄으로 부터 온 모든 생각들을 회개합니다.	أُقَدِّمُ تَوْبَةً عَنْ كُلِّ فِكْرٍ مِنْ إِبْلِيسَ
봉사하는 일에 제가 게을렀음을 회개합니다.	أُقَدِّمُ تَوْبَةً عَنْ كَسَلِي فِي الْخِدْمَةِ
저의 영적인 미지근함을 회개합니다.	أُقَدِّمُ تَوْبَةً عَنْ فُتُورِي الرُّوحِي
저의 영적인 무지함을 회개합니다.	أُقَدِّمُ تَوْبَةً عَنْ جَهْلِي الرُّوحِي
교만의 죄를 회개합니다.	أُقَدِّمُ تَوْبَةً عَنْ خَطِيَّةِ التَّكَبُّرِ
나의 형제를 실족케 한 모든 시간에 대해 회개합니다.	أُقَدِّمُ تَوْبَةً عَنْ كُلِّ وَقْتٍ عَثَرْتُ فِيهِ إِخْوَتِي
제가 당신의 말씀을 듣고 실행하지 않았던 모든 시간에 대해..	أُقَدِّمُ تَوْبَةً عَنْ كُلِّ وَقْتٍ سَمِعْتُ كَلِمَاتَكَ وَلَمْ أَعْمَلْ بِهَا
저의 속에 있는 모든 증오와 용서하지 못함을 …	أُقَدِّمُ تَوْبَةً عَنْ كُلِّ كَرَاهِيَةٍ وَعَدَمِ تَسَامُحٍ بِدَاخِلِي
저의 삶을 위한 당신의 계획에 대해 의심했던 모든 시간을 …	أُقَدِّمُ تَوْبَةً عَنْ كُلِّ وَقْتٍ شَكَكْتُ فِي خُطَّتِكَ لِحَيَاتِي
실망과 실패에 대한 저의 감정에 대해 …	أُقَدِّمُ تَوْبَةً عَنْ كُلِّ وَقْتٍ شَعَرْتُ فِيهِ بِإِحْبَاطٍ وَفَشَلٍ
제가 다른 사람을 실망케했던 모든 시간에 대해 …	أُقَدِّمُ تَوْبَةً عَنْ كُلِّ وَقْتٍ كُنْتُ مُحْبِطاً فِيهِ لِلْآخَرِينَ
저의 사랑없음을 회개합니다.	أُقَدِّمُ تَوْبَةً عَنْ عَدَمِ الْمَحَبَّةِ
저의 믿음 없음을 회개합니다.	أُقَدِّمُ تَوْبَةً عَنْ عَدَمِ الإِيمَانِ
저의 성실하지 못함을 회개합니다.	أُقَدِّمُ تَوْبَةً عَنْ عَدَمِ الأَمَانَةِ
저의 거룩하지 못함을 회개합니다.	أُقَدِّمُ تَوْبَةً عَنْ عَدَمِ الْقَدَاسَةِ
저의 계명을 듣지 않음에 대해 회개합니다.	أُقَدِّمُ تَوْبَةً عَنْ عَدَمِ الاسْتِمَاعِ لِلْوَصَايَا
저의 순종하지 않음에 대해 회개합니다.	أُقَدِّمُ تَوْبَةً عَنْ عَدَمِ الطَّاعَةِ
당신의 약속을 제가 신뢰하지 못함에 대해 …	أُقَدِّمُ تَوْبَةً عَنْ عَدَمِ ثِقَتِي² بِوَعْدِكَ
저의 인내와 기다림이 없음에 대해 …	أُقَدِّمُ تَوْبَةً عَنْ عَدَمِ صَبْرِي وَانْتِظَارِي لَكَ

---

¹ بُعْد 먼, 멀리있음   بَعِيد 먼 멀리있음

² وَثِقَ/يَثِقُ بِ – ثِقَة 신뢰하다, 신임하다   ثِقَة 신뢰, 신임

5-2-2 위 5-2-1 의 문장들을 이집트 구어체 아랍어에서는 아래와 같이 표현합니다.

5-2-2	(ع) بَاقَدِّم تُوبَة عَنْ + 명사	
	(ع) بَاقَدِّم تُوبَة عَن خَطَايَايَا	저는 죄들을 회개합니다.
	(ع) بَاقَدِّم تُوبَة عَن بُعْدِي عَنَّك	제가 당신에게서 멀어졌음을 회개합니다.
	(ع) بَاقَدِّم تُوبَة عَن نَظَرَاتِي الشِّرِّيرَة	제가 악한 것을 본 것을 회개합니다.
	(ع) بَاقَدِّم تُوبَة عَن كُلّ فِكْرَة مِن الشِّيطَان	제가 사탄으로 부터 온 모든 생각들을 회개합니다.
	(ع) بَاقَدِّم تُوبَة عَن كَسَلِي فِي الْخِدْمَة	봉사하는 일에 제가 게을렀음을 회개합니다.
	(ع) بَاقَدِّم تُوبَة عَن فُتُورِي الرُّوحِي	저의 영적인 미지근함을 회개합니다.
	(ع) بَاقَدِّم تُوبَة عَن جَهْلِي الرُّوحِي	저의 영적인 무지함을 회개합니다.
	(ع) بَاقَدِّم تُوبَة عَن التَّكَبُّر	교만의 죄를 회개합니다.
	(ع) بَاقَدِّم تُوبَة عَن كُلّ وَقْت عَثَّرْت فِيه إِخْوَاتِي	나의 형제를 실족케 한 모든 시간에 대해 회개합니다.
	(ع) بَاقَدِّم تُوبَة إِنّ سِمِعْت كِلِمْتَك وَمَاعَمَلْتِش بِيهَا	제가 당신의 말씀을 듣고도 실행치 않았던 것에 대해..
	(ع) بَاقَدِّم تُوبَة عَن كُلّ كَرَاهِيَة وَعَدَم تَسَامُح جُوَّايَا	저의 속에 있는 모든 증오와 용서하지 못함을 …
	(ع) بَاقَدِّم تُوبَة عَن كُلّ مَرَّة شَكِّيت فِيهَا فِي خِطَّتَك لِحَيَاتِي	저의 삶을 위한 당신의 계획에 대해 의심했던 모든 시간을 …
	(ع) بَاقَدِّم تُوبَة عَن كُلّ وَقْت حَسِّيت فِيه بِالْإِحْبَاط وَالْفَشَل	실망과 실패에 대한 저의 감정에 대해 …
	(ع) بَاقَدِّم تُوبَة عَن كُلّ وَقْت كُنْت مُحْبِط فِيه لِلِّي حَوَالَيَّ	제가 다른 사람을 실망케했던 모든 시간에 대해 …
	(ع) بَاقَدِّم تُوبَة عَن عَدَم الْمَحَبَّة لِ …	…에 대해 저의 사랑없음을 회개합니다.
	(ع) بَاقَدِّم تُوبَة عَن عَدَم الْإِيمَان فِي …	…에 대해 저의 믿음 없음을 회개합니다.
	(ع) بَاقَدِّم تُوبَة عَن عَدَم الْأَمَانَة	저의 성실하지 못함을 회개합니다.
	(ع) بَاقَدِّم تُوبَة عَن عَدَم الْقَدَاسَة	저의 거룩하지 못함을 회개합니다.
	(ع) بَاقَدِّم تُوبَة عَن عَدَم الاِهْتِمَام بِكَلَامَك	저의 계명을 듣지 않음에 대해 회개합니다.
	(ع) بَاقَدِّم تُوبَة عَن عَدَم الطَّاعَة لِ …	…에 대해 저의 순종하지 않음에 대해 회개합니다.
	(ع) بَاقَدِّم تُوبَة عَن عَدَم ثِقَتِي فِي وَعْدَك	당신의 약속을 제가 신뢰하지 못함에 대해 …
	(ع) بَاقَدِّم تُوبَة عَن عَدَم صَبْرِي وَانْتِظَارِي لِيك	저의 인내와 기다림이 없음에 대해 …

제 4 부 아랍어 기도 배우기

6. 우리의 믿음을 선포하는 표현

때때로 우리는 기도할 때에 주님의 성품이나 하신 일에 대해 우리에게 믿음이 있음을 고백합니다. 아랍어에서 그런 표현들을 살펴봅니다.

6-1 أُعْلِنُ إِيمَانِي بِـ 을 사용하는 표현 – '..에 대한 저의 믿음을 선포합니다'

6-1-1	أُعْلِنُ[1] إِيمَانِي[2] بِـ + 명사 (أو نُعْلِنُ إِيمَانَنَا بِـ + 명사)
당신에 대한 저의 믿음을 선포합니다.	أُعْلِنُ إِيمَانِي بِشَخْصِكَ
당신의 힘에 대한 저의 믿음을 선포합니다.	أُعْلِنُ إِيمَانِي بِقُوَّتِكَ
당신의 능력에 대한 저의 믿음을 선포합니다.	أُعْلِنُ إِيمَانِي بِقُدْرَتِكَ
당신의 고치심에 대한 저의 믿음을 선포합니다.	أُعْلِنُ إِيمَانِي بِشِفَائِكَ
당신의 지키심에 대한 저의 믿음을 선포합니다.	أُعْلِنُ إِيمَانِي بِحِمَايَتِكَ[3]
당신의 승리에 대한 저의 믿음을 선포합니다.	أُعْلِنُ إِيمَانِي بِنَصْرَتِكَ
당신의 뜻에 대한 저의 믿음을 선포합니다.	أُعْلِنُ إِيمَانِي بِمَشِيئَتِكَ
당신의 돌보심에 대한 저의 믿음을 선포합니다.	أُعْلِنُ إِيمَانِي بِرِعَايَتِكَ[4]
당신의 관심에 대한 저의 믿음을 선포합니다.	أُعْلِنُ إِيمَانِي بِعِنَايَتِكَ[5]
당신이 저를 사랑하시는 것에 대한 저의 믿음을 선포합니다.	أُعْلِنُ إِيمَانِي بِحُبِّكَ لِي

위의 문장들을 이집트 구어체 아랍어에서는 아래와 같이 표현합니다.

6-1-2	(ع) بَاعْلِن إِيمَانِي بِـ + 명사 (أو بِنِعْلِن إِيمَانَنَا بِـ + 명사)
당신에 대한 저의 믿음을 선포합니다.	(ع) بَاعْلِن إِيمَانِي بِشَخْصَكْ
당신의 힘에 대한 저의 믿음을 선포합니다.	(ع) بَاعْلِن إِيمَانِي بِقُوَّتَكْ
당신의 능력에 대한 저의 믿음을 선포합니다.	(ع) بَاعْلِن إِيمَانِي بِقُدْرِتَك
당신의 고치심에 대한 저의 믿음을 선포합니다.	(ع) بَاعْلِن إِيمَانِي بِشِفَائَك
당신의 지키심에 대한 저의 믿음을 선포합니다.	(ع) بَاعْلِن إِيمَانِي بِحِمَايَتَك

---

[1] أَعْلَنَ/ يُعْلِنُ هـ ، أَنْ – إِعْلَان ..을 알리다, 공개하다 ; 발표하다 ; 선포하다, 선언하다
[2] إِيمَان (إِيمَان + ي <1인칭 단수 소유격>) 믿음
[3] حَمَى/ يَحْمِي ه أو هـ – حِمَايَة ..을 옹호하다, 지키다, 보위하다 ; 비호하다
[4] رَعَى/ يَرْعَى ه أو هـ – رِعَايَة ..을 지켜보다, 관찰하다, 살피다 ; 풀을 뜯어 먹이다 ; 방목하다
[5] عَنَى/ يَعْنِي ه – عِنَايَة ..를 걱정하다, 흥미·관심을 가지다

실용 기독교 아랍어 핸드북

당신의 승리에 대한 저의 믿음을 선포합니다.	(ع) بَاعْلِن إِيمَانِي بِنُصْرَتِكَ
당신의 뜻에 대한 저의 믿음을 선포합니다.	(ع) بَاعْلِن إِيمَانِي بِمَشِيئَتِكَ
당신의 돌보심에 대한 저의 믿음을 선포합니다.	(ع) بَاعْلِن إِيمَانِي بِرعَايَتِكَ
당신의 관심에 대한 저의 믿음을 선포합니다.	(ع) بَاعْلِن إِيمَانِي بِعْنَايَتِكَ
당신이 저를 사랑하시는 것에 대한 저의 믿음을 선포합니다.	(ع) بَاعْلِن إِيمَانِي بِحُبِّكَ لِيَّ

6-2 إِيمَانُنَا أَنَّ 을 사용하는 표현 - '우리는 …을 믿습니다.'

6-2-1	إِيمَانُنَا أَنَّكَ + 문장 (أو إِيمَانِي أَنَّكَ + 문장)
우리는 당신이 우리 가운데 오신다는 것을 믿습니다.	إِيمَانُنَا أَنَّكَ تَأْتِي فِي وَسْطِنَا
우리는 당신이 우리의 마음을 깨끗하게 하신다는 것을 믿습니다.	إِيمَانُنَا أَنَّكَ تُطَهِّرُ[1] قُلُوبَنَا[2]
우리는 당신이 모든 악함을 없애버린다는 것을 믿습니다.	إِيمَانُنَا أَنَّكَ تَمْحِي[3] كُلَّ ضَعْفٍ
우리는 당신이 기적을 행할 수 있다는 것을 믿습니다.	إِيمَانُنَا أَنَّكَ تَسْتَطِيعُ[4] فِعْلَ الْمُعْجِزَاتِ
우리는 당신이 질병들을 고칠 수 있다는 것을 믿습니다.	إِيمَانُنَا أَنَّكَ تَقْدِرُ[5] أَنْ تَشْفِي[6] الْأَمْرَاضَ[7]
우리는 당신이 죄악들을 용서하신다는 것을 믿습니다.	إِيمَانُنَا أَنَّكَ تَغْفِرُ الذُّنُوبَ
우리는 당신이 포로된 자들을 해방시킨다는 것을 믿습니다.	إِيمَانُنَا أَنَّكَ تُحَرِّرُ[8] الْمَأْسُورِينَ[9]
우리는 당신이 악의 쇠사슬을 끊는다는 것을 믿습니다.	إِيمَانُنَا أَنَّكَ تَكْسِرُ[10] قُيُودَ[11] الشَّرِّ
우리는 당신만이 심령들을 회개시킬 수 있다는 것을 믿습니다.	إِيمَانُنَا أَنَّكَ أَنْتَ فَقَطْ تُتَوِّبُ[12] الْقُلُوبَ

---

[1] طَهَّرَ/ يُطَهِّرُ ه أو هـ - تَطْهِير ; 깨끗이 하다, 정결하게 하다, 정화시키다 ; 할례를 행하다

[2] قَلْب/ قُلُوب (قُلُوب + نا) 마음

[3] مَحَا/ يَمْحُو هـ - مَحْو ; ..을 지우다, 삭제하다, 없애버리다 ; 용서하다

[4] إِسْتَطَاعَ/ يَسْتَطِيعُ هـ، أَنْ ; ..하는 것이 가능하다, 할 수 있다, .. 할 능력이 있다.

[5] قَدَرَ/ يَقْدِرُ أو يَقْدِرُ أَنْ … 을 할 수 있다

[6] شَفَى/ يَشْفِي ه - شِفَاء ; ..를 치료하다, 고치다

[7] مَرَض/ أَمْرَاض 병, 질병

[8] حَرَّرَ/ يُحَرِّرُ هـ أو ه - تَحْرِير ; ..를 해방하다, 석방하다, 구원하다

[9] أَسَرَ/ يَأْسِرُ ه - أَسْر - آسِر - مَأْسُور ; ..을 사로잡다, 포로로하다 ; مَأْسُور 포로가 된

[10] كَسَرَ/ يَكْسِرُ هـ - كَسْر ; ..을 깨뜨리다, 부수다 ; (적을) 쳐부수다

[11] قَيْد/ قُيُود 철쇄, 쇠사슬, 족쇄 ; 결박, 묶는 것

[12] تَوَّبَ/ يُتَوِّبُ ه ..를 뉘우치게 하다

위의 문장들을 이집트 구어체 아랍어에서는 아래와 같이 표현합니다.

6-2-2	(ع) إِيمَانْنَا إِنَّكْ + 문장 (أو إِيمَانِي إِنَّكْ + 문장)
우리는 당신이 우리 가운데 오신다는 것을 믿습니다.	(ع) إِيمَانْنَا إِنَّكْ تِيجِي[1] وِسْطِينَا
우리는 당신이 우리의 마음을 깨끗하게 하신다는 것을 믿습니다.	(ع) إِيمَانْنَا إِنَّكْ تِطَهَّرْ قُلُوبْنَا
우리는 당신이 모든 약함을 없애버린다는 것을 믿습니다.	(ع) إِيمَانْنَا إِنَّكْ تِمْحِي كُلّ ضَعْف
우리는 당신이 기적을 행할 수 있다는 것을 믿습니다.	(ع) إِيمَانْنَا إِنَّكْ تِقْدَر تِعْمِل مُعْجِزَات
우리는 당신이 질병들을 고칠 수 있다는 것을 믿습니다.	(ع) إِيمَانْنَا إِنَّكْ تِقْدَر تِشْفِي الْأَمْرَاض
우리는 당신이 죄악들을 용서하신다는 것을 믿습니다.	(ع) إِيمَانْنَا إِنَّكْ بِتِغْفِر الذُّنُوب
우리는 당신이 포로된 자들을 해방시킨다는 것을 믿습니다.	(ع) إِيمَانْنَا إِنَّكْ بِتْحَرَّر الْمَأْسُورِين
우리는 당신이 악의 쇠사슬을 끊는다는 것을 믿습니다.	(ع) إِيمَانْنَا إِنَّكْ هَاتِكْسَر قُيُود الشَّرّ
우리는 당신만이 심령들을 회개시킬 수 있다는 것을 믿습니다.	(ع) إِيمَانْنَا إِنَّكْ إِنْتَ بَسّ اللِّي تِخَلِّينَا[2] نِتُوب

[1] (ع) جه/ يِيجِي لِـ (to come) ..에게 오다

[2] (ع) خَلَّى/ يخَلِّي ه هـ ..에게 ..하도록 하다, ..하게 시키다

실용 기독교 아랍어 핸드북

7. 요청의 기도

기도에서 사람들이 가장 많이 표현하는 형태는 요청하는 형태입니다. 아래의 여러가지 요청의 형태들을 익히십시오.

7-1 "…를 위해 기도합니다" 라고 기도할 때 - صَلَّى/يُصَلِّي 동사를 사용하여

7-1-1	نُصَلِّي¹ مِنْ أَجْلِ + 명사، (أَو أُصَلِّي مِنْ أَجْلِ + 명사)
우리는 우리 교회를 위해서 기도합니다.	نُصَلِّي مِنْ أَجْلِ كَنِيسَتِنَا
우리는 우리 목사님을 위해서 기도합니다.	نُصَلِّي مِنْ أَجْلِ قِسِّيسِنَا²
우리는 우리 아이들을 위해서 기도합니다.	نُصَلِّي مِنْ أَجْلِ أَوْلَادِنَا³
우리는 우리의 집(가정)들을 위해 기도합니다.	نُصَلِّي مِنْ أَجْلِ بُيُوتِنَا⁴
우리는 우리 나라를 위해 기도합니다.	نُصَلِّي مِنْ أَجْلِ بَلَدِنَا
우리는 우리의 치료를 위해서 기도합니다.	نُصَلِّي مِنْ أَجْلِ شِفَائِنَا
우리는 교회의 부흥을 위해 기도합니다.	نُصَلِّي مِنْ أَجْلِ نَهْضَةٍ فِي الْكَنِيسَةِ
우리는 우리 청년들의 정결을 위해 기도합니다.	نُصَلِّي مِنْ أَجْلِ طَهَارَةِ⁵ شَبَابِنَا
우리는 마음을 정결하게 보존하기 위해 기도합니다.	نُصَلِّي مِنْ أَجْلِ حِفْظِ⁶ الْقُلُوبِ نَقِيَّةً⁷
우리는 교회안의 결혼한 부부들을 위해 기도합니다.	نُصَلِّي مِنْ أَجْلِ الأَزْوَاجِ⁸ فِي الْكَنِيسَةِ
우리는 핍박으로부터 우리를 보호해 주실 것을 위해 기도합니다.	نُصَلِّي مِنْ أَجْلِ حِمَايَتِنَا⁹ مِنَ الاضْطِهَادِ¹⁰
우리는 우리의 삶이 거룩해지도록 기도합니다.	نُصَلِّي مِنْ أَجْلِ قَدَاسَةِ حَيَاتِنَا
우리는 믿음의 능력을 주시도록 기도합니다.	نُصَلِّي مِنْ أَجْلِ قُوَّةِ الإِيمَانِ

---

¹ صَلَّى/يُصَلِّي 기도하다

² قِسِّيس/قُسُس أو قَسَاوِسَة 목사, 신부

³ وَلَد/أَوْلَاد 아들(son) ; 소년, 아이 (boy)

⁴ بَيْت/بُيُوت 집, 주택

⁵ طَهُرَ/يَطْهُرُ – طَهَارَة (옷, 여자가) 깨끗하다, 정결하다, 순결하다   깨끗함, 결백, 순결

⁶ حَفِظَ/يَحْفَظُ هـ – حِفْظ ...을 지키다, 수호하다, 보호하다

⁷ نَقِيّ 순수한, 청결한 (pure)

⁸ زَوْج/أَزْوَاج 남편 ; 한쌍, 부부

⁹ حَمَى/يَحْمِي ه أو هـ – حِمَايَة ...을 지키다, 보위하다,..을 옹위하다

¹⁰ إِضْطَهَدَ/يَضْطَهِدُ ه – إِضْطِهَاد ..를 압박하다, 억압하다, 핍박하다   압박, 억압, 박해

7-1-2 위의 표현을 이집트 구어체 에서는 아래와 같이 표현합니다.

7-1-2	(ع) بِنْصَلِّي عَشَان + 문장، (أو بَاصَلِّي عَشَان + 문장)
우리는 우리 교회를 위해서 기도합니다.	(ع) بِنْصَلِّي عَشَان كِنِيسِتْنَا
우리는 우리 목사님을 위해서 기도합니다.	(ع) بِنْصَلِّي عَشَان قَسِيسْنَا
우리는 우리 아이들을 위해서 기도합니다.	(ع) بِنْصَلِّي عَشَان أَوْلَادْنَا
우리는 우리의 집(가정)들을 위해 기도합니다.	(ع) بِنْصَلِّي عَشَان بِيُوتْنَا
우리는 우리 나라를 위해 기도합니다.	(ع) بِنْصَلِّي عَشَان بَلَدْنَا
우리는 우리의 치료를 위해서 기도합니다.	(ع) بِنْصَلِّي عَشَان شِفَانَا
우리는 교회의 부흥을 위해 기도합니다.	(ع) بِنْصَلِّي عَشَان تِحْصَل[1] نَهْضَة فِي الْكِنِيسَة
우리는 우리 청년들의 정결을 위해 기도합니다.	(ع) بِنْصَلِّي عَشَان طَهَارة شَبَابْنَا
우리는 마음을 정결하게 보존하기 위해 기도합니다.	(ع) بِنْصَلِّي عَشَان تِحْفَظ قُلُوبْنَا نَقِيَّة
우리는 교회안의 결혼한 부부들을 위해 기도합니다.	(ع) بِنْصَلِّي عَشَان الْمِتْجَوِّزِين فِي الْكِنِيسَة
우리는 핍박으로부터 우리를 보호해 주실 것을 위해 기도합니다.	(ع) بِنْصَلِّي عَشَان تِحْمِينَا[2] مِن الْإِضْطِهَاد
우리는 우리의 삶이 거룩해지도록 기도합니다.	(ع) بِنْصَلِّي عَشَان حَيَاتْنَا تِكُون مُقَدَّسَة
우리는 믿음의 능력을 주시도록 기도합니다.	(ع) بِنْصَلِّي عَشَان تِدِّينَا قُوَّة إِيمَان

[1] (ع) حَصَل/ يحْصَل – حُصُول ..이 일어나다, 발생하다

[2] (ع) حَمَى/ يِحْمِي ه أو هـ – حِمَايَة ..을 보호하다

실용 기독교 아랍어 핸드북

7-1-3 '문장 + نُصَلِّي لِكَيْ' 혹은 '문장 + نُصَلِّي كَيْ' 형태의 문장

7-1-3	نُصَلِّي كَيْ + 문장 أو نُصَلِّي لِكَيْ + 문장، (أُصَلِّي كَيْ ... أو أُصَلِّي لِكَيْ ...)
당신이 우리를 불쌍히 여기시길 기도합니다.	نُصَلِّي كَيْ تَرْحَمَنَا[1]
당신이 우리를 악으로 부터 지키시길 기도합니다.	نُصَلِّي كَيْ تَحْفَظَنَا[2] مِنْ الشِّرِّير
당신이 우리를 시험에 빠지지 않게 하시길 기도합니다.	نُصَلِّي كَيْ لَا تُدْخِلَنَا[3] فِي تَجْرِبَة
당신이 우리 속에 일을 행하시길 기도합니다.	نُصَلِّي كَيْ تَعْمَلَ[4] فِي نُفُوسِنَا[5]
당신이 우리의 그릇을 거룩하게 하시고 우리자신을 헌신하도록 기도합니다.	نُصَلِّي كَيْ تُقَدِّسَ[6] أَوَانِينَا[7] وَتُكَرِّسَنَا[8]
당신이 우리의 속에 비전을 창조하시길 기도합니다.	نُصَلِّي كَيْ تَخْلُقَ[9] رُؤْيَةً بِدَاخِلِنَا[10]
당신이 우리에게 안전과 힘을 주시길 기도합니다.	نُصَلِّي كَيْ تَمْنَحَنَا[11] أَمَانًا[12] وَقُوَّةً
당신의 임재 능력으로 우리에게 오시길 기도합니다.	نُصَلِّي كَيْ تَأْتِي بِقُوَّةِ حُضُورِكَ عَلَيْنَا
당신이 성령의 기름부으심으로 우리에게 오시길 기도합니다.	نُصَلِّي كَيْ تَأْتِي بِسَكِيبِ[13] الرُّوحِ القُدُسِ عَلَيْنَا
당신이 우리 모임에 능력으로 임재하시길 기도합니다.	نُصَلِّي كَيْ تَحْضُرَ[14] بِقُوَّةٍ فِي اجْتِمَاعِنَا
당신이 우리의 사역과 우리의 교회를 축복하시길 기도합니다.	نُصَلِّي كَيْ تُبَارِكَ خِدْمَتَنَا وَكَنِيسَتَنَا
기름부음이 있는 수련회가 될 기도합니다.	نُصَلِّي كَيْ يَكُونَ مُؤْتَمَرٌ مَمْسُوحٌ[15]
당신이 모든 곳에 있는 당신의 백성에게 자비를 주시길 기도합니다.	نُصَلِّي كَيْ تُعْطِي رَحْمَةً لِشَعْبِكَ فِي كُلِّ مَكَان

---

[1] رَحِمَ/يَرْحَمُ ه – رَحْمَة ...을 가엾이 여기다, 불쌍히 여기다, 동정하다

[2] حَفِظَ/يَحْفَظُ هـ – حِفْظ ...을 지키다, 수호하다, 보호하다

[3] أَدْخَلَ/يُدْخِلُ ه أو هـ فِي 도입하다, 넣다, 포함시키다 ; 들여놓다

[4] عَمِلَ/يَعْمَلُ – عَمَل ...을 하다, 일하다, 행하다 ; 행동하다

[5] نَفْس/ نُفُوس أو أَنْفُس 심리, 마음 ; 정신 ; 사람, 인원

[6] قَدَّسَ/يُقَدِّسُ ه أو هـ – تَقْدِيس ...을 성스럽게 생각하다 ; 신성화하다, 거룩하게 하다

[7] إِنَاء/ آنِيَة أو أَوَان 그릇, 용기

[8] كَرَّسَ/يُكَرِّسُ هـ – تَكْرِيس ...을 바치다, 드리다   كَرَّسَ/يُكَرِّسُ نُفُوسَنَا 우리 자신을 헌신하다

[9] خَلَقَ/يَخْلُقُ هـ – خَلْق ...을 창조하다

[10] دَاخِل (نَا + دَاخِل + ب) 내부 ; 내부의 ; 들어가는

[11] مَنَحَ/يَمْنَحُ ه هـ – مَنْح ...에게 ...을 주다, 수여하다, 제공하다

[12] أَمَان/ أَمَانَات 안전, 안정   أَمَانَة/ أَمَانَات 충실성, 성실성   أَمِين/ أُمَنَاء 충실한, 성실한, 믿음직한

[13] سَكَبَ/يَسْكُبُ هـ – سَكْب ..을 붓다, 쏟다, 흘리다   سَكِيب 새는, 흐르는, 쏟아지는

[14] حَضَرَ/يَحْضُرُ ه أو هـ، إلَى – حُضُور 참석하다, 참가하다 ; 나타나다, 임재하다

[15] مَسَحَ/يَمْسَحُ ه أو هـ – مَسْح – مَاسِح – مَمْسُوح ...을 닦다, 닦아내다 ; ...에게 기름이나 물을 칠하다, 바르다

당신께서 우리에게 고요하고 마음편한 날들을 주시길 기도합니다.	نُصَلِّي كَيْ تُعْطِيَنَا¹ أَيَّامًا² هَادِيَة³ مُطْمَئِنَّة⁴	
안전과 평화가 우리 나라에 되돌아오길 기도합니다.	نُصَلِّي كَيْ يَرْجِعَ الأَمْنُ وَالسَّلَامُ لِبِلَادِنَا⁵	
안전과 평화가 우리 나라에 정착되길 기도합니다.	نُصَلِّي كَيْ يَسْتَتِبَّ⁶ الأَمْنُ وَالسَّلَامُ فِي بِلَادِنَا	

7-1-4 위의 표현을 이집트 구어체 아랍어에서는 아래와 같이 표현합니다.

7-1-4	(ع) بِنْصَلِّي عَشَانْ + 문장، (أو بَاصَلِّي عَشَانْ + 문장)
당신이 우리를 긍휼히 여기시길 기도합니다.	(ع) بِنْصَلِّي عَشَانْ تِرْحَمْنَا
당신이 우리를 악으로 부터 지키시길 기도합니다.	(ع) بِنْصَلِّي عَشَانْ تِحْفَظْنَا مِنْ الشِّرِّير
당신이 우리를 시험에 빠지지 않게 하시길 기도합니다.	(ع) بِنْصَلِّي عَشَانْ مَاتَدْخَلْنَاش فِي تَجْرِبَة
당신이 우리 속에 일을 행하시길 기도합니다.	(ع) بِنْصَلِّي عَشَانْ تِشْتَغَل جُوَّانَا
당신이 우리의 그릇을 거룩하게 하시고 우리자신을 헌신하도록 기도합니다.	(ع) بِنْصَلِّي عَشَانْ تِقَدِّس أَوَانِينَا وتِكَرَّسْنَا
당신이 우리의 속에 비전을 창조하시길 기도합니다.	(ع) بِنْصَلِّي عَشَانْ تِخْلَق رُؤْيَة جُوَّانَا
당신이 우리에게 안전과 힘을 주시길 기도합니다.	(ع) بِنْصَلِّي عَشَانْ تِدِّينَا أَمَان وقُوَّة
당신의 임재의 능력으로 우리에게 오시길 기도합니다.	(ع) بِنْصَلِّي عَشَانْ تِيجِي بِقُوَّة حُضُورَك عَلَينَا
당신이 성령의 기름부으심으로 우리에게 오시길 기도합니다.	(ع) بِنْصَلِّي عَشَانْ تِيجِي بِسَكِيب الرُّوح القُدُس عَلَينَا
당신이 우리 모임에 능력으로 임재하시길 기도합니다.	(ع) بِنْصَلِّي عَشَانْ تِحْضَر بِقُوَّة فِي اجْتِمَاعْنَا
당신이 우리의 사역과 우리의 교회를 축복하시길 기도합니다.	(ع) بِنْصَلِّي عَشَانْ تِبَارِك خِدْمِتْنَا وكِنِيسِتْنَا
기름부음이 있는 수련회가 되길 기도합니다.	(ع) بِنْصَلِّي عَشَانْ يَكُون مُؤْتَمَر مَمْسُوح
당신이 모든 곳에 있는 당신의 백성에게 자비를 주시길 기도합니다.	(ع) بِنْصَلِّي عَشَانْ تِدِّي رَحْمَة لِشَعْبَك فِي كُل مَكَان
당신께서 우리에게 평화로운 날들을 주시길 기도합니다.	(ع) بِنْصَلِّي عَشَانْ تِدِّينَا أَيَّام فِيهَا سَلَام
안전과 평화가 우리 나라에 되돌아오길 기도합니다.	(ع) بِنْصَلِّي عَشَانْ الأَمْن والسَّلَام يرجَعُوا لِبَلَدْنَا
안전과 평화가 우리 나라에 정착되길 기도합니다.	(ع) بِنْصَلِّي عَشَانْ الأَمْن والسَّلَام يِسْتَقِرُوا فِي بَلَدْنَا

---

[1] أَعْطَى/ يُعْطِي ه ــ، هــ ل ه ..에게 ..을 주다, 제공하다

[2] يَوْم/ أَيَّام 날, 하루

[3] هَادِئ 고요한, 조용한, 잔잔한

[4] مُطْمَئِن 안심하는, 마음편한, 평안한 اِطْمَأَن/ يَطْمَئِن – اِطْمِئْنَان – مُطْمَئِن 안심.안도.진정하다

[5] بَلَد ; بِلَاد أو بُلْدَان 나라 ; 지역, 지방

[6] اِسْتَتَبَّ/ يَسْتَتِبُّ = اِسْتَقَرَّ 정상화되다 ; 안정되다, 질서가 잡히다

실용 기독교 아랍어 핸드북

7-2 "...를 기억해 주소서"라고 기도할 때 - ذَكَرَ/ يَذْكُرُ 동사를 사용한 형태

7-2-1	اُذْكُرْ[1] + 명사
우리의 청년들과 아동들을 기억해 주옵소서.	اُذْكُرْ شَبَابَنَا وَأَوْلَادَنَا
우리 나라를 기억해 주옵소서.	اُذْكُرْ بِلَادَنَا[2]
우리 교회들을 기억해 주옵소서.	اُذْكُرْ كَنَائِسَنَا
슬픈 사람들을 기억해 주옵소서.	اُذْكُرْ الْحَزَانَى[3]
억울하게 갇혀있는 자를 기억해 주옵소서.	اُذْكُرْ الْمَسْجُونِين[4] ظُلْمًا
배고픈 자를 기억해 주옵소서.	اُذْكُرْ الْجِيَاع[5]
고통당하는 자를 기억해 주옵소서.	اُذْكُرْ الْمُتَأَلِّمِين[6]
필요가 있는 자들(가난한 사람들)을 기억해 주옵소서.	اُذْكُرْ الْمُحْتَاجِين[7]
우리의 아픈 사람들을 당신의 치료의 만지심으로 기억해 주옵소서.	اُذْكُرْ مَرْضَانَا[8] بِلَمَسَاتِ شِفَاءٍ مِنْ عِنْدِكَ
고아들과 과부들을 기억해 주옵소서.	اُذْكُرْ الْيَتَامَى[9] وَالْأَرَامِل[10]
우리 교단들의 지도자들을 기억해 주옵소서.	اُذْكُرْ رُؤَسَاء[11] طَوَائِفِنَا[12]
우리 나라의 책임을 맡은 당신의 종들을 기억해 주옵소서.	اُذْكُرْ عَبِيدَكَ[13] الْمَسْؤُولِين[14] فِي بِلَادِنَا

---

[1] ذَكَرَ/ يَذْكُرُ هـ - ذِكْر ..을 언급하다 ; 상기하다, 회상하다, 기억하다
[2] بَلَد/ بِلَاد 나라 ; 지역
[3] حَزِين/ حِزَان 슬픈, 서글픈, 애통한 حَزْنَان/ حَزَانَى 슬픈, 슬픔에 잠긴, 구슬픈
[4] سَجَنَ/ يَسْجُنُ هـ .. 을 가두다, 감금하다 - سَاجِن - سَجْن مَسْجُون/ مَسَاجِين 구속된, 감금된, 투옥당한 죄수
[5] جَائِع/ جِيَاع 공복인, 굶주린, 배고픈
[6] تَأَلَّمَ/ يَتَأَلَّمُ مِنْ ... - تَأَلُّم - مُتَأَلِّم ...로 아파하다, 고통스러워하다, 괴로워하다
[7] اِحْتَاجَ/ يَحْتَاجُ (إِلَى) ه أَوْ هـ - اِحْتِيَاج - مُحْتَاج ...을 필요로 하다
[8] مَرِيض/ مَرْضَى 앓는 사람, 환자 ; 아픈
[9] يَتِيم/ أَيْتَام أَوْ يَتَامَى 고아
[10] أَرْمَلَة/ أَرَامِل 과부
[11] رَئِيس/ رُؤَسَاء 수반, 대통령 ; 장, 두목
[12] طَائِفَة/ طَوَائِف 종파, 교단
[13] عَبْد/ عَبِيد 노예, 종
[14] مَسْؤُول/ مَسْؤُولُون 책임있는 ; 책임자 مَسْؤُولِيَّة 책임, 책임감

제 4 부 아랍어 기도 배우기

나이든 어른들과 약한 자들을 기억해 주옵소서.	اُذْكُرْ كِبَارُ السِّنِّ[1] وَالضُّعَفَاءَ[2]
당신의 얼굴을 구하는 당신의 종들을 기억하옵소서.	اُذْكُرْ عَبِيدَكَ الطَّالِبِينَ وَجْهَكَ

7-2-2 위의 문장들을 이집트 구어체에서는 아래와 같이 표현합니다.

7-2-2	(ع) اُذْكُرْ + 명사
우리의 청년들과 아동들을 기억해 주옵소서.	(ع) اُذْكُرْ شَبَابَنَا وَأَوْلَادَنَا
우리 나라를 기억해 주옵소서.	(ع) اُذْكُرْ بِلَادَنَا
우리 교회를 기억해 주옵소서.	(ع) اُذْكُرْ كَنَائِسَنَا
슬픈 사람들을 기억해 주옵소서.	(ع) اُذْكُرْ الْحَزَانَى
억울하게 갇혀있는 자를 기억해 주옵소서.	(ع) اُذْكُرْ الْمَسْجُونِينَ ظُلْم
배고픈 자를 기억해 주옵소서.	(ع) اُذْكُرْ الْجَعَانِين
고통당하는 자를 기억해 주옵소서.	(ع) اُذْكُرْ كُلّ مُتَأَلِّم
필요가 있는 자들(가난한 사람들)을 기억해 주옵소서.	(ع) اُذْكُرْ الْمِحْتَاجِين
우리의 아픈 사람들을 당신의 치료의 만지심으로 기억해 주옵소서.	(ع) اُذْكُرْ الْعَيَّانِين بِشِفَا مِن عَنْدَك
고아들과 과부들을 기억해 주옵소서.	(ع) اُذْكُرْ الْيَتَامَى وَالْأَرَامِل
우리 교단들의 지도자들을 기억해 주옵소서.	(ع) اُذْكُرْ رُؤَسَاء طَوَايفْنَا
우리 나라의 책임을 맡은 당신의 종들을 기억해 주옵소서.	(ع) اُذْكُرْ عَبِيدك الْمَسْئُولِين فِي بَلَدْنَا
나이든 어른들과 약한 자들을 기억해 주옵소서.	(ع) اُذْكُرْ الْمُسِنِّين وَالتَّعْبَانِين
당신의 얼굴을 구하는 당신의 종들을 기억하옵소서.	(ع) اُذْكُرْ عَبِيدَك اللِّي بِيطْلُبُوك

---

[1] كَبِير/ كِبَار أَو كُبَرَاء 큰, 거대한 ; 늙은, 나이 많은   كِبَار السِّنّ 나이 많은 사람

[2] ضَعِيف/ ضِعَاف أَو ضُعَفَاء 약한, 허약한

7-3 "...를 축복하소서" 라고 기도할 때 - بَارِكْ/يُبَارِكُ 동사를 사용한 형태

7-3-1	명사 + بَارِكْ
우리의 아동들을 축복하소서.	بَارِكْ أَوْلَادَنَا
우리의 교회를 축복하소서.	بَارِكْ كَنِيسَتَنَا
우리 목사님을 축복하소서.	بَارِكْ قِسِّيسَنَا
우리 청년들을 축복하소서.	بَارِكْ شَبَابَنَا
우리 모든 사역자들을 축복하소서.	بَارِكْ كُلَّ خُدَّامِنَا
우리의 집(가정)들을 축복하소서.	بَارِكْ بُيُوتَنَا
우리 교단들의 지도자들을 축복하소서.	بَارِكْ رُؤَسَاءَ طَوَائِفِنَا
우리 나라를 축복하소서.	بَارِكْ بَلَدَنَا
당신의 백성을 축복하소서.	بَارِكْ شَعْبَكَ

7-3-2 위의 문장들을 이집트 구어체에서는 아래와 같이 표현합니다.

7-3-2	명사 + بَارِكْ (ع)
우리의 아동들을 축복하소서.	(ع) بَارِكْ أَوْلَادْنَا
우리의 교회를 축복하소서.	(ع) بَارِكْ كَنِيسَتْنَا
우리 목사님을 축복하소서.	(ع) بَارِكْ قَسِّيسْنَا
우리 청년들을 축복하소서.	(ع) بَارِكْ شَبَابْنَا
우리 모든 사역자들을 축복하소서.	(ع) بَارِكْ كُلَّ خُدَّامْنَا
우리의 집(가정)들을 축복하소서.	(ع) بَارِكْ بِيُوتْنَا
우리 교단들의 지도자들을 축복하소서.	(ع) بَارِكْ رُؤَسَاء طَوَايفْنَا
우리 나라를 축복하소서.	(ع) بَارِكْ بَلَدْنَا
당신의 백성을 축복하소서.	(ع) بَارِكْ شَعْبَكْ

제 4 부 아랍어 기도 배우기

7-4 "…를 방문해 주소서" 라고 기도할 때 - اِفْتَقِدْ/يَفْتَقِدُ 를 사용한 형태

اِفْتَقِدْ/يَفْتَقِدُ 동사의 원래 의미는 '…를 방문하다' 는 의미입니다. 이 동사가 기도에 사용될 경우 여러가지 의미를 가질 수 있습니다. 즉 기도하는 사람의 상황에 따라 '…를 방문하여 그 문장의 상황에 맞는 일을 해 주옵소서'의 의미가 됩니다. 예를들어 병자를 위해서 기도하며 اِفْتَقِدِ الْمَرْضَى 했을 경우 "병자를 긍휼히 여겨달라"는 의미가 됩니다.

7-4-1	اِفْتَقِدْ + 명사
우리의 청년과 아동들을 방문하여 (위로,채우심, 고치심 등)을 하시옵소서.	اِفْتَقِدْ شَبَابَنَا وَأَوْلَادَنَا
우리 나라를 방문하여 (위로,채우심,고치심 등)을 하시옵소서.	اِفْتَقِدْ بِلَادَنَا
우리 교회를 방문하여 (위로,채우심,고치심 등)을 하시옵소서.	اِفْتَقِدْ كَنَائِسَنَا
슬픈 사람들을 방문하여 …	اِفْتَقِدِ الْحَزَانَى
억울하게 갇혀있는 자를 방문하여 …	اِفْتَقِدِ الْمَسْجُونِينَ ظُلْمًا
배고픈 자를 방문하여 …	اِفْتَقِدِ الْجِيَاعَ
고통당하는 자를 방문하여 …	اِفْتَقِدِ الْمُتَأَلِّمِينَ
필요가 있는 자들(가난한 사람들)을 방문하여…	اِفْتَقِدِ الْمُحْتَاجِينَ
우리의 아픈 사람들을 당신의 치료의 만지심으로 기억해 주옵소서.	اِفْتَقِدْ مَرْضَانَا بِلَمَسَاتِ شِفَاءٍ مِنْ عِنْدِكَ
고아들과 과부들을 기억해 주옵소서.	اِفْتَقِدِ الْيَتَامَى وَالْأَرَامِلَ
우리 교단들의 지도자들을 기억해 주옵소서.	اِفْتَقِدْ رُؤَسَاءَ طَوَائِفِنَا
우리 나라의 책임을 맡은 당신의 종들을 기억해 주옵소서.	اِفْتَقِدْ عَبِيدَكَ الْمَسْؤُولِينَ فِي بِلَادِنَا
나이든 어른들과 약한 자들을 기억해 주옵소서.	اِفْتَقِدْ كِبَارَ السِّنِّ وَالضُّعَفَاءَ
당신의 얼굴을 구하는 당신의 종들을 기억하옵소서.	اِفْتَقِدْ عَبِيدَكَ الطَّالِبِينَ وَجْهَكَ
상처받은자들과 거부당한 자들을 기억하옵소서.	اِفْتَقِدِ الْمَجْرُوحِينَ وَالْمَرْذُولِينَ[1]
억울한 자들과 배척당한 자들을 기억하옵소서.	اِفْتَقِدِ الْمَظْلُومِينَ وَالْمَنْبُوذِينَ
기독교인 가정들을 기억하옵소서.	اِفْتَقِدِ الْبُيُوتَ الْمَسِيحِيَّةَ
세상 여기저기에서 핍박받는 자들을 기억하옵소서.	اِفْتَقِدِ الْمُضْطَهَدِينَ[2] فِي أَنْحَاءِ[3] الْعَالَمِ

---

[1] رَذَلَ/يَرْذُلُ ه أو هـ - رَذْلٌ - مَرْذُولٌ - …을 거절하다, 거부하다   مَرْذُولٌ = مَنْبُوذٌ 거부당한, 거부당한 자

[2] اِضْطَهَدَ/يَضْطَهِدُ ه - اِضْطِهَادٌ - مُضْطَهِدٌ - مُضْطَهَدٌ …를 압박하다, 억압하다, 핍박하다

[3] نَحْوٌ/أَنْحَاءٌ 방향, 방면 (direction)

7-4-2 위의 문장들을 이집트 구어체에서는 아래와 같이 표현합니다.

7-4-2	명사 + اِفْتَقِدْ
우리의 청년과 아동들을 방문하여 (위로,채우심, 고치심 등)을 하시옵소서.	(ع) اِفْتَقِدْ شَبَابْنَا وَأَوْلَادْنَا
우리 나라를 방문하여 (위로.채우심.고치심 등)을 하시옵소서.	(ع) اِفْتَقِدْ بِلَادْنَا
우리 교회를 방문하여 (위로.채우심. 고치심 등)을 하시옵소서.	(ع) اِفْتَقِدْ كَنَايِسْنَا
슬픈 사람들을 방문하여 …	(ع) اِفْتَقِدْ الْحَزَانَى
억울하게 갇혀있는 자를 방문하여 …	(ع) اِفْتَقِدْ الْمَسْجُونِين ظُلْم
배고픈 자를 방문하여 …	(ع) اِفْتَقِدْ الْجَعَّانِين
고통당하는 자를 방문하여 …	(ع) اِفْتَقِدْ كُلّ وَاحِد مِتْأَلِّم
필요가 있는 자들(가난한 사람들)을 방문하여…	(ع) اِفْتَقِدْ الْمُحْتَاجِين
우리의 아픈 사람들을 당신의 치료의 만지심으로 기억해 주옵소서.	(ع) اِفْتَقِدْ الْعَيَّانِين بِشِفَا مِن عَنْدَك
고아들과 과부들을 기억해 주옵소서.	(ع) اِفْتَقِدْ الْيَتَامَى وَالْأَرَامِل
우리 교단들의 지도자들을 기억해 주옵소서.	(ع) اِفْتَقِدْ رُؤَسَاء طَوَايِفْنَا
우리 나라의 책임을 맡은 당신의 종들을 기억해 주옵소서.	(ع) اِفْتَقِدْ عَبِيدَك الْمَسْئُولِين فِي بَلَدْنَا
나이든 어른들과 약한 자들을 기억해 주옵소서.	(ع) اِفْتَقِدْ الْمُسِنِّين وَالتَّعْبَانِين
당신의 얼굴을 구하는 당신의 종들을 기억하옵소서.	(ع) اِفْتَقِدْ عَبِيدَك اللِّي بِيُطْلُبُوك
상처받은자들과 거부당한 자들을 기억하옵소서.	(ع) اِفْتَقِدْ الْمَجْرُوحِين[1] وَالْمَرْفُوضِين[2]
억울한 자들과 배척당한 자들을 기억하옵소서.	(ع) اِفْتَقِدْ الْمَظْلُومِين[3] وَالْمَنْبُوذِين[4]
기독교인 가정들을 기억하옵소서.	(ع) اِفْتَقِدْ الْبُيُوت الْمَسِيحِيَّة
모든 세상에서 핍박받는 자들을 기억하옵소서.	(ع) اِفْتَقِدْ الْمُضْطَهَدِين فِي كُلّ الْعَالَم

---

[1] جَرَحَ/ يَجْرَحُ ه أو ه ـ جَرْح ـ جَارِح ـ مَجْرُوح …를 부상입게하다, 상처를 입히다

[2] رَفَض/ يَرْفُضُ ه ـ رَفْض ـ رَافِض ـ مَرْفُوض ..을 거절하다, 거부하다

[3] ظَلَمَ/ يَظْلِمُ ه أو ه ـ ظُلْم ـ ظَالِم ـ مَظْلُوم …를 억압하다, 압제하다 ; 탄압하다

[4] نَبَذَ/ يَنْبِذُ هـ أو ه ـ نَبْذ ـ نَابِذ ـ مَنْبُوذ …을 버리다 ; 배척하다, 배격하다 ; 거부하다, 거절하다

7-5 "…를 요청합니다" 라고 기도할 때 - طَلَبَ/يَطْلُبُ 동사를 사용할 경우

7-5-1	أَطْلُبُ¹ (أَوْ نَطْلُبُ) مِنْكَ + 명사 + (أَوْ أَطْلُبُ (نَطْلُبُ)) + 명사
제가 당신께 우리 청년들을 축복하시기를 간구합니다.	أَطْلُبُ مِنْكَ بَرَكَةً لِشَبَابِنَا²
제가 당신께 당신의 영의 기름부으심을 간구합니다.	أَطْلُبُ مِنْكَ مَسْحَةً³ رُوحِكَ
제가 당신께 모든 필요를 채우시길 간구합니다.	أَطْلُبُ مِنْكَ سَدًّا⁴ لِكُلِّ احْتِيَاجٍ⁵
우리 모임에 임재를 간구합니다.	أَطْلُبُ مِنْكَ حُضُورًا لاِجْتِمَاعِنَا
병을 고쳐주실 것을 간구합니다.	أَطْلُبُ مِنْكَ شِفَاءً لِلْمَرْضَى⁶
참을 수 있는 힘을 간구합니다.	أَطْلُبُ مِنْكَ قُوَّةَ تَحَمُّلٍ⁷
시험에서 인내를 간구합니다.	أَطْلُبُ مِنْكَ صَبْرًا فِي التَّجَارِبِ⁸
오래 참길 간구합니다.	أَطْلُبُ مِنْكَ طُولَ أَنَاةٍ⁹
자비와 용서를 간구합니다.	أَطْلُبُ مِنْكَ رَحْمَةً وَغُفْرَانًا
성령의 기름부으심을 간구합니다.	أَطْلُبُ مِنْكَ سَكِيبًا مِنْ الرُّوحِ الْقُدُسِ

위의 문장들을 이집트 구어체 아랍어에서는 아래와 같이 표현합니다.

7-5-2	(ع) بَاطْلُب (أَوْ بِنُطْلُب) مِنَّك + 명사 + (أَوْ بَاطْلُب (بِنْطْلُب)) + 명사
제가 당신께 우리 청년들을 축복하시기를 간구합니다.	(ع) بَاطْلُب مِنَّك بَرَكَة لِشَبَابْنَا
제가 당신께 당신의 영의 기름부으심을 간구합니다.	(ع) بَاطْلُب مِنَّك مِسْحِة رُوحَك
제가 당신께 모든 필요를 채우시길 간구합니다.	(ع) بَاطْلُب مِنَّك سَدّ لِكُلّ احْتِيَاج
우리 모임에 임재를 간구합니다.	(ع) بَاطْلُب مِنَّك تِيجِي اِجْتِمَاعْنَا
병을 고쳐주실 것을 간구합니다.	(ع) بَاطْلُب مِنَّك شِفَا لِلْمَرْضَى

---

[1] طَلَبَ/يَطْلُبُ مِنْ ه هـ، مِنْ ه أَنْ … ـ طَلَب ـ …을 요구하다 ..에게

[2] شَابّ/شَبَاب 청년, 젊은이

[3] مَسْحَة 축복하는 뜻으로 이마에 기름을 바름

[4] سَدَّ/يَسُدُّ هـ ـ سَدّ ـ ..을 막다, 틀어막다, 차단하다, 가로막다 ; 채우다 ; 수요를 충족시키다 ; 빚을 갚다

[5] اِحْتَاجَ/يَحْتَاجُ إِلَى ـ اِحْتِيَاج ـ ..을 필요로 하다

[6] مَرِيض/مَرْضَى 환자 ; 앓고 있는 مَرَض/أَمْرَاض 병, 질병

[7] تَحَمَّلَ/يَتَحَمَّلُ ه أَوْ هـ ـ تَحَمُّل ـ ..을 지니다 ; 참다, 감수하다, 견디다

[8] تَجْرِبَة/تَجَارِب 시험, 실험 ; 유인, 유혹

[9] أَنَاة 오래 참음 طُولُ أَنَاةٍ 참을성, 인내성 ; 관용

참을 수 있는 힘을 간구합니다.	(ع) بَاطْلُب مِنَّك قُوَّة تَحَمُّل
시험에서 인내를 간구합니다.	(ع) بَاطْلُب مِنَّك صَبَر فِي التَّجَارِب
오래 참길 간구합니다.	(ع) بَاطْلُب مِنَّك صَبَر
자비와 용서를 간구합니다.	(ع) بَاطْلُب مِنَّك رَحْمَة وغُفْرَان
성령의 기름부으심을 간구합니다.	(ع) بَاطْلُب مِنَّك سَكِيب الرُّوح القُدُس

7-5-3 طَلَب/يطلب 동사 뒤에 문장이 사용된 형태

| 7-5-3 | أَطْلُبُ مِنْكَ أَنْ + 문장 (أو نَطْلُبُ مِنْكَ أَنْ + 문장) |
| | أَطْلُبُ أَنْ + 문장 (أو نَطْلُبُ أَنْ + 문장) |

당신이 당신의 위로를 보내주시길 간구합니다.	أَطْلُبُ مِنْكَ أَنْ تُرْسِلَ[1] تَعْزِيَاتِكَ[2]
	أَطْلُبُ أَنْ تُرْسِلَ تَعْزِيَاتِكَ
당신이 저의 믿음을 강하게 하시길 간구합니다.	أَطْلُبُ مِنْكَ أَنْ تُقَوِّيَ[3] إِيمَانِي
	أَطْلُبُ أَنْ تُقَوِّيَ إِيمَانِي
당신이 저에게 평화를 주시길 간구합니다.	أَطْلُبُ مِنْكَ أَنْ تَمْنَحَنِي السَّلَامَ
당신이 저의 아픔을 고쳐주시길 간구합니다.	أَطْلُبُ مِنْكَ أَنْ تَشْفِيَ أَسْقَامِي[4]
당신의 성령으로 저를 위로하시길 간구합니다.	أَطْلُبُ مِنْكَ أَنْ تَفْتَقِدَنِي[5] بِرُوحِكَ
저를 능력으로 채우시길 간구합니다.	أَطْلُبُ مِنْكَ أَنْ تَمْلأَنِي[6] بِالقُوَّةِ
저를 악으로 부터 보호하시길 간구합니다.	أَطْلُبُ مِنْكَ أَنْ تَحْمِينِي مِنَ الشُّرُورِ
당신의 길로 저를 인도하시길 간구합니다.	أَطْلُبُ مِنْكَ أَنْ تَهْدِينِي[7] طَرِيقَكَ
저의 회개를 받아주시길 간구합니다.	أَطْلُبُ مِنْكَ أَنْ تَقْبَلَ تَوْبَتِي
제가 약함에서 벗어나게(극복하게)하시길 간구합니다.	أَطْلُبُ مِنْكَ أَنْ تَرْفَعَنِي مِنْ الضَّعْفِ

---

[1] أَرْسَلَ/ يُرْسِلُ هـ أو ه - إِرْسَال ...을 보내다, 파견하다 ; 발송하다

[2] تَعْزِيَة/ تَعَاز أو تَعْزِيَات 위안, 위로

[3] قَوَّى/ يُقَوِّي ه أو هـ ...을 강화하다, 강하게 하다

[4] سَقَم أو سَقَام/ أَسْقَام 병, 허약함 ; 아픔

[5] اِفْتَقَدَ/ يَفْتَقِدُ ه - اِفْتِقَاد 방문하다 ; 위로하다, 고치다

[6] مَلأَ/ يَمْلأُ هـ ب ... - مَلْء ...을 ...으로 가득채우다

[7] هَدَى/ يَهْدِي ه أو هـ - هُدَى ...을 옳은 길로 인도하다, 지도하다

제 4 부 아랍어 기도 배우기

위의 문장들을 이집트 구어체 아랍어로 아래와 같이 표현합니다.

7-5-4	(ع) بَاطْلُب مِنَّك + 문장 (أو بِنُطْلُب مِنَّك + 문장)
	(ع) بَاطْلُب إِنَّك + 문장 (أو بِنُطْلُب إِنَّك + 문장)
당신이 당신의 위로를 보내주시길 간구합니다.	(ع) بَاطْلُب مِنَّك تِرْسِلَ تَعْزِيَاتَك
	(ع) بَاطْلُب إِنَّك تِرْسِلَ تَعْزِيَاتَك
당신이 저의 믿음을 강하게 하시길 간구합니다.	(ع) بَاطْلُب مِنَّك تِقَوِّي إِيمَانِي
	(ع) بَاطْلُب إِنَّك تِقَوِّي إِيمَانِي
당신이 저에게 평화를 주시길 간구합니다.	(ع) بَاطْلُب مِنَّك تِدِّينِي¹ سَلَام
당신이 저의 아픔을 고쳐주시길 간구합니다.	(ع) بَاطْلُب مِنَّك تِشْفِي أَمْرَاضِي
당신의 성령으로 저를 위로하시길 간구합니다.	(ع) بَاطْلُب مِنَّك تِفْتَقِدْنِي بِرُوحَك
저를 능력으로 채우시길 간구합니다.	(ع) بَاطْلُب مِنَّك تِمْلَانِي بِالْقُوَّة
저를 악으로 부터 보호하시길 간구합니다.	(ع) بَاطْلُب مِنَّك تِحْمِينِي مِن الشُّرُور
당신의 길로 저를 인도하시길 간구합니다.	(ع) بَاطْلُب مِنَّك تِهْدِينِي لِطَرِيقَك
저의 회개를 받아주시길 간구합니다.	(ع) بَاطْلُب مِنَّك تِقْبَل تُوبَتِي
제가 약함에서 벗어나게(극복하게)하시길 간구합니다.	(ع) بَاطْلُب مِنَّك تِرْفَعْنِي مِن الضَّعْف

¹ (ع) إِدَّى/ يِدِّي لِـ ه هـ ...에게 ...을 주다, 제공하다

7-6 "...를 간구합니다" 라고 기도할 때 - سَأَلَ/ يَسْأَلُ 를 사용한 형태

7-6-1	أَسْأَلُكَ[1] + (명사) + (أَو نَسْأَلُكَ + 명사)
제가 우리 아이들을 위해 축복을 간구합니다.	أَسْأَلُكَ بَرَكَةً لِأَوْلَادِنَا
제가 당신의 영의 능력을 간구합니다.	أَسْأَلُكَ قُوَّةً مِنْ رُوحِكَ
제가 원수에 대한 승리를 간구합니다.	أَسْأَلُكَ نُصْرَةً عَلَى الْعَدُوِّ
제가 당신의 영을 부어주시길 간구합니다.	أَسْأَلُكَ سَكِيبًا مِنْ رُوحِكَ
제가 당신의 백성을 위해 돌보심을 간구합니다.	أَسْأَلُكَ رِعَايَةً[2] لِشَعْبِكَ
당신을 경외하는 자들을 위해 위로를 간구합니다.	أَسْأَلُكَ افْتِقَادًا[3] لِخَائِفِيكَ[4]
당신께 간구하는 자들을 위해 자비를 간구합니다.	أَسْأَلُكَ رَحْمَةً لِطَالِبِيكَ[5]
제가 환난에서 도움을 간구합니다.	أَسْأَلُكَ عَوْنًا[6] فِي الضِّيقِ
제가 평생 길을 보호하시길 간구합니다.	أَسْأَلُكَ حِمَايَةً طُولَ الطَّرِيقِ

위의 문장들을 이집트 구어체 아랍어로 아래와 같이 표현합니다.

7-6-2	(ع) بَاسْأَلَكْ + 명사 + (أَو بِنِسْأَلَكْ + 명사) (ع) أَسْأَلُكَ + 명사 + (أَو نَسْأَلُكَ + 명사)
제가 우리 아이들을 위해 축복을 간구합니다.	(ع) بَاسْأَلَكْ بَرَكَة لِأَوْلَادِنَا
	(ع) أَسْأَلُكَ بَرَكَةً لِأَوْلَادِنَا
제가 당신의 영의 능력을 간구합니다.	(ع) بَاسْأَلَكْ قُوَّةً مِنْ رُوحِكَ
	(ع) أَسْأَلُكَ قُوَّةً مِنْ رُوحِكَ
제가 원수에 대한 승리를 간구합니다.	(ع) بَاسْأَلَكْ نُصْرَةً عَلَى الْعَدُوِّ
	(ع) أَسْأَلُكَ نُصْرَةً عَلَى الْعَدُوِّ

---

[1] سَأَلَ/ يَسْأَلُ ه عَنْ هـ – سُؤَالٌ ..에게 ..에 관해 묻다   سَأَلَ/ يَسْأَلُ ه هـ 부탁하다, 청하다
[2] رَعَى/ يَرْعَى ه أَو هـ – رِعَايَة 먹이다, 방목하다 ; ..을 지켜보다, 관찰하다
[3] اِفْتَقَدَ/ يَفْتَقِدُ ه – اِفْتِقَاد 방문하다 ; 위로하다, 고치다
[4] <소유격> + ك)   خَائِف/ خَائِفُون   (ل + خَائِفِين 무서운, 무서워하는, 두려워하는 ; 경외하는
[5] <소유격> + ك)   طَالِب/ طَالِبُون   (ل + طَالِبِين 요청하는
[6] عَوْن 원조, 협조, 지원

제 4 부 아랍어 기도 배우기

제가 당신의 영을 부어주시길 간구합니다.	بَاسْأَلَك سَكِيب مِن رُوحِك (ع) أَسْأَلَك سَكِيب مِن رُوحِك (ع)
제가 당신의 백성을 위해 돌보심을 간구합니다.	بَاسْأَلَك رِعَايَة لِشَعْبِك (ع) أَسْأَلَك رِعَايَة لِشَعْبِك (ع)
당신을 경외하는 자들을 위해 위로를 간구합니다.	بَاسْأَلَك اِفْتِقَاد لِخَائِفِيك (ع) أَسْأَلَك اِفْتِقَاد لِخَائِفِيك (ع)
당신께 간구하는 자들을 위해 자비를 간구합니다.	بَاسْأَلَك رَحْمَة لِطَالِبِينَك (ع) أَسْأَلَك رَحْمَة لِطَالِبِينَك (ع)
제가 환난에서 도움을 간구합니다.	بَاسْأَلَك مَعُونَة فِي الضِّيقَات (ع) أَسْأَلَك مَعُونَة فِي الضِّيقَات (ع)
제가 평생 길을 보호하시길 간구합니다.	بَاسْأَلَك حِمَايَة طُول الطَّرِيق (ع) أَسْأَلَك حِمَايَة طُول الطَّرِيق (ع)

7-6-3 سَأَل/ يَسْأَل 동사 뒤에 문장이 오는 경우

7-6-3	أَسْأَلُكَ أَنْ + 문장 (أو نَسْأَلُكَ أَنْ + 문장)
당신이 핍박에서 우리를 건지시길 간구합니다.	أَسْأَلُكَ أَنْ تَرْفَعَ[1] عَنَّا الاِضْطِهَادَ
당신이 최고의 피난처가 되시길 간구합니다.	أَسْأَلُكَ أَنْ تَكُونَ مَلْجَأَنَا[2] الأَوَّلَ
당신이 우리 마음속에 당신의 사랑을 더하실 것을 간구합니다.	أَسْأَلُكَ أَنْ تُنَمِّي[3] حُبَّكَ بِدَاخِلِنَا
우리가 안전함을 느끼게 하시길 간구합니다.	أَسْأَلُكَ أَنْ تُشْعِرَنَا[4] بِالأَمَانِ
악한 시험에서 우리를 보호하시길 간구합니다.	أَسْأَلُكَ أَنْ تَقِيَنَا[5] شَرَّ التَّجْرِبَةِ
우리에게 당신의 얼굴을 숨기지 마시길 간구합니다.	أَسْأَلُكَ أَلاَّ تَحْجُبَ[6] وَجْهَكَ عَنَّا
세상의 물결에 휩쓸리지 않길 간구합니다.	أَسْأَلُكَ أَلاَّ تَدَعَنَا[1] نَنْجَرِفُ[2] فِي الْعَالَمِ

---

[1] رَفَعَ/ يَرْفَعُ ه عَنْ ...، مِنْ ... ..을 ..에서 자유롭게 하다, 구제하다
[2] مَلْجَأٌ/ مَلاَجِئٌ 피난처, 안식처, 은신처
[3] نَمَّى/ يُنَمِّي هـ – تَنْمِيَة ...을 자라게 하다, 키우다
[4] أَشْعَرَ/ يُشْعِرُ ه هـ، ه ب هـ ..에게 ..을 알게하다 ; 느끼게 하다
[5] وَقَى/ يَقِي ه أو هـ – وِقَايَة 예방.방지하다 ; 엄호하다 ; 지키다, 옹호하다
[6] حَجَبَ/ يَحْجُبُ هـ أو ه – حِجَاب ..을 베일로 덮다, 가리우다 ; 숨기다

위의 문장들을 이집트 구어체 아랍어로 아래와 같이 표현합니다.

7-6-4	(ع) بَاسْأَلَك + 문장 (أو بِنِسْأَلَك + 문장)
	(ع) أَسْأَلَك + 문장 (أو نَسْأَلَك + 문장)
당신이 핍박에서 우리를 건지시길 간구합니다.	(ع) بَاسْأَلَك تِرْفَع عَنَّا الاضْطِهَاد
	(ع) أَسْأَلَك تِرْفَع عَنَّا الاضْطِهَاد
당신이 최고의 피난처가 되시길 간구합니다.	(ع) بَاسْأَلَك تِكُون مَلْجَأنَا الأَوَّل
	(ع) أَسْأَلَك تِكُون مَلْجَأنَا الأَوَّل
당신이 우리 마음속에 당신의 사랑을 더하실 것을 간구합니다.	(ع) بَاسْأَلَك تِزَوِّد³ حُبَّك جُوَّانَا
	(ع) أَسْأَلَك تِزَوِّد حُبَّك جُوَّانَا
우리가 안전함을 느끼게 하시길 간구합니다.	(ع) بَاسْأَلَك تِحَسِّسْنَا⁴ بِالأَمَان
	(ع) أَسْأَلَك تِحَسِّسْنَا بِالأَمَان
악한 시험에서 우리를 보호하시길 간구합니다.	(ع) بَاسْأَلَك تِحْمِينَا مِن التَّجْرِبَة
	(ع) أَسْأَلَك تِحْمِينَا مِن التَّجْرِبَة
우리에게 당신의 얼굴을 숨기지 마시길 간구합니다.	(ع) بَاسْأَلَك إنَّك تِقَرَّب مِنِّنَا
	(ع) أَسْأَلَك إنَّك تِقَرَّب مِنِّنَا
세상의 물결에 휩쓸리지 않길 간구합니다.	(ع) بَاسْأَلَك مَاتْسِيبْش⁵ الْعَالَم يَاخُدْنَا
	(ع) أَسْأَلَك مَاتْسِيبْش الْعَالَم يَاخُدْنَا

---

¹ وَدَعَ/ يَدَعُ (to let) 하게 하다..
² إنْجَرَفَ/ يَنْجَرِفُ 씻겨 내려가다, 밀려가다
³ (ع) زَوِّد/ يِزَوِّد هـ ← ...을 더하다 ; 증가시키다...
⁴ (ع) حَسِّس/ يِحَسِّس ه بــ ... ..에게 ..을 느끼게 하다..
⁵ (ع) سَاب/ يِسِيب هـ ..하게 허락하다 (to allow) ; 뒤에 남겨두다 (to leave behind)..

제 4 부 아랍어 기도 배우기

7-7 "…이 필요합니다" 라고 기도할 때 - اِحْتَاج/يَحْتَاج 를 사용한 형태

7-7-1	أَنَا أَحْتَاجُ + 명사¹، أَنَا أَحْتَاجُ إِلَى + 명사، (أَنَا مُحْتَاجٌ + 명사، أَنَا مُحْتَاجٌ إِلَى + 명사)
	نَحْنُ نَحْتَاجُ + 명사، نَحْنُ نَحْتَاجُ إِلَى + 명사، (نَحْنُ مُحْتَاجُونَ + 명사، نَحْنُ مُحْتَاجُونَ إِلَى + 명사)
저는 당신의 자비가 필요합니다.	أَنَا أَحْتَاجُ رَحْمَتَكَ، أَنَا مُحْتَاجٌ رَحْمَتَكَ، أَنَا أَحْتَاجُ إِلَى رَحْمَتِكَ
저는 당신의 불쌍히 여기심이 필요합니다.	أَنَا أَحْتَاجُ عَطْفَكَ، أَنَا مُحْتَاجٌ عَطْفَكَ، أَنَا أَحْتَاجُ إِلَى عَطْفِكَ
저는 당신의 소리가 필요합니다.	أَنَا أَحْتَاجُ صَوْتَكَ، أَنَا مُحْتَاجٌ صَوْتَكَ، أَنَا أَحْتَاجُ إِلَى صَوْتِكَ
저는 당신의 돌보심이 필요합니다.	أَنَا أَحْتَاجُ رِعَايَتَكَ، أَنَا مُحْتَاجٌ رِعَايَتَكَ، أَنَا أَحْتَاجُ إِلَى رِعَايَتِكَ
저는 당신의 치료하는 손이 필요합니다.	أَنَا أَحْتَاجُ يَدَيْكَ الشَّافِيَةَ، …
저는 불쌍히 여기는 당신의 마음이 필요합니다.	أَنَا أَحْتَاجُ قَلْبَكَ الْحَنُونَ، …
저는 제 속에 당신의 일하심이 필요합니다.	أَنَا أَحْتَاجُ عَمَلَكَ بِدَاخِلِي، …
저는 당신의 손으로 부터 만지심이 필요합니다.	أَنَا أَحْتَاجُ لَمْسَةً مِنْ يَدَيْكَ، …
저는 당신의 용서가 필요합니다.	أَنَا أَحْتَاجُ غُفْرَانَكَ، …
저는 그리스도의 중보가 필요합니다.	أَنَا أَحْتَاجُ شَفَاعَةَ² الْمَسِيحِ، …

7-7-2 위의 문장을 이집트 구어체 아랍어로 표현하는 아래와 같습니다.

7-7-2	(ع) أَنَا مِحْتَاج + 명사، إِحْنَا مِحْتَاجِين + 명사
저는 당신의 자비가 필요합니다.	(ع) أَنَا مِحْتَاج رَحْمِتَك
저는 당신의 불쌍히 여기심이 필요합니다.	(ع) أَنَا مِحْتَاج عَطْفَك
저는 당신의 소리가 필요합니다.	(ع) أَنَا مِحْتَاج لِصَوتَك
저는 당신의 돌보심이 필요합니다.	(ع) أَنَا مِحْتَاج لِرِعَايِتَك
저는 당신의 치료하는 손이 필요합니다.	(ع) أَنَا مِحْتَاج إِيدِيك الشَّافِيَة
저는 불쌍히 여기는 당신의 마음이 필요합니다.	(ع) أَنَا مِحْتَاج قَلْبَك الْحَنُون
저는 제 속에 당신의 일하심이 필요합니다.	(ع) أَنَا مِحْتَاج عَمَلَك فِيَّ
저는 당신의 손으로 부터 만지심이 필요합니다.	(ع) أَنَا مِحْتَاج لَمْسَة مِن إِيدَك
저는 당신의 용서가 필요합니다.	(ع) أَنَا مِحْتَاج لِغُفْرَانَك
저는 그리스도의 중보가 필요합니다.	(ع) أَنَا مِحْتَاج لِشَفَاعَةِ الْمَسِيح

---

[1] اِحْتَاجَ/ يَحْتَاجُ (إِلَى) ه أو هـ - اِحْتِيَاج - مُحْتَاج …을 필요로 하다

[2] شَفَعَ/ يَشْفَعُ فِي … - شَفَاعَة 중보하다

7-7-3 ' احتاج/ يحتاج ' 동사 뒤에 문장이 올 경우

7-7-3	أَنَا أَحْتَاجُ أَنْ + 문장، مُحْتَاجٌ أَنْ + 문장
	نَحْنُ نَحْتَاجُ أَنْ + 문장، مُحْتَاجُونَ أَنْ + 문장
저는 당신으로부터 성실함을 배우는 것이 필요합니다.	أَنَا أَحْتَاجُ أَنْ أَتَعَلَّمَ¹ مِنْكَ الأَمَانَةَ
저는 당신으로부터 순종을 배우는 것이 필요합니다.	أَنَا أَحْتَاجُ أَنْ أَتَعَلَّمَ مِنْكَ الطَّاعَةَ
저는 당신의 피로 덮여지는 것이 필요합니다.	أَنَا مُحْتَاجٌ أَنْ أَتَغَطَّى² بِدَمِكَ
저는 당신과 서로 접촉함이 필요합니다.	أَنَا مُحْتَاجٌ أَنْ أَتَلَامَسَ³ مَعَكَ
저는 당신의 영으로 충만하게 되는 것이 필요합니다.	أَنَا مُحْتَاجٌ أَنْ أَمْتَلِئَ مِنْ رُوحِكَ
너는 당신께 복종하는 것이 필요합니다.	أَنَا مُحْتَاجٌ أَنْ أَخْضَعَ لَكَ
저는 당신께 저의 삶을 드리는 것이 필요합니다.	أَنَا مُحْتَاجٌ أَنْ أُسَلِّمَ حَيَاتِي لَكَ
저는 당신안에서 자라는 것이 필요합니다.	أَنَا مُحْتَاجٌ أَنْ أَنْمُوَ فِيكَ
저는 당신의 소리를 들을 필요가 있습니다.	أَنَا مُحْتَاجٌ أَنْ أَسْمَعَ صَوْتَكَ
저는 당신을 느낄 필요가 있습니다.	أَنَا مُحْتَاجٌ أَنْ أَشْعُرَ بِكَ

7-7-4 위의 문장을 이집트 구어체 아랍어로 표현하면 아래와 같습니다.

7-7-4	(ع) أَنَا مِحْتَاج + 문장، إِحْنَا مِحْتَاجِين + 문장
저는 당신으로부터 성실함을 배우는 것이 필요합니다.	(ع) أَنَا مِحْتَاج أَتْعَلَم مِنَّك الأَمَانَة
저는 당신으로부터 순종을 배우는 것이 필요합니다.	(ع) أَنَا مِحْتَاج أَتْعَلَم مِنَّك الطَّاعَة
저는 당신의 피로 덮여지는 것이 필요합니다.	(ع) أَنَا مِحْتَاج أَتْغَطَّى بِدَمَّك
저는 당신과 서로 접촉함이 필요합니다.	(ع) أَنَا مِحْتَاج أَتْلَامِس مَعَاك
저는 당신의 영으로 충만하게 되는 것이 필요합니다.	(ع) أَنَا مِحْتَاج أَتْمِلِي مِنْ رُوحَك
너는 당신께 복종하는 것이 필요합니다.	(ع) أَنَا مِحْتَاج أَخْضَع لِيك
저는 당신께 저의 삶을 드리는 것이 필요합니다.	(ع) أَنَا مِحْتَاج أَسَلِّم لِيك حَيَاتِي
저는 당신안에서 자라는 것이 필요합니다.	(ع) أَنَا مِحْتَاج أَنْمُو فِيك
저는 당신의 소리를 들을 필요가 있습니다.	(ع) أَنَا مِحْتَاج أَسْمَع صَوتَك
저는 당신을 느낄 필요가 있습니다.	(ع) أَنَا مِحْتَاج أَحِسّ بِيك

---

[1] تَعَلَّمَ/ يَتَعَلَّمُ هـ - تَعَلَّمُ (to learn) ..을 배우다

[2] تَغَطَّى/ يَتَغَطَّى 덮히다, 가려지다

[3] تَلَامَسَ/ يَتَلَامَسُ (مع) 서로 접촉하다, 접촉하여 느끼다

7-8 사역동사를 사용한 요청의 기도 - جَعَلَ/يَجْعَلُ 를 사용한 형태

우리말로 기도할 때 "저를 …하게 하소서, 제가 …하게 하소서(make me do s.th.)" 란 형태를 많이 사용합니다. 아랍어에서도 마찬가지입니다.

7-8-1	اِجْعَلْنِي[1] (أَو اِجْعَلْنَا) + 형용사 혹은 명사
저를(제가) 예수의 이름으로 강하게 하소서.	اِجْعَلْنِي قَوِيًّا بِاسْمِ يَسُوعَ
저를(제가) 당신을 위한 성실한 사역자가 되게 하소서	اِجْعَلْنِي خَادِمًا أَمِينًا لَكَ
저를(제가) 항상 거룩하게 하소서.	اِجْعَلْنِي مُقَدَّسًا فِي كُلِّ حِينٍ
저를(제가) 당신을 위한 종이 되게 하소서.	اِجْعَلْنِي عَبْدًا لَكَ
저를 사탄에 대항하여 이기는 사람이 되게 하소서.	اِجْعَلْنِي مُنْتَصِرًا[2] عَلَى إِبْلِيسَ
제가 순종하는 아들이 되게 하소서.	اِجْعَلْنِي ابْنًا مُطِيعًا
제가 죄인들을 사랑하는 사람이 되게 하소서.	اِجْعَلْنِي مُحِبًّا لِلْخُطَاةِ
제가 악을 행하는 사람을 용서하게 하소서.	اِجْعَلْنِي غَافِرًا[3] لِلْإِسَاءَاتِ[4]
제가 당신을 위한 구별된 그릇이 되게 하소서.	اِجْعَلْنِي آنِيَةً[5] مُكَرَّسَةً لَكَ
제가 당신을 위해 항상 순종하는 사람이 되게 하소서.	اِجْعَلْنِي خَاضِعًا[6] لَكَ بِاسْتِمْرَارٍ[7]
저의 생각이 정결하게 하소서.	اِجْعَلْنِي طَاهِرًا[8] فِي أَفْكَارِي[9]
저의 보는 것이 항상 깨끗하게 하소서.	اِجْعَلْنِي نَقِيًّا فِي نَظَرَاتِي
제가 봉사를 위해 열정적이게 하소서.	اِجْعَلْنِي مُتَحَمِّسًا[10] لِلْخِدْمَةِ
제가 다른 형제들을 위해 희생하게 하소서	اِجْعَلْنِي مُضَحِّيًا[11] لِأَجْلِ الْآخَرِينَ
제가 당신을 위해 헌신하게 하소서.	اِجْعَلْنِي مُكَرَّسًا لَكَ

---

[1] جَعَلَ/يَجْعَلُ ه هـ ، هـ ه ..하게 하다, 시키다
[2] اِنْتَصَرَ/يَنْتَصِرُ عَلَى - اِنْتِصَار - مُنْتَصِر ..을 이기다, 승리하다, 정복하다
[3] غَفَرَ/يَغْفِرُ هـ ل ه - غَفْر أَو غُفْرَان - غَافِر ..에게 (죄.잘못)을 용서하다
[4] إِسَاءَة/ إِسَاءَات 해를 끼치는 것; 모욕, 모독; 나쁘게 하는 것, 부정한 것
[5] إِنَاء/ آنِيَة أَو أَوَان 그릇, 용기
[6] خَضَعَ/يَخْضَعُ ل ... - خُضُوع - خَاضِع ..에게 순종.굴종.복종하다
[7] اِسْتَمَرَّ/يَسْتَمِرُّ - اِسْتِمْرَار (ب + اِسْتِمْرَار) 계속되다, 지속되다
[8] طَاهِر/ أَطْهَار 깨끗한, 결백한, 순결한
[9] فِكْر/ أَفْكَار 사상, 사고; 생각, 의견
[10] تَحَمَّسَ/ يَتَحَمَّسُ فِي ... - تَحَمُّس - مُتَحَمِّس ...에 고무되다, 열성을 내다, 열정적이다
[11] ضَحَّى/ يُضَحِّي بِ ... - تَضْحِيَة - مُضَحِّي ...을 바치다, 희생하다

제가 평화를 만드는 사람이 되게 하소서.	اِجْعَلْنِي صَانِعًا لِلسَّلَامِ[1]
제가 선을 행하는 사람이 되게 하소서.	اِجْعَلْنِي فَاعِلًا لِلْخَيْرِ
제가 죄를 미워하는 사람이 되게 하소서.	اِجْعَلْنِي كَارِهًا لِلْخَطِيَّةِ
제가 모든 사탄적인 생각들에 대해 도전하게 하소서.	اِجْعَلْنِي مُتَحَدِّيًا لِكُلِّ فِكْرٍ شَيْطَانِيٍّ

7-8-2 위의 문장을 이집트 구어체 아랍어에서는 아래와 같이 표현합니다.

7-8-2	형용사 혹은 명사 + (ع) خَلِّينِي[2] (أو خَلِّينَا)
저를(제가) 예수의 이름으로 강하게 하소서.	(ع) خَلِّينِي قَوِي بِاسْم يَسُوع
저를(제가) 당신을 위한 성실한 사역자가 되게 하소서	(ع) خَلِّينِي خَادِم أَمِين لِيك
저를(제가) 항상 거룩하게 하소서.	(ع) خَلِّينِي مُقَدَّس طُول الْوَقْت
저를(제가) 당신을 위한 종이 되게 하소서.	(ع) خَلِّينِي عَبْد لِيك
저를 사탄에 대항하여 이기는 사람이 되게 하소서.	(ع) خَلِّينِي أَغْلِب[3] إِبْلِيس
제가 순종하는 아들이 되게 하소서.	(ع) خَلِّينِي اِبْن مُطِيع
제가 죄인들을 사랑하는 사람이 되게 하소서.	(ع) خَلِّينِي أَحِبّ الْخُطَاة
제가 악을 행하는 사람을 용서하게 하소서.	(ع) خَلِّينِي أَغْفِر الْإِسَاءَات
제가 당신을 위한 구별된 그릇이 되게 하소서.	(ع) خَلِّينِي مُكَرَّس لِيك
제가 당신을 위해 항상 순종하는 사람이 되게 하소서.	(ع) خَلِّينِي خَاضِع لِيك دَايْمًا
저의 생각이 정결하게 하소서.	(ع) خَلِّينِي طَاهِر فِي أَفْكَارِي
저의 보는 것이 항상 깨끗하게 하소서.	(ع) خَلِّينِي نَقِي فِي نَظَرَاتِي
제가 봉사를 위해 열정적이게 하소서.	(ع) خَلِّينِي مُتَحَمِّس فِي الْخِدْمَة
제가 다른 형제들을 위해 희생하게 하소서	(ع) خَلِّينِي أَضَحِّي عَشَان خَاطِر اللِّي حَوَالَيّ
제가 당신을 위해 헌신하게 하소서.	(ع) خَلِّينِي مُكَرَّس لِيك
제가 평화를 만드는 사람이 되게 하소서.	(ع) خَلِّينِي صَانِع لِلسَّلَام
제가 선을 행하는 사람이 되게 하소서.	(ع) خَلِّينِي أَعْمِل الْخَيْر
제가 죄를 미워하는 사람이 되게 하소서.	(ع) خَلِّينِي أَكْرَه الْخَطِيَّة
제가 모든 사탄적인 생각에 대해 도전하게 하소서.	(ع) خَلِّينِي أَتْحَدَّى كُلّ فِكْر مِنْ الشَّيْطَان

---

[1] صَانِعٌ السَّلَامِ 평화를 만드는 사람(일시적) صَانِعٌ لِلسَّلَامِ 평화를 만드는 사람 (사람의 성격 등, 영구적, the peacemaker)

[2] (ع) خَلَّى/ يِخَلِّي ه هـ ..에게 ..하도록 하다, .. 하게 시키다

[3] (ع) غَلَب/ يِغْلِب 압도하다 ; 이기다 (to win)

제 4 부 아랍어 기도 배우기

7-8-3 جَعَلَ/ يَجْعَلُ 동사 뒤에 문장이 올 경우

7-8-3	문장 + اِجْعَلْنِي (أو اِجْعَلْنَا)
제가 당신의 약속들을 신뢰하는 사람이 되게 하소서.	اِجْعَلْنِي أَثِقُ[1] بِوُعُودِكَ[2]
제가 당신의 능력을 믿게 하소서.	اِجْعَلْنِي أُؤْمِنُ[3] بِقُدْرَتِكَ
제가 항상 기도하는 사람이 되게 하소서.	اِجْعَلْنِي أُصَلِّي فِي كُلِّ حِين[4]
제가 당신의 이름을 힘있게 찬양하게 하소서.	اِجْعَلْنِي أُسَبِّحُ اسْمَكَ بِقُوَّةٍ
저를 저주하는 사람을 축복하는 사람이 되게 하소서.	اِجْعَلْنِي أُبَارِكُ مَنْ يَلْعَنُنِي[5]
제가 당신이 기뻐하는 것을 하게 하소서. (시143:10)	اِجْعَلْنِي أَعْمَلُ رِضَاكَ[6]
제가 관대하게 주게 하소서.	اِجْعَلْنِي أُعْطِي بِسَخَاءٍ
제가 그리스도를 따라가게 하소서.	اِجْعَلْنِي أَتْبَعُ الْمَسِيحَ

위의 문장을 이집트 구어체 아랍어에서는 아래와 같이 표현합니다.

7-8-4	문장 + (ع) خَلِّينِي (أو خَلِّينَا)
제가 당신의 약속들을 신뢰하는 사람이 되게 하소서.	(ع) خَلِّينِي أَثِق فِي وُعُودِك
제가 당신의 능력을 믿게 하소서.	(ع) خَلِّينِي أُؤْمِن بِقُدْرَتَك
제가 항상 기도하는 사람이 되게 하소서.	(ع) خَلِّينِي أُصَلِّي طُولَ الْوَقْت
제가 당신의 이름을 힘있게 찬양하게 하소서.	(ع) خَلِّينِي أُسَبِّح اسْمَك بِقُوَّة
저를 저주하는 사람을 축복하는 사람이 되게 하소서.	(ع) خَلِّينِي أُبَارِك اللِّي بِيلْعَنِّي
제가 당신이 기뻐하는 것을 하게 하소서. (시143:10)	(ع) خَلِّينِي أَعْمِل رِضَاك
제가 관대하게 주게 하소서.	(ع) خَلِّينِي أَدِّي بِسَخَاء
제가 그리스도를 따라가게 하소서.	(ع) خَلِّينِي أَتْبَع الْمَسِيح

---

[1] وَثِقَ/ يَثِقُ بِ – ثِقَة، وُثُوق 신뢰하다, 신임하다 ; 확신하다

[2] (ب + وُعُود + ك) وَعْد/ وُعُود 약속

[3] آمَنَ/ يُؤْمِنُ بِـ – إِيمَان ...을 믿다, 신앙하다

[4] حِين/ أَحْيَان 시간, 때   فِي كُلِّ حِين 항상

[5] لَعَنَ/ يَلْعَنُ هـ - لَعْن ..를 저주하다

[6] (رِضًا + ك) رِضًا أَوْ رِضًى - رَضِيَ/ يَرْضَى بِ هـ – رِضًى أَو مَرْضَاة 만족 ; 만족하다, 호의   ...에 만족해하다

7-9 "…을 가르치소서" 라고 기도할 때 - عَلَّمَ/يُعَلِّمُ 를 사용한 형태

동사 عَلَّمَ/يُعَلِّمُ 는 …에게 …를 가르치다는 의미입니다. 아랍 사람들은 이 동사를 사용하여 '나에게(혹은 우리에게) …을 가르쳐 주시옵소서' 라는 의미로 기도하곤 합니다.

7-9-1	عَلِّمْنِي (أَوْ عَلِّمْنَا) + 명사
저에게 사랑을 가르쳐 주소서	عَلِّمْنِي[1] الْمَحَبَّةَ
저에게 당신의 길과 당신의 계명을 가르쳐 주소서.	عَلِّمْنِي طَرِيقَكَ وَوَصَايَاكَ
저에게 정직함과 신실함을 가르쳐 주소서	عَلِّمْنِي الصِّدْقَ وَالْأَمَانَةَ
저에게 다른 사람들을 위해 희생하는 것을 가르쳐 주소서	عَلِّمْنِي التَّضْحِيَةَ[2] لِأَجْلِ الْآخَرِينَ

위의 문장을 이집트 구어체 아랍어에서는 아래와 같이 표현합니다.

7-9-2	(ع) عَلِّمْنِي (أَوْ عَلِّمْنَا) + 명사
저에게 사랑을 가르쳐 주소서	(ع) عَلِّمْنِي الْمَحَبَّةَ
저에게 당신의 길과 당신의 계명을 가르쳐 주소서.	(ع) عَلِّمْنِي طَرِيقَكَ وَوَصَايَاكَ
저에게 정직함과 신실함을 가르쳐 주소서	(ع) عَلِّمْنِي الصِّدْقَ وَالْأَمَانَةَ
저에게 다른 사람들을 위해 희생하는 것을 가르쳐 주소서	(ع) عَلِّمْنِي التَّضْحِيَةَ عَلَشَانْ الْآخَرِينَ

7-9-3 كَيْفَ 가 사용된 문장

7-9-3	عَلِّمْنِي (أَوْ عَلِّمْنَا) + كَيْفَ + 문장
제가 어떻게 기도해야 하는지를 가르쳐 주소서	عَلِّمْنِي كَيْفَ أُصَلِّي
제가 어떻게 저의 원수를 사랑할지를 가르쳐 주소서	عَلِّمْنِي كَيْفَ أُحِبُّ أَعْدَائِي
제가 어떻게 당신의 뜻을 행할 수 있는지를 가르쳐 주소서	عَلِّمْنِي كَيْفَ أَصْنَعُ مَشِيئَتَكَ
제가 어떻게 저의 온 마음으로 당신을 사랑할 수 있는지를 가르쳐 주소서.	عَلِّمْنِي كَيْفَ أُحِبُّكَ مِنْ كُلِّ قَلْبِي
제가 어떻게 순종하는 아들이 될지 가르쳐 주소서.	عَلِّمْنِي كَيْفَ أَكُونُ ابْنًا مُطِيعًا
제가 어떻게 항상 성공하는 삶을 살 수 있는지를 가르쳐 주소서.	عَلِّمْنِي كَيْفَ أَكُونُ نَاجِحًا دَائِمًا

---

[1] عَلَّمَ/يُعَلِّمُ هـ ه – تَعْلِيم ...에게 ...을 가르치다

[2] تَضْحِيَة 희생 ضَحَّى/يُضَحِّي بـ ...을 바치다, 희생하다

제가 어떻게 기도에 싫증을 느끼지 않을지를 가르쳐 주소서.	عَلِّمْني كَيْفَ لاَ أَمَلّ[1] مِنَ الصَّلَاة
제가 어떻게 저의 평생을 당신을 찬양하면서 보낼 수 있는지를 가르쳐 주소서.	عَلِّمْني كَيْفَ أَقْضي[2] عُمْري في تَسْبيحِكَ
제가 시험받을 때에 어떻게 당신을 기다릴지를 가르쳐 주소서.	عَلِّمْني كَيْفَ أَنْتَظِرُكَ وَقْتَ التَّجارِب[3]
제가 당신의 이름을 위해 어떻게 고통을 참을지를 가르쳐 주소서.	عَلِّمْني كَيْفَ أَتَحَمَّل[4] الآلَام[5] مِنْ أَجْلِ اسْمِكَ
제가 어떻게 항상 열매맺는 삶을 사는지 가르쳐 주소서.	عَلِّمْني كَيْفَ أَكُونُ مُثْمِرًا دائِمًا

위의 문장을 이집트 구어체 아랍어에서는 아래와 같이 표현합니다.

7-9-4	문장 + إِزَّاي + (ع) عَلِّمْني (أو عَلِّمْنَا)
제가 어떻게 기도해야 하는지를 가르쳐 주소서	(ع) عَلِّمْني إِزَّاي أُصَلِّي
제가 어떻게 저의 원수를 사랑할지를 가르쳐 주소서	(ع) عَلِّمْني إِزَّاي أَحِبّ أَعْدائي
제가 어떻게 당신의 뜻을 행할 수 있는지를 가르쳐 주소서	(ع) عَلِّمْني إِزَّاي أَعْمِل مَشيئَتَك
제가 어떻게 저의 온 마음으로 당신을 사랑할 수 있는지를 가르쳐 주소서.	(ع) عَلِّمْني إِزَّاي أَحِبَّك مِنْ كُلّ قَلْبي
제가 어떻게 순종하는 아들이 될지 가르쳐 주소서.	(ع) عَلِّمْني إِزَّاي أَكُون ابْن مُطيع
제가 어떻게 항상 성공하는 삶을 살 수 있는지를 가르쳐 주소서.	(ع) عَلِّمْني إِزَّاي أَكُون ناجِح دايْمًا
제가 어떻게 기도에 싫증을 느끼지 않을지를 가르쳐 주소서.	(ع) عَلِّمْني إِزَّاي مامِلّش مِنْ الصَّلاة
제가 어떻게 저의 평생을 당신을 찬양하면서 보낼 수 있는지를 가르쳐 주소서.	(ع) عَلِّمْني إِزَّاي أَقَضِّي[6] عُمْري في تَسْبيحَك
제가 시험받을 때에 어떻게 당신을 기다릴지를 가르쳐 주소서.	(ع) عَلِّمْني إِزَّاي أَسْتَنَّاك وَقْت التَّجارِب
제가 당신의 이름을 위해 어떻게 고통을 참을지를 가르쳐 주소서.	(ع) عَلِّمْني إِزَّاي أَتْحَمَّل الآلَام عَشان خاطِر[7] اسْمَك
제가 어떻게 항상 열매맺는 삶을 사는지 가르쳐 주소서.	(ع) عَلِّمْني إِزَّاي أَكُون مُثْمِر دايْمًا

---

[1] مَلَّ/ يَمَلّ هـ أو مِنْ هـ - مَلَل ...를 답답해하다, 갑갑해하다, 싫증을 느끼다

[2] قَضَى/ يَقْضي هـ - قَضاء (시간을) 보내다 ; 판결하다 ; ..을 행하다, 수행하다

[3] تَجْرِبة/ تَجارِب 시험 ; 유혹

[4] تَحَمَّل/ يَتَحَمَّل هـ أو هـ ...을 지니다 ; 참다, 견디다

[5] أَلَم/ آلَام 아픔, 통증, 고통

[6] (ع) قَضَّى/ يَقَضِّي هـ (시간을) 보내다

[7] (ع) عَشان خاطِر ...를 위해서, ...때문에

실용 기독교 아랍어 핸드북

7-10 동사의 명령형을 사용한 요청의 기도 - 주요 동사 명령형

요청의 기도시 사용하는 여러가지 동사가 있습니다. 아래는 아주 흔하게 사용하는 것들입니다.

우리를 격려해 주시옵소서.	(ع) شَجِّعْنَا	شَجِّعْنَا[1]
우리를 만져 주시옵소서.	(ع) اِلْمِسْنَا	اِلْمِسْنَا[2]
우리를 고쳐 주시옵소서.	(ع) غَيِّرْنَا	غَيِّرْنَا[3]
우리를 강하게 하소서.	(ع) قَوِّينَا	قَوِّنَا[4]
우리를 치료하여 주시옵소서.	(ع) اِشْفِينَا	اِشْفِنَا[5]
우리를 (우리의 그릇을) 빚어 주시옵소서.	(ع) شَكِّلْنَا	شَكِّلْنَا[6] (شَكِّلْ أَوَانِينَا)
우리를 사용하여 주시옵소서.	(ع) اِسْتَخْدِمْنَا	اِسْتَخْدِمْنَا[7]
우리에게 …을 주시옵소서	(ع) اِدِّينَا[8] …	أَعْطِنَا[9] …
우리를 (…로 부터) 막아 주시옵소서.	(ع) اِحْمِينَا (مِن)	اِحْمِنَا[10] (مِن)
우리를 (…로 부터) 보존하여 주시옵소서.	(ع) اِحْفَظْنَا (مِن)	اِحْفَظْنَا[11] (مِن)
우리를 용서하여 주시옵소서.	(ع) سَامِحْنَا	سَامِحْنَا[12]
우리를 용서하여 주시옵소서.	(ع) اِغْفِرْ لِينَا	اِغْفِرْ[13] لَنَا
우리를 긍휼히 여겨 주시옵소서.	(ع) اِرْحَمْنَا	اِرْحَمْنَا[14]
우리의 예배를 받아주시옵소서.	(ع) اِقْبَلْ عِبَادْتْنَا	اِقْبَلْ[15] عِبَادَتَنَا

---

[1] شَجَّعَ/ يُشَجِّعُ ه — تَشْجِيع …를 용감하게 하다 ; 고무하다, 사기를 돋구다, 격려.장려하다

[2] لَمَسَ/ يَلْمِسُ ه أو ه — لَمْس ..을 만지다, 어루만지다

[3] غَيَّرَ/ يُغَيِّرُ ه أو ه — تَغْيِير …을 바꾸다, 교환하다, 변경하다, 변화시키다

[4] قَوَّى/ يُقَوِّي ه أو ه …을 강화하다, 강하게 하다

[5] شَفَى/ يَشْفِي ه — شِفَاء …를 치료하다, 고치다

[6] شَكَّلَ/ يُشَكِّلُ ه — تَشْكِيل 형성.조직.구성하다, 이루다

[7] اِسْتَخْدَمَ/ يَسْتَخْدِمُ ه أو ه ل — اِسْتِخْدَام ..을 위해 ..를 복무케하다, 고용하다 ; 사용하다

[8] (ع) اِدَّى/ يِدِّي …에게 …을 주다, 제공하다

[9] أَعْطَى/ يُعْطِي ه هـ، ه ل …에게 ..을 주다, 제공하다

[10] حَمَى/ يَحْمِي ه أو ه — حِمَايَة …을 지키다, 보호하다

[11] حَفَظَ/ يَحْفَظُ هـ — حِفْظ …을 지키다, 수호하다, 보존하다

[12] سَامَحَ/ يُسَامِحُ ه ب … — مُسَامَحَة …에서 …을 용서하다, 용납하다

[13] غَفَرَ/ يَغْفِرُ هـ ل ه — غَفْر أو غُفْرَان - غَافِر ..에게 (죄.잘못)을 용서하다

[14] رَحِمَ/ يَرْحَمُ ه — رَحْمَة …을 가엾이 여기다, 불쌍히 여기다, 동정하다

[15] قَبِلَ/ يَقْبَلُ هـ أو ه — قُبُول …을 수취하다, 받다 ; 받아들이다, 수락하다

우리의 헌금을 받아주시옵소서.	(ع) اِقْبَلْ عَطَانَا	اِقْبَلْ عَطَاءَنَا[1]
우리가 …로 가득차게 하시옵소서.	(ع) اِمْلَأْنَا بِـ …	اِمْلَأْنَا[2] بِـ …
우리가 성령 충만하게 하소서.	(ع) اِمْلَأْنَا بِالرُّوحِ الْقُدُسِ	اِمْلَأْنَا بِالرُّوحِ الْقُدُسِ
우리에게 (…가) 흘러넘치게 하소서.	(ع) أُغْمُرْنَا بِـ …	أُغْمُرْنَا[3] بِـ …
우리를 …으로 기름부어소서.	(ع) اِمْسَحْنَا بِـ …	اِمْسَحْنَا[4] بِـ …
우리를 성령으로 기름부어소서.	(ع) اِمْسَحْنَا بِالرُّوحِ الْقُدُسِ	اِمْسَحْنَا بِالرُّوحِ الْقُدُسِ
우리를 사역을 위해 기름부어소서.	(ع) اِمْسَحْنَا لِلْخِدْمَةِ	اِمْسَحْنَا لِلْخِدْمَةِ
우리의 지성을 여소서.	(ع) اِفْتَحْ أَذْهَانَنَا	اِفْتَحْ[5] أَذْهَانَنَا
우리를 새롭게 하소서.	(ع) إِحْيِنَا	أَحْيِنَا[6]
우리를 지원하소서.	(ع) عَضِّدْنَا	أَعْضُدْنَا[7]
우리를 지지(부양)하소서.	(ع) إِسْنِدْنَا[8]	سَانِدْنَا[9]
우리를 새롭게 일으켜 주시옵소서.	(ع) إِنْهِضْنَا	أَنْهِضْنَا[10]
우리를 통해 당신의 부흥을 이루시옵소서.	(ع) اِصْنَعْ بِينَا نَهْضِتَك	اِصْنَعْ[11] بِنَا نَهْضَتَكَ[12]
사역을 위해 우리를 준비시키소서.	(ع) جَهِّزْنَا لِلْخِدْمَةِ	جَهِّزْنَا[13] لِلْخِدْمَةِ
우리를 정결케 하시옵소서.	(ع) طَهِّرْنَا	طَهِّرْنَا[14]
우리를 거룩하게 하시옵소서.	(ع) قَدِّسْنَا	قَدِّسْنَا[1]

---

[1] عَطَاء/ عَطَاءَات أو أَعْطِيَة   عَطِيَّة/ عَطَايَا   주는 것, 제공   선물

[2] مَلَأَ/ يَمْلَأُ هـ بـ … - مَلْء   …을 …으로 가득채우다

[3] غَمَرَ/ يَغْمُرُ هـ أو ه - غَمْر   …을 잠기게 하다, 침수시키다 ; 휩싸다, (감정 등이) 사로잡다

[4] مَسَحَ/ يَمْسَحُ هـ أو ه - مَسْح   …을 닦다, 닦아내다 ; ..에게 기름이나 물을 칠하다, 바르다

[5] فَتَحَ/ يَفْتَحُ هـ - فَتْح (to open)   …을 열다

[6] أَحْيَا/ يُحْيِي ه أو هـ   …을 살리다, 재생시키다 ; 부활시키다, 생명을 주다 ; 부흥시키다

[7] عَضَّدَ/ يُعَضِّدُ ه = عَضَدَ/ يَعْضُدُ ه   …를 돕다, 지지하다

[8] (ع) سَنَدَ/ يَسْنِدُ هـ أو ه   …을 받치다 ; 지원하다

[9] سَانَدَ/ يُسَانِدُ ه   …를 지지.지원.성원하다

[10] أَنْهَضَ/ يُنْهِضُ ه   …를 일으켜 세우다 ; 고무하다 ; 각성시키다

[11] صَنَعَ/ يَصْنَعُ هـ - صُنْع   …을 만들다, 제작.제조하다

[12] نَهْضَة/ نَهْضَات   각성, 깨기 ; 부흥 ; 재생

[13] جَهَّزَ/ يُجَهِّزُ هـ أو ه   …을 마련하다, 준비하다 ; 장비하다, 준비시키다

[14] طَهَّرَ/ يُطَهِّرُ هـ أو ه - تَطْهِير   깨끗이 하다, 정결하게 하다, 정화시키다 ; 할례를 행하다

كَرِّسْنَا[2]	(ع) كَرَّسْنَا	우리를 헌신케 하시옵소서.
أَرْسِلْ رِسَالَتَكَ	(ع) إِرْسِلْ رِسَالَتَك	당신의 메세지를 보내주소서.
أَعِدَّنَا[3] لِمُحَارَبَةِ[4] عَدُوِّ الْخَيْرِ	(ع) جَهِّزْنَا لِمُحَارَبَةِ عَدُوِّ الْخَيْرِ	선함의 원수와의 전투를 위해 우리를 준비시키소서.
رُدَّنَا[5] (إِلَيْكَ)	(ع) رُدِّنَا لِيك	우리를 (당신에게) 돌아가게 하시옵소서.
رُدَّ لِي بَهْجَةَ خَلَاصِي	(ع) رُدَّ لِي بَهْجَةَ خَلَاصِي	저의 구원의 기쁨을 회복시켜 주시옵소서.
أَرْجِعْ[6] لِي مَحَبَّتِي الْأُولَى	(ع) رَجَّعَ لِي مَحَبَّتِي الْأُولَى	저의 첫 사랑을 회복시켜 주시옵소서.
أَعِدْنَا[7] لِمَحَبَّتِنَا الْأُولَى	(ع) رَجَّعْنَا لِمَحَبَّتِنَا الْأُولَى	우리를 첫 사랑으로 돌이켜 주시옵소서.
أَكْمِلْ[8] عَمَلَكَ مَعَنَا	(ع) كَمِّلْ عَمَلَكَ مَعَانَا	당신의 일을 우리와 함께 계속하소서.
كَمِّلْ[9] نَوَاقِصَنَا[10]	(ع) كَمِّلْ نَوَاقِصْنَا	우리의 부족한 부분을 채우소서
فِضْ[11] بِرُوحِكَ	(ع) فِيضْ بِرُوحَك	당신의 영으로 채우소서.
إِكْسِرْ[12] قُيُودَ[13] إِبْلِيس	(ع) إِكْسَرْ قُيُود إِبْلِيس	사탄의 결박들을 파괴하소서.
إِرْفَعْنَا[14] فَوْقَ الظُّرُوفِ	(ع) إِرْفَعْنَا فَوْقَ الظُّرُوف	우리를 모든 상황위에 오르게 하소서.(극복하게 하소서)
حَرِّكْ[15] الْأُمُورَ لِأَجْلِ مَجْدِكَ	(ع) حَرَّك الْأُمُور عَلَشَان مَجْدَك	당신의 영광을 위해 그 문제들을 움직이게 하소서.

---

[1] قَدَّسَ/ يُقَدِّسُ ه أو هـ - تَقْدِيس ؛ ...을 성스럽게 생각하다 ; 신성화하다, 거룩하게 하다
[2] كَرَّسَ/ يُكَرِّسُ هـ - تَكْرِيس كَرَّسَ نُفُوسَنَا ...을 바치다, 드리다 우리 자신을 헌신하다
[3] أَعَدَّ/ يُعِدُّ ه أو هـ ..을 준비하다, 갖추다 ; 장비하다, 준비시키다
[4] مُحَارَبَة/ مُحَارَبَات 전쟁, 전투
[5] رَدَّ، يَرُدُّ إِلَى ... - رَدَّ يَرُدُّ عَلَى ... ...에게 돌려주다, 반환하다 ; 회복시키다 ...에게 대답하다
[6] أَرْجَعَ/ يُرْجِعُ هـ أو ه إِلَى ... - إِرْجَاع ...을 ...로 돌아가게 하다, 돌려주다, 반환하다
[7] أَعَادَ/ يُعِيدُ هـ أو ه إِلَى ... - إِعَادَة أَعِدْ ...을 ...으로 되돌리다, 회복시키다, 복구하다 다시!, 다시 하시오!
[8] أَكْمَلَ/ يُكْمِلُ هـ (ع) كَمَّلَ/ يَكَمِّلْ هـ 끝내다, 완성하다, 마감짓다, 끝까지 계속하다
[9] كَمَّلَ/ يُكَمِّلُ هـ - تَكْمِيل 보충하다 (모자라는 것을)
[10] نَاقِصَة/ نَوَاقِص 결함, 흠집, 부족한 부분
[11] فَاضَ/ يَفِيضُ بِ ... - فَيَضَان (ع) فَاض/ يَفِيض 넘치다, 흘러넘치다 ; 범람하다
[12] كَسَرَ/ يَكْسِرُ هـ - كَسْر ...을 깨뜨리다, 부수다, 파괴하다
[13] قَيْد/ قُيُود 철쇄, 쇠사슬, 수갑, 족쇄 ; 결박
[14] رَفَعَ/ يَرْفَعُ هـ أو ه - رَفْع ...، مِنْ ... رَفَعَ عَنْ ه ...들다, 올리다, 높이다 ..에서 자유롭게 하다, 구제하다
[15] حَرَّكَ/ يُحَرِّكُ هـ ...을 흔들다, 움직이다, 운동시키다 ; 자극하다 ; 고무하다

7-11 كَانَ/يَكُونُ 동사를 사용한 형태

형용사 형태 + كُنْ	
كُنْ مُعَزِّيًا[1] لِلْحَزَانَى[2]	슬픈자들에게 위로가 있게 하소서.
كُنْ مُسَدِّدًا لِكُلِّ احْتِيَاج	모든 필요를 채워주소서.
كُنْ مُشْبِعًا[3] لِكُلِّ جُوع	모든 배고픈 자가 배부르게 하소서.
كُنْ شَافِيًا[4] لِلْمَرْضَى[5]	아픈사람들이 치료받게 하소서.
كُنْ رَاضِيًا[6] عَنَّا	우리가 주님의 기쁨이 되게 하소서.
كُنْ عَزِيزًا[7] عَلَى قُلُوبِنَا	우리 마음에 주님이 사랑스런 분이 되게 하옵소서.(주님을 사랑하게 하옵소서)
كُنْ مُرِيحًا[8] لِنُفُوسِنَا	우리 영혼을 편히 쉬게 하옵소서.

8. 기도를 끝낼 때 사용하는 표현

이제 기도를 끝낼 차례입니다. 아랍 사람들은 기도를 끝낼 때에도 여러가지 표현들을 사용합니다. 아래를 확인하십시오.

8-1	아멘!	آمِينَ
	예수님의 이름으로 아멘!	بِاسْمِ يَسُوعَ آمِين
	예수 그리스도의 이름으로 기도합니다. 아멘!	بِاسْمِ يَسُوعَ الْمَسِيحِ أُصَلِّي آمِين
	예수 그리스도 중보안에서. 아멘!	بِشَفَاعَةِ[9] يَسُوعَ الْمَسِيحِ آمِين

---

[1] عَزَّى/يُعَزِّي ه – تَعْزِيَة – مُعَزٍّ مُعَزَّى .. 를 위안하다, 위로하다 ; 위안자, 위문자 위안하다는, 위로하는

[2] حَزْنَان/ حَزَانَى حَزِين 슬픈, 서글픈, 애통한 / حَزَان 슬픈, 슬픔에 잠긴, 구슬픈

[3] أَشْبَعَ/يُشْبِعُ ه أو هـ – إِشْبَاع – مُشْبِع 배불리 먹이다 ; 충족시키다, 만족시키다

[4] شَافٍ (الشَّافِي) 치료할 수 있는, 몸에 좋은

[5] مَرِيض/ مَرْضَى 앓는 사람, 환자 ; 아픈

[6] رَضِيَ/ يَرْضَى ب هـ – رِضًى أو مَرْضَاة – رَاضٍ .. 에 만족해 하다, 흐뭇해지다 رَضِيَ/ يَرْضَى عَنْ .. 을 기뻐하다

[7] عَزِيز/ عِزَاز أو أَعِزَّاء 위대한, 유력한, 강력한 ; 귀중한, 친애하는, 사랑하는

[8] مُرِيح 편안한, 편리한

[9] شَفَعَ/ يَشْفَعُ لـ ه – شَفَاعَة .. 를 비호하다, 편들다 ; 중재하다, 중보하다

예수 그리스도 우리의 구원자, 우리의 주님의 중보안에서. 아멘!	بِشَفَاعَةِ رَبِّنَا وَمُخَلِّصِنَا[1] يَسُوعَ الْمَسِيحِ آمِين
당신에게 모든 영광을 돌립니다. 주님! 아멘!	وَلَكَ كُلُّ الْمَجْدِ يَا سَيِّدُ آمِين
당신에게 감사와 영광을 돌립니다. 주님! 아멘!	لَكَ الشُّكْرُ وَالْحَمْدُ يَا رَبُّ آمِين
주님의 이름이 복됩니다. 아멘!	مُبَارَكٌ اسْمُ الرَّبِّ آمِين
당신이 (기도를) 들으시고 응답하시니 감사합니다. 아멘!	أَشْكُرُكَ لِأَنَّكَ تَسْمَعُ وَتَسْتَجِيبُ[2] آمِين
우리를 위해서가 아니라 당신의 이름을 위해서 영광을 돌리게 하옵소서.	لَيْسَ لَنَا لَيْسَ لَنَا لَكِن لِاسْمِكَ أَعْطِ مَجْدًا آمِين

위의 문장을 이집트 구어체 아랍어에서는 아래와 같이 표현합니다.

8-2	아멘!	(ع) آمِينَ
	예수님의 이름으로 아멘!	(ع) فِي اسْمِ يَسُوعَ آمِين
	예수 그리스도의 이름으로 기도합니다. 아멘!	(ع) فِي اسْمِ يَسُوعَ الْمَسِيحِ بَاصَلِّي آمِين
	예수 그리스도 중보안에서. 아멘!	(ع) فِي شَفَاعَةِ يَسُوعَ الْمَسِيحِ آمِين
	예수 그리스도 우리의 구원자, 우리의 주님의 중보안에서. 아멘!	(ع) فِي شَفَاعَةِ رَبِّنَا وَمُخَلِّصِنَا يَسُوعَ الْمَسِيحِ آمِين
	당신에게 모든 영광을 돌립니다. 주님! 아멘!	(ع) وَلِيكَ كُلَّ الْمَجْدِ يَا سَيِّدُ آمِين
	당신에게 감사와 영광을 돌립니다. 주님! 아멘!	(ع) لِيكَ الشُّكْرِ وَالْحَمْدِ يَا رَبَّ آمِين
	주님의 이름이 복됩니다. 아멘!	(ع) مُبَارَك اسْم الرَّبّ آمِين
	당신이 (기도를) 들으시고 응답하시니 감사합니다. 아멘!	(ع) أَشْكُرك لِأَنَّك بِتِسْمَع وبِتِسْتَجِيب آمِين
	우리를 위해서가 아니라 당신의 이름을 위해서 영광을 돌리게 하옵소서.	لَيْسَ لَنَا لَيْسَ لَنَا لَكِن لِاسْمِكَ أَعْطِ مَجْدًا آمِين

---

[1] خَلَّص/ يُخَلِّصُ هـ أو ه – مُخَلِّص – مُخَلَّص ..을 해방하다, 구출하다 ; ..을 구원하다   구원자, 구세주
[2] إِسْتَجَاب/ يَسْتَجِيبُ ﻟ، ﻟـ ه – إِسْتِجَابَة (부름에) 대답하다, 호응하다

제 5 부 주제별 기도 모음

이집트 콥틱 교회의 제단 모습

다음은 아랍 기독교인들의 기도를 주제별로 정리하여 기록한 것입니다. 아랍 사람들이 기도하는 그대로 기록하였기에 아랍어를 처음 배우는 분에게는 약간 어려울 수 있습니다. 하지만 어렵다고 포기하지는 마십시오. 한 단어 한 단어 배워갈 때 비로소 그들의 마음속 깊은 언어들을 이해하며 그들의 심금을 울리는 기도를 할 수 있습니다.

아래에서 같은 내용의 기도에 대해 문어체 기도와 이집트 구어체 기도 두 가지를 기록하였습니다. 따라서 이집트 이외의 다른 아랍 나라에서 사역하시는 분들은 문어체 기도를 중심으로 공부하시는 것이 좋습니다. 그리고 여기에 기록된 문어체 기도를 여러분이 사역하는 나라의 구어체로 바꾸어 보십시오. 여러분의 언어 조력자에게 요청하면 아주 간단히 바꿀 수 있을 것입니다. 사람들의 마음을 움직이는 기도는 가장 친숙하고 마음이 전달되는 구어체 기도라고 생각합니다.

(** 문어체 기도를 구어체로 번역함에 있어 표현의 자연스러움에 중점을 두었기 때문에 두 가지의 의미가 약간 다를 수도 있습니다.)

실용 기독교 아랍어 앤드북

1. 감사의 기도	صَلَاةُ شُكْرٍ

أَشْكُرُكَ[1] يَا رَبُّ لِأَجْلِ أَمَانَتِكَ[2]. أُعَظِّمُكَ[3] لِأَجْلِ أَعْمَالِكَ[4] وَصَلَاحِكَ. أَشْكُرُكَ لِأَجْلِ اهْتِمَامِكَ[5] بِي. أَشْكُرُكَ لِأَجْلِ سَدِّكَ[6] الاحْتِيَاجَ[7]. أَشْكُرُكَ عَلَى رَحْمَتِكَ كُلَّ يَوْمٍ. أَحْمَدُ[8] اسْمَكَ لِأَجْلِ عِنَايَتِكَ[9] وَحِمَايَتِكَ[10] لِي. أَنْتَ مُسْتَحِقٌّ[11] كُلَّ الشُّكْرِ وَالْحَمْدِ. وَلَكَ كُلُّ الْمَجْدِ آمِين.

주님! 당신의 성실함으로 인해 감사를 드립니다. 당신의 행하신 일과 당신의 선하심으로 인해 당신을 높입니다. 당신이 저를 돌보심으로 인해 감사를 드립니다. 당신이 필요를 채우심으로 인해 감사를 드립니다. 매일 매일 당신의 자비하심으로 인해 감사드립니다. 저를 위한 당신의 관심과 보호하심으로 인해 당신의 이름을 찬양합니다. 당신은 모든 감사와 찬양을 받으시기에 합당하십니다. 모든 영광이 당신께 있습니다. 아멘!

(ع): بَاشْكُرَك يَا رَبّ عَلَى أَمَانْتَك. أُعَظِّمَك لِأَجْل أَعْمَالَك وصَلَاحَك. بَاشْكُرَك عَلَشَان اهْتِمَامَك بِيَّ. بَاشْكُرَك عَلَى سَدّ الاحْتِيَاجَات. بَاشْكُرَك عَلَى رَحْمِتَك كُلّ يُوم. بَاحْمِد اسْمَك عَشَان عِنَايْتَك وحِمَايْتَك لِيَّ. مُسْتَحِقّ كُلّ الشُّكْر وَالْحَمْد يَا رَبّ. لِيك كُلّ الْمَجْد آمِين.

---

[1] شَكَرَ/ يَشْكُرُ ه، ل ه – شُكْر ..، شَكَرَ/ يَشْكُرُ ه عَلَى ..에게 ..을 감사하다 ..에게 감사를 드리다

[2] (أَمَانَة + ك) أَمَانَة/ أَمَانَات 충실성, 성실성

[3] عَظَّمَ/ يُعَظِّمُ هـ أو ه – تَعْظِيم ...을 크게하다, 거대하게하다 ; 존경.존중하다, 찬양.찬미하다

[4] (أَعْمَال + ك) عَمَل/ أَعْمَال 일, 노동 ; 행동, 행위 ; 작품, 저작

[5] (اِهْتِمَام + ك) اِهْتِمَام 걱정, 근심 ; 주의, 관심 اِهْتَمَّ/ يَهْتَمُّ بِ – اِهْتِمَام ...에 관심.흥미를 갖다 ; ..에 주의하다, 염두에 두다

[6] سَدَّ/ يَسُدُّ هـ – سَدّ ...을 막다, 틀어막다, 차단하다, 가로막다 ; 채우다 ; 수요를 충족시키다 ; 빚을 갚다

[7] اِحْتَاجَ/ يَحْتَاجُ إِلَى –اِحْتِيَاج ...을 필요로하다 اِحْتِيَاج/ اِحْتِيَاجَات 필요

[8] حَمِدَ/ يَحْمَدُ ه – حَمْد ...을 칭찬.찬양하다

[9] عَنَى/ يَعْنِي ه – عِنَايَة ...를 걱정하다, 흥미.관심을 가지다

[10] حَمَى/ يَحْمِي ه أو هـ – حِمَايَة ...을 옹호하다, 지키다, 보위하다 ; 비호하다

[11] اِسْتَحَقَّ/ يَسْتَحِقُّ هـ – اِسْتِحْقَاق – مُسْتَحِقّ (to deserve) ..에 대한 권리를 가지다, ..을 할 만하다, ..할 자격이 있다.

صَلاةُ تَسْبِيحٍ	2. 찬미의 기도

أُسَبِّحُ¹ اسْمَكَ الْعَظِيمَ. أُسَبِّحُكَ لِأَنَّ لاَ مِثْلَ لَكَ بَيْنَ الآلِهَةِ.² لَكَ السُّجُودُ وَالْحَمْدُ. أَنْتَ الْحَيَاةُ الْحَيَاةُ وَفِيكَ الْحَيَاةُ. أُسَبِّحُكَ لِأَجْلِ حِكْمَتِكَ³. أُحِبُّكَ⁴ لِأَنَّكَ أَبِي. أَحْمَدُكَ⁵ لِأَجْلِ أَعْمَالِكَ الْعَظِيمَةِ. أَنْتَ الْخَالِقُ⁶ الْقَدِيرُ⁷، وَمُسْتَحِقٌّ⁸ التَّعْظِيمِ⁹ وَحْدَكَ. لَكَ التَّسْبِيحُ يَا رَبَّنَا الْمَحْبُوبُ¹⁰. الْمَحْبُوبُ¹⁰. آمِينَ.

저는 당신의 위대한 이름을 찬양합니다. 신들가운데서 당신과 같은 분이 없기 때문에 당신을 찬양합니다. 당신께 경배와 영광이 있습니다. 당신은 생명이시고, 당신 안에 생명이 있습니다. 당신의 지혜로 인하여 당신을 찬양합니다. 당신이 저의 아버지이시기에 당신을 사랑합니다. 당신의 위대한 행위들로 인해 당신을 찬양합니다. 당신은 전능하신 창조자이십니다. 당신만이 영광(위대함)을 받을 자격이 있습니다. 당신께 찬양을 드립니다. 사랑하는 주님! 아멘!

(ع): بَاسَبِّحْ اسْمَكَ الْعَظِيم. بَاسَبِّحَكَ عَشَان مَافِيش زَيَّكَ بَيْن الآلِهَة. لِيكَ السُّجُود والْحَمْد. إِنْتَ الْحَيَاة وفِيكَ الْحَيَاة. بَاسَبِّحَكَ عَلَى حِكْمِتَكَ. بَاحِبَّكَ لِأَنَّكَ أَبُويَا. بَاحْمِدَكَ عَلَى أَعْمَالَكَ الْعَظِيمَة. إِنْتَ الْخَالِق الْقَدِير مُسْتَحِقّ التَّعْظِيم وَحْدَكَ. لِيكَ التَّسْبِيح يَا رَبَّنَا الْمَحْبُوب آمِين.

---

¹ سَبَّحَ/ يُسَبِّحُ ه – تَسْبِيح ..을 찬양하다, 찬미하다

² (ال + آلِهَة) إِلَه/ آلِهَة 신, 하나님

³ (حِكْمَة + ك) حِكْمَة 지혜

⁴ أَحَبَّ/ يُحِبُّ ه أو هـ ..을 사랑하다, 좋아하다

⁵ (أَحْمَد + ك) حَمِدَ/ يَحْمَدُ ه – حَمْد ...을 칭찬.찬양하다

⁶ خَالِق 창조자, 조물주

⁷ قَدِير 위력한 ; 전지전능한 ; ...할 능력이 있는

⁸ اِسْتَحَقَّ/ يَسْتَحِقُّ هـ – اِسْتِحْقَاق – مُسْتَحِقٌّ (to deserve) ..에 대한 권리를 가지다, ..을 할 만하다, ..할 자격이 있다.

⁹ عَظَّمَ/ يُعَظِّمُ هـ أو ه – تَعْظِيم ...을 크게하다, 거대하게하다 ; 존경.존중하다, 찬양.찬미하다

¹⁰ مَحْبُوب 사랑스러운, 사랑하는

صَلاةٌ قَبْلَ التَّرْنِيمِ	3. 찬양하기 전의 기도

أَنْتَ مُسْتَحِقٌّ التَّسْبِيحَ[1] وَالْهُتَاف[2]. أَنْتَ قُدُّوسٌ وَمَجْدُكَ مِلْءُ[3] كُلِّ الأَرْضِ. أَنْتَ عَظِيمٌ وَلَيْسَ وَلَيْسَ فِيكَ خَطِيَّةٌ[4]. فَلْتَقْبَلْ[5] تَرْنِيمَاتِ[6] سَبْحِنَا. وَلْتَجْعَلْنَا[7] نُقَدِّمُ كَلِمَاتٍ صَادِقَةً مِنْ أَعْمَاقِ[8] قُلُوبِنَا. بَارِكْ عِبَادَتَنَا[9] وَمَتِّعْنَا[10] بِحُضُورِكَ. اجْعَلْنَا نُعَايِنُ[11] مَجْدَكَ بِالإِيمَانِ. أَنْتَ مُسْتَحِقٌّ الْكَرَامَةَ[12] وَالتَّسْبِيحَ إِلَى أَبَدِ الآبِدِينَ[13] آمِين.

당신은 찬양과 환호를 받기에 합당하신 분입니다. 당신은 거룩하시며 당신의 영광은 모든 땅에 가득하십니다. 당신은 위대하시며 당신에게는 죄가 없습니다. 우리의 찬미의 노래를 받아주십시오. 우리가 우리의 마음속 깊은 곳으로 부터 정직한 말들을 드리게 하옵소서. 우리의 예배를 축복하시고, 우리로 당신의 임재를 누리게 하옵소서. 우리로 하여금 믿음을 통해 당신의 영광을 보게 하소서. 당신은 존귀와 찬양을 영원토록 받기에 합당하신 분입니다. 아멘!

(ع): يَا رَبّ إِنْتَ مُسْتَحِقّ التَّسْبِيح وَالْهُتَاف. إِنْتَ قُدُّوس وَمَجْدك مَالِي الأَرْض. يَا رَبّ إِنْتَ عَظِيم وَمَافِيش فِيك خَطِيَّة. اِقْبَل يَا رَبّ تَسْبِيحْنَا. خَلِّينَا نْقَدِّم لِيك كَلِمَات صَادْقَة مِنْ أَعْمَاق قُلُوبْنَا. بَارِك عِبَادِتْنَا وَمَتَّعْنَا بِحُضُورك. خَلِّينَا نِعَايِن مَجْدك بِالإِيمَان. مُسْتَحِقّ وَحْدَك الْكَرَامَة وَالتَّسْبِيح إِلَى الأَبَد آمِين.

---

[1] سَبَّحَ/ يُسَبِّحُ ه – تَسْبِيح ..을 찬양하다, 찬미하다   تَسْبِيحَة/ تَسْبِيحَات أو تَسَابِيح 찬미가

[2] هُتَاف/ هُتَافَات 외침소리, 부르짖음 ; 환호, 환성

[3] مِلْء مَلَأ/ يَمْلَأُ هـ بـ ... – مَلْء 가득찬, 가득찬 수량 ... ...으로 가득채우다 ..을

[4] خَطِيَّة أو خَطِيئَة/ خَطَايَا 죄 (sin)   خَاطِئ/ خُطَاة 죄인

[5] (ف + ل + تَقْبَل) قَبِلَ/ يَقْبَلُ هـ أو ه – قُبُول ..을 수취하다, 받다 ; 받아들이다, 수락하다

[6] تَرْنِيمَة/ تَرْنِيمَات أو تَرَانِيم 찬미가

[7] (و + ل + تَجْعَل + نَا) جَعَلَ/ يَجْعَلُ ه هـ، هـ هـ ..하게 하다, 시키다

[8] عُمْق/ أَعْمَاق 깊이 ; 밑바닥   أَعْمَاق قُلُوبِنَا 우리의 마음속 깊은 곳

[9] عِبَادَة 예배

[10] مَتَّعَ/ يُمَتِّعُ بـ هـ ...에게 ...을 즐기게 하다 ; 누리게 하다

[11] عَايَنَ/ يُعَايِنُ هـ أو ه ..을 검사하다 ; 자기 눈으로 보다, 목격하다

[12] كَرَامَة 너그러움, 관대함

[13] أَبَد 영원, 영구, 불멸   إِلَى أَبَدِ الآبِدِين = إِلَى الأَبَد 영원히, 영원토록

صَلاةُ تَوْبَةٍ	4. 회개의 기도

يَا رَبُّ أَتُوبُ[1] عَنْ عَدَمِ أَمَانَتِي[2]. أَتُوبُ عَنْ بُعْدِي عَنْكَ. أُقَدِّمُ[3] تَوْبَةً عَنْ عَدَمِ قَدَاسَتِي[4] . اِرْحَمْنِي[5] فَأَنْتَ كَثِيرُ الرَّحْمَةِ. اِقْبَلْ تَوْبَتِي عَنْ كُلِّ وَقْتٍ نَسِيتُكَ[6] فِيهِ. اِغْفِرْ لِي خَطَايَايَ[7]. طَهِّرْ[8] عَقْلِي مِنْ كُلِّ فِكْرٍ شِرِّيرٍ. اِغْسِلْ[9] عَيْنَيَّ وَقَدِّسْ[10] نَظَرَاتِي[11] وَنَوَايَايَ[12] الْقَلْبِيةَ. أَرْجِعْ لِي مَحَبَّتِي[13] الأُولَى. أَثِقْ[14] فِي حُبِّكَ وَاسْتِجَابَتِكَ[15] آمِين.

주님! 저의 성실하지 못함을 회개합니다. 제가 당신과 멀어져있었음을 회개합니다. 제가 거룩하지 못했음을 회개합니다. 제게 자비를 베푸소서. 당신은 자비하심이 많으십니다. 당신을 잊어버린 모든 시간에 대한 저의 회개를 받아주옵소서. 저의 죄들을 용서하옵소서. 모든 악한 생각에서 제 이성을 정결케 하옵소서. 저의 눈을 씻으시고 저의 보는 것과 마음의 소원을 거룩하게 하시옵소서. 저의 첫 사랑을 회복하게 하소서. 저는 당신의 사랑과 당신의 응답을 신뢰합니다.

(ع): بَاتُوب يَا رَبّ عَنْ عَدَمِ أَمَانَتِي. بَاتُوب عَنْ بُعْدِي عَنَّك. بَاقَدِّم تَوْبَة لِيك عَنْ عَدَمِ قَدَاسْتِي. اِرْحَمْنِي يَا رَبّ بِرَحْمِتَك الْكِبِيرَة. اِقْبَلْ تَوْبِتِي عَنْ كُلّ وَقْت نِسِيتَك فِيه. اِغْفِر لِيّ خَطَايَايَا. طَهِّر عَقْلِي مِنْ الأَفْكَار الشِّرِّيرَة. اِغْسِل عِينِي وَقَدِّس نَظَرَاتِي وَنَوَايَايَا الْقَلْبِيَّة. وِرَجَّعْنِي أَحِبَّك زَيّ الأَوَّل. وَأَثِق فِي حُبَّك وَاسْتِجَابْتَك. آمِين.

---

[1] تَابَ/ يَتُوبُ – تَوْبٌ أَوْ تَوْبَة (죄인이) 후회하다, 뉘우치다 ; 회개하다
[2] أَمَانَة 성실, 성실성, 충실성
[3] قَدَّمَ/ يُقَدِّمُ هـ أو ه – تَقْدِيم 제출하다, 제공하다 ; ...를 앞서게 하다, 앞지르다
[4] قَدَاسَة 신성함, 거룩함
[5] رَحِمَ/ يَرْحَمُ ه – رَحْمَة ...을 가엾이 여기다, 불쌍히 여기다, 동정하다
[6] نَسِيَ/ يَنْسَى هـ – نِسْيَان ..을 잊다, 망각하다
[7] (خَطَايَا + ي) خَطِيَّة أو خَطِيئَة/ خَطَايَا 죄 (sin)   خَاطِئ/ خُطَاة 죄인
[8] طَهَّرَ/ يُطَهِّرُ ه أو هـ – تَطْهِير 깨끗이 하다, 정결하게 하다, 정화시키다 ; 할례를 행하다
[9] غَسَلَ/ يَغْسِلُ ه أو هـ – غَسْل ...을 씻다, 빨다, 세탁하다
[10] قَدَّسَ/ يُقَدِّسُ ه أو هـ – تَقْدِيس ...을 성스럽게 생각하다 ; 신성화하다, 거룩하게 하다
[11] نَظْرَة/ نَظَرَات 시선   نَظْرَة عَامَّة 개요(general view)
[12] نِيَّة/ نِيَّات أو نَوَايَا 의도, 속심
[13] الْمَحَبَّة الأُولَى 첫사랑
[14] وَثِقَ/ يَثِقُ بِ – ثِقَة، وُثُوق 신뢰하다, 신임하다 ; 확신하다
[15] اِسْتَجَابَ/ يَسْتَجِيبُ ه، لـ ه – اِسْتِجَابَة (부름에) 대답하다, 호응하다 ; 기도에 응답하다

صَلاةُ التَّسْلِيمِ وَالْخُضُوعِ	5. 위탁과 순종의 기도

نَأْتِي أَمَامَكَ وَنُسَلِّمُ[1] أَنْفُسَنَا[2] بِالْكَامِلِ لِشَخْصِكَ. شَكِّلْنَا[3] كَمَا تُرِيدُ[4]. لِتَكُنْ مَشِيئَتُكَ فِي حَيَاتِنَا. أَعْلِنْ ذَاتَكَ مِنْ خِلَالِنَا. اِطْبَعْ[5] صُورَةَ الْمَسِيحِ بِدَاخِلِنَا. عَلِّمْنَا كَيْفَ نَكُونُ اِبْنَاءَ مُطِيعِينَ[6] لَكَ. اِلْمِسْ أَوَانِينَا[7] وَغَيِّرْنَا لِصُورَتِكَ. اِكْسِرْ[8] كُلَّ أَمْرٍ لَا يُرْضِيكَ[9] يَا اللهُ. اِنْزِعْ[10] اِنْزِعْ[10] الْفُتُورَ[11] الرُّوحِيَّ مِنْ دَاخِلِنَا. اِجْعَلْنَا أُمَنَاءَ[12] كَالْمَسِيحِ. عَلِّمْنَا كَيْفَ نُسَلِّمُ حَيَاتَنَا وَأَوْقَاتَنَا[13] وَخِدْمَتَنَا لَكَ. أَنْتَ الإِلَهُ الْقَدِيرُ وَلَكَ الْمَجْدُ آمِينَ.

우리가 당신앞에 나아가서, 우리 자신을 온전히 당신께 드립니다. 당신이 원하시는대로 우리를 빚어주시옵소서. 당신의 뜻이 우리의 삶에 있게 하소서. 우리를 통해 당신 자신을 선포하시옵소서. 우리 속에 그리스도의 형상이 새겨지게 하소서. 우리가 어떻게 당신의 순종하는 아들이 될지 가르쳐 주시옵소서. 우리의 그릇을 만지시고 우리를 당신의 형상으로 바꾸어 주소서. 오 하나님! 당신을 기쁘게 하지 않는 모든 일을 깨뜨리시고, 우리 속에있는 영적 미지근함을 제거하소서. 우리를 그리스도처럼 성실하게 하소서. 우리가 어떻게 우리의 삶과 시간과 섬김을 당신께 드릴지 가르쳐 주소서. 당신은 전능한 하나님이십니다. 당신께 영광이 있습니다. 아멘!

(ع): يَا رَبّ بِنِيجِي قُدَّامَكَ وَنْسَلِّم نُفُوسْنَا بِالْكَامِل لِشَخْصَكَ. شَكِّلْنَا زَيّ مَا اِنْتَ عَايِز. وَلْتَكُن مَشِيئْتَك فِي حَيَاتْنَا. اِعْلِن ذَاتَك مِن خِلَالْنَا. اِطْبَع فِينَا صُورَة الْمَسِيح. عَلِّمْنَا إِزَّاي نَكُون أَوْلَاد مُطِيعِين لِيك. اِلْمِس أَوَانِينَا وَغَيِّرْنَا لِصُورْتَك. اِكْسَر كُلّ أَمْر مُش بِيرْضِيك. اِنْزَع مِن جُوَّانَا كُلّ فُتُور رُوحِي. خَلِّينَا نِكُون أُمَنَاء زَيّ الْمَسِيح. عَلِّمْنَا إِزَّاي نِسَلِّم لَك حَيَاتْنَا وَأَوْقَاتْنَا وَخِدْمِتْنَا. إِنْتَ الإِلَه الْقَدِير لِيك كُلّ الْمَجْد آمِين.

---

[1] سَلَّمَ/ يُسَلِّمُ هـ ـ (ه) إِلَى (لـ) ... ...을 ...에게 양도하다, 이양하다, 위탁하다, 내 맡기다

[2] نَفْس/ نُفُوس أَو أَنْفُس 심리, 마음 ; 정신 ; 사람, 인원

[3] شَكَّلَ/ يُشَكِّلُ هـ ـ تَشْكِيل 형성.조직.구성하다, 이루다

[4] أَرَادَ/ يُرِيدُ هـ ـ أَنْ، ـ إِرَادَة ...을 원하다, 바라다

[5] طَبَعَ/ يَطْبَعُ هـ ـ طَبْع ...을 인쇄하다 ; 찍어내다 ; 날인하다

[6] أَطَاعَ/ يُطِيعُ ه ـ إِطَاعَة ـ مُطِيع ...에게 복종하다, 순종하다

[7] إِنَاء/ آنِيَة أَو أَوَان 그릇, 용기

[8] كَسَرَ/ يَكْسِرُ هـ ـ كَسْر ...을 깨뜨리다, 부수다, 파괴하다

[9] أَرْضَى/ يُرْضِي ه ـ إِرْضَاء ...를 만족시키다, 기쁘게 하다

[10] نَزَعَ/ يَنْزَعُ هـ أَو ه ـ نَزْع ...을 제거하다, 떼버리다 ; 해임시키다 ; 뺏다, 탈취하다

[11] فُتُور 허약, 쇠약 ; 미적지근한 것, 미지근함   فَاتِر 허약한, 맥빠진 ; 식은, 뜨뜨미지근한

[12] أَمِين/ أُمَنَاء 성실한, 충실한, 믿음직한

[13] وَقْت/ أَوْقَات 시간

6. 말씀 듣기 전의 기도	صَلاةُ قَبْلَ الْكَلِمَةِ

يَا رَبُّ أَرْسِلْ¹ كَلِمَاتٍ مُقَدَّسَةٍ عَلَى فَمِ الْمُتَكَلِّمِ² بِاسْمِكَ. اِمْسَحِ³ الْكَلِمَاتِ الْمُقَدَّمَةَ⁴ لَنَا. اِفْتَحْ⁵ اِفْتَحْ⁵ أَذْهَانَنَا⁶ حَتَّى نَفْهَمَ أَحْكَامَكَ⁷ وَكَلِمَاتِكَ. أُحْصُرْنَا⁸ فِي شَخْصِكَ لِنُفَكِّرَ⁹ فِيكَ وَحْدَكَ. وَحْدَكَ. لَذِّذْنَا¹⁰ بِجَلْسَةٍ¹¹ مَعَكَ. أَعْطِنَا تَعَالِيمَ¹² جَدِيدَةً. أَرْسِلْ تَعْزِيَاتٍ جَدِيدَةً مِمَّا لَدَيْكَ. لَكَ كُلُّ الشُّكْرِ آمِينَ.

주님! 당신의 이름으로 전하는 강사의 입을 통해 당신의 거룩한 말씀을 보내어주소서. 저희를 위해 제공되는 말씀을 기름부으소서. 당신의 판단들과 말씀들을 이해하기 위해 우리의 머리를 여시옵소서. 우리가 당신만 생각할 수 있도록 우리를 당신의 인격에만 제한시키소서. 당신과 함께 앉음으로 우리를 즐겁게 하소서. 우리에게 새로운 가르침을 주소서. 당신에게 있는 것으로부터 새로운 위로를 보내소서. 당신께 모든 감사가 있습니다. 아멘!

(ع): اِرْسِلْ كَلِمَاتَكَ الْمُقَدَّسَة يَا رَبّ عَلَى فَمّ الْمُتَكَلِّمْ بِاسْمَكْ. وامْسَحْ الْكَلِمَاتْ اللِّي إِنْتَ بَاعِتْهَالْنَا¹³. اِفْتَحْ أَذْهَانَنَا عَلَشَانْ نِفْهَمْ أَحْكَامَكْ وكَلَامَكْ. أُحْصُرْ نُفُوسْنَا فِي شَخْصَكْ عَلَشَان نِفَكَّرْ فِيكْ لِوَحْدَكْ. لَذِّذْنَا بِالْجَلْسَة مَعَاكْ. إِدِّينَا تَعَالِيم جِدِيدَة يَاسَيِّد. اِرْسِلْ تَعْزِيَات جِدِيدَة مِنْ عِنْدَكْ. لِيكْ كُلّ الشُّكْرْ آمِين.

---

¹ أَرْسَلَ/ يُرْسِلُ هـ أو ه – إِرْسَال ; 발송하다 ; ...을 보내다, 파견하다

² تَكَلَّمَ/ يَتَكَلَّمُ مَعَ ه في، عَنْ – تَكَلُّم – مُتَكَلِّم ... 와 ...에 대하여 이야기하다 ; 이야기하는 ; 발언자, 강사

³ مَسَحَ/ يَمْسَحُ هـ أو ه – مَسْح – مَاسِح – مَمْسُوح ; ...을 닦다, 닦아내다 ; ...에게 기름이나 물을 칠하다, 바르다

⁴ قَدَّمَ/ يُقَدِّمُ هـ أو ه – تَقْدِيم – مُقَدَّم – مُقَدِّم ; 제출하다, 제공하다 ; ..를 앞서게 하다, 앞지르다

⁵ فَتَحَ/ يَفْتَحُ هـ – فَتْح (to open) ...을 열다

⁶ ذِهْن/ أَذْهَان 정신, 이지, 지능 ; 머리, 두뇌

⁷ حُكْم/ أَحْكَام 통치, 지배 ; 정권, 주권 ; 재판, 판결 ; 판단, 결정, 결의

⁸ حَصَرَ/ يَحْصُرُ هـ أو ه – حَصْر ... هـ في ... ; ...을 둘러싸다, 포위하다 ; 제한.국한시키다 ...을 ..에 국한.한정.제한하다..

⁹ فَكَّرَ/ يُفَكِّرُ في – تَفْكِير 생각하다, 사고하다

¹⁰ لَذَّذَ/ يُلَذِّذُ هـ ه ...에게 쾌락을 주다, 유쾌하게 하다 ; 달콤하게 하다

¹¹ جَلْسَة/ جَلْسَات 회의, 모임

¹² تَعْلِيم/ تَعَالِيم 교육 ; 훈련

¹³ (ع) بَعَتْ/ يِبْعَتْ – بَعْتْ – بَاعِتْ (to send) 보내다

7. 목외의 기도	صَلَاةُ الرِّعَايَةِ

أَطْلُبُ مِنْكَ بَرَكَةً لِشَعْبِكَ يَا رَبُّ. أَنْتَ الرَّاعِي الصَّالِحُ وَنَحْنُ أَوْلَادُكَ. اِعْمَلْ[1] بِنَا وَفِينَا. أَظْهِرْ[2] مَجْدَكَ فِي وَسْطِنَا. أُصَلِّي لِكُلِّ فَرْدٍ فِينَا أَنْ تُكَرِّسَهُ وَتُقَدِّسَهُ لِخِدْمَتِكَ وَلِعَمَلِكَ. أُصَلِّي لِكُلِّ مَرِيضٍ بَيْنَنَا أَنْ تَتَعَامَلَ[3] مَعَهُ بِقُوَّتِكَ الشَّافِيَةِ. أَسْأَلُكَ أَيْضًا بَرَكَةً لِشَبَابِنَا وَأَطْفَالِنَا فَلْتَحْفَظْهُمْ وَتُعْطِهِمُ النَّجَاحَ. أَسْأَلُكَ بَرَكَةً لِجَمِيعِ الْعَائِلَاتِ وَأَنْ تُعِينَهُمْ[4] عَلَى مَشَقَّاتِ[5] الْحَيَاةِ. بَارِكْ جَمِيعَ الْكَنَائِسِ بِجَمِيعِ طَوَائِفِهَا[6]. وَحِّدْنَا[7] فِي صَلَاةٍ وَاحِدَةٍ. أُصَلِّي أَيْضًا لِمُجْتَمَعِنَا أَنْ تَعْمَلَ فِيهِ وَتُظْهِرَ حُضُورَكَ وَكَلِمَاتِكَ فِيهِ. أُصَلِّي لِأَجْلِ حُكُومَتِنَا وَرُؤَسَائِنَا[8] لِتُعْطِيَ حِكْمَةً لِكُلِّ قَائِدٍ وَيَظْهَرَ[9] عَمَلُكَ فِي بِلَادِنَا. بِاسْمِ يَسُوعَ أُصَلِّي. آمِينَ.

주님! 당신께 당신의 백성을 위한 축복을 요청합니다. 당신은 선한 목자이시며 우리는 당신의 자녀들입니다. 우리를 사용하시며, 우리 속사람을 만들어주소서. 우리 가운데 당신의 영광을 드러내십시오. 우리 모임 가운데 있는 한 사람 한 사람을 위해 기도하오니, 당신의 사역과 당신의 일을 위해 그들을 구별되게 하시고 거룩하게 하시옵소서. 우리 가운데 있는 모든 병든자를 위해 기도하오니, 당신의 치료하는 능력으로 그들을 다루십시오. 우리의 청년들과 아이들을 위해 당신께 축복을 간구하오니, 그들을 보존하시고, 그들에게 성공을 주시옵소서. 모든 가족들을 위해 축복을 간구하오며, 인생의 어려움으로 부터 그들을 도와주시옵소서. 모든 교회들을 그 교단들과 함께 축복하소서. 하나의 기도안에서 우리가 하나되게 하시옵소서. 또한 우리 사회를 위해서 기도하오니, 사회속에 당신이 일을 행하시고, 그 속에 당신의 말씀과 당신의 임재가 드러나게 하소서. 우리의 정부와 지도자들을 위해서 기도하오니, 모든 지도자들을 위해 지혜를 주옵시며, 당신의 행사가 우리 나라에 나타나게 하시옵소서. 예수님의 이름으로 기도합니다. 아멘!

(ع): أَطْلُب مِنَّك بَرَكَة لِشَعْبَك يَا رَبّ. إِنْتَ الرَّاعِي الصَّالِح وَاحْنَا وِلَادَك. اِعْمِل بِينَا وْفِينَا. اِظْهِر مَجْدَك وَسْطِينَا. بَاصَلِّي عَلَشَان كُلّ فَرْد يَكُون مُكَرَّس وِمْقَدَّس لِخِدْمْتَك وِعَمَلَك. بَاصَلِّي لِكُلّ مَرِيض بِينَنَا تِتْعَامِل مَعَاه بِقُوَّتَك الشَّافِيَة. بَاطْلُب مِنَّك بَرَكَة لِشَبَابْنَا وَأَطْفَالْنَا اِحْفَظْهُم وَأَدِّيهُم نَجَاح. بَاطْلُب بَرَكَة لِكُلّ الْعَائِلَات. وَإِنَّك تِسَاعِدْهُم عَلَى مَصَاعِب الْحَيَاة.

---

[1] عَمِلَ/ يَعْمَلُ هـ - عَمَل ..을 하다, 일하다, 행하다

[2] أَظْهَرَ/ يُظْهِرُ هـ - إِظْهَار ...을 나타내다, 노출시키다 ; 보이다

[3] تَعَامَلَ/ يَتَعَامَلُ مَعَ ... - تَعَامُل ...와 거래.교역하다 ; 관계를 가지다

[4] أَعَانَ/ يُعِينُ ه - إِعَانَة ...를 도와주다, 원조하다

[5] مَشَقَّة/ مَشَاقّ أو مَشَقَّات 곤란, 난관, 애로

[6] طَائِفَة/ طَوَائِف 종파, 교단

[7] وَحَّدَ/ يُوَحِّدُ هـ - تَوْحِيد ...을 통일하다, 통합하다, 연합시키다

[8] رَئِيس/ رُؤَسَاء 수반, 대통령 ; 장, 두목

[9] ظَهَرَ/ يَظْهَرُ - ظُهُور (자) 명백해지다, 뚜렷해지다 ; 나타나다, 출현하다

بَارِك كُلّ الْكَنَايِس بِكُلّ طَوَايِفْهَا. وَحِّدْنَا فِي صَلَاة وَاحْدَة. إِشْتَغِل يَا رَبّ جُوَّه مُجْتَمَعْنَا وَاظْهِر حُضُورَك وَكَلِمَاتَك فِيه. بَاصَلِّي لِأَجْل الْحُكُومَة وَالرُّؤَسَاء إِدِّي كُلّ قَائِد حِكْمَة. وِيِظْهَر عَمَلَك فِي بِلَادْنَا، بِاسْم يَسُوع بَاصَلِّي. آمِين.

8. 개인적인 요청의 기도	صَلَاةُ الطِّلْبَةِ

يَا رَبّ! أَطْلُبُ مِنْكَ بَرَكَة لِحَيَاتِي. غَيِّر حَيَاتِي بِحُضُورِكَ. سُدَّ[1] يَا رَبُّ كُلَّ احْتِيَاجٍ مِنْ غِنَاكَ[2]. وَلْتُشْبِعْ[3] كُلَّ عَاطِفَةٍ[4] بِدَاخِلِي بِحُبِّكَ الْغَنِيِّ. وَلْتَكْفِ[5] كُلَّ احْتِيَاجٍ مَادِّيٍّ. بَارِك أُسْرَتِي وَامْنَحْنَا[6] قُوَّة وَقْتَ الشِّدَّةِ. اِحْمِنَا[7] مِنْ كُلِّ الشُّرُورِ وَالتَّجَارِبِ[8] فِي الْعَالَمِ. أَعْلَمُ[9] أَنَّكَ تَسْمَعُنِي[10]. لَكَ الشُّكْرُ يَا اللهُ. آمِين.

주님! 저의 삶을 위해 당신께 복을 요청합니다. 당신의 임재를 통해 나의 삶을 바꾸소서. 주님! 당신의 부요하심으로 모든 필요를 채우소서. 당신의 부요한 사랑으로 제 마음 속의 모든 감정을 만족케 하옵소서. 모든 물질적인 필요를 채우소서. 저의 가족을 축복하시고 어려운 시간에 우리에게 힘을 허락하소서. 세상에서 모든 악과 시험으로부터 우리를 보호하소서. 당신이 나의 기도를 들으실 것을 저는 압니다. 하나님! 당신께 감사를 드립니다. 아멘!

(ع): بَاطْلُب مِنَّك يَا رَبّ بَرَكَة لِحَيَاتِي. غَيَّر حَيَاتِي بِحُضُورَك. سِدّ يَا رَبّ كُلّ احْتِيَاج مِنْ غِنَاك. اِشْبِع كُلّ الْعَوَاطِف اللِّي جُوَّايَا بِحُبَّك الْغَنِي. كَفِّي يَا رَبّ كُلّ احْتِيَاج مَادِّي. بَارِك أُسْرَتِي وَادِّينَا قُوَّة وَقْت الشِّدَّة. اِحْمِينَا يَا رَبّ مِن التَّجَارِب اللِّي فِي الْعَالَم وَالشُّرُور. عَارِف إِنَّك بِتِسْمَعْنِي. لِيك كُلّ الشُّكْر. آمِين.

---

[1] سَدَّ / يَسُدُّ هـ – سَدّ ..을 막다, 틀어막다 ; 채우다 (수요을) 충족시키다..

[2] غِنَى = غَنَاء ; 풍족함 ; 부유함 غَنِيّ / أَغْنِيَاء 부유한, 부자의 ; 풍족한

[3] شَبِع / يَشْبَعُ هـ، مِنْ هـ – شَبَع 만족시키다 ; 배불리 먹이다 أَشْبَعَ / يُشْبِعُ هـ أو هـ ..으로 가득차다 ; ...을 배불리 먹다, 포식하다...

[4] عَاطِفَة / عَوَاطِف 감정, 마음

[5] كَفَى / يَكْفِي هـ – كِفَايَة (물질 등이) ..에게 충분하다, 넉넉하다 ; ..을 충족시키다..

[6] مَنَحَ / يَمْنَحُ هـ هـ – مَنْح ...에게 ...을 주다, 수여하다, 제공하다

[7] حَمَى / يَحْمِي هـ أو هـ – حِمَايَة 비호하다 ; 지키다, 보위하다 ; ..을 옹호하다..

[8] تَجْرِبَة / تَجَارِب 시험, 실험 ; 유인, 유혹

[9] عَلِمَ / يَعْلَمُ هـ أو هـ – عِلْم (to know) ...을 알다...

[10] سَمِعَ / يَسْمَعُ هـ أو هـ – سَمْع أو سَمَاع (to hear) ..을 듣다..

| 9. 헌금 기도 | صَلاةُ الْعَطَاءِ |

يَا أَبَانَا نَشْكُرُكَ مِنْ كُلِّ قُلُوبِنَا لِأَجْلِ عَطِيَّةِ¹ الْعَطَايَا شَخْصِ الرَّبِّ يَسُوعَ. أَكْرَمْتَنَا² فِيهِ بِلَا حُدُودٍ وَأَغْنَيْتَ³ حَيَاتَنَا وَضَمِنْتَ⁴ أَبَدِيَّتَنَا⁵ وَسَمَحْتَ⁶ لَنَا أَنْ نَكُونَ أَبْنَاءً لَكَ فِي شَخْصِهِ الْمَعْبُودِ⁷ الْغَالِي الْمُبَارَكِ. فَلِهَذَا نَأْتِي وَنُقَدِّمُ لَكَ مَا لَدَيْنَا⁸. وَلَا نُقَدِّمُ أَمْوَالَنَا⁹ فَقَطْ بَلْ أَنْفُسَنَا أَيْضًا. اِقْبَلْ عَطَايَانَا وَاسْتَخْدِمْهَا¹⁰ لِأَجْلِ مَجْدِ اسْمِكَ وَامْتِدَادِ¹¹ مَلَكُوتِ فَادِينَا، فِي شَفَاعَةِ الْمَسِيحِ أَمِينَ.

우리의 아버지! 가장 귀한 선물인 주 예수 그리스도로 인해 당신께 진심으로 감사드립니다. 당신은 그분안에서 우리를 한없이 존귀케 하셨고, 우리의 삶을 풍부하게 하셨으며, 우리에게 영원을 보증하셨습니다. 예배를 받으시기 합당하시고 존귀하시며 복되신 그분의 인격 안에서 우리가 당신의 아들이 되도록 허락하셨습니다. 그래서 우리가 당신께 나와서 우리에게 있는 것을 당신께 드립니다. 물질만 드리는 것이 아니고 우리의 마음도 드립니다. 우리의 헌금을 받아주시고, 그것을 당신의 이름과 우리의 구속주의 나라의 확장을 위해 사용해 주십시오. 그리스도의 중보안에서 기도드립니다. 아멘!

(ع): يَا أَبُونَا بِنُشْكُرَك مِنْ كُلّ قُلُوبْنَا عَشَان عَطِيَّة الْعَطَايَا شَخْصِ الرَّبّ يَسُوع. أَكْرَمْتِنَا فِيه مِنْ غِير حُدُود. وَأَغْنِيت حَيَاتْنَا وَضَمِنْت أَبَدِيِّتْنَا وَسَمَحْتِ لْنَا نْكُون وِلَادَك فِي شَخْصُه الْمَعْبُود الْغَالِي الْمُبَارَك. عَشَان كِدَه بِنِيجِي نْقَدِّم لَك اللِّي عَنْدِنَا. مِش بَس بِنْقَدِّم أَمْوَالْنَا لَكِنْ نُفُوسْنَا كَمَان. اقْبَل عَطَايَانَا وَاسْتَخْدِمْهَا عَشَان مَجْد اسْمَك وَامْتِدَاد مَلَكُوت فَادِينَا، فِي شَفَاعَة الْمَسِيح أَمِين.

---

[1] عَطِيَّة/ عَطَايَا   عَطِيَّةُ الْعَطَايَا 선물   가장 귀한 선물
[2] أَكْرَمَ/ يُكْرِمُ ه – إِكْرَام   …에게 존경을 표하다, 존대하다 ; 중시.예우하다
[3] أَغْنَى/ يُغْنِي ه   …를 부자로 만들다 ; …에게 노래부르게 하다
[4] ضَمِنَ/ يَضْمَنُ ه ـ، بـ ه ـ ضَمَان   …을 보증하다, 보장.담보하다
[5] أَبَدِيَّة   영원, 영원성
[6] سَمَحَ/ يَسْمَحُ لـ ه بـ ه ـ سَمَاح   …에게 …을 허락.승인.허용하다
[7] عَبَدَ/ يَعْبُدُ ه – عِبَادَة – عَابِد – مَعْبُود   …를 숭배하다, 예배하다
[8] 내가 …을 가지고 있다 (I have) لَدَيَّ <전치사> …에게 ; …때 ; …에게 속하는
[9] مَال/ أَمْوَال   재화 ; 돈
[10] اِسْتَخْدَمَ/ يَسْتَخْدِمُ ه أو هـ لـ – اِسْتِخْدَام   …을 위해 ..를 복무케하다, 고용하다 ; 사용하다
[11] اِمْتَدَّ/ يَمْتَدُّ إِلَى … – اِمْتِدَاد   …까지 확장되다, …에 이르다, 확대되다 ; 늘어나다, 퍼지다

10. 성찬식 기도	صَلاةُ الْمَائِدَةِ

يَا أَبَانَا نَشْكُرُكَ مِنْ أَعْمَاقِ قُلُوبِنَا مِنْ أَجْلِ هَذِهِ الْفُرْصَةِ الْعَظِيمَةِ الَّتِي نَلْتَفُّ[1] فِيهَا حَوْلَ الْمَائِدَةِ الْمُقَدَّسَةِ. وَنَشْكُرُكَ لِأَجْلِ الشَّرِكَةِ مَعَكَ فِي الدَّمِ وَالْجَسَدِ. أَشْكُرُكَ لِأَنَّكَ مُتَّ[2] عَلَى الصَّلِيبِ مِنْ أَجْلِنَا لِكَيْ تَفْدِينَا[3] وَتُكَفِّرَ[4] عَنْ خَطَايَانَا وَآثَامِنَا[5] وَتَمْنَحَنَا[6] حَيَاةً أَبَدِيَّةً. أَشْكُرُكَ لِأَنَّكَ مَنَحْتَنَا أَنْ نَكُونَ أَبْنَاءَكَ بِالتَّبَنِّي[7]. أَشْكُرُكَ عَلَى الْمَجْدِ الْعَظِيمِ الَّذِي أَعْطَيْتَهُ لَنَا. أَسْأَلُكَ أَنْ تَغْفِرَ لَنَا كُلَّ خَطَايَانَا وَذُنُوبِنَا. وَتَمْحُوَ[8] مَعَاصِينَا[9] وَآثَامَنَا. *اِجْعَلْنَا نَتَنَاوَلُ[10] مِنْ هَذَا الْخُبْزِ الَّذِي يُشِيرُ[11] إِلَى جَسَدِكَ الْمَكْسُورِ. يَا رَبُّ بَارِكْ هَذَا الْخُبْزَ وَاجْعَلْهُ سَبَبَ بَرَكَةٍ لِحَيَاتِنَا. آمِين. *(اِجْعَلْنَا نَتَنَاوَلُ مِنْ هَذِهِ الْكَأْسِ الَّتِي تُشِيرُ إِلَى دَمِكَ الْمَسْفُوكِ[12]. يَا رَبُّ بَارِكْ هَذِهِ الْكَأْسَ وَاجْعَلْهَا سَبَبَ بَرَكَةٍ لِحَيَاتِنَا. آمِين.)

우리의 아버지! 우리가 거룩한 식탁 주위에 모이는 이 위대한 기회로 인해 마음속 깊은 곳에서 당신께 감사를 드립니다. 또한 (당신의) 피와 몸 가운데서 당신과 교제하는 것으로 인해 감사를 드립니다. 당신이 우리를 구속하기 위하여, 우리의 죄들과 실수들을 사하시기 위하여, 그리고 우리에게 영생을 주시기 위하여 우리를 위해 십자가에서 죽으셔서 당신께 감사를 드립니다. 우리를 당신의 양 아들이 되게 하시니 감사합니다. 당신이 우리에게 주신 위대한 영광으로 인해 감사를 드립니다. 우리의 모든 죄와 허물을 용서하옵소서. 우리의 불순종과 실수들을 용서하옵소서. 우리로 하여금 당신의 찢기신 몸을 가르키는 이 떡을 먹게 하옵소서. (우리로 하여금 당신의 흘리신 피를 가르키는 잔을 마시게 하옵소서.) 주님! 이 떡을(잔을) 축복하시고, 그것이 우리 삶을 위한 복의 원인이 되게 하소서.

(ع): يَا رَبّ نُشْكُرك مِنْ أَعْمَاق قُلُوبِنَا قَدْ إِيه فُرْصَة عَظِيمَة إِنِّنَا نِتْجَمَّع حَوَالِين الْمَائِدَة الْمُقَدَّسَة. وَنُشْكُرك عَلَشَان الشَّرِكَة مَعَاك فِي الدَّمّ وَالْجَسَد. أَشْكُرك لِأَنَّك مُتّ عَلَى الصَّلِيب عَلَشَان تِفْدِينَا وتْكَفَّر عَنْ خَطَايَانَا وآتَامْنَا وتِمْنَحْنَا حَيَاة أَبَدِيَّة. أَشْكُرك لِأَنَّك خَلَّيتْنَا أَوْلَادَك بِالتَّبَنِّي. أَشْكُرك

---

[1] اِلْتَفَّ/ يَلْتَفُّ حَوْلَ ه أَو عَلَى ه .. 의 주위에 모이다

[2] (أَنْتَ مُتَّ <표 17>) مَاتَ/ يَمُوتُ – مَوْت 죽다, 사망하다

[3] فَدَى/ يَفْدِي هـ أَو ه – فِدَاء أَو فِدَى 댓가를 치르고 찾다 ; 구속하다 ; 희생하다

[4] كَفَّرَ/ يُكَفِّرُ هـ أَو ه – تَكْفِير 죄를 씻다, 속죄하다 ; 감추어주다, 용서해주다, 덮어두다

[5] إِثْم, آثَام 죄, 죄악

[6] مَنَحَ/ يَمْنَحُ ه هـ – مَنْح ...에게 ...을 주다, 수여하다, 제공하다

[7] تَبَنَّى/ يَتَبَنَّى ه – بُنُوَّة – تَبَنٍّ ...를 양아들.양딸로 삼다 ; (사상을) 받아들이다   아들이됨(sonship)

[8] مَحَا/ يَمْحُو هـ – مَحْو ..을 지우다, 삭제하다, 없애버리다 ; 용서하다

[9] مَعْصِيَة/ مَعَاصٍ (الْمَعَاصِي) 거역, 불순종, 불복종

[10] تَنَاوَلَ/ يَتَنَاوَلُ هـ – تَنَاوُل 먹다, 마시다   تَنَاوَلَ الطَّعَامَ 음식을 먹다   تَنَاوَلَ الْمَائِدَة 성찬을 먹다

[11] أَشَارَ/ يُشِيرُ إِلَى – إِشَارَة ..을 가리키다, 암시하다 ; ...에게 가리키다, 지시하다

[12] سَفَكَ/ يَسْفُكُ هـ – سَفْك – (سَافِك) – مَسْفُوك (피, 눈물을) 흘리다, 쏟다

عَلَى المَجْدِ العَظِيمِ اللِّي إِدِّيتْهُولْنَا. بَاطْلُب مِنَّك تِغْفِر خَطَايَانَا وتْشِيل مَعَاصِينَا وآثَامْنَا عَنَّا.
*خَلِّينَا نَاخُد مِن الخُبْز اللِّي بِيْشِير لِجَسَدَك المَكْسُور. بَارِكْه واجعَلْه سَبَب بَرَكَة لِحَيَاتْنَا آمِين.
(أو خَلِّينَا نَاخُد مِن الكَاس اللِّي بِتِشِير لِدَمَّك المَسْفُوك. بَارِكْهَا واجعَلْهَا سَبَب بَرَكَة لِحَيَاتْنَا آمِين.)

11. 다른 형제의 삶을 위한 기도 | صَلَاةٌ لِحَيَاةِ شَخْصٍ

أُصَلِّي لِأَجْلِ المَحْبُوبِ (الأخِّ رَامِي). أُصَلِّي يَا رَبُّ أَنْ تَتَعَامَلَ[1] مَعَهُ مُعَامَلَاتٍ شَخْصِيَّةً ولْتُبَارِكْ حَيَاتَهُ وتَستَخْدِمْهُ. تَرَاءَى[2] لَهُ فِي خَلْوَتِهِ. شَجِّعْهُ[3] وثَبِّتْهُ[4] فِي كَلِمَاتِكَ واجعَلْهُ مُثْمِرًا[5]. مُثْمِرًا[5]. اِمْلَأ[6] أَوقَاتَ خَلْوَتِهِ[7] بِالتَّسْبِيحِ والقُوَّةِ. اِستَخْدِمْ[8] سُلُوكَهُ وكَلِمَاتِهِ لِمَجْدِكَ. اِمْلَأ حَيَاتَهُ بِالرُّوحِ القُدُسِ. قَدِّسْ[9] ذِهْنَهُ وكَرِّسْ[10] مَوَاهِبَهُ[11] لِخِدْمَتِكَ. بِاسْمِ يَسُوعَ آمِين.

저는 사랑받는 형제 라미(사람 이름)를 위해 기도합니다. 주님! 개인적(개인적인 관계)으로 그를 다루어 주십시오. 그의 삶을 축복하시고 그를 사용해 주십시오. 그의 묵상에 당신이 나타나 주십시오. 그를 격려하시고 당신의 말씀에 그를 고정시켜 주시고 그를 열매맺도록 해 주십시오. 그가 묵상하는 시간을 찬양과 능력으로 채워주십시오. 그의 행동과 그의 말들을 당신의 영광을 위해 사용해 주십시오. 그의 삶을 성령으로 채워주옵소서. 그의 생각을 거룩하게 하시고, 그의 달란트를 당신의 사역을 위해 구별되게 하시옵소서. 예수님의 이름으로 기도합니다.

(ع): بَاصَلِّي عَشَان المَحْبُوب (الأخّ رَامِي). بَاصَلِّي تِتْعَامِل مَعَاه مُعَامَلَات شَخْصِيَّة. بَارِك حَيَاتُه واسْتَخْدِمُه. كَلِّمُه فِي خَلْوتُه. شَجِّعُه وثَبِّتُه فِي كِلْمِتَك وخَلِّي مُثْمِر. اِمْلَا أَوقَات خَلْوتُه بِالتَّسْبِيح والقُوَّة. اِسْتَخْدِم سُلُوكُه وكَلِمَاتُه لِمَجْدَك. اِمْلَا حَيَاتُه بِالرُّوح القُدُس. قَدِّس ذِهْنُه وكَرِّس مَوَاهْبُه لِخِدْمِتَك. بِاسْم يَسُوع آمِين.

---

[1] تَعَامَلَ/ يَتَعَامَلُ مَعَ ... – تَعَامُل ... 와 거래.교역하다 ; 관계를 가지다
[2] تَرَاءَى/ يَتَرَاءَى لـ ... ..에게 나타나다, 보이다
[3] شَجَّعَ/ يُشَجِّعُ ه – تَشْجِيعُ ه ...를 용감하게 하다 ; 고무하다, 격려.장려하다
[4] ثَبَّتَ/ يُثَبِّتُ ه أ ه – تَثْبِيت ...을 강화하다, 확고히 하다 ; 고정.고착시키다 ; 확인.확증.증명하다
[5] واجْعَلْهُ مُثْمِرًا = واجْعَلْهُ يَأْتِي بِثَمَرٍ   أَثْمَرَ – إِثْمَار – مُثْمِر 결실하다, 열매를 맺다
[6] مَلَأ/ يَمْلَأ هـ بِ ... – مَلْء ...을 ...으로 가득채우다
[7] خَلْوَة 고독, 외로움 ; 한적한 곳 ; 묵상
[8] اِسْتَخْدَمَ/ يَسْتَخْدِمُ ه أو هـ لـ – اِسْتِخْدَام ...을 위해 ...를 복무케하다, 고용하다 ; 사용하다
[9] قَدَّسَ/ يُقَدِّسُ ه أو هـ – تَقْدِيس ...을 성스럽게 생각하다 ; 신성화하다, 거룩하게 하다
[10] كَرَّسَ/ يُكَرِّسُ هـ – تَكْرِيس ... 을 바치다, 드리다   كَرَّسَ/ يُكَرِّسُ نُفُوسَنَا 우리 자신을 헌신하다
[11] مَوْهِبَة/ مَوَاهِب 선물 ; 은사   مَوْهُوب 재능있는 ; (재능 등을) 타고난, 선천적인

12. 방문시의 기도	صَلَاةٌ فِي الزِّيَارَةِ

نَشْكُرُكَ يَا رَبُّ وَنُسَبِّحُ اسْمَكَ. نُطْلِقُ¹ يَدَكَ الْمُبَارَكَةَ فِي هَذِهِ الْأُسْرَةِ. أَظْهِرْ² مَجْدَكَ فِي هَذَا الْمَكَانِ. نَسْأَلُكَ نِعْمَةً وَفِيرَةً³ عَلَى هَذَا الْبَيْتِ. تُنِيرُ⁴ هَذَا الْبَيْتَ بِنُورِ الرُّوحِ الْقُدُسِ. تَصْنَعُ⁵ مِنْهُمْ أُسْرَةً تَعْمَلُ⁶ مَشِيئَتَكَ. أُصَلِّي أَيْضًا لِكَيْ يَكُونُوا بَرَكَةً لِمَنْ حَوْلِهِمْ. أَخْلُقْ⁷ كَنِيسَةً فِي وَسْطِهِمْ. شَجِّعْهُمْ بِكَلِمَاتٍ مِنْكَ لَهُمْ. قَوِّ⁸ إِيمَانَهُمْ وَزِدْ⁹ مِنْ وَحْدَتِهِمْ¹⁰. بِاسْمِكَ نُصَلِّي وَلَكَ كُلُّ الْمَجْدِ آمِين.

주여! 당신께 감사하고 당신의 이름을 찬양합니다. 이 가정에 당신의 축복된 손을 펴십시오. 이 곳에 당신의 영광을 나타내소서. 이 집을 위해 풍성한 은혜를 간구합니다. 이 집을 성령의 빛으로 비추소서. 그들을 당신의 뜻을 행하는 가족이 되게 하소서. 또한 그들이 그들 주위의 사람들에게 복이 되게 하소서. 그들 가운데 교회를 세우소서. 그들을 위한 말씀으로 그들을 격려하소서. 그들의 믿음을 강하게 하시고, 그들의 하나됨이 증가되게 하소서. 당신의 이름으로 기도합니다. 당신에게 모든 영광이 있습니다. 아멘!

(ع): بِنُشْكُرَك يَا رَبّ وِنْسَبِّح اسْمَك. يَا رَبّ بِنِطْلِق إِيدَك الْمُبَارَكَة فِي الْأُسْرَة. تَعَالَ اِظْهِر مَجْدَك فِي الْمَكَان دَه. يَا رَبّ بِنِسْأَلَك نِعْمَة غَنِيَّة عَلَى كُلّ الْأُسْرَة. تِتَوَّر الْبَيْت دَه بِنُور الرُّوح الْقُدُس. تِخَلِّيهُم أُسْرَة بِتِصْنَع مَشِيئْتَك. مِش بَس كِدَه لَكِن يُكُونُوا بَرَكَة لِلِّي حَوَالِيهُم. يَا رَبّ تِخْلَق كَنِيسَة صُغَيَّرَة فِي وَسْطِيهُم. شَجَّعْهُم بِكَلِمَات مِنَّك لِيهُم. قَوِّي إِيمَانْهُم وَزِيد وَحْدِتْهُم. بِاسْمَك بِنْصَلِّي وَلِيك كُلّ الْمَجْد آمِين.

---

¹ أَطْلَقَ/ يُطْلِقُ هـ أو ه - إِطْلَاق   نُطْلِقُ يَدَكَ الْمُبَارَكَةَ فِي... 놓아주다, 해방하다, 석방하다   당신의 손을 펴서 ...

² أَظْهَرَ/ يُظْهِرُ هـ - إِظْهَار ...을 나타내다, 노출시키다 ; 보이다

³ وَفِير 풍부한

⁴ أَنَارَ/ يُنِيرُ هـ 밝혀주다, 비쳐주다, 빛나게하다

⁵ صَنَعَ/ يَصْنَعُ هـ - صُنْع ...을 만들다, 제작.제조하다

⁶ عَمِلَ/ يَعْمَلُ هـ - عَمَل ..을 하다, 행하다 ; 일하다

⁷ خَلَقَ/ يَخْلُقُ هـ - خَلْق ...을 창조하다

⁸ قَوَّى/ يُقَوِّي ه أو هـ ...을 강화하다, 강하게 하다

⁹ زَادَ/ يَزِيدُ - زِيَادَة (자) 늘어나다, 증가되다   زَادَ/ يَزِيدُ هـ (타) ...을 보태다, 첨부하다

¹⁰ وَحْدَة (unity) 일치, 통일

صَلاةٌ لِتَنَاوُلِ الطَّعَامِ	13. 식사 기도

يَا رَبَّنَا نَشْكُرُكَ مِنْ أَجْلِ كُلِّ عَطِيَّةٍ مِنْ عِنْدِكَ. جَمِيعُ عَطَايَاكَ[1] صَالِحَةٌ إِذَا مَا أُخِذَتْ[2] بِالشُّكْرِ. بَارِكْ كُلَّ مَنْ[3] تَعِبَ[4] فِي عَمَلِ هَذَا الطَّعَامِ. بَارِكْ الْمَائِدَةَ وَالْوَقْتَ الَّذِي نَقْضِيهِ[5] مَعًا. اِسْتَثْمِرْ[6] كُلَّ طَاقَةٍ بِدَاخِلِنَا[7] لِمَجْدِ اسْمِكَ. آمِين.

주님! 당신으로 부터 온 모든 선물로 인해 당신께 감사드립니다. 감사함으로 받는 다면 당신의 모든 선물은 모두 선합니다. 이 음식을 만들기 위해 수고한 모든 자를 축복해 주십시오. 이 식탁을 축복 하시고 우리가 함께 보내는 시간을 축복하십시오. 우리속에 있는 모든 에너지를 당신의 영광을 위해 사용하십시오. 아멘!

(ع): يَا رَبّ بِنْشُكْرَك مِنْ أَجْل كُلّ عَطِيَّة مِنْ عَنْدَك. كُلّ عَطَايَاك صَالِحَة لَوْ خَدْنَاهَا بَالشُّكْر. بَارِك كُلّ وَاحِد تِعِب فِي عَمَل الأَكْل. بَارِك أَكْلِنَا وَالْوَقْت اللِّي بِنْقْعُد فِيهِ مَعَ بَعْض. شَغَّل كُلّ طَاقَة جُوَّانَا لِأَجْل اسْمَك يَا رَبّ. آمِين.

---

[1] عَطِيَّة/ عَطَايَا 선물
[2] أَخَذَ/ يَأْخُذُ هـ - أَخْذ ... 을 취하다, 가지다 ; 차지하다 ; 얻다 أُخِذَ/ يُؤْخَذُ <수동형>
[3] مَنْ <관계대명사> 누구 ; ...하는 사람 (who)
[4] تَعِبَ/ يَتْعَبُ - تَعَب 피곤하다, 지치다
[5] قَضَى/ يَقْضِي هـ - قَضَاء (시간을) 보내다 ;...을 행하다, 수행하다 ; 결정하다 ; 판결하다
[6] اِسْتَثْمَرَ/ يَسْتَثْمِرُ هـ - اِسْتِثْمَار 이용하다, 사용하다 ; 투자하다 ; 개발하다
[7] دَاخِل 들어가는 ; 내부의 ; 내부

14. 완자를(병을) 위한 기도 — صَلَاةٌ لِلْمَرَضِ

اِلْمِسْ¹ عَبْدَكَ (الأخ رامي) بِيَدِكَ يَا رَبُّ. أَنْهِضْهُ² مِنْ مَرَضِهِ. اِشْفِهِ³ بِالْكَامِلِ⁴ بِقُوَّتِكَ وَقُدْرَتِكَ. اِصْنَعْ⁵ مُعْجِزَاتٍ بِاسْمِ يَسُوعَ. أَنْتَ الشَّافِي وَنَحْنُ نَنْتَظِرُكَ⁶. أَعْلِنْ⁷ إِيمَانِي فِي شِفَائِكَ. أَعْلِنْ سُلْطَانَكَ عَلَى جَسَدِهِ وَحِمَايَتِكَ لَهُ. أَوْقِفْ⁸ كُلَّ مُحَارَبَاتٍ⁹ عَلَى الْجَسَدِ بِاسْمِ يَسُوعَ. تَعَالَ بِلَمْسَةِ حَيَاةٍ عَلَى كُلِّ أَعْضَائِهِ¹⁰. اِرْفَعْ¹¹ كُلَّ تَسَلُّطٍ¹² شَيْطَانِيٍّ عَنِ الْجَسَدِ بِاسْمِ يَسُوعَ. آمِينَ.

주님! 당신의 종 라미(사람 이름) 형제를 당신의 손으로 만지소서. 그를 병에서 일으켜 세우소서. 당신의 힘과 능력으로 그를 완전히 고치소서. 예수의 이름으로 기적을 행하소서. 당신은 치료자이시고, 우리는 당신을 기다립니다. 당신의 치료하심에 대해 제가 믿고 있음을 선포합니다. 그의 육체와 그를 보호하심에 대한 당신의 권세를 선포합니다. 그 육체에 대한 모든 싸움을 예수의 이름으로 멈추소서. 그의 몸의 모든 기관들에 대해 생명의 만짐으로 오시옵소서. 그 육체에 대한 사탄적인 모든 장악을 예수의 이름으로 제거하소서.

(ع): اِلْمِس عَبْدَك (الأخّ رامي) بِإيدَك يَا رَبّ. قَوِّمُه يَا رَبّ مِنْ مَرَضُه. اِشْفِيه بِالْكَامِل بِقُوَّتَك وبِقُدْرَتَك. اِصْنَع مُعْجِزَات وشِفَاء بِاسْم يَسُوع. إِنْتَ الشَّافِي وَاحْنَا بِنِنْتَظِرَك. أَعْلِن إِيمَانِي فِي شِفَائِك يَا رَبّ. بَاعْلِن سُلْطَانَك عَلَى جَسَدُه وحِمَايَتَك لِيه. اوْقِفْ كُلَّ مُحَارَبَات عَلَى الْجَسَد دَه فِي اسم يَسُوع. تَعَال بِلَمْسَة حَيَاة عَلَى كُلِّ أَعْضَائِه. اِكْسَر كُلّ تَسَلُّط شَيْطَانِي عَلَى الْجَسَد فِي اسم يَسُوع. آمِين.

---

¹ لَمَسَ/ يَلْمِسُ هـ أو ه – لَمْس (to touch) 을 만지다..

² أَنْهَضَ/ يُنْهِضُ ه ...를 일으켜 세우다 ; 고무하다 ; 각성시키다

³ شَفَى/ يَشْفِي ه – شِفَاء ...를 치료하다, 고치다

⁴ كَامِل 완전한, 전적인 ; 완성, 완결된   بِالْكَامِل 완전히, 완전하게

⁵ صَنَعَ/ يَصْنَعُ هـ – صَنْع، صِنْع ...을 만들다. 제작.제조하다

⁶ اِنْتَظَرَ/ يَنْتَظِرُ هـ أو ه – اِنْتِظَار (to wait for) ...를 기다리다

⁷ أَعْلَنَ/ يُعْلِنُ هـ، أَنْ – إِعْلَان 알리다, 공개하다, 명시하다 ; 발표하다 ; 선포하다, 선언하다

⁸ أَوْقَفَ/ يُوْقِفُ هـ – إِيقَاف 정지시키다, 멈추다 ; 제지하다, 막다

⁹ مُحَارَبَة/ مُحَارَبَات 전쟁, 전투

¹⁰ عُضْو / أَعْضَاء (몸의) 기관 (organ) ; 회원 (member)

¹¹ رَفَعَ/ يَرْفَعُ هـ أو ه – رَفْع ...을 들다, 올리다, 높이다

¹² تَسَلَّطَ/ يَتَسَلَّطُ عَلَى – تَسَلُّط ..에 대한 권력을 틀어쥐다, 장악하다, 점유하다

15. 결혼한 가정을 위한 기도	صَلَاةٌ لِلزَّوَاجِ

يَا رَبُّ أُصَلِّي كَيْ تَحْفَظَ[1] هَذِهِ الْأُسْرَةَ الْجَدِيدَةَ بِاسْمِ يَسُوعَ. وَلْتَحُلَّ[2] بِرُوحِكَ الْقُدُّوسِ فِي هَذَا الْبَيْتِ. أُصَلِّي أَنْ تَكُونَ الْأَوَّلَ وَالْآخِرَ فِي حَيَاتِهِمْ. وَتَكُونَ مَشِيئَتُكَ قَبْلَ مَشِيئَتِهِمْ وَتُكَرِّسَ[3] وَتُكَرِّسَ[3] كُلًّا[4] مِنْهُمَا لِلْآخَرِ. وَتُثَبِّتَ[5] إِيمَانَهُمَا وَسْطَ هُمُومِ[6] الْحَيَاةِ. وَتَصْنَعَ كَنِيسَةً لَكَ فِي هَذَا الْبَيْتِ. وَتَحْفَظَهُمَا مِنَ التَّجَارِبِ[7] وَالشِّرِّيرِ. وَتُعْطِيَهُمَا[8] طُولَ أَنَاةٍ[9] وَصَبْرًا. مُبَارَكٌ اسْمُكَ اسْمُكَ فِي كُلِّ حِينٍ. آمِينَ.

주님! 이 새로운 가족을 예수의 이름으로 보존해 주시길 기도합니다. 이 집에 성령으로 임재하시옵소서. 그들의 삶에서 당신이 처음과 나중이 되십시오. 당신의 뜻이 그들의 뜻보다 앞서게 하시고, 당신이 그들 각자로 부터 모두 것을 상대방에게 헌신하게 하소서. 삶의 걱정들 가운데서 그들의 믿음을 확고하게 하여 주시고, 이 가정에서 당신을 위해 당신이 교회를 세우기를 기도합니다. 시험들과 악으로 부터 그들을 보호하소서. 그들에게 오래 인내함을 주소서. 당신의 이름은 항상 복됩니다. 아멘!

(ع): يَا رَبّ بَاصَلِّي عَشَان تِحْفَظ الأُسْرَة الجديدَة بِاسْم يَسُوع. يَا رَبّ تِحِلّ إِنْتَ فِي الْبِيت دَه وِتْكُون الأَوِّل وَالآخِر فِي حَيَاتُهُم. وَتْكُون مَشِيئْتَك قَبْل مَشِيئْتُهُم وِتْكَرِّسْهُم لِبَعْض. ثَبِّتْهُم فِي إِيمَانَك وِسْط هُمُوم الْحَيَاة. اِصْنَع كِنِيسَة فِي الْبِيت دَه يَا رَبّ. اِحْفَظْهُم مِن الشِّرِّير ومِن التَّجَارِب الْقَاسِيَة. اِدِّيهُم طُول أَنَاة وصَبْر. مُبَارَك اسْمَك فِي كُلّ حِين. آمِين.

※15-1 콥틱 기독교인들이 손으로 성호를 그리며 하는 기도

بِاسْمِ الآبِ وَالِابْنِ وَالرُّوحِ الْقُدُسِ الْإِلَهِ الْوَاحِدِ آمِين.

(ع) بِاسْم الآب وَالِابْن وَالرُّوح الْقُدُس الْإِلَه الْوَاحِد آمِين.

한 분이신 성부와 성자와 성령의 이름으로 아멘!

---

[1] حَفِظَ/ يَحْفَظُ هـ - حِفْظ هـ ..을 지키다, 수호하다, 보호하다

[2] حَلَّ/ يَحُلُّ هـ - حَلّ هـ ; (매듭, 나사를) 풀다 ; 해방시키다, 놓아주다 ; (물에) 용해시키다, 풀다 ; 분해.해제하다 ; 해결하다
حَلَّ/ يَحِلُّ عَلَى أَو فِي - حُلُول 체휴하다, 머물다, 내려오다, 임하다

[3] كَرَّسَ/ يُكَرِّسُ هـ - تَكْرِيس ...을 바치다, 드리다   كَرَّسَ/ يُكَرِّسُ نُفُوسَنَا 우리 자신을 헌신하다

[4] كُلّ <목적격> (كُلًّا) 모든, 모두의

[5] ثَبَّتَ/ يُثَبِّتُ هـ أ ه - تَثْبِيت ...을 강화하다, 확고히하다 ; 고정.고착시키다 ; 확인.확증.증명하다

[6] هَمّ/ هُمُوم 염려, 관심, 걱정, 불안

[7] تَجْرِبَة/ تَجَارِب 시험, 실험 ; 유인, 유혹

[8] أَعْطَى/ يُعْطِي ه ل هـ، ه هـ ..에게 ..을 주다, 제공하다

[9] أَنَاة 오래 참음   طُولُ أَنَاةٍ 참을성, 인내성 ; 관용

16. 장례시 위로의 기도	صَلاةُ التَّعْزِيَةِ وَقْتَ المَوْتِ

فِي مِثْلِ هَذِهِ الظُّرُوفِ[1] لَيْسَ لَنَا سِوَاكَ[2] مَلْجَأً. نَأْتِي وَنَحْتَمِي[3] مِنْ آلامِ[4] الدَّهْرِ وَالْمَوْتِ فِيكَ أَنْتَ أَنْتَ يَا مَنْبَعَ[5] الْحَيَاةِ. أَنْتَ إِلَهُ كُلِّ تَعْزِيَةٍ لِذَا نَسْأَلُكَ الْعَزَاء. اِرْسِلْ مَرَاحِمَكَ[6] عَلَى أُسْرَةِ الْمُتَوَفَّى[7]. نَطْلُبُ إِيمَانًا مِنْكَ حَتَّى نُكْمِلَ[8] طَرِيقَنَا. يَا رَبُّ نَرْقُدُ[9] نَعَمْ وَلَكِنْ نَعْرِفُ أَنَّكَ أَنْتَ الْقِيَامَةُ. يَا رَبُّ نَعْلَمُ أَنَّ لَنَا وَطَنًا آخَرَ. نَحْنُ الآنَ فِي أَرْضِ الْغُرْبَةِ نُعَانِي[10] وَلَكِنْ مَا أَحْلَى يَوْمَ اللِّقَاءِ مَعَكَ. مُبَارَكٌ اسْمُكَ لأَنَّ تَعْزِيَاتِكَ تُلَذِّذُ[11] نُفُوسَنَا فِي جَمِيعِ الأَوْقَاتِ الْعَصِيبَةِ[12]. آمِينَ.

이와같은 상황에서 우리에게는 주님외에는 피난처가 없습니다. 오 생명의 샘이시여! 우리는 당신 안에서 시대의 고통과 죽음으로 부터 피할 곳을 찾습니다. 당신은 모든 위로의 하나님이시기에 당신께 위로를 간구합니다. 당신의 긍휼을 유족들에게 보내주십시오. 우리는 우리의 길을 계속하기 위해 당신으로부터 믿음을 요청합니다. 오 주님! 그렇습니다. 우리는 눕습니다(죽습니다). 그러나 우리는 당신이 부활임을 알고 있습니다. 주님! 우리에게는 또다른 나라가 있다는 것을 알고 있습니다. 우리는 지금 이방 땅에서 고통을 겪고 있습니다. 하지만 당신과 다시 만나는 날이 얼마나 달콤할까요! 당신의 이름은 복됩니다. 왜냐하면 당신의 위로는 모든 어려운 시간속에서 우리의 영혼을 즐겁게 하기 때문입니다. 아멘!

(ع): فِي الظُّرُوفِ دِي يَا رَبُّ مَالْنَاش غِيرَك مَلْجَأ. بِنِحْتِمِي مِنْ آلامِ الدَّهْرِ وَالْمَوْت فِيكَ إِنْتَ يَا مَنْبَع الْحَيَاةِ. إِنْتَ إِلَه كُلّ تَعْزِيَة عَشَان كِدَه بِنْطْلُب مِنَّك الْعَزَاء. اِبْعَت مَرَاحْمَك لأُسْرَة الْمُتَوَفِّي. عَايْزِين مِنَّك إِيمَان عَلَشَان نِكَمِّل طَرِيقْنَا. بِنِرْقُد أَيْوَه لَكِنْ عَلَى رَجَاء الْقِيَامَة. عَارْفِين إِنْ لِينَا وَطَن تَانِي. إِحْنَا هِنَا فِي أَرْض الْغُرْبَة بِنِعَانِي لَكِن قَدّ إِيه حِلْو يُوم اللِّقَاء مَعَاك. مُبَارَك اسْمَك لأَنْ تَعْزِيَاتَك بِتْلَذِّذ نُفُوسْنَا فِي كُلّ الأَوْقَات الصَّعْبَة. آمِين.

---

[1] ظَرْف/ ظُرُوف   ظَرْف/ أَظْرُف   환경, 상황, 정황 (주로 복수로 사용됨)   봉투

[2] سِوَى   ...을 제외하고, ...밖에   سِوَاكَ 당신외에, 당신밖에   لَيْسَ لِي سِوَاكَ 나에게는 당신밖에 없습니다.

[3] اِحْتَمَى/ يَحْتَمِي بـ أَوْ عِنْدَ أَوْ مِنْ 피할 곳을 찾다 (to seek protection (in, with, from)), 피하다, 숨다

[4] أَلَم/ آلام   아픔, 통증, 고통

[5] مَنْبَع/ مَنَابِع   수원, 물의 원천지

[6] مَرْحَمَة/ مَرَاحِم   동정, 자비심 <주로 복수를 사용>

[7] مُتَوَفٍّ (الْمُتَوَفِّي)   죽은, 서거한, 작고한 ; 고인

[8] أَكْمَلَ/ يُكْمِلُ هـ   보충하다 ; 끝내다, 완성하다, 끝까지 계속해서 완성짓다

[9] رَقَدَ/ يَرْقُدُ – رُقَاد   자다 ; 눕다

[10] عَانَى/ يُعَانِي = قَاسَى   고통을 겪다 ;..를 참다

[11] لَذَّذَ/ يُلَذِّذُ ه ... 에게 쾌락을 주다, 유쾌하게 하다 ; 달콤하게 하다   تُفَرِّجُ عَنْ نُفُوسِنَا 시편 94:19

[12] وَقْت عَصِيب   어려운, 간고한   عَصِيب 곤란한 때

제 6 부 예배 인도 표현 배우기

이집트 콥틱 교회 예배 모습

　　여러분의 아랍어 실력이 향상된 뒤 아랍 교회에서 예배를 인도한다고 가정해 보십시오. 예배를 시작할 때, 찬양을 할 때, 성경을 볼 때, 대표기도를 부탁할 때, 헌금을 할 때, 그리고 예배를 마칠 때 등등에서 사용되는 표현들을 알고 구사할 수 있어야 인도를 할 수 있을 것입니다. 단지 우리말을 아랍어로 번역하는 정도로는 힘들 것입니다. 아랍 사람들이 예배 중에 사용하는 표현들을 그대로 사용하되 물 흐르듯이 자연스럽게 말하는 것이 중요할 것입니다. 아래는 아랍 교회에서 예배를 인도하는 사람이 사용하는 표현들입니다. 문어체 아랍어 표현과 이집트 구어체 아랍어 표현 모두를 기록합니다. 상황에 맞는 표현들을 잘 익히시기 바랍니다.

실용 기독교 아랍어 핸드북

제 6 부 예배 인도 표현 배우기

1. 예배를 시작하며   بداية الاجتماع

(ع) أَتَمَنَّى رَبَّنَا يِدِّينَا¹ وَقْت جَمِيل	أَتَمَنَّى² أَنْ يَمْنَحَنَا³ الرَّبُّ وَقْتًا جَمِيلاً
주께서 우리게에 아름다운 시간을 주시길 바랍니다.	
	أَتَمَنَّى أَنْ تَكُونَ فَتْرَةَ⁴ عِبَادَةٍ جَمِيلَةٍ وَمُبْهِجَةٍ⁵ لِقَلْبِ الله.
(ع) أَتَمَنَّى تِكُون فَتْرَة عِبَادَة جَمِيلَة ومُفْرِحَة⁶ لِقَلْب الله.	
예배 시간이 하나님의 마음에 아름답고 기쁨이 되길 바랍니다.	
(ع)أَتَمَنَّى نِقَدِّم النَّهَارْدَة عِبَادَة تِفَرَّح⁷ قَلْب الله	أَتَمَنَّى أَنْ نُقَدِّم⁸ الْيَوْمَ عِبَادَةً تَسُرُّ⁹ قَلْبَ الله.
오늘 우리가 하나님의 마음을 기쁘게 하는 예배를 드리길 희망합니다.	
	أَتَمَنَّى أَنْ يَشْتَمَّ¹⁰ الله مِنْ عِبَادَتِنَا رَائِحَةً¹¹ طَيِّبَةً.
(ع) أَتَمَنَّى إِنْ الله يَشْتَمّ مِنْ عِبَادِتنَا رَائِحَة طَيِّبَة	
하나님께서 우리의 예배로부터 아름다운 향기를 흠향하시길 바랍니다.	
(ع) بِمَشِيئَةِ الله نِبْدَأ اِجْتِمَاعْنَا	بِمَشِيئَةِ الله نَبْدَأُ¹² اجْتِمَاعَنَا
하나님의 뜻으로 우리는 우리의 모임을 시작합니다.	
(ع)تَعَالُوا نِبْتِدِي¹³ عِبَادِتنَا مَعَ بَعْض بِالتَّرْنِيم	دَعُونَا¹⁴ نَبْدَأُ عِبَادَتَنَا مَعًا بِالتَّرْنِيمِ
우리 찬양함으로 우리 모임을 시작합시다.	
(ع) تَعَالُوا نِبْدَأ فَتْرَة عِبَادِتنَا بِالتَّرْنِيمَة ٢٢	دَعُونَا نَبْدَأُ فَتْرَةَ عِبَادَتِنَا بِالتَّرْنِيمَةِ رَقْم ٢٢
우리 22장 찬송으로 우리의 예배를 시작하십시다.	

---

¹ (ع) إدَّى/ يدِّي ه هـ ...에게 ...을 주다

² تَمَنَّى/ يَتَمَنَّى هـ ...을 바라다, 희망하다, 원하다

³ مَنَحَ/ يَمْنَحُ ه هـ - مَنْح ...에게 ...을 주다, 수여하다, 제공하다

⁴ فَتْرَة/ فَتَرَات 시간, 시기

⁵ أَبْهَجَ/ يُبْهِجُ ه ...를 기쁘게 하다, 감탄케 하다 مُبْهِج 기쁘게 하는, 즐거운

⁶ أَفْرَحَ/ يُفْرِحُ ه ...를 기쁘게 하다, 흥겹게 하다 مُفْرِح 기쁜, 유쾌한, 즐거운

⁷ (ع) فَرَّح/ يفَرَّح ه ...를 기쁘게 하다

⁸ قَدَّمَ/ يُقَدِّمُ هـ ه أو ه – تَقْدِيم 제출하다, 제공하다 ; ...를 앞서게 하다, 앞지르다

⁹ سَرَّ/ يَسُرُّ ه – سُرُور ...를 기쁘게 하다, 즐겁게 하다

¹⁰ اِشْتَمَّ/ يَشْتَمُّ هـ ...을 냄새맡다 ; (자) 느껴지다, (냄새가) 감촉되다

¹¹ رَائِحَة/ رَوَائِح 냄새, 향기

¹² بَدَأَ/ يَبْدَأُ هـ – بَدْء ...을 시작하다, 착수하다 ; (뒤에 현재 동사가 오면) ...하기 시작하다

¹³ (ع) اِبْتَدَى/ يِبْتِدِي ...을 시작하다 ; 시작되다

¹⁴ وَدَعَ/ يَدَعُ ...하게 하다 (to let) ..(دَعَو > 2 인칭 남성 복수 + نَا + نَبْدَأ> <단축법>) نَا + نَبْدَأ Let us begin...

155

دَعُونَا نَعْبُدُ[1] الرَّبَّ بِابْتِهَاج.	(ع) تَعَالُوا نَعْبُد الرَّبّ بِابْتِهَاج.
우리 기쁨으로 주님을 예배합시다.	
دَعُونَا نَسْكُبُ[2] قُلُوبَنَا فِي بِدَايَةِ عِبَادَتِنَا.	(ع) تَعَالُوا نَسْكُب قُلُوبنَا فِي بِدَايَة عِبَادَتِنَا.
우리의 예배 초반부에 우리의 마음을 쏟읍시다.	
الْيَوْمَ نَفْتَتِحُ[3] الْعِبَادَةَ بِقِرَاءَةِ[4] الْكِتَابِ الْمُقَدَّسِ	(ع)النَّهَارْدَة نِبْدَأ الْعِبَادَة بِقِرَاية الكِتَاب الْمُقَدَّس
오늘은 성경을 읽으므로 예배를 시작하도록 하겠습니다.	
دَعُونَا نَحْنُ[5] رُؤُوسَنَا[6] فِي الصَّلَاةِ وَنَطْلُبُ[7] حُضُورَ[8] اللهِ.	
(ع) خَلُّونَا نِحْنِي رَاسْنَا فِي الصَّلَاة ونَطْلُب حُضُور الله	
우리의 머리를 숙이고 기도할 때에 하나님의 임재를 요청합시다.	
اِسْمَحُوا[9] لِي أَنْ أَبْدَأ الْعِبَادَةَ بِقِرَاءَةٍ مِنْ كَلِمَةِ اللهِ الْمُقَدَّسَةِ مِنْ سِفْرِ[10] ...	
(ع) اِسْمَحُوا لِي أَبْدَأ الْعِبَادَة بِالْقِرَاية مِنْ كَلِمَة الله الْمُقَدَّسَة مِنْ سِفْر ...	
제가 하나님의 거룩한 말씀 …를 읽으므로 예배를 시작하는 것을 허락해 주시기 바랍니다.	

---

[1] عَبَدَ/ يَعْبُدُ ه – عِبَادَة ..를 숭배하다, 예배하다   عِبَادَة/ عِبَادَات 예배

[2] سَكَبَ/ يَسْكُبُ هـ – سَكْب ..을 붓다, 쏟다, 흘리다

[3] اِفْتَتَحَ/ يَفْتَتِحُ هـ – اِفْتِتَاح 열다 (회의 등을)

[4] قَرَأَ/ يَقْرَأُ هـ – قِرَاءَة ...을 읽다 ; 낭독하다

[5] حَنَى/ يَحْنِي هـ – حَنْي أو حِنَاية ...을 숙이다, 몸을 굽히다

[6] رَأْس/ رُؤُوس أَرْؤُس 머리, 고개 ; 꼭대기

[7] طَلَبَ/ يَطْلُبُ مِنْ ه هـ، مِنْ ه أَنْ ... – طَلَب ..에게 ..을 요구하다

[8] حَضَرَ/ يَحْضُرُ – حُضُور 참석하다, 참가하다 ; 임재하다

[9] سَمَحَ/ يَسْمَحُ لـ ه بـ هـ، أَنْ... – سَمَاح ...에게 ...을 허락.승인.허용하다

[10] سِفْر/ أَسْفَار 경전 ; 성경의 권(66 권)

2. 찬양을 인도할 때   فترة التسبيح

(ع) تَعَالُوا نُقَف ونُرَنِّم التَّرْنِيمَة مَع بَعْض.	دَعُونَا نَقِف[1] وَنُرَنِّم التَّرْنِيمَة مَعًا.
우리 일어나서 함께 찬양을 부릅시다.	
(ع) خَلُّونَا[2] نُقَف ونُقَدِّم ذَبِيحَة حَمْد لله	دَعُونَا نَقِف وَنُقَدِّم ذَبِيحَة[3] حَمْد لله.
우리 일어나서 찬미의 제물을 하나님께 올려드립시다.	
	دَعُونَا نَقِف وَنَدْخُل[4] إِلَى حَضْرَة الله بِالتَّرَنُّم وَالتَّسْبِيح.
(ع) تَعَالُوا نُقَف ونُدْخُل لحَضْرَة الله بالتَّرْنِيم والتَّسْبِيح.	
우리 일어나서 찬양과 찬미를 하므로 하나님의 임재에 들어가도록 합시다.	
فَلْنُعَظِّم[5] (ع) تَعَالُوا نِعَظِّم إِلَهْنَا فِي الصَّبَاح ده	إِلَهَنَا فِي هَذَا الصَّبَاح.
우리 이 아침에 우리의 하나님을 높입시다.	
(ع)تَعَالُوا نِقَدِّم تَسْبِيحًا لله فِي تَرْنِيمَة "أَنْتَ عَظِيم"	دَعُونَا نُقَدِّم تَسْبِيحًا لله فِي تَرْنِيمَة "أَنْتَ عَظِيم".
찬양을 부름으로 하나님께 찬미를 올려드립시다. "أنت عظيم"	
	دَعُونَا نُجَهِّز[6] أَنْفُسَنَا[7] لِفُرْصَة[8] الصَّلَاة بِتَرْنِيمَة...
(ع) تَعَالُوا نِجَهِّز نُفُوسْنَا لِفُرْصِية الصَّلَاة بِتَرْنِيمَة..	
…(찬양 장 수) 찬양을 부름으로 우리의 자신을 기도를 위해 준비하도록 합시다.	
	دَعُونَا نُشَجِّع[9] نُفُوسَنَا وَنَقُل إِنَّنَا مُنْتَصِرُون[10] بِيَسُوع
(ع) تَعَالُوا نِشَجَّع نُفُوسْنَا ونْقُول إِحْنَا مُنْتَصِرِين بِيَسُوع	
우리는 예수 안에서 승리하고 있다라고 말하여서 우리 자신들을 격려합시다.	
우리 자신들을 격려하고, '우리는 예수안에서 승리자입니다' 라고 말합시다.- 문자적 해석	

---

[1] وَقَفَ/ يَقِفُ – وُقُوف   멎다, 서다, 정지되다 ; 일어서다, 일어나다
[2] (ع)خَلَّى/ يخَلِّي ه هـ ..   ..에게 ..하도록 하다, ..하게 시키다
[3] ذَبِيحَة/ ذَبَائِح   희생물, 잡은 짐승 ; 제물
[4] دَخَلَ/ يَدْخُلُ هـ ،، إِلَى هـ ، فِي هـ ...   …에 들어가다(to enter)
[5] (ف + ل + نُعَظِّم) عَظَّمَ/ يُعَظِّمُ هـ أو ه – تَعْظِيم   …을 크게하다, 거대하게 하다 ; 존경.존중하다, 찬양.찬미하다
[6] جَهَّزَ/ يُجَهِّزُ هـ – تَجْهِيز   …을 마련하다, 준비하다 ; 장비하다
[7] نَفْسٌ/ نُفُوس أَو أَنْفُس   심리, 마음 ; 정신 ; 사람, 인원 ; 자신(self)
[8] فُرْصَة/ فُرَص   기회 ; 순간, 시기
[9] شَجَّعَ/ يُشَجِّعُ ه – تَشْجِيع   …를 용감하게 하다 ; 고무하다, 사기를 돋구다, 격려하다
[10] اِنْتَصَرَ/ يَنْتَصِرُ عَلَى … – اِنْتِصَار – مُنْتَصِر   …를 이기다, 승리하다

3. 묵상기도를 요청알 때   دعوة للصلاة

(ع) خلُّونَا[1] نِصلِّي مَعَ بَعْض.	دَعُونَا نُصَلِّ[2] مَعًا.
우리 함께 기도합시다.	
(ع) نِغمَّض عِينِينَا ونِصلِّي.	لِنُغمِض[3] أَعْيُنَنَا[4] ونُصَلِّ.
우리 눈을 감고 기도합시다.	
(ع) تَعَالوا نِصلِّي مَعَ بَعْض نُطلُب	دَعُونَا نُصَلِّ مَعًا لِنَطلُبَ ....
우리 함께 기도할 때에 …를 간구합시다.	
(ع) نِنحَني ونِصلِّي لأَجْل الأَخّ	نَنحَني[5] ونُصَلِّي لأَجْل الأَخ ....
…형제를 위해서 엎드려 기도합시다.	
(ع)خلُّونَا نِنحَن فِي الصَّلَاةِ ونِقدِّم كِلِمَات شُكر.	دَعُونَا نَنحَنِ في الصَّلاةِ ونُقدِّم كَلِمَاتِ شُكرٍ.
우리 엎드려 기도하면서 감사의 말들을 올려드립시다.	
(ع) بَعْد التَّرنِيمَة نِفضَل وَاقفِين فِي مكَانْنَا ونِصلِّي مَعَ بَعْض صلَاة الافْتِتَاح	بَعْدَ التَّرنِيمَةِ نَبْقَى[6] وَاقِفِين[7] في أَمَاكِنِنا ونُصَلِّي مَعًا صلَاة الافْتِتَاح[8].
이 찬양 이후에 자리에서 일어선채로 우리 함께 시작 기도를 합시다.	
(ع)تَعَالوا نِحنِي رُؤوسَنَا لَحظَات عَلشَان نِصلِّي	دَعُونَا نَحنُ رُؤُوسَنَا[9] لَحَظَاتٍ[10] لِكَي نُصَلِّيَ
기도하기 위해 잠시동안 머리를 숙입시다.	
	لِنَطلُب بَرَكَةَ الله وتَثبِيتَهُ[11] لِلكَلِمَةِ المُقَدَّسَةِ.
(ع) نُطلُب بَرَكِة رَبِّنَا وتَثبِيت مِن الله لِلكَلِمَة المُقَدَّسَة.	
하나님의 축복과 거룩한 말씀에 대한 그의 확증을 간구합시다.	

---

[1] (ع) خلَّى/ يخلِّي ه هـ — ..에게 ..하도록 하다, ..하게 시키다

[2] صلَّى/ يُصلِّي — 기도하다

[3] أَغمَض/ يُغمِضُ عَينَيهِ = غمَّض/ يُغمِّضُ عَينَيهِ — 눈을 감다

[4] عَين/ عُيُون أو أَعيُن — 눈

[5] إنحَنَى/ يَنحَني – إنحِناء — 몸을 굽히다 ; 수그러지다, 구부러지다

[6] بَقِي/ يَبْقى – بَقَاء — 남다, 보존되다 ; 머물다, 묵다 ; 계속되다

[7] وَقَف/ يَقِف – وُقُوف – وَاقِف — 멎다, 서다, 정지되다 ; 일어서다, 일어나다

[8] إفتَتَح/ يَفتَتِحُ هـ – إفتِتَاح — 열다 (회의 등을) ; 여는 것, 개막

[9] رَأس/ رُؤُوس أرؤُس — 머리, 고개 ; 꼭대기

[10] لَحظَة/ لَحظَات — 순간, 일순간 ; 잠시, 잠간

[11] ثَبَّت/ يُثبِّتُ هـ أو ه – تَثبِيت — ...을 강화하다, 확고히하다 ; 고정.고착시키다 ; 확인.확증하다

제 6부 예배 인도 표현 배우기

4. 대표기도를 요청할 때

دعوة للصلاة بالنيابة عن الاجتماع

أَطْلُبُ مِنَ الأخِ.... أَنْ يَنُوبَ[1] عَنَّا فِي الصَّلاةِ لله.
(ع) أَطْلُب مِن الأخّ .... إنَّه ينوب عَنَّا فِي الصَّلاة لله.
... 형제님께 우리를 대표해서 하나님께 기도해 주시기를 요청합니다.
دَعُونَا نُصَلِّ مَعَ الأخِ ... وَنَطْلُب حُضُورَ الله.
(ع) تَعَالُوا نِصَلِّي مَعَ الأخّ .... ونطْلُب حُضُور الله.
...형제와 함께 기도하고, 하나님의 임재를 간구합시다. (대표기도를 요청하며)
هَلْ يَتَفَضَّلُ[2] الأخ ... وَيَطْلُبُ بَرَكَةَ[3] الله لِلاجْتِمَاعِ[4]؟
(ع) لَوْ مُمْكِن الأخّ ... يُطْلُب بَرَكِة الله عَلَى الاجتِمَاع؟
... 형제님이 모임을 위해서 하나님의 축복을 구하실 수 있는지요?
لِيَقُدْنَا[5] فِي الصَّلاةِ أَيُّ شَخْصٍ يَشْعُرُ[6] بِإِرْشَادٍ[7] مِنْ الرُّوحِ القُدُسِ
(ع) أَيْ وَاحِد يُشْعُر بإرْشَاد مِن الرُّوح القُدُس يُقُودُنَا فِي الصَّلاَة.
성령의 인도를 느끼는 분 누구든지 (대표로) 기도를 인도해 주시기 바랍니다.
لِيَقُدْنَا فِي الصَّلاةِ أَيُّ شَخْصٍ يَشْعُرُ بِدَافِعٍ[8] مِنْ الرُّوحِ القُدُسِ
(ع) أَيْ وَاحِد يُشْعُر بدَافِع مِن الرُّوح القُدُس يُقُودُنَا فِي الصَّلاَة.
성령의 부담을 느끼는 분 누구든지 (대표로) 기도를 인도해 주시기 바랍니다.
أَيُّ شَخْصٍ يُحِبُّ[9] أَنْ يُصَلِّي بِصَوْتٍ مُرْتَفِعٍ[10] فَلْيَتَفَضَّلْ.
(ع) أَيْ وَاحِد يحبّ يصَلِّي بصَوْت عَالِي يتْفَضَّل.
누구든지 큰 목소리로 기도하길 좋아하시는 분은 기도하시기 바랍니다.

---

[1] نَابَ/ يَنُوبُ عَنْ ... – نِيَابَة ...를 대리하다, 대표하다
[2] تَفَضَّلَ/ يَتَفَضَّلُ – تَفَضُّل بـ 해주기를 바라다, 부탁하다 ; 드세요!, 앉으세요! ; 부디 ...!, 원컨데 ...!
[3] بَرَكَة/ بَرَكَات 축복, 복
[4] اجْتِمَاع/ اجْتِمَاعَات 모임, 집회
[5] قَادَ/ يَقُودُ هـ – قِيَادَة ...을 이끌다, 인도하다, 지휘하다
[6] شَعَرَ/ يَشْعُرُ بـ ...، أَنْ ... – شُعُور ...을 느끼다 ; 인식하다, 인지하다
[7] أَرْشَدَ/ يُرْشِدُ هـ، هـ إِلَى ... – إِرْشَاد ...을 옳은 길로 이끌다, 인도하다
[8] دَافِع/ دَوَافِع 미는, 추진하는 ; 방위하는, 옹호하는 ; 동기, 원인
[9] أَحَبَّ/ يُحِبُّ ه أَوْ هـ ...을 사랑하다, 좋아하다
[10] اِرْتَفَعَ/ يَرْتَفِعُ – اِرْتِفَاع – مُرْتَفِع 오르다, 높아지다 ; 늘어나다, 증가되다

أَيُّ إِثْنَيْنِ مِنَ الرِّجَالِ¹ أَوْ السَّيِّدَاتِ² يُرْشِدُهُمَا³ الرُّوحُ الْقُدُسُ فَأَرْجُو⁴ أَنْ يَنُوبَا عَنَّا فِي رَفْعِ صَلَاةٍ لله.	
(ع) أَيُّ اثْنَيْنِ مِنَّا مِنْ الرِّجَالَةِ أَوْ السِّتَّاتِ يرْشِدهُمْ الرُّوحُ الْقُدُسُ، أَرْجُو إِنَّهُمْ يَنُوبُوا عَنَّا فِي رَفْعِ صَلَاةٍ لله.	
남자나 여자분들 중 성령이 인도하시는 분 두 분이 우리를 대신해서 하나님께 기도를 올려주시기 바랍니다.	

5. 그룹 기도를 요청할 때

(ع) كُلّ وَاحِد مِنَّا يصَلِّي لأَخُوه اللِّي جَنْبُه.	فَلْيُصَلِّ كُلُّ مِنَّا لِأَخِيهِ⁵ الَّذِي بِجِوَارِهِ⁶.
우리 모두 자기 옆에(가까이에) 있는 형제를 위해 기도합시다.	
(ع) تَعَالُوا نِقَرَّب مِن بَعْض ونْصَلِّي لِبَعْض.	دَعُونَا نَقْتَرِبْ⁷ مِنْ بَعْضِنَا وَنُصَلِّ لِبَعْض.
우리 서로에게 가까이 다가가서 서로를 위해 기도합시다.	
(ع)خَلِّي كُلّ أَرْبَعَةٍ مِنَّا يتَّحِدُوا ويْصَلُّوا مَعَ بَعْض.	فَلْيَتَّحِدْ⁸ كُلُّ أَرْبَعَةٍ مِنَّا وَيُصَلُّوا مَعًا.
네 사람씩 하나가 되어서 함께 기도합시다.	
دَعُونَا نُمْسِكُ⁹ أَيْدِي¹⁰ بَعْضِنَا الْبَعْضَ وَنَتَّحِدْ كُلُّنَا فِي طِلْبَةٍ وَاحِدَةٍ وَهْيَ …	
(ع) تَعَالُوا نِمْسِك إِيد بَعْض ونِتَّحِد كُلّنَا فِي طِلْبَة واحْدَة وهْيَ….	
서로 손을 잡고 한가지 기도제목인 …를 위해 우리 모두 하나가 되어 (기도합시다)	

6. 자리에 앉길 권유할 때

(ع) اِتْفَضَّلُوا اِسْتَرَيَّحُوا	تَفَضَّلُوا اسْتَرِيحُوا¹¹
자리에 앉으세요. (섰다가 다시 앉길 권유할 때)	
(ع) آمِين، اِتْفَضَّلُوا	آمِين، فَلْتَتَفَضَّلُوا
자리에 앉으세요. (서서 기도가 끝난 뒤 앉길 권유할 때)	

---

¹ رَجُل/ رِجَال 남자, 사나이

² سَيِّدَة/ سَيِّدَات ; سَيِّد/ سَادَة أَوْ أَسْيَاد 선생, 각하 여사; 부인

³ أَرْشَدَ/ يُرْشِدُ ه ، ه إِلَى … - إِرْشَاد …을 옳은 길로 이끌다, 인도하다

⁴ رَجَا/ يَرْجُو هـ أو ه أَنْ … …을 바라다, 희망하다, 원하다 ; 요청하다

⁵ أَخ/ إِخْوَة 형제 (ه + أَخِي + ل)

⁶ جِوَار 이웃, 인접, بِجِوَار …와 이웃하여, 가까이에

⁷ اِقْتَرَبَ/ يَقْتَرِبُ مِن … - اِقْتِرَاب …에 가까이 가다, 접근하다, 다가가다

⁸ اِتَّحَدَ/ يَتَّحِدُ - اِتِّحَاد/ اِتِّحَادَات 하나가 되다, 합동,합병되다 ; 일치되다 (ف + ل + ي)

⁹ أَمْسَكَ/ يُمْسِكُ هـ أو ه، بِـ هـ أو ه - إِمْسَاك …을 쥐다, 잡다

¹⁰ يَد/ أَيْدٍ أَوْ أَيَادٍ (hand) 손

¹¹ اِسْتَرَاحَ/ يَسْتَرِيحُ - اِسْتِرَاحَة 쉬다, 휴식하다

7. 성경을 읽을 때   دعوة لقراءة الكتاب المقدس

(ع) تَعَالُوا نِفْتَح الكِتَاب المُقَدَّس.	دَعُونَا نَفْتَح الكِتَابَ[1] المُقَدَّسَ.
우리 성경을 펴시다	
(ع) تَعَالُوا نِفْتَح الكِتَاب المُقَدَّس ونِقْرا مَعَ بَعْض.	دَعُونَا نَفْتَح الكِتَابَ المُقَدَّسَ وَنَقْرَأُ سَوِيًّا[2].
우리 성경을 펴서 함께 읽읍시다	
(ع) نِفْتَح مَعَ بَعْض كُتْبِنَا المُقَدَّسَة	لِنَفْتَح مَعًا كُتُبَنَا[3] المُقَدَّسَةَ.
우리의 성경을 함께 펍시다	
(ع) نِقْرَأ الآيَة مَعَ بَعْض كُلِّنَا.	لِنَقْرَأ الآيَةَ[4] سَوِيًّا.
우리 모두 함께 구절을 읽읍시다.	
(ع) خَلُّونَا نُقَف ونِبْتِدِي قِرَايْتَنَا بِسِفْر	دَعُونَا نَقِف وَنَبْدَأ[5] قِرَاءَتَنَا بِسِفْر ....
우리 일어나서 함께 … 장을 읽기를 시작합시다.	
(ع) هَانِقْرَا مِن آيَة(عدد) ... لآيَة(لعدد) ...	سَنَقْرَأُ[6] مِنَ الآيَةِ .... إِلَى الآيَةِ ...
우리는 … 절에서 … 절까지 읽겠습니다.	
(ع) هَانِقْرَا الْجُزْء الأوّل مِن الأصحَاح.	سَنَقْرَأ الْجُزْءَ الأَوَّلَ مِنَ الأَصْحَاحِ.
우리는 이 장의 첫 부분을 읽겠습니다.	
(ع) خَلُّونَا نُقَف إحْتِرَامًا لِكِلْمِة رِبِّنَا.	دَعُونَا نَقِفِ احْتِرَامًا[7] لِكَلِمَةِ الله.
함께 일어나서 하나님의 말씀에 대해 존경을 표합시다. (일어서서 읽길 요청할 때)	
(ع) خَلُّونَا نِقْرَا الآيَات دِي بِصَوت وَاحِد, كُلنَا مَعَ بَعْض بِصَوت وَاحِد	دَعُونَا نَقْرَأُ هَذِهِ الآيَاتِ بِصَوْتٍ وَاحِدٍ، كُلُّنَا مَعًا بِصَوْتٍ وَاحِدٍ.
이 구절들을 한 목소리로, 모두 함께 한 목소리로 읽도록 합시다.	
(ع) نِقْرَا الآيَات بِالتَّبَادُل. أنَا عَدَد وحَضْرَاتْكُم عَدَد.	فَلْنَقْرَأ الآيَاتِ بِالتَّبَادُلِ[8]. أَنَا أَقْرَأُ عَدَدًا وَحَضْرَاتُكُم تَقْرَأُونَ عَدَدًا.
이 구절들을 교독하십시다. 제가 한절 읽고 여러분들이 한절을 읽읍시다.	

---

[1] فَتَح / يَفْتَحُ هـ – فَتْح ...을 열다, 개방하다 ; 창립.창설하다

[2] سَوِيًّا = مَعًا 함께

[3] كِتَاب / كُتُب 책

[4] آيَة / آيَات 절, 구절

[5] بَدَأ / يَبْدَأُ هـ – بَدْء ...을 시작하다, 착수하다 ; (뒤에 현재 동사가 오면) ...하기 시작하다

[6] (س <미래형> + نَقْرَأ) قَرَأ / يَقْرَأُ هـ – قِرَاءَة ...을 읽다 ; 낭독하다

[7] اِحْتَرَمَ / يَحْتَرِمُ ه أو هـ – اِحْتِرَام ...를 존경하다, 존중하다

[8] تَبَادَل / يَتَبَادَلُ هـ – تَبَادُل 서로 ...을 주고받다, 상호 교환하다

دَعُونَا نَقْرَأْ كُلَّ الأَصْحَاحِ مَعًا بِالتَّبَادُلِ. أَنَا أَقْرَأُ عَدَدًا وَأَنْتُمْ تَقْرَأُونَ عَدَدًا.	
(ع) خَلُّونَا نِقْرَا كُلَّ الإِصْحَاح مَعَ بَعْض بِالتَّبَادُل. أَنَا أَقْرَا عَدَد وانتوا تِقْروا عَدَد	
장 전체를 함께 교독하십시다. 제가 한절 읽고 여러분들이 한절을 읽읍시다.	
لِيُبَارِكْ¹ اللهُ قِرَاءَتَنَا.	(ع) الله يبارك قرايتنا
하나님께서 우리의 성경을 읽음을 축복하소서.(성경을 읽고 난 이후)	
لِيُبَارِكْ اللهُ مَا قَرَأْنَا.	(ع) الله يبارك اللّي إحْنَا قريناه
하나님께서 우리가 읽는 것을 축복하소서. (성경을 읽고 난 이후)	
لِيَسْتَخْدِمْ² رَبُّنَا كَلِمَاتِهِ.	(ع) ربُّنا يستَخدِم كَلامُه
우리의 주께서 그의 말씀을 사용하소서. (성경을 읽고 난 이후)	

8. 설교자를 소개할 때   تقديم الخادم للمستمعين

نَسْمَعُ كَلِمَةَ الرَّبِّ عَلَى لِسَانِ الأَخِ ...	(ع) نِسْمَع كِلْمِة الرَّبّ عَلَى لِسَان الأَخ ...
... 형제의 혀를 통해 주님의 말씀을 듣겠습니다.	
نَسْعَدُ³ الْيَوْمَ بِأَنْ يَكُونَ مَعَنَا الأَخُ ...	(ع) مَبْسُوطِين النَّهَارْدَة بوجُود الأَخ ... مَعَانَا
오늘 ... 형제님이 우리와 함께 하셔서 우리는 기쁩니다.	
نَفْرَحُ⁴ الْيَوْمَ بِأَنْ يَكُونَ في وَسْطِنَا القِسّ ...	(ع)فَرحَانِين النَّهَارْدَة بوجُود القِسّ ... في وسطِينَا
오늘 우리 가운데 ... 목사님이 함께 하셔서 우리는 기쁩니다.	
رَبُّنَا سَيُكَلِّمُنَا⁵ اليَوْمَ مِن خِلَالِ الأَخِ	(ع) ربُّنَا هَيكَلِّمْنَا النَّهَارْدَة مِن خِلَال الأَخ ...
오늘 ... 형제님을 통해 우리의 주께서 우리에게 말씀하십니다.	
مَعَنَا شَخْصٌ يَسْتَخْدِمُهُ الرَّبُّ كَثِيرًا لِمَجْدِهِ، الأَخُ ...	(ع) مَعَانَا شَخْص رَبِّنَا بِيسْتَخْدِمُه كِتير لِمَجْدُه، الأَخّ ...
주님이 그의 영광을 위해 크게 사용하시는 ... 형제님이 우리와 함께 하셨습니다.	
مِيعَادُنَا⁶ مَعَ الْكَلِمَةِ مَعَ القَسِّ ...	(ع)جه الوَقْت دِلْوَقتي عَلَشَان نِسْمَع كِلْمِة رَبِّنَا مَعَ القِسّ ...
... 목사님과 함께 주님의 말씀을 듣는 시간이 왔습니다.	
سَوْفَ نَسْتَمِعُ⁷ لِلْكَلِمَةِ اليَوْمَ مَعَ الأَخِ	(ع)هَنِسْتَمِع لِلكَلِمَة النَّهَارْدَة مَعَ الأَخ ...
오늘 ... 형제님과 함께 주님의 말씀을 듣겠습니다.	

---

¹ بَارَك/ يُبَارِكُ ه، فِي ... – مُبَارَكَة ...를 축복하다

² اِسْتَخْدَمَ/ يَسْتَخْدِمُ ه أو هـ لـ – اِسْتِخْدَام ; 사용하다 ,..를 복무케하다, 고용하다 ..을 위해

³ سَعِدَ/ يَسْعَدُ – سَعَادَة سَعيد/ سُعَدَاء 행복하다, 행운이 있다 행복한, 행운을 지닌, 기쁜

⁴ فَرِحَ/ يَفْرَحُ بـ – فَرَح – فَرِح 기뻐하다, 즐거워하다

⁵ كَلَّمَ/ يُكَلِّمُ ه ...에게 말하다   كَلَّمَهَا بِالعَرَبِيَّة. 그는 그녀에게 아랍어로 말했다.

⁶ مِيعَاد/ مَوَاعِيد 약속 ; 약속시간 ; 기한, 기일

⁷ اِسْتَمَعَ/ يَسْتَمِعُ إِلَى ... – اِسْتِمَاع   سَمِعَ/ يَسْمَعُ ه أو ... – سَمْع أو سَمَاع ...을 듣다, 청취하다 ...을 듣다 (to hear)

9. 다른 사람을 소개할 때 사용하는 수식어

예배를 인도하다 보면 대표 기도를 부탁하거나 설교자를 소개할 때 다른 사람의 이름을 부르거나 그 사람을 소개해야 하는 상황이 생깁니다. 이럴 때 우리말에서는 '… 목사님께서 말씀을 전하시겠습니다.', '… 형제님께서 기도하시겠습니다.' 등으로 표현합니다. 여기에서 우리는 대개 사람 이름 뒤에 바로 직함을 넣어 그 사람을 소개합니다. 하지만 아랍어에서는 대개 사람 이름과 직함 이외에 또 다른 수식어를 붙여서 사용합니다. 예를들면 '존경하며 영예로우신 … 장로님께서 기도를 인도하시겠습니다.', '영예롭고 칭찬을 받는 … 목사님께서 말씀을 전하시겠습니다.' 등과 같습니다. 아래는 그 수식어 표현을 정리한 것입니다. (남자는 라미, 여자는 사라란 아랍 이름을 사용하였습니다.)

사랑하는 형제 + 사람 이름 (일반적인 수식어)	الأَخُ الْحَبِيبُ + 이름
사랑하는 자매 + 사람 이름 (일반적인 수식어)	الأُخْتُ الْحَبِيبَةُ + 이름
사랑받는 형제 + 사람 이름 (일반적인 수식어)	الأَخُ الْمَحْبُوبُ + 이름
사랑받는 자매 + 사람 이름 (일반적인 수식어)	الأُخْتُ الْمَحْبُوبَةُ + 이름
축복된 형제 + 사람 이름 (일반적인 수식어)	الأَخُ الْمُبَارَكُ + 이름
축복된 자매 + 사람 이름 (일반적인 수식어)	الأُخْتُ الْمُبَارَكَةُ + 이름
존경하는 + 이름 + 목사님 (존경을 표할 때)	حَضْرَةُ الْقَسِّ + 이름
존경하는 + 이름 + 장로님 (존경을 표할 때)	حَضْرَةُ الشَّيْخِ + 이름
영예로운 + 이름 + 선생님 (존경을 표할 때)	جَنَابُ + الْأُسْتَاذُ (직함명) + 이름
영예로운 + 이름 + 목사님 (존경을 표할 때)	جَنَابُ + (직분명) الْقَسُّ + 이름
영예롭고 칭찬을 받는 + 이름 + 박사님(직함명) (존경을 표할 때)	جَنَابُ + الدُّكْتُورُ (직함명) + الْفَاضِلُ + 이름
영예롭고 칭찬을 받는 + 이름 + 장로님(직분명) (존경을 표할 때)	جَنَابُ + الشَّيْخُ (직분명) + الْفَاضِلُ + 이름
사랑하는 동료 + 이름 + 목사님(직분명) (연배가 비슷한 동료에 대한 수식어)	الزَّمِيلُ الْعَزِيزُ + الْقَسُّ (직분명) + 이름
사랑하는 선배 + 이름 + 목사님(직분명) (나이 차이가 많은 선배 등에 대한 수식어)	الْوَالِدُ الْعَزِيزُ + الْقَسُّ (직분명) + 이름
콥틱 교회의 목사(신부)에게 붙이는 수식어	قُدْس أَبُونَا (ع) + 이름
콥틱 교회에서 감독 등에게 붙이는 수식어	نِيَافَةُ الأَنْبَا + 이름
콥틱 교회에서 교황에게 붙이는 수식어	قَدَاسَةُ الْبَابَا + 이름

10. 설교가 끝난 뒤 기도를 부탁할 때

أَيُّ شَخْصٍ بَيْنَنَا يَشْعُرُ بِإِرْشَادٍ[1] مِنْ الرُّوحِ الْقُدُسِ فَلْيَطْلُبْ بَرَكَةً وَتَثْبِيتاً[2] لِلْكَلِمَةِ فِي قُلُوبِنَا

(ع) أَيُّ شَخْصٍ فِينَا يُشْعُرُ بِإِرْشَادٍ مِنْ الرُّوحِ الْقُدُسِ يُطْلُبْ بَرَكَةً وتثْبِيت لِلْكَلِمَةِ فِي قُلُوبِنَا

우리 가운데 성령의 인도를 느끼는 분 누구든지 우리의 마음에 축복과 말씀에 대한 확증이 있도록 간구해 주시기 부탁합니다.

11. 성찬식을 진행할 때   فترة المائدة

نَحْنُ نَجْتَمِعُ[3] الآنَ عَلَى الْمَائِدَةِ[4] الرَّبَّانِيَّةِ.	(ع) دِلْوَقْتِي إِحْنَا بِنِتْجَمَّع عَلَى الْمَائِدَة الرَّبَّانِيَّة
우리는 지금 성찬(성찬식)에 모였습니다.	
نَلْتَفُّ[5] الْيَوْمَ حَوْلَ مَائِدَةِ الرَّبِّ.	(ع) بِنِجْتِمِع النَّهَارْدَة حَوَالِين مَائِدَة الرَّبّ
오늘 우리는 성찬 주위에 둘러섰습니다.	
مَا أَجْمَلَ أَنْ نَجْتَمِعَ سَوِيًّا وَنَتَشَارَكَ[6] فِي الْجَسَدِ وَالدَّمِّ!	(ع) جَمِيل إِنَّنَا نِجْتَمِع سَوَا ونِتْشَارك فِي الْجَسَد وَالدَّمّ.
우리가 함께 모여 (주님의) 몸과 피에 참여하는 것이 얼마나 아름다운지요!	
جَمِيلٌ أَنْ نَجْتَمِعَ وَنَفْحَصَ[7] نُفُوسَنَا وَنَمْتَحِنَهَا[8] قَبْلَ أَنْ نَتَذَكَّرَ[9] آلَامَ[10] الْمَسِيحِ.	(ع) جَمِيل إِنَّنَا نِتْجَمَّع ونِفْحَص نُفُوسَنَا ونِمْتِحِنْهَا قَبْل مَا نِفْتِكِر آلَام الْمَسِيح.
우리가 그리스도의 고난을 생각하기 전에 우리가 함께 모여 우리 자신을 점검하고 자신을 시험하는 것은 아름다운 것입니다.	

---

[1] شَعَرَ/ يَشْعُرُ بـ ....، أَنْ ... – شُعُور ; ...을 느끼다 ; 인식하다, 인지하다

[2] ثَبَّتَ/ يُثَبِّتُ هـ أو ه – تَثْبِيت ; ...을 강화하다, 확고히하다 ; 고정.고착시키다 ; 확인.확증하다

[3] اِجْتَمَعَ/ يَجْتَمِعُ – اِجْتِمَاع ; 모이다, 모여들다

[4] الْمَائِدَةُ الرَّبَّانِيَّةُ = مَائِدَةُ الرَّبِّ ; 주님의 성찬

[5] اِلْتَفَّ/ يَلْتَفُّ بِـ ... – الْتِفَاف ; ... 주위에 모여들다, 뭉치다

[6] تَشَارَكَ/ يَتَشَارَكُ مَعَ....، فِي... – تَشَارُك ; ...와 함께 참가하다 ; 협력하다

[7] فَحَصَ/ يَفْحَصُ هـ أو ه – فَحْص ; 검사.검열.조사하다 ; 연구하다 ; 시험.실험.분석하다

[8] اِمْتَحَنَ/ يَمْتَحِنُ ه أو هـ – اِمْتِحَان ; ...을 시험하다, 테스트하다, 검사해보다

[9] تَذَكَّرَ/ يَتَذَكَّرُ هـ – تَذَكُّر ; ...을 기억하다, 회상하다, 돌이켜보다

[10] أَلَم/ آلَام ; 아픔, 통증, 고통

제 6 부 예배 인도 표현 배우기

	نَجْتَمِعُ الْيَوْمَ حَوْلَ الْمَصْلُوبِ[1] وَنَتَذَكَّرُ[2] آلَامَهُ لِأَجْلِنَا.
	(ع) بِنِجْتِمِعْ النَّهَارْدَة حَوَالِينْ الْمَصْلُوبْ وِنِفْتِكِرْ آلَامُه عَلَشَانَّا.
	오늘 우리는 십자가에 달리신 분 주위에 모여 우리를 위한 그의 고통을 생각합니다.
نِحْتَفِظْ بِالْخُبْزْ فِي إِيدِينَا لِحَدْ مَا كُلِّنَا نَاخْدُه. (ع)	نَحْتَفِظُ[3] بِالْخُبْزِ فِي أَيَادِينَا[4] حَتَّى نَأْخُذَهُ مَعًا.
	우리 모두 빵을 받을 때 까지 우리 손에 빵을 간직하십시다.
(ع) نَاخُدْ وَقْتْ نِتْأَمَّلْ فِيه فِي الصَّلِيب	نَقْضِي[5] لَحَظَاتٍ لِلتَّأَمُّلِ[6] فِي الصَّلِيبِ
	잠시 십자가에 대해 묵상하는 시간을 가집시다.

12. 헌금을 알 때   فترة تقديم العطايا

(ع) نِقَدِّم عَطَايَانَا لِلرَّبّ	نُقَدِّمُ[7] الْعَطَايَا[8] لِلرَّبِّ
	우리의 선물(헌금)을 주님께 드립시다.(제안하며)
(ع) نَعْبُدْ رَبَّنَا بِتَقْدِيم عَطَايَانَا	نَعْبُدُ رَبَّنَا بِتَقْدِيمِ عَطَايَانَا
	우리의 선물을 드림으로 우리의 주님을 예배합시다. (제안하며)
	نَعْبُدُ رَبَّنَا بِالْعَطَاءِ[9] مُصَلِّينَ[10] أَنْ يُبَارِكَهُ الرَّبُّ.
	(ع) نَعْبُد رَبَّنَا بِالْعَطَا وَاحْنَا بِنْصَلِّي إِنْ رَبَّنَا يُبَارِكُه.
	주님이 이 헌금을 축복하길 기도하면서 헌금으로 우리 주님을 예배합시다.(제안하며)
(ع) خَلُّونَا نِصَلِّي مَعَ بَعْض عَلَى ذَبِيحَةِ الْعَطَاء	دَعُونَا نُصَلِّ مَعًا عَلَى ذَبِيحَةِ الْعَطَاءِ
	헌금의 제물을 위해 함께 기도합시다. (헌금 이후 기도할 때)
	نُقَدِّمُ عَطَايَانَا بِشُكْرِ اللهِ وَالشَّيْخُ ... يَنُوبُ عَنَّا فِي رَفْعِ[11] الصَّلَاةِ
	(ع) نِقَدِّم عَطَايَانَا بِالشُّكْر لله وَالشِّيخ ... يِنُوب عَنَّا فِي رَفْع الصَّلَاة
	하나님께 감사함으로 우리의 헌금을 드릴 때에 ...장로님 우리를 대표해서 기도를 올리겠습니다.

---

[1] صَلَبَ/ يَصْلُبُ ه ‐ صَلْب ‐ صَالِب ‐ مَصْلُوب   ...을 십자가에 못박다

[2] تَذَكَّرَ/ يَتَذَكَّرُ هـ ‐ تَذَكُّر   기억하다, 회상하다

[3] اِحْتَفَظَ/ يَحْتَفِظُ بـ   보존하다, 간직하다

[4] يَدٌ/ أَيْدٍ أَوْ أَيَادٍ   손

[5] قَضَى/ يَقْضِي

[6] تَأَمَّلَ/ يَتَأَمَّلُ فِي ‐ تَأَمُّل

[7] قَدَّمَ/ يُقَدِّمُ هـ أَوْ ه ‐ تَقْدِيم   제출하다, 제공하다 ; ...를 앞서게 하다, 앞지르다

[8] عَطِيَّةٌ/ عَطَايَا   선물, 예물

[9] عَطَاءٌ/ عَطَاءَاتٌ أَوْ أَعْطِيَةٌ   주는 것, 제공 ; 선물, 예물 ; 헌금

[10] (مُصَلِّينَ ‐ حال، منصوب)   صَلَّى/ يُصَلِّي ‐ مُصَلٍّ (الْمُصَلِّي)   기도하다   مُصَلٍّ (الْمُصَلِّي) 기도하는; 기도자

[11] رَفَعَ/ يَرْفَعُ هـ ‐ رَفْع   ...을 들다, 올리다, 높이다

13. 모임을 마칠 때   ختام الاجتماع

أَخْتِمُ[1] الاجْتِمَاعَ بِصَلَاةِ الْبَرَكَةِ[2] الرَّسُولِيَّةِ. (ع) أَنْهِي الاجْتِمَاعَ بِصَلَاةِ الْبَرَكَةِ الرَّسُولِيَّةِ	
제가 축도를 하므로 모임을 마치도록 하겠습니다.	
دَعُونَا نَقِفْ وَنَخْتِمْ بِالصَّلَاةِ الرَّبَّانِيَّةِ[3] (ع) تَعَالُوا نُقَف مَعَ بَعْض وِنْخْتِم بِالصَّلَاةِ الرَّبَّانِيَّة	
우리 함께 일어나서 주기도문을 하므로 모임을 마치도록 하겠습니다.	
فِي الْخِتَامِ دَعُونَا نَقِفْ وَنَخْتِمْ بِالصَّلَاةِ الرَّبَّانِيَّةِ مُرَنَّمَةً. (ع) فِي النِّهَايَةِ خَلُّونَا نُقِف وِنْخْتِم بِالصَّلَاةِ الرَّبَّانِيَّة مُرَنَّمَة	
마치면서 우리 함께 일어나서 주기도문송을 부르면서 (모임을) 마치도록 하겠습니다.	
دَعُونَا نَخْتِمْ بِتَرْنِيمَةِ ... (ع) تَعَالُوا نِخْتِم الاجْتِمَاع بِتَرْنِيمَة ...	
우리 찬양 ...장을 부르므로 모임을 마치도록 하겠습니다.	
دَعُونَا نَخْتِمْ الاجْتِمَاعَ بِالصَّلَاةِ مَعَ الْأَخِ ... (ع) تَعَالُوا نِخْتِم الاجْتِمَاع وِنْصَلِّي مَعَ الْأَخّ ...	
... 형제님이 기도함으로 우리 모임을 마치도록 하겠습니다.	

---

[1] خَتَمَ/ يَخْتِمُ هـ، عَلَى هـ – خَتْم أو خِتَام ...에 도장을 찍다 ; 봉인,밀봉하다 ; 끝내다, 마치다
[2] صَلَاةُ الْبَرَكَةِ الرَّسُولِيَّةِ 축도
[3] الصَّلَاةُ الرَّبَّانِيَّةُ 주기도문

제 7 부 성경 암송

　아랍인들을 대상으로 설교를 하기 위해서는 기본적인 성경 구절들을 암송할 필요가 있습니다. 아랍의 문화는 암송의 문화입니다. 회교도는 꾸란을 기독교인은 성경을 많이 암송하고 있습니다. 교회에서 설교자가 설교를 하며 성경의 일부를 암송하면 청중들은 그 나머지 부분을 따라서 암송하곤 합니다. 이처럼 아랍권에서 사역하기 위해서는 성경을 많이 암송하는 것이 좋습니다. 성경을 암송하는 것은 아랍어 발전에도 많은 도움이 됩니다. 이번 장에서는 성경에서 가장 중요한 구절, 사역자로서 많이 사용되는 구절들을 선정하여 쉽게 암송할 수 있도록 각주를 달았습니다. 특히 네비게이토 선교회를 통해 널리 알려진 60 구절 성경 암송 성구를 그대로 인용하였습니다.

** 네비게이토 60 구절 성구 부분의 페이지들은 2단으로 구성되어 있습니다. 읽으실 때 아랍어 성경의 방향대로 오른쪽 단을 먼저 읽으시고 그 다음 왼쪽 단을 읽으시기 바랍니다.

실용 기독교 아랍어 앤드북

제 7 부 성경 암송

1. 하나님의 사랑	하나님이 세상을 이처럼 사랑하사 독생자를 주셨으니 이는 그를 믿는 자마다 멸망하지 않고 영생을 얻게 하려 하심이라 (요한복음 3 장 16 절)	مَحَبَّةُ الله (يُوحَنَّا ٣: ١٦)

لِأَنَّهُ[1] هَكَذَا[2] أَحَبَّ[3] اللهُ الْعَالَمَ[4] حَتَّى[5] بَذَلَ[6] ابْنَهُ الْوَحِيدَ[7]، لِكَيْ[8] لَا[9] يَهْلِكَ[10] كُلُّ[11] مَنْ[12] يُؤْمِنُ[13] بِهِ، بَلْ[14] تَكُونُ[15] لَهُ الْحَيَاةُ[16] الْأَبَدِيَّةُ[17].

2. 하나님의 자녀	영접하는 자 곧 그 이름을 믿는 자들에게는 하나님의 자녀가 되는 권세를 주셨으니 (요한복음 1 장 12 절)	أَوْلَادُ الله (يُوحَنَّا ١: ١٢)

وَأَمَّا[18] كُلُّ الَّذِينَ[19] قَبِلُوهُ[20] فَأَعْطَاهُمْ[21] سُلْطَانًا[22] أَنْ[23] يَصِيرُوا[24] أَوْلَادَ[1] اللهِ، أَيِ[2] الْمُؤْمِنُونَ[3] بِاسْمِهِ[4].

---

[1] لِأَنَّ (<접속사> + ه + <인칭 대명사>) لِأَنَّ 왜냐하면, ... 때문에

[2] هَكَذَا ذا = 이렇게 (this, like this)

[3] أَحَبَّ/يُحِبُّ ه ..를 사랑하다 (to love)

[4] عَالَمَ 세계, 세상   عَالِم 아는, 알고 있는 ; 과학자

[5] حَتَّى <전치사> ..까지 ; ..마저도, ..조차도 ; ..하도록, ..을 위하여

[6] بَذَلَ/ يَبْذُلُ ه ..을 바치다, (아낌없이) 제공하다

[7] وَحِيد 유일한, 단일한   الِابْنُ الْوَحِيدُ 외아들

[8] لِكَيْ = كَيْ ...을 위하여, ...하도록

[9] لَا <부정어> 아니, 아니다, 없다 (no! ; not, don't)

[10] هَلَكَ/ يَهْلِكُ – هَلَاك 멸망하다, 죽다

[11] كُلُّ 전체, 전부 ; 모든, 온갖   كُلُّ مَنْ + 문장   ...는 모두, ...하는 사람은 모두

[12] مَنْ 영어의 관계대명사 who 와 같은 것

[13] آمَنَ/ يُؤْمِنُ بِ – إِيمَان ..을 믿다, 신앙하다

[14] بَلْ <접속사> 그러나, 반대로, 오히려 (but)

[15] كَانَ/ يَكُونُ – كَوْن 있다, 존재하다 ; 이다 (to be)

[16] حَيَاة 생명, 삶, 생활

[17] أَبَدِيّ 영원한   الْحَيَاةُ الْأَبَدِيَّةُ 영생

[18] أَمَّا ... فَ ... ... 그러나, 한편, 한편으론 (as to, as for, but, however) ...에 대해 말한다면 ...

[19] الَّذِي <관계대명사> ...는, ..하는 사람은 (that, which, who)   الَّذِينَ <관계대명사의 복수>

[20] قَبِلَ/ يَقْبَلُ ه ، ب – قُبُول ..을 받아들이다, 수락하다(to accept) ; 수취하다, 받다

[21] أَعْطَى/ يُعْطِي ه ه – هِل ه ...에게 ..을 주다, 제공하다

[22] سُلْطَان 권력, 권세, 지배권

[23] أَنْ 관계대명사 (that)   إِنْ 만약 (if)   إِنَّ 강조를 위해

[24] صَارَ/ يَصِيرُ ...이 되다 (to become)

| 3. 가장 큰 계명 (마 22:37-40) | الْوَصِيَّةُ⁵ الْعُظْمَى⁶ (مَتَّى ٢٢: ٣٧-٤٠) |

فَقَالَ⁷ لَهُ يَسُوعُ : تُحِبُّ⁸ الرَّبَّ إِلَهَكَ⁹ مِنْ كُلِّ قَلْبِكَ¹⁰، وَمِنْ كُلِّ نَفْسِكَ¹¹ وَمِنْ كُلِّ فِكْرِكَ¹². هَذِهِ هِيَ الْوَصِيَّةُ¹³ الأُولَى وَالْعُظْمَى¹⁴. وَالثَّانِيَةُ مِثْلُهَا¹⁵ : تُحِبُّ قَرِيبَكَ¹⁶ كَنَفْسِكَ¹⁷. بِهَاتَيْنِ¹⁸ الْوَصِيَّتَيْنِ¹⁹ يَتَعَلَّقُ²⁰ النَّامُوسُ²¹ كُلُّهُ وَالأَنْبِيَاءُ²².

예수께서 이르시되 네 마음을 다하고 목숨을 다하고 뜻을 다하여 주 너의 하나님을 사랑하라 하셨으니 이것이 크고 첫째 되는 계명이요 둘째도 그와 같으니 네 이웃을 네 자신 같이 사랑하라 하셨으니 이 두 계명이 온 율법과 선지자의 강령이니라

---

¹ وَلَد/ أَوْلاَد   아들

² أَيْ   즉, 곧, 말하자면

³ آمَنَ ـ يُؤْمِنُ بـ ـ إِيمَان ـ مُؤْمِن .. 을 믿다, 신앙하다   مُؤْمِن/ مُؤْمِنُون (ـ) 믿는 ; 신자

⁴ (بـ) 바로 앞의 단어와 연결되어서 사용된 전치사 + اسْم + ه <인칭대명사>)

⁵ وَصِيَّة/ وَصَايَا   유언, 맡기는 것, 위임 ; 명령

⁶ أَعْظَم/ عُظْمَى/ أَعَاظِم   더 위대한 (greater)

⁷ (ف + قَالَ) قَالَ/ يَقُولُ ـ قَوْل   말하다, 이야기하다   قَالَ يَقُولُ لـ ه عَنْ ...에게 ..에 관해 말하다

⁸ أَحَبَّ/ يُحِبُّ ه   (to love) 를 사랑하다..

⁹ إِلَهنَا   하나님 ; 신 (god)   إِلَه/ آلِهَة   신 (god)   (كَ + إِلَه) 우리의 하나님

¹⁰ قَلْب/ قُلُوب   심장 ; 마음

¹¹ نَفْس/ نُفُوس، أَنْفُس   자신 (self) 영혼(soul) ; 마음 ; 정신

¹² فِكْر/ أَفْكَار   사상, 사고 ; 생각, 견해

¹³ وَصِيَّة/ وَصَايَا (commandment) 계명, 유언

¹⁴ عَظِيم/ عُظَمَاء   위대한, 거대한   أَعْظَم، عُظْمَى   더 위대한

¹⁵ مِثْلُ   (like, similar to) 와 같은..

¹⁶ قَرِيب/ أَقْرِبَاء   친척, 친족

¹⁷ (كَ <전치사> + نَفْس + كَ <목적격 인칭 대명사>)   نَفْس (self) 자기, 자신 ; 정신 ; 마음   نَفْسُهُ 그 자신이

¹⁸ 지시대명사 ـ هَذَا، هَذَانِ ـ هَذَيْنِ <남성 단수>، <남성 쌍수>، هَاتَانِ ـ هَاتَيْنِ <여성 쌍수>)

¹⁹ وَصِيَّتَيْنِ 계명, 유언   وَصِيَّة/ وَصَايَا (commandment) 두 계명

²⁰ تَعَلَّقَ/ يَتَعَلَّقُ بـ   마음이 붙다 ; ..에 관련되다, 의존되다

²¹ نَامُوس   율법

²² نَبِيٌّ/ أَنْبِيَاء (prophet) 선지자

الْبَرَكَةُ الرَّسُولِيَّةُ	4. 축복기도

نِعْمَةُ¹ رَبِّنَا يَسُوعَ الْمَسِيحِ، وَمَحَبَّةُ² اللهِ، وَشَرِكَةُ³ الرُّوحِ الْقُدُسِ مَعَ جَمِيعِكُمْ⁴ آمِينَ. (٢ كُورِنْثُوس ١٣: ١٣)

주 예수 그리스도의 은혜와 하나님의 사랑과 성령의 교통하심이 너희 무리와 함께 있을지어다(고후13:13)

* 실제로 목사님이 축도를 할 때에는 아래와 같이 볼드체 부분을 추가합니다.

نِعْمَةُ رَبِّنَا يَسُوعَ الْمَسِيحِ، وَمَحَبَّةُ اللهِ، وَشَرِكَةُ الرُّوحِ الْقُدُسِ **تَكُونُ مَعَكُمْ وَتَدُومُ**⁵ **فِيكُمْ مِنَ الآنْ وَإِلَى دَهْرِ**⁶ **الدُّهُورِ** آمِينَ.

وَإِلَهُ كُلِّ نِعْمَةٍ الَّذِي دَعَانَا⁷ إِلَى مَجْدِهِ الأَبَدِيِّ⁸ فِي الْمَسِيحِ يَسُوعَ، بَعْدَمَا تَأَلَّمْتُمْ⁹ يَسِيرًا¹⁰، هُوَ يُكَمِّلُكُمْ¹¹، وَيُثَبِّتُكُمْ¹²، وَيُقَوِّيكُمْ¹³، وَيُمَكِّنُكُمْ¹⁴. لَهُ الْمَجْدُ وَالسُّلْطَانُ¹⁵ إِلَى أَبَدِ الآبِدِينَ¹⁶. آمِينَ. (بُطْرُسَ الأُولَى ٥: ١٠-١١)

모든 은혜의 하나님 곧 그리스도 안에서 너희를 부르사 자기의 영원한 영광에 들어가게 하신 이가 잠깐 고난을 당한 너희를 친히 온전하게 하시며 굳건하게 하시며 강하게 하시며 터를 견고하게 하시리라 권능이 세세무궁하도록 그에게 있을지어다 아멘 (벧전 5:10-11)

---

¹ نِعْمَة (grace) 은혜
² مَحَبَّة = حُبّ (love) 사랑
³ شَرِكَة (partnership) 회사 ; 협회 ; 협력 ; 교제, 사귐
⁴ جَمِيع (all) 모두
⁵ دَامَ/ يَدُومُ – دَوَام 지속되다, 계속되다
⁶ دَهْر/ دُهُور أو أَدْهُر   دَهْر الدُّهُور 시대, 세기   영원히
⁷ دَعَا إِلَى اللهِ – دُعَاء   دَعَا/ يَدْعُو (사람을)...에 초대.초청하다   دَعْوَة ه إِلَى ...   دَعَا/ يَدْعُو ه إِلَى ... 하나님께 간구하다, 기원하다
⁸ أَبَدِيّ 영원한, 끝없는
⁹ تَأَلَّم/ يَتَأَلَّمُ مِنْ ... ...로 아파하다, 고통스러워하다, 괴로워하다
¹⁰ يَسِير 손쉬운, 용이한, 단순한
¹¹ كَمَّل/ يُكَمِّل ه = أَكْمَل/ يُكْمِل ه 완성하다, 끝내다, 마감짓다, 끝까지 계속해서 완성짓다
¹² ثَبَّت/ يُثَبِّت ه أو ه – تَثْبِيت ...을 강화하다, 확고히하다 ; 고정.고착시키다 ; 확인.확증하다
¹³ قَوَّى/ يَقَوِّي ه أو ه (to strengthen) ...을 강화하다, 강하게 하다
¹⁴ مَكَّن/ يُمَكِّن ه 강화하다, 공고히하다
¹⁵ سُلْطَان   سُلْطَان/ سَلَاطِين 권력, 권위, 권세, 지배권   쑬딴(이슬람 국의 군주직)
¹⁶ إِلَى أَبَدِ الآبِدِينَ 영원 영원히

실용 기독교 아랍어 앤드북

وَالْقَادِرُ[1] أَنْ يَحْفَظَكُمْ[2] غَيْرَ عَاثِرِينَ[3]، وَيُوقِفَكُمْ[4] أَمَامَ مَجْدِهِ بِلاَ عَيْبٍ[5] فِي الاِبْتِهَاجِ[6]، الإِلَـٰهُ الإِلَهُ الْحَكِيمُ[7] الْوَحِيدُ مُخَلِّصُنَا[8]، لَهُ الْمَجْدُ وَالْعَظَمَةُ[9] وَالْقُدْرَةُ[10] وَالسُّلْطَانُ، الآنَ وَإِلَـى كُلِّ الدُّهُورِ[11]. آمِينَ. (رِسَالَةُ يَهُوذَا ٢٤-٢٥)

능히 너희를 보호하사 거침이 없게 하시고 너희로 그 영광 앞에 흠이 없이 기쁨으로 서게 하실 이 곧 우리 구주 홀로 하나이신 하나님께 우리 주 예수 그리스도로 말미암아 영광과 위엄과 권력과 권세가 영원 전부터 이제와 영원토록 있을지어다 아멘(유다서:24-25)

يُبَارِكُكَ[12] الرَّبُّ وَيَحْرُسُكَ[13]. يُضِيءُ[14] الرَّبُّ بِوَجْهِهِ[15] عَلَيْكَ وَيَرْحَمُكَ[16]. يَرْفَعُ[17] الرَّبُّ وَجْهَهُ عَلَيْكَ وَيَمْنَحُكَ[18] سَلاَمًا. (عدد ٦: ٢٤-٢٦)

여호와는 네게 복을 주시고 너를 지키시기를 원하며 여호와는 그의 얼굴을 네게 비추사 은혜 베푸시기를 원하며 여호와는 그 얼굴을 네게로 향하여 드사 평강 주시기를 원하노라 할지니라 하라 (민6:24-26)

---

[1] الْقَادِرُ – قَادِر – قُدْرَة ... 할 수 있다, 능력.힘이 있다 قادِر ... 할 수 있는 힘센, 유력한: قَدَرَ/ يَقْدِرُ أَو يَقْدُرُ عَلَى، أَنْ 전능한 하나님

[2] حِفْظ – يَحْفَظُ هـ ... 을 지키다, 수호하다, 보호하다 حَفِظَ/

[3] عَاثِر – عَثْر أَو عُثُور 넘어지다, 걸리다(발에) عاثِر 넘어지는, 걸리는 عَثَرَ/ يَعْثُرُ –

[4] أَوْقَفَ/ يُوقِفُ هـ 정지시키다, 멈추다 ; 억류하다, 제지하다, 막다 ; (누구앞에) 서게하다

[5] عَيْب/ عُيُوب 부끄러운 짓, 불명예, 수치 ; 결함, 결점

[6] اِبْتَهَجَ/ يَبْتَهِجُ بـ ... – اِبْتِهَاج ... 에 기뻐하다, 환희에 휩싸이다 اِبْتِهَاج = فَرَح 기쁨, 환희

[7] حَكِيم/ حُكَمَاء 현명한, 영특한, 지혜로운 ; 현명한 사람

[8] مُخَلِّص 구세주

[9] عَظَمَة 위대함

[10] قُدْرَة – قَادِر – أَنْ ... 할 수 있다, 능력.힘이 있다 قَدَرَ/ يَقْدِرُ أَو يَقْدُرُ عَلَى، أَنْ 능력, 위력, 역량

[11] دَهْر/ دُهُور 시대, 세기

[12] بَرَكَة 축복 بَارَكَ/ يُبَارِكُ ه – مُبَارَكَة ..을 축복하다 بَارَكَ ه <목적격 인칭 대명사> (يُبَارِك + ك) 연못

[13] حَرَسَ/ يَحْرُسُ ه أَو هـ – حِرَاسَة 보호하다, 지키다, 수호하다

[14] أَضَاءَ/ يُضِيءُ هـ ...을 밝히다, 비치다..

[15] وَجْه/ وُجُوه 낯, 얼굴 (ب + وَجْه)

[16] رَحِمَ/ يَرْحَمُ ه – رَحْمَة ..을 불쌍히 여기다, ..에게 자비를 베풀다

[17] رَفَعَ/ يَرْفَعُ هـ – رَفْع ...을 들다, 올리다, 높이다

[18] مَنَحَ/ يَمْنَحُ ه هـ – مَنْح ...에게 ...을 주다, 수여하다

제 7 부 성경 암송

5. 네비게이토 그리스도인의 확신 시리즈

| 5-1 구원의 확신 (요안일서 5 장 11,12 절) | الْخَلَاص (١ يوحنا ٥ : ١١-١٢) |

وَهَذِهِ هِيَ الشَّهَادَةُ[1]: أَنَّ اللهَ أَعْطَانَا[2] حَيَاةً[3] أَبَدِيَّةً، وَهَذِهِ الْحَيَاةُ هِيَ فِي ابْنِهِ. مَنْ[4] لَهُ الِابْنُ فَلَهُ الْحَيَاةُ، وَمَنْ لَيْسَ لَهُ ابْنُ اللهِ فَلَيْسَتْ[5] لَهُ الْحَيَاةُ.

또 증거는 이것이니 하나님이 우리에게 영생을 주신 것과 이 생명이 그의 아들 안에 있는 그것이니라. 아들이 있는 자에게는 생명이 있고 하나님의 아들이 없는 자에게는 생명이 없느니라.

| 5-2 기도응답의 확신 (요안복음 16 장 24 절) | اسْتِجَابَةُ الصَّلَاةِ (يوحنا ١٦ : ٢٤) |

إِلَى الْآنَ لَمْ تَطْلُبُوا[6] شَيْئاً بِاسْمِي. اُطْلُبُوا تَأْخُذُوا[7] لِيَكُونَ فَرَحُكُمْ[8] كَامِلاً[9].

지금까지는 너희가 내 이름으로 아무것도 구하지 아니하였으나 구하라 그리하면 받으리니 너희 기쁨이 충만하리라

| 5-3 사죄의 확신 (요안일서 1 장 9 절) | غُفْرَانُ الْخَطَايَا (١ يوحنا ١ : ٩) |

إِنِ اعْتَرَفْنَا[10] بِخَطَايَانَا[11] فَهُوَ أَمِينٌ وَعَادِلٌ، حَتَّى يَغْفِرَ[12] لَنَا خَطَايَانَا وَيُطَهِّرَنَا[13] مِنْ كُلِّ إِثْمٍ[14].

---

[1] شَهَادَة 증명, 증거 ; 증명서, 보증서 ; 자격증, 졸업장 ; 신앙고백
[2] (أَعْطَى + نا) أَعْطَى/ يُعْطِي ه هـ، هـ ل ه ..에게 ..을 주다, 제공하다
[3] حَيَاة أَبَدِيَّة 영생
[4] <관계대명사> who 와 같은 것 مَنْ لَهُ الِابْنُ 아들을 가진 자는, 아들이 있는 자는
[5] (ف + لَيْسَتْ) هُوَ لَيْسَ، هِيَ لَيْسَتْ
[6] طَلَب/ يَطْلُبُ هـ مِنْ ه، إِلَى ه – طَلَب ...을 추구, 탐구하다 ; 요구, 요청하다
[7] أَخَذَ/ يَأْخُذُ هـ – أَخْذ ...을 취하다, 가지다 ; 얻다
[8] (فَرَح + كُم) <소유격 인칭 대명사> فَرَح 기쁨
[9] كَامِل 완전한, 전적인 كَامِلاً (حال) 완전하게
[10] اِعْتَرَف/ يَعْتَرِف بـ هـ 고백하다, 자백하다
[11] (بـ + خَطَايَا + نا) خَطِيَّة أَو خَطِيئَة/ خَطَايَا 죄 (sin) خَاطِئ/ خُطَاة 죄인
[12] غَفَر/ يَغْفِر هـ ل ه – غُفْرَان، غَفْر ..에게 ..을 용서하다
[13] (و + يُطَهِّر + نا) طَهَّر/ يُطَهِّر ه أَو هـ – تَطْهِير 깨끗하게 하다, 정결히 하다, 정화시키다
[14] إِثْم/ آثَام 죄, 죄악

실용 기독교 아랍어 핸드북

만일 우리가 우리 죄를 자백하면 저는 미쁘시고 의로우사 우리 죄를 사하시며 모든 불의에서 우리를 깨끗케 하실 것이요

| النَّصْرَةُ (١ كورنثوس ١٠: ١٣) | 5-4 승리의 확신 (고린도전서 10장 13절) |

لَمْ تُصِبكُمْ¹ تَجرِبَةٌ² إلاَّ بَشَرِيَّةٌ³. وَلَكِنَّ اللهَ أَمينٌ الَّذي لاَ يَدَعُكُمْ⁴ تُجرَّبونَ⁵ فَوقَ مَا تَستَطيعُونَ⁶ تَستَطيعُون⁶ بَلْ سَيَجعَلُ⁷ مَعَ التَّجرِبَةِ أيضاً المَنفَذَ⁸ لتَستَطيعُوا أَن تَحتَمِلُوا⁹.

사람이 감당할 시험 밖에는 너희에게 당한 것이 없나니 오직 하나님은 미쁘사 너희가 감당치 못할 시험 당함을 허락지 아니 하시고 시험 당할 즈음에 또한 피할 길을 내사 너희로 능히 감당하게 하시느니라.

| إِرْشَادُ الله   (أمثال ٣: ٥-٦) | 5-5 인도의 확신 (잠언 3장 5, 6절) |

تَوَكَّلْ¹⁰ عَلَى الرَّبِّ بِكُلِّ قَلْبِكَ وَعَلَى فَهْمِكَ¹¹ لاَ تَعتَمِدْ¹². في كُلِّ طُرُقِكَ¹³ اعرِفْهُ¹⁴ وَهُوَ يُقَوِّمُ¹⁵ سُبُلَكَ¹⁶.

너는 마음을 다하여 여호와를 의뢰하고 네 명철을 의지 하지 말라. 너는 범사에 그를 인정하라 그리하면 네 길을 지도하시리라

---

¹ (تُصِبْ) <표 20, 단축형> كُمْ + أَصَابَ/ يُصيبُ ه أو ه ..에게 생기다, 닥치다 (불행이)
² تَجرِبَة/ تَجارِب 시험, 실험 ; 연습, 시연 ; 유혹, 유인
³ بَشَرِيَّة 인류
⁴ وَدَعَ/ يَدَعُ (to let) 하게 하다 ... دَعَوة – إِلَى ه يَدعُو/ دَعَا.. ..에 초대.초청하다..를..
⁵ (أَنتُمْ تُجرَّبون) <수동형> جَرَّبَ/ يُجَرِّبُ ه 꾀다, 유인하다, 유혹하다 ; 을 시험.실험하다..
⁶ (أَنتُمْ تَستَطيعُون) إستَطاعَ/ يَستَطيعُ ه, أَن 하는 것이 가능하다, 할 수 있다,.. 할 능력이 있다..
⁷ (س + يَجعَلُ) جَعَلَ/ يَجعَلُ ه، ه ه ...하게하다, 시키다 ; ...을 만들다, 제작하다
⁸ مَنفَذ/ مَنافِذ 드나드는 곳, 출구 ; 통로
⁹ إحتَمَلَ/ يَحتَمِلُ ه 가능하다 ; 참다, 견디다, 용인하다 ; 자신이 지니다, 운반하다
¹⁰ تَوَكَّلَ/ يَتَوَكَّلُ عَلَى = إتَّكَلَ عَلَى ...를 신뢰하다, 의지하다, 기대다
¹¹ (فَهْم + ك) فَهْم = إدرَاك 이해 (understanding)
¹² إعتَمَدَ/ يَعتَمِدُ عَلَى ... ...를 의지하다, 기대다, 신뢰하다
¹³ (طُرُق + ك) طَريق/ طُرُق 길, 도로 ; 방법, 방식
¹⁴ عَرَفَ/ يَعرِفُ ه أو ه ..을 알다, 인식하다
¹⁵ قَوَّمَ/ يُقَوِّمُ ه ...을 일으켜 세우다 ; 곧바로 펴다, 곧게하다 ; 고치다, 개정하다, 바로잡다
¹⁶ (سُبُل + ك) سَبيل/ سُبُل 길, 도로 ; 방법, 수단

네비게이토 60 구절 성경 암송

A - 새로운 삶   الْحَيَاةُ الْجَدِيدَةُ

الْمَسِيحُ هُوَ الْمَرْكَزُ   A-1 중심되신 그리스도

إِذًا[1] إِنْ كَانَ أَحَدٌ فِي الْمَسِيحِ فَهُوَ خَلِيقَةٌ[2] جَدِيدَةٌ : الْأَشْيَاءُ[3] الْعَتِيقَةُ[4] قَدْ مَضَتْ[5]، هُوَذَا الْكُلُّ قَدْ صَارَ جَدِيدًا. (٢ كُورِنْثُوس ٥ : ١٧)

그런즉 누구든지 그리스도 안에 있으면 새로운 피조물이라 이전 것은 지나갔으니 보라 새것이 되었도다

الْمَسِيحُ هُوَ الْمَرْكَزُ   A-2 중심되신 그리스도

مَعَ الْمَسِيحِ صُلِبْتُ[6]، فَأَحْيَا[7] لَا أَنَا، بَلِ الْمَسِيحُ يَحْيَا فِيَّ. فَمَا أَحْيَاهُ[8] الْآنَ فِي الْجَسَدِ، فَإِنَّمَا[9] أَحْيَاهُ فِي الْإِيمَانِ، إِيمَانِ ابْنِ اللهِ، الَّذِي أَحَبَّنِي[10] وَأَسْلَمَ[11] نَفْسَهُ[12] لِأَجْلِي. (غَلَاطِيَّة ٢ : ٢٠)

내가 그리스도와 함께 십자가에 못박혔나니 그런즉 이제는 내가 산 것이 아니요 오직 내 안에 그리스도께서 사신 것이라 이제 내가 육체 가운데 사는 것은 나를 사랑하사 나를 위하여 자기 몸을 버리신 하나님의 아들을 믿는 믿음 안에서 사는 것이라

الطَّاعَةُ لِلْمَسِيحِ   A-3 그리스도께 순종

فَأَطْلُبُ إِلَيْكُمْ أَيُّهَا[13] الْإِخْوَةُ بِرَأْفَةِ[14] اللهِ أَنْ تُقَدِّمُوا[15] أَجْسَادَكُمْ[16] ذَبِيحَةً[17] حَيَّةً[18] مُقَدَّسَةً[19] مَرْضِيَّةً[20] عِنْدَ اللهِ، عِبَادَتَكُمُ الْعَقْلِيَّةَ[21]. (رُومِيَة ١٢ : ١)

그러므로 형제들아 내가 하나님의 모든 자비하심으로 너희를 권하노니 너희 몸을 하나님이 기뻐하시는 거룩한 산 제물로 드리라 이는 너희가 드릴 영적 예배니라

الطَّاعَةُ لِلْمَسِيحِ   A-4 그리스도께 순종

اَلَّذِي عِنْدَهُ وَصَايَايَ[22] وَيَحْفَظُهَا[23] فَهُوَ الَّذِي يُحِبُّنِي، وَالَّذِي يُحِبُّنِي يُحِبُّهُ أَبِي، وَأَنَا أُحِبُّهُ وَأُظْهِرُ[24] لَهُ ذَاتِي[25]. (يُوحَنَّا ١٤ : ٢١)

나의 계명을 가지고 지키는 자라야 나를 사랑하는 자니 나를 사랑하는 자는 내 아버지께 사랑을 받을 것이요 나도 그를 사랑하여 그에게 나를 나타내리라

---

[1] إِذَا 만약 (if)   إِذًا 그러므로 (therefore)
[2] 피조물 (creature) = خَلِيقَة/ خَلَائِق = مَخْلُوق = بَرِيَّة/ بَرَايَا
창조주 (creator) الْخَالِق 창조하다 خَلَق - يَخْلُق ه
[3] شَيْءٌ/ أَشْيَاء 것, 사물 (thing) ...
[4] عَتِيق = قَدِيم 오래된, 고대의 (old, ancient)
[5] مَضَى/ يَمْضِي 지나가다 (to go away, pass)
[6] صَلَب/ يَصْلِب ه - صَلْب 십자가에 못박다 (to crucify)
صُلِبْتُ 내가 십자가에 못박혔다 (수동형)
[7] حَيِيَ / يَحْيَا هـ - حَيَاة = عَاشَ 살다 (to live)
[8] مَا أَحْيَاهُ 내가 사는 그것은 (what I live)
[9] إِنَّمَا 참으로, 정말로, 그러나 (truly, indeed, but)
[10] أَحَبَّ/يُحِبُّ ه ..를 사랑하다 (to love)
[11] أَسْلَمَ/ يُسْلِمُ هـ(ه) إِلَى ... ...을 ...에게 넘겨주다, 양도하다
[12] نَفْس/ نُفُوس, أَنْفُس 정신 ; 마음 ; 영혼(soul) ; 자신 (self)
[13] أَيُّهَا = يَا أَيُّهَا 호격(상대방을 부를 때), 감탄 등 (Oh)
[14] رَأْفَة 자비 (mercy)
[15] قَدَّمَ/ يُقَدِّمُ ه، هـ 1. 제공하다, 제출하다 2. 진보하다
[16] جَسَد/ أَجْسَاد = جِسْم/ أَجْسَام 몸, 육체 (body)
[17] ذَبِيحَة 희생제사 (sacrifice)
[18] حَيّ/ أَحْيَاء 살아있는 (living)
[19] مُقَدَّس (신이) 거룩한 قُدُّوس (사람이나 사물이) 거룩한
[20] رَضِيَ/ يَرْضَى - رِضًى - رَاضِي - مَرْضِيّ ..에 만족하다
[21] عَقْلِيّ 이성 عَقْل 이성적인 (mental, intellectual)
[22] وَصِيَّة/ وَصَايَا 계명, 유언 (commandment)
[23] حَفِظَ/ يَحْفَظُ هـ - حِفْظ 1. 유지하다, 보존하다, 지키다 2. 암기하다 (to memorize)
[24] أَظْهَرَ/ يُظْهِرُ هـ - إِظْهَار 나타내다, 보여주다 (to show)
ظَهَرَ/ يَظْهَرُ - ظُهُور 나타나다, 출현하다 (to appear)
[25] ذَات = نَفْس 자기자신 (self)

실용 기독교 아랍어 앤드북

الْكَلِمَةُ A-5 말씀

كُلُّ الْكِتَابِ هُوَ مُوحًى¹ بِهِ مِنَ الله، وَنَافِعٌ² لِلتَّعْلِيمِ وَالتَّوْبِيخِ³، لِلتَّقْوِيمِ⁴ وَالتَّأْدِيبِ⁵ الَّذِي فِي الْبِرِّ⁶. (٢ تِيمُوثَاوُس ٣: ١٦)

모든 성경은 하나님의 감동으로 된 것으로 교훈과 책망과 바르게 함과 의로 교육하기에 유익하니

الْكَلِمَةُ A-6 말씀

لَا يَبْرَحْ⁷ سِفْرُ⁸ هَذِهِ الشَّرِيعَةِ⁹ مِنْ فَمِكَ، بَلْ تَلْهَجُ¹⁰ فِيهِ نَهَارًا¹¹ وَلَيْلًا¹² لِكَيْ تَتَحَفَّظَ¹³ لِلْعَمَلِ حَسَبَ¹⁴ كُلِّ مَا هُوَ مَكْتُوبٌ فِيهِ. لِأَنَّكَ حِينَئِذٍ¹⁵ تُصْلِحُ¹⁶ طَرِيقَكَ وَحِينَئِذٍ تُفْلِحُ¹⁷. (يَشُوع ١: ٨)

---

¹ أَوْحَى/ يُوحِي إِلَى ه ه ـ 영감이나 아이디어를 주다
  مُوحًى بِهِ (inspired, revealed) 영감된
² نَافِعٌ = مُفِيد (useful) 유익한, 유용한
  نَفَعَ/ يَنْفَعُ لـ ه، ه ـ نَفْع ـ نَافِع 유익하다, 유용하다
³ وَبَّخَ/ يُوَبِّخُ ه على ـ تَوْبِيخ (to scold) 꾸짖다
⁴ قَوَّمَ/ يُقَوِّمُ ه ـ تَقْوِيم
  1. 바르게 하다(to straighten)
  2. 교정하다(correct, set right)
⁵ أَدَّبَ/ يُؤَدِّبُ ه ـ تَأْدِيب 교양이 있도록 가르치다
⁶ بِرّ (piety, uprightness) 의, 경건 بَارّ/ أَبْرَار 의로운
⁷ بَرِحَ/ يَبْرَحُ ه ـ، مِنْ ه ـ (to leave) 떠나다
⁸ سِفْر/ أَسْفَار 성경 66 권의 각 권을 이르는 말
  سِفْرُ التَّكْوِين 창세기
⁹ شَرِيعَة = قَانُون 법   الشَّرِيعَة (الْإِسْلَامِيَّة) 이슬람 법
¹⁰ لَهَجَ/ يَلْهَجُ بـ، فِي (to speak constantly of) 계속해서 말하다
¹¹ نَهَار (day) 낮   نَهَارًا وَلَيْلًا (day and night) 밤낮
¹² لَيْل (night) 밤   لَيْلًا (at night) 밤에
¹³ تَحَفَّظَ/ يَتَحَفَّظُ (بـ) (be careful, be ware of) 조심하다
¹⁴ حَسَبَ = بِحَسَبِ = عَلَى حَسَبِ (according to) ...에 따라서
¹⁵ حِينَئِذٍ = حِينَئِذٍ (then, at that time) 그 때에, 그 당시에
¹⁶ أَصْلَحَ/ يُصْلِحُ ه ـ 고치다, 개선하다, 개혁하다
¹⁷ أَفْلَحَ/ يُفْلِحُ (to succeed) 성공하다, 번영하다

이 율법책을 네 입에서 떠나지 말게 하며 주야로 그것을 묵상하여 그 가운데 기록한 대로 다 지켜 행하라 그리하면 네 길이 평탄하게 될 것이라 네가 형통하리라

الصَّلَاةُ A-7 기도

إِنْ ثَبَتُّمْ¹⁸ فِيَّ وَثَبَتَ كَلَامِي فِيكُمْ تَطْلُبُونَ¹⁹ مَا تُرِيدُونَ²⁰ فَيَكُونُ لَكُمْ. (يُوحَنَّا ١٥: ٧)

너희가 내 안에 거하고 내 말이 너희 안에 거하면 무엇이든지 원하는 대로 구하라 그리하면 이루리라

الصَّلَاةُ A-8 기도

لَا تَهْتَمُّوا²¹ بِشَيْءٍ، بَلْ فِي كُلِّ شَيْءٍ بِالصَّلَاةِ وَالدُّعَاءِ²² مَعَ الشُّكْرِ²³، لِتُعْلَمْ²⁴ طَلِبَاتُكُمْ²⁵ لَدَى²⁶ الله. وَسَلَامُ اللهِ الَّذِي يَفُوقُ²⁷ كُلَّ عَقْلٍ²⁸، يَحْفَظُ²⁹ قُلُوبَكُمْ وَأَفْكَارَكُمْ فِي الْمَسِيحِ يَسُوعَ. (فِيلِبِّي ٤: ٦،٧)

아무 것도 염려하지 말고 오직 모든 일에 기도와 간구로, 너희 구할 것을 감사함으로 하나님께 아뢰라
그리하면 모든 지각에 뛰어난 하나님의 평강이 그리스도 예수 안에서 너희 마음과 생각을 지키시리라

---

¹⁸ ثَبَتَ/ يَثْبُتُ (فِي مَكَانٍ) ...에 머물다, 살다
¹⁹ طَلَبَ/ يَطْلُبُ (مِنْ ه) (to ask for) 구하다, 요청하다
²⁰ أَرَادَ/ يُرِيدُ ه ـ، أَنْ ـ إِرَادَة (to want) 원하다
²¹ اهْتَمَّ/ يَهْتَمُّ بـ ـ اهْتِمَام 1. 걱정하다 2.관심을 가지다
²² دُعَاء (prayer, supplication) 기도, 간구
  دَعَا/ يَدْعُو ه ـ إِلَى ... ؛ ه ـ دُعَاء 부르다 (to call) ; 초청하다
²³ شَكَرَ/ يَشْكُرُ ل ه ـ شُكْر (to thank) 감사하다
²⁴ عَلِمَ/ يَعْلَمُ ه، ه ـ عِلْم ; 이해하다 ..을 알다 (수동형 تُعْلَم)
²⁵ طَلِبَة = طَلَبَة 요청사항
²⁶ لَدَى = عِنْد ...에서 (at, on)
²⁷ فَاقَ/ يَفُوقُ ه ـ ...보다 낫다, 초과하다, 능가하다
²⁸ عَقْل 이성 (mind, intellect)
²⁹ حَفِظَ/ يَحْفَظُ ه ـ حِفْظ 2. 1. 유지하다, 보존하다, 지키다
  암기하다(to memorize)

제 7 부 성경 암송

الشَّرِكَةُ   A-9 교제

لِأَنَّهُ حَيْثُمَا¹ اِجْتَمَعَ² اثْنَانِ أَوْ ثَلَاثَةٌ بِاسْمِي فَهُنَاكَ أَكُونُ فِي وَسْطِهِمْ. (مَتَّى ١٨ : ٢٠)

두 세 사람이 내 이름으로 모인 곳에는 나도 그들 중에 있느니라

الشَّهَادَةُ   A-11 증거

فَقَالَ لَهُمَا : هَلُمَّ¹⁶ وَرَائِي¹⁷ فَأَجْعَلُكُمَا صَيَّادِي¹⁸ النَّاسِ. (مَتَّى ٤ : ١٩)

말씀하시되 나를 따라 오너라 내가 너희로 사람을 낚는 어부가 되게 하리라 하시니

الشَّرِكَةُ   A-10 교제

وَلْنُلَاحِظْ³ بَعْضُنَا بَعْضًا⁴ لِلتَّحْرِيضِ⁵ عَلَى الْمَحَبَّةِ وَالْأَعْمَالِ⁶ الْحَسَنَةِ⁷, غَيْرَ تَارِكِينَ⁸ اجْتِمَاعَنَا⁹ كَمَا لِقَوْمٍ¹⁰ عَادَةٌ¹¹, بَلْ وَاعِظِينَ¹² بَعْضُنَا بَعْضًا, وَبِالْأَكْثَرِ عَلَى قَدْرِ¹³ مَا تَرَوْنَ¹⁴ الْيَوْمَ يَقْرُبُ¹⁵ (الْعِبْرَانِيِّين ١٠ : ٢٤،٢٥)

서로 돌아보아 사랑과 선행을 격려하며 모이기를 폐하는 어떤 사람들의 습관과 같이 하지 말고 오직 권하여 그날이 가까움을 볼수록 더욱 그리하자

الشَّهَادَةُ   A-12 증거

لِأَنِّي لَسْتُ أَسْتَحِي¹⁹ بِإِنْجِيلِ الْمَسِيحِ, لِأَنَّهُ قُوَّةُ اللهِ لِلْخَلَاصِ لِكُلِّ مَنْ يُؤْمِنُ : لِلْيَهُودِيِّ أَوَّلًا ثُمَّ لِلْيُونَانِيِّ. (رومية ١ : ١٦)

내가 복음을 부끄러워하지 아니하노니 이 복음은 모든 믿는 자에게 구원을 주시는 하나님의 능력이 됨이라 첫째는 유대인에게요 또한 헬라인에게로다

---

¹ حَيْثُ ... 곳에(where) حَيْثُمَا ... 곳에, 어디든지(wherever)
² اِجْتَمَعَ/يَجْتَمِعُ - اِجْتِمَاع 모이다, 모여들다
³ لَاحَظَ/يُلَاحِظُ ه، هـ، أَنْ 살피다, 주시하다, 관찰하다
⁴ بَعْضُهُم بَعْضًا 서로서로 (one another, each other)
⁵ حَرَّضَ/يُحَرِّضُ ه (على) - تَحْرِيض 부추기다, 장려하다
⁶ عَمَل/ أَعْمَال 일, 노동 ; 행동, 행위
⁷ أَعْمَال حَسَنَة 선행, 좋은 일, 덕행
⁸ تَرَكَ/ يَتْرُكُ ه، هـ - تَرْك - تَارِك 1. 떠나다 2. 그만두다
⁹ اِجْتِمَاع 모임 (gathering, meeting)
¹⁰ قَوْم 인민, 민족, 백성 people
¹¹ عَادَة habit
¹² وَعَظَ/ يَعِظُ ه - وَعْظ, عِظَة - وَاعِظ 설교하다
¹³ قَدْر 양, 한계, 한도
عَلَى قَدْرِ مَا 힘자라는데로, 가능한만큼
¹⁴ رَأَى/ يَرَى ه، هـ، أَنْ - رُؤْيَة 보다 (to see)
¹⁵ قَرُبَ/ يَقْرُبُ إِلَى، مِنْ ... 에 가깝다

---

¹⁶ هَلُمَّ ! 자 ... 합시다!, 이리로 오시오!
¹⁷ وَرَاء (behind) ...의 뒤에
¹⁸ صَيَّاد = صَائِد 사냥꾼 صَيَّادُ السَّمَكِ 어부
صَادَ/ يَصِيدُ هـ (to hunt) ...을 사냥하다
¹⁹ اِسْتَحَى/ يَسْتَحِي ...을 부끄러워하다

실용 기독교 아랍어 핸드북

B – 그리스도를 전파함	التَّبْشِيرُ بِالْمَسِيحِ

B-1 모든 사람이 죄를 범함   الْجَمِيعُ أَخْطَأُوا

إِذْ[1] الْجَمِيعُ أَخْطَأُوا[2] وَأَعْوَزَهُمْ[3] مَجْدُ اللهِ.
(رُومِيَة ٣: ٢٣)

모든 사람이 죄를 범하였으매 하나님의 영광에 이르지 못하더니

B-2 모든 사람이 죄를 범함   الْجَمِيعُ أَخْطَأُوا

كُلُّنَا كَغَنَمٍ ضَلَلْنَا[4]. مِلْنَا[5] كُلُّ وَاحِدٍ إِلَى طَرِيقِهِ، وَالرَّبُّ وَضَعَ[6] عَلَيْهِ إِثْمَ[7] جَمِيعِنَا. (إِشَعْيَاء ٥٣: ٦)

우리는 다 양 같아서 그릇 행하여 각기 제 길로 갔거늘 여호와께서는 우리 무리의 죄악을 그에게 담당시키셨도다

B-3 죄의 형벌   عُقُوبَةُ الْخَطِيَّةِ

لِأَنَّ أُجْرَةَ[8] الْخَطِيَّةِ[9] هِيَ مَوْتٌ، وَأَمَّا[10] هِبَةُ[11] اللهِ فَهِيَ حَيَاةٌ أَبَدِيَّةٌ بِالْمَسِيحِ يَسُوعَ رَبِّنَا.
(رُومِيَة ٦: ٢٣)

죄의 삯은 사망이요 하나님의 은사는 그리스도 예수 우리 주 안에 있는 영생이니라

B-4 죄의 형벌   عُقُوبَةُ الْخَطِيَّةِ

وَكَمَا وُضِعَ لِلنَّاسِ أَنْ يَمُوتُوا مَرَّةً ثُمَّ[12] بَعْدَ ذَلِكَ الدَّيْنُونَةُ[13] (عِبْرَانِيِّين ٩: ٢٧)

한번 죽는 것은 사람에게 정하신 것이요 그 후에는 심판이 있으리니

B-5 그리스도가 형벌을 받음   يَسُوعُ دَفَعَ الْعِقَابَ

وَلَكِنَّ اللهَ بَيَّنَ[14] مَحَبَّتَهُ لَنَا، لِأَنَّهُ[15] وَنَحْنُ بَعْدُ[16] خُطَاةٌ[17] مَاتَ الْمَسِيحُ لِأَجْلِنَا. (رُومِيَة ٥: ٨)

우리가 아직 죄인 되었을 때에 그리스도께서 우리를 위하여 죽으심으로 하나님께서 우리에게 대한 자기의 사랑을 확증하셨느니라

B-6 그리스도가 형벌을 받음   يَسُوعُ دَفَعَ الْعِقَابَ

فَإِنَّ الْمَسِيحَ أَيْضًا تَأَلَّمَ[18] مَرَّةً وَاحِدَةً مِنْ أَجْلِ الْخَطَايَا، الْبَارَّ[19] مِنْ أَجْلِ الْأَثَمَةِ[20]، لِكَيْ يُقَرِّبَنَا[21] إِلَى اللهِ، مُمَاتًا[22] فِي الْجَسَدِ وَلَكِنْ مُحْيىً[23] فِي الرُّوحِ (١بُطْرُس٣: ١٨)

그리스도께서도 한번 죄를 위하여 죽으사 의인으로서 불의한 자를 대신하셨으니 이는 우리를 하나님 앞으로 인도하려 하심이라 육체로는 죽임을 당하시고 영으로는 살리심을 받으셨으니

---

[1] إِذْ (then, since)때, … 때에 ; …때문에

[2] أَخْطَأَ/يُخْطِئُ فِي …، ه هـ ...에서 틀리다, 죄짓다

[3] أَعْوَزَ/يُعْوِزُ ه هـ ...에게 (주어가) 필요하다, 부족하다

[4] ضَلَّ/يَضِلُّ فِي … – ضَلَال ...에서 헤매다, 떠돌아 다니다

[5] مَالَ/يَمِيلُ إِلَى – مَيْل ...로 기울다, 치우치다

[6] وَضَعَ/يَضَعُ هـ، ه – وَضْع 놓다, 두다 (to put)

[7] إِثْم/آثَام 죄, 죄악 (sin, wrongdoing)

[8] أُجْرَة/أُجَر 노임, 임금, 삯, ; 값

[9] خَطِيَّة/خَطَايَا 죄 خَاطِئ/خُطَاة 죄인

[10] أَمَّا 또는, 혹은, 아니면, 한편 (as to, as for, but)

[11] هِبَة/هِبَات وَهَبَ/يَهَبُ ه هـ ...에게 선사하다

[12] ثُمَّ 그 다음에, 그 후에 (then, after that)

[13] دَيْنُونَة 심판 (judgement)

[14] بَيَّنَ/يُبَيِّنُ هـ 보여주다, 드러내다 ; 명백하게 하다

[15] لِـ + أَنَّ + ه

[16] بَعْدُ = حَتَّى الْآن 아직, 채 (yet, still) بَعْدَ 이후에 (after)

[17] خَاطِئ/خُطَاة 죄인 خَطِيَّة/خَطَايَا 죄

[18] تَأَلَّمَ/يَتَأَلَّمُ مِنْ … ...로 아파하다, 고통스러워하다

[19] بَارّ/أَبْرَار 의로운, 경건한

[20] آثِم/أَثَمَة 1. 죄를 지은 (sinful) 2. 죄인 (sinner)

[21] قَرَّبَ/يُقَرِّبُ ه (إِلَى) ...을 가깝게 하다, 접근시키다

[22] أَمَاتَ/يُمِيتُ – مُمَات (اسم المفعول) ...을 죽이다

[23] أَحْيَا/يُحْيِي – مُحْيِي ...을 살리다, 생명을 주다

제 7 부 성경 암송

B-7 선행으로 구원받지 못함 الْخَلاصُ لَيْسَ بِالأَعْمَال

لِأَنَّكُمْ بِالنِّعْمَةِ مُخَلَّصُونَ، بِالإِيمَانِ، وَذَلِكَ[1] لَيْسَ مِنْكُمْ. هُوَ عَطِيَّةُ[2] الله. لَيْسَ مِنْ أَعْمَالٍ كَيْلاَ[3] يَفْتَخِرَ[4] أَحَدٌ. (أَفَسُس ٢: ٨-٩)

너희가 그 은혜를 인하여 믿음으로 말미암아 구원을 얻었나니 이것이 너희에게서 난 것이 아니요 하나님의 선물이라 행위에서 난 것이 아니니 이는 누구든지 자랑치 못하게 함이니라

B-8 선행으로 구원받지 못함 الْخَلاصُ لَيْسَ بِالأَعْمَال

لاَ بِأَعْمَالٍ[5] فِي بِرٍّ عَمِلْنَاهَا[6] نَحْنُ، بَلْ بِمُقْتَضَى[7] رَحْمَتِهِ - خَلَّصَنَا[8] بِغُسْلِ[9] الْمِيلاَدِ[10] الثَّانِي وَتَجْدِيدِ[11] الرُّوحِ الْقُدُسِ، (تِيطُس ٣: ٥)

우리를 구원하시되 우리의 행한바 의로운 행위로 말미암지 아니하고 오직 그의 긍휼하심을 좇아 중생의 씻음과 성령의 새롭게 하심으로 하셨나니

B-9 그리스도를 모셔야 함 وُجُوبُ قُبُولِ الْمَسِيح

وَأَمَّا[12] كُلُّ الَّذِينَ قَبِلُوهُ فَأَعْطَاهُمْ[13] سُلْطَاناً[14] أَنْ[15] يَصِيرُوا[16] أَوْلاَدَ الله، أَيِ الْمُؤْمِنُونَ بِاسْمِهِ. (يوحنا ١: ١٢)

영접하는 자 곧 그 이름을 믿는 자들에게는 하나님의 자녀가 되는 권세를 주셨으니

B-10 그리스도를 모셔야 함 وُجُوبُ قُبُولِ الْمَسِيح

هَنَذَا[17] وَاقِفٌ عَلَى الْبَابِ وَأَقْرَعُ[18]. إِنْ سَمِعَ أَحَدٌ صَوْتِي وَفَتَحَ الْبَابَ، أَدْخُلُ إِلَيْهِ وَأَتَعَشَّى[19] مَعَهُ وَهُوَ مَعِي. (الرُّؤْيَا ٣: ٢٠)

볼지어다 내가 문밖에 서서 두드리노니 누구든지 내 음성을 듣고 문을 열면 내가 그에게로 들어가 그로 더불어 먹고 그는 나로 더불어 먹으리라

B-11 구원의 확신 تَأْكِيدُ الْخَلاصِ

كَتَبْتُ هَذَا إِلَيْكُمْ، أَنْتُمُ الْمُؤْمِنِينَ بِاسْمِ ابْنِ الله، لِكَيْ تَعْلَمُوا[20] أَنَّ لَكُمْ حَيَاةً أَبَدِيَّةً، وَلِكَيْ تُؤْمِنُوا بِاسْمِ ابْنِ الله. (ايوحنا ٥: ١٣)

내가 하나님의 아들의 이름을 믿는 너희에게 이것을 쓴 것은 너희로 하여금 너희에게 영생이 있음을 알게 하려 함이라

---

[1] ذَلِكَ = ذَاكَ = هَذَا = ذَا = (this, that) 저, 저것은
[2] عَطِيَّة (gift, present) 선물
[3] كَيْلاَ = كَيْ لاَ ...하지 않도록
[4] اِفْتَخَرَ/ يَفْتَخِرُ ب 자랑하다, 빼기다 ; 긍지를 가지다
[5] عَمَل/ أَعْمَال 일, 노동 ; 행동, 행위
[6] عَمِلَ/ يَعْمَلُ هـ - عَمَل ..을 하다, 일하다, 행하다
[7] بِمُقْتَضَى = حَسَبَ (according to) ..에 따라서, 근거하여
[8] خَلَّصَ/ يُخَلِّصُ ه، هـ مِنْ - خَلاَص ...을...에서 구하다, 구원하다
[9] غَسَلَ/ يَغْسِلُ هـ، ه - غَسْل ...을 씻다, 빨다
[10] مِيلاَد/ مَوَالِيد 출생, 탄생
[11] جَدَّدَ/ يُجَدِّدُ هـ - تَجْدِيد 새롭게 하다, 갱신하다
[12] أَمَّا 또는, 혹은, 아니면(as to, as for, but)
[13] أَعْطَى/ يُعْطِي ه هـ، ه ل هـ ...에게 ..을 주다, 제공하다
[14] سُلْطَان 권력, 권세, 지배권
[15] أَنْ (that)관계대명사 إِنْ 만약(if) or أَنَّ 강조를 위해
[16] صَارَ/ يَصِيرُ (to become) ...이 되다
[17] هَنَذَا = هَا أَنَا ذَا 여기 내가 있어! Here I am!
[18] قَرَعَ/ يَقْرَعُ هـ - قَرْع (문을) 두드리다, (벨을) 울리다
قَرَعَ الْبَابَ، قَرَعَ الْجَرَسَ = دَقَّ الْجَرَسَ
[19] تَعَشَّى/ يَتَعَشَّى 저녁을 먹다 (to have dinner)
[20] عَلِمَ/ يَعْلَمُ هـ، ه، ب هـ ه - عِلْم ..을 알다 (to know)

실용 기독교 아랍어 핸드북

| C - 하나님을 의뢰함 | اَلْإِتِّكَالُ عَلَى الله |

B-12 구원의 확신   تَأْكِيدُ الْخَلَاصِ

اَلْحَقَّ الْحَقَّ أَقُولُ لَكُمْ : إِنَّ مَنْ يَسْمَعُ كَلَامِي وَيُؤْمِنُ بِالَّذِي أَرْسَلَنِي¹ فَلَهُ حَيَاةٌ أَبَدِيَّةٌ، وَلَا يَأْتِي إِلَى دَيْنُونَةٍ²، بَلْ قَدِ انْتَقَلَ³ مِنَ الْمَوْتِ إِلَى الْحَيَاةِ. (يوحنا ٥: ٢٤)

내가 진실로 진실로 너희에게 이르노니 내 말을 듣고 또 나 보내신 이를 믿는 자는 영생을 얻었고 심판에 이르지 아니하나니 사망에서 생명으로 옮겼느니라

C-1 성령(His Spirit)   اَلرُّوحُ الْقُدُسُ

أَمَا⁴ تَعْلَمُونَ أَنَّكُمْ هَيْكَلُ⁵ اللهِ، وَرُوحُ اللهِ يَسْكُنُ⁶ فِيكُمْ؟ (١كُورِنْثُوس ٣: ١٦)

너희가 하나님의 성전인 것과 하나님의 성령이 너희 안에 거하시는 것을 알지 못하느뇨

C-2 성령(His Spirit)   اَلرُّوحُ الْقُدُسُ

وَنَحْنُ لَمْ نَأْخُذْ⁷ رُوحَ الْعَالَمِ، بَلِ الرُّوحَ الَّذِي مِنَ اللهِ، لِنَعْرِفَ⁸ الْأَشْيَاءَ⁹ الْمَوْهُوبَةَ¹⁰ لَنَا مِنَ اللهِ، (١كُورِنْثُوس ٢: ١٢)

우리가 세상의 영을 받지 아니하고 오직 하나님께로 온 영을 받았으니 이는 우리로 하여금 하나님께서 우리에게 은혜로 주신 것들을 알게 하려 하심이라

C-3 능력(His Strength)   اَلْقُوَّةُ

لَا تَخَفْ¹¹ لِأَنِّي مَعَكَ. لَا تَتَلَفَّتْ¹² لِأَنِّي إِلَهُكَ. قَدْ أَيَّدْتُكَ¹³ وَأَعَنْتُكَ¹ وَعَضَدْتُكَ² بِيَمِينِ³ بِرِّي⁴. (إِشَعْيَاءَ ٤١: ١٠)

---

⁴ أَمَا أ = 의문사 أَمَّا(but) 또는, 혹은
⁵ هَيْكَل = مَعْبَد (temple) 사원, 제단
⁶ سَكَنَ - ب، سَكَنَ/ يَسْكُنُ فِي (to live) ...에 살다, 거주하다
⁷ أَخَذَ - هـ أَخَذَ/ يَأْخُذُ (to take) ...을 취하다, 가지다
⁸ عَرَفَ/ يَعْرِفُ هـ، ه - مَعْرِفَة (to know) ...을 알다
⁹ شَيْء/ أَشْيَاء (thing) 것, 사물 ...
¹⁰ وَهَبَ/ يَهَبُ هـ، هـ ل ه - وَهْب - وَاهِب - مَوْهُوب
  ...을 ..에게 선물하다, 선사하다
¹¹ خَافَ/ يَخَافُ هـ، مِن ه (هـ) - خَوْف ...을
  <표 19> 단축법 لَا تَخَفْ 무서워하다, 두려워하다
¹² تَلَفَّتَ/ يَتَلَفَّتُ (to look around) 주위를 살피다, 주시하다
¹³ أَيَّدَ/ يُؤَيِّدُ ه، هـ - تَأْيِيد ..을 지지하다 (to support)

¹ أَرْسَلَ/ يُرْسِلُ هـ، ه - إِرْسَال - مُرْسِل - مُرْسَل ...을
  보내다, 파견하다 ; 발송하다
² دَيْنُونَة (judgement) يَوْمُ الدَّيْنُونَةِ 심판의 날
³ اِنْتَقَلَ/ يَنْتَقِلُ إِلَى (to be moved) 옮겨지다, 전이되다

제 7 부 성경 암송

C-6 성실 (His Faithfulness) — الإخْلاَصُ

لَيْسَ اللهُ إِنْسَانًا فَيَكْذِبَ[13]، وَلاَ ابْنَ إِنْسَانٍ فَيَنْدَمَ[14]. هَلْ يَقُولُ[15] وَلاَ يَفْعَلُ أَوْ يَتَكَلَّمُ[16] وَلاَ يَفِي[17]؟ (عَدَد ٢٣: ١٩)

하나님은 인생이 아니시니 식언치 않으시고 인자가 아니시니 후회가 없으시도다 어찌 그 말씀하신 바를 행치 않으시며 하신 말씀을 실행치 않으시랴

C-7 평안 (His Peace) — السَّلاَمُ

ذُو[18] الرَّأْيِ الْمُمَكَّنِ[19] تَحْفَظُهُ[20] سَالِمًا سَالِمًا، لِأَنَّهُ عَلَيْكَ مُتَوَكِّلٌ[21]. (إِشَعْيَاءَ ٢٦: ٣)

주께서 심지가 견고한 자를 평강에 평강으로 지키시리니 이는 그가 주를 의뢰함이니이다

C-8 평안 (His Peace) — السَّلاَمُ

مُلْقِينَ[22] كُلَّ هَمِّكُمْ[23] عَلَيْهِ، لِأَنَّهُ هُوَ يَعْتَنِي[24] بِكُمْ. (١ بُطْرُس ٥: ٧)

너희 염려를 다 주께 맡겨 버리라 이는 저가 너희를 권고하심이니라

두려워 말라 내가 너와 함께 함이니라 놀라지 말라 나는 네 하나님이 됨이니라 내가 너를 굳세게 하리라 참으로 너를 도와 주리라 참으로 나의 의로운 오른손으로 너를 붙들리라

C-4 능력 (His Strength) — الْقُوَّةُ

أَسْتَطِيعُ[5] كُلَّ شَيْءٍ فِي الْمَسِيحِ الَّذِي يُقَوِّينِي[6]. (فِيلِبِّي ٤: ١٣)

내게 능력 주시는 자 안에서 내가 모든 것을 할 수 있느니라

C-5 성실 (His Faithfulness) — الإخْلاَصُ

إِنَّهُ مِنْ إِحْسَانَاتِ[7] الرَّبِّ أَنَّنَا لَمْ نَفْنَ[8]، لِأَنَّ مَرَاحِمَهُ[9] لاَ تَزُولُ[10]. هِيَ جَدِيدَةٌ فِي كُلِّ صَبَاحٍ. كَثِيرَةٌ أَمَانَتُكَ[11]. (مَرَاثِي[12] إِرْمِيَا ٣: ٢٢-٢٣)

여호와의 자비와 긍휼이 무궁하시므로 우리가 진멸되지 아니함이니이다 이것이 아침마다 새로우니 주의 성실이 크도소이다

<표 20> ...를 도와주다, 원조하다 (to help) ه أعَانَ/ يُعِينُ [1]

...를 돕다, 지지하다 (to help) عَضَدَ - ه عَضَدَ/ يَعْضُدُ [2]

우측, 오른손 يَمِينٌ [3]

(나의 의로움 = بِرّ + ي) 의, 경건 (piety, uprightness) بِرٌّ [4]

...하는 것이 가능하다, ... 할 أَنْ ،ه اِسْتَطَاعَ/ يَسْتَطِيعُ [5]
수 있다. ..할 능력이 있다. (to be able to)

..을 강화하다 (to strength) ه قَوَّى/ يُقَوِّي [6]

은혜; 자선; 선행 إِحْسَانٌ/ إِحْسَانَاتٌ [7]

<표 26> فَنِيَ/ يَفْنَى - فَنَاءٌ لَمْ نَفْنَ 파멸하다, 멸망하다 [8]

동정, 자비심 (pity, compassion) رَحْمَةٌ/ مَرَاحِمُ [9]

지다, (해, 달이) 넘어가다 ; 사라지다 زَالَ/ يَزُولُ [10]

충실성, 성실성 (faithfulness) وَفَاءٌ = أَمَانَةٌ [11]

애도하다 (to lament) مَرَّةٌ/ مَرَّاتٌ، رَثَى/ يَرْثِي [12] 애가, 비가

13 كَذَبَ/ يَكْذِبُ عَلَى ه، ه - كِذْبٌ ...를 속이다, 거짓말하다

14 نَدِمَ/ يَنْدَمُ عَلَى - نَدَمٌ ...을 후회하다, 뉘우치다

15 قَالَ/ يَقُولُ إِنَّ، لِ ه عَنْ(فِي) - قَوْلٌ 말하다, 이야기하다

16 تَكَلَّمَ/ يَتَكَلَّمُ فِي، عَنْ ...에 대해여 이야기하다 (to speak) ...

17 وَفَى/ يَفِي بِ ه، ه - وَفَاءٌ 이행하다, 실현하다

18 ذُو = صَاحِبٌ 가진, 소유자 (possessor of, owner of)

19 مَكَّنَ/ يُمَكِّنُ ه - مُمَكَّنٌ ...을 강화하다, 공고히 하다

20 حَفِظَ/ يَحْفَظُ ه - حِفْظٌ 지키다, 수호하다 ; 암기하다

21 تَوَكَّلَ/ يَتَوَكَّلُ عَلَى - مُتَوَكِّلٌ - اِتَّكَلَ عَلَى-مُتَّكِلٌ ...를 신뢰하다..

22 أَلْقَى/ يُلْقِي ه، ه - مُلْقٍ 던지다 (to throw)

23 هَمٌّ/ هُمُومٌ = قَلَقٌ 염려, 걱정, 불안

24 اِعْتَنَى/ يَعْتَنِي بِ = اِهْتَمَّ بِ ...에 관심과 배려를 하다, 보살피다 (to take care of)

181

실용 기독교 아랍어 핸드북

C-9 공급 (His Provision) التَّدْبِيرُ

الَّذِي لَمْ يُشْفِقْ¹ عَلَى ابْنِهِ، بَلْ بَذَلَهُ² لِأَجْلِنَا أَجْمَعِينَ³، كَيْفَ لَا يَهَبُنَا⁴ أَيْضًا مَعَهُ كُلَّ شَيْءٍ؟

(رُومِيَة ٨: ٣٢)

자기 아들을 아끼지 아니하시고 우리 모든 사람을 위하여 내어주신 이가 어찌 그 아들과 함께 모든 것을 우리에게 은사로 주지 아니하시겠느뇨

C-11 유혹에서 도우심 الْمُسَاعَدَةُ فِي التَّجْرِبَةِ

لِأَنَّهُ فِي مَا⁹ هُوَ قَدْ تَأَلَّمَ¹⁰ مُجَرَّبًا¹¹ يَقْدِرُ¹² أَنْ يُعِينَ¹³ الْمُجَرَّبِينَ. (الْعِبْرَانِيِّين ٢: ١٨)

자기가 시험을 받아 고난을 당하셨은즉 시험 받는 자들을 능히 도우시느니라

C-10 공급 (His Provision) التَّدْبِيرُ

فَيَمْلَأُ⁵ إِلَهِي كُلَّ احْتِيَاجِكُمْ⁶ بِحَسَبِ⁷ غِنَاهُ⁸ فِي الْمَجْدِ فِي الْمَسِيحِ يَسُوعَ. (فِيلِبِّي ٤: ١٩)

나의 하나님이 그리스도 예수 안에서 영광 가운데 그 풍성한 대로 너희 모든 쓸 것을 채우시리라

C-12 유혹에서 도우심 الْمُسَاعَدَةُ فِي التَّجْرِبَةِ

بِمَ¹⁴ يُزَكِّي¹⁵ الشَّابُّ طَرِيقَهُ؟ بِحِفْظِهِ¹⁶ إِيَّاهُ¹⁷ حَسَبَ كَلَامِكَ. خَبَّأْتُ¹⁸ كَلَامَكَ فِي قَلْبِي لِكَيْلَا¹⁹ أُخْطِئَ²⁰ إِلَيْكَ. (مَزْمُور ١١٩: ٩،١١)

청년이 무엇으로 그 행실을 깨끗케 하리이까 주의 말씀을 따라 삼갈 것이니이다. 내가 주께 범죄치 아니하려 하여 주의 말씀을 내 마음에 두었나이다

---

¹ أَشْفَقَ/ يُشْفِقُ على ....를 동정하다 ; 걱정하다, 두려워하다

² بَذَلَ/ يَبْذِلُ، يَبْذُلُ ه ....을 바치다, (아낌없이) 제공하다

³ أَجْمَع = كُلّ 모두

⁴ وَهَبَ/ يَهَبُ ه ه، ه ل ه – وَهْب ...을 ...에게 선물하다, 선사하다

⁵ مَلَأَ/ يَمْلَأُ – مَلْء (공백을) 메우다, (여백을) 채워넣다

⁶ إِحْتَاجَ/ يَحْتَاجُ إِلَى – إِحْتِيَاج ...을 필요로 하다
إِحْتِيَاج/ إِحْتِيَاجَات 필요, 요구, 필요사항

⁷ بِحَسَب = على حَسَب ...에 따라서 (according to)

⁸ غَنِيَ/ يَغْنَى – غِنَى 부유하다, 부자이다

---

⁹ فِي مَا = فِيمَا (while) ..하는 동안, ..하는 사이

¹⁰ تَأَلَّمَ/ يَتَأَلَّمُ مِنْ = تَوَجَّعَ ...로 아파하다, 고통스러워 하다

¹¹ جَرَّبَ/ يُجَرِّبُ هـ – تَجْرِيب – مُجَرِّب – مُجَرَّب .. 을 시험하다, 실험하다, ..해보다 ; 꾀다, 유인하다

¹² قَدَرَ/ يَقْدِرُ، يَقْدُرُ عَلَى، أَنْ – قُدْرَة 할 수 있다. 능력이 있다, 힘이 있다. (to be able to)

¹³ أَعَانَ/ يُعِينُ ه to help ....를 도와주다, 원조하다

¹⁴ بِمَ = بِمَا (with what) 무엇으로

¹⁵ زَكَّى/ يُزَكِّي هـ، ه 정화하다 ; 개선하다 ; 깨끗이 하다

¹⁶ حَفِظَ/ يَحْفَظُ هـ – حِفْظ 1. 유지하다, 보존하다, 지키다 2. 암기하다

¹⁷ (ضَمِير النَّصْب المُنْفَصِل) 분리 대명사

¹⁸ خَبَّأَ/ يُخَبِّئُ هـ، ه = خَبَأَ ...을 숨기다, 감추다

¹⁹ لِكَيْلَا = لِكَيْ لَا ..하지 않도록

²⁰ أَخْطَأَ/ يُخْطِئُ فِي، هـ، ه ...에서 틀리다, 실수하다 ; 죄짓다

제 7 부 성경 암송

D 그리스도 제자의 자격　مُؤَهَّلَاتُ تَبَعِيَّةِ الْمَسِيحِ

D-1 그리스도를 첫 자리에 모심　أَوْلَوِيَّةُ الْمَسِيحِ

لَكِنِ اطْلُبُوا¹ أَوَّلاً مَلَكُوتَ اللهِ وَبِرَّهُ، وَهَذِهِ كُلُّهَا تُزَادُ² لَكُمْ. (مَتَّى ٦: ٣٣)

너희는 먼저 그의 나라와 그의 의를 구하라 그리하면 이 모든 것을 너희에게 더하시리라

D-2 그리스도를 첫 자리에 모심　أَوْلَوِيَّةُ الْمَسِيحِ

وَقَالَ لِلْجَمِيعِ : إِنْ أَرَادَ³ أَحَدٌ أَنْ يَأْتِيَ وَرَائِي⁴، فَلْيُنْكِرْ⁵ نَفْسَهُ وَيَحْمِلْ⁶ صَلِيبَهُ كُلَّ يَوْمٍ، وَيَتْبَعْنِي⁷. (لُوقَا ٩: ٢٣)

또 무리에게 이르시되 아무든지 나를 따라 오려거든 자기를 부인하고 날마다 제 십자가를 지고 나를 좇을 것이니라

D-3 죄에서 떠남　الاِعْتِزَالُ عَنِ الْعَالَمِ

لَا تُحِبُّوا⁸ الْعَالَمَ وَلَا الْأَشْيَاءَ الَّتِي فِي الْعَالَمِ. إِنْ أَحَبَّ أَحَدٌ الْعَالَمَ فَلَيْسَتْ فِيهِ مَحَبَّةُ الآبِ. لِأَنَّ كُلَّ مَا فِي الْعَالَمِ : شَهْوَةَ⁹ الْجَسَدِ، وَشَهْوَةَ الْعُيُونِ، وَتَعَظُّمَ¹⁰ الْمَعِيشَةِ¹¹، لَيْسَ مِنَ الآبِ بَلْ مِنَ الْعَالَمِ. (١ يُوحَنَّا ٢: ١٥-١٦)

이 세상이나 세상에 있는 것들을 사랑치 말라 누구든지 세상을 사랑하면 아버지의 사랑이 그 속에 있지 아니하니 이는 세상에 있는 모든 것이 육신의 정욕과 안목의 정욕과 이생의 자랑이니 다 아버지께로 좇아 온 것이 아니요 세상으로 좇아 온 것이라

D-4 죄에서 떠남　الاِعْتِزَالُ عَنِ الْعَالَمِ

وَلَا تُشَاكِلُوا¹² هَذَا الدَّهْرَ¹³، بَلْ تَغَيَّرُوا¹⁴ عَنْ شَكْلِكُمْ بِتَجْدِيدِ¹⁵ أَذْهَانِكُمْ¹⁶، لِتَخْتَبِرُوا¹⁷ مَا هِيَ إِرَادَةُ¹⁸ اللهِ : الصَّالِحَةُ¹⁹ الْمَرْضِيَّةُ²⁰ الْكَامِلَةُ²¹. (رُومِيَةَ ١٢: ٢)

너희는 이 세대를 본받지 말고 오직 마음을 새롭게 함으로 변화를 받아 하나님의 선하시고 기뻐하시고 온전하신 뜻이 무엇인지 분별하도록 하라

---

¹ طَلَبَ/ يَطْلُبُ هـ، ه، مِنْ(إلى) ه هـ، مِنْ (إلى) هـ، أَنْ - طَلَب
요구하다, 요청하다 ; ..에게 ..을 요구하다

² زَادَ/ يَزِيدُ - زِيَادَة (تُزَادُ) 수동형) 늘어나다, 증가되다

³ أَرَادَ/ يُرِيدُ ه، هـ، أَنْ .. - إِرَادَة ..을 원하다 (to want)

⁴ وَرَاءَ ..의 뒤에 (behind)

⁵ أَنْكَرَ/ يُنْكِرُ ه، هـ - .. 을 부인하다, 거부하다
(الفعل المضارع مجزوم : لام الأمر) 단축법

⁶ حَمَلَ/ يَحْمِلُ هـ، - حَمْل ..을 나르다, 운반하다 ; 짐을 지다

⁷ تَبِعَ/ يَتْبَعُ ه، هـ - تَبَع 따르다, 추종하다, 뒤따르다

---

⁸ أَحَبَّ/ يُحِبُّ هـ ..를 사랑하다 (to love)

⁹ شَهْوَة = رَغْبَة 정욕, 음욕 ; 소원, 갈망
شَهْوَة جِنْسِيَّة 성욕

¹⁰ تَعَظَّمَ/ يَتَعَظَّمُ بـ - تَعَظُّم ..을 자랑하다, 자만하다

¹¹ مَعِيشَة/ مَعَايِش 생활 ; 생활수단, 생계

¹² شَاكَلَ/ يُشَاكِلُ ه، هـ ..과 비슷하게 되다, 유사하다, 닮다

¹³ دَهْر/ دُهُور = عَصْر 시대, 세기 (age, era)

¹⁴ تَغَيَّرَ/ يَتَغَيَّرُ 달라지다, 바뀌다, 변경되다

¹⁵ جَدَّدَ/ يُجَدِّدُ هـ - تَجْدِيد 혁신하다, 갱신하다, 새롭게 하다

¹⁶ ذِهْن/ أَذْهَان 정신, 이지, 지능 (mind, intellect)

¹⁷ اِخْتَبَرَ/ يَخْتَبِرُ ه، هـ ..을 해보다, 경험하다, 시험하다

¹⁸ إِرَادَة = مَشِيئَة 의지, 뜻 (will, desire)

¹⁹ صَالِح 좋은 ; 의로운, 공정한 (good, right)

²⁰ رَضِيَ/ يَرْضَى ب هـ - رِضًى، مَرْضَاة - مَرْضِيّ
..에 만족해 하다, 흐뭇해지다

²¹ كَامِل = تَامّ 완전한, 전적인, 완비된; 완결된

D-5 견고함 الرُّسُوخُ

إِذاً[1] يَا إِخوَتي الأحِبّاءُ[2]، كُونُوا رَاسِخينَ[3]، غَيْرَ مُتَزَعْزِعينَ[4]، مُكْثِرينَ[5] في عَمَلِ الرَّبِّ كُلَّ حِينٍ[6]، عَالِمينَ[7] أنَّ تَعَبَكُمْ[8] لَيْسَ بَاطِلاً[9] فِي الرَّبِّ. (١كُورِنْثُوس ١٥: ٥٨)

그러므로 내 사랑 하는 형제들아 견고하며 흔들리지 말며 항상 주의 일에 더욱 힘쓰는 자들이 되라 이는 너희 수고가 주 안에서 헛되지 않은 줄을 앎이니라

D-6 견고함 الرُّسُوخُ

فَتَفَكَّرُوا[10] في الَّذي احْتَمَلَ[11] مِنَ الْخُطَاةِ[12] لِنَفْسِهِ مِثْلَ هذِهِ لِئَلاّ[14] تَكِلُّوا[15] وَتَخُورُوا[16] فِي نُفُوسِكُمْ. (العِبْرَانِيّينَ ١٢: ٣)

너희가 피곤하여 낙심치 않기 위하여 죄인들의 이같이 자기에게 거역한 일을 참으신 자를 생각하라

---

[1] إِذاً = إِذَنْ (therefore) 그러므로
[2] حَبيب/ أحِبّاء، أَحْبَاب ; 애인, 벗 사랑하는, 친애하는
[3] رَسَخَ/ يَرْسَخُ - رُسُوخ - رَاسِخ ; 견고해지다, 강화되다 رَاسِخ 뿌리박다 굳은, 튼튼한, 견고한 ; 정통한
[4] تَزَعْزَعَ/ يَتَزَعْزَعُ - مُتَزَعْزِعُ - مُتَزَعْزَع 흔들리다, 진동하다, 동요하다
[5] مُكْثِر 많이 행하는, 많이 행하는 자
[6] حِين = وَقْت (time, period) 시간, 기간 = زَمَن
[7] عَلِمَ/ يَعْلَمُ ه، ـ، ب ه - عِلْم - عَالِم ..을 알다 عَالِم 과학자(scientist) عَالَم 세계 (world)
[8] تَعِبَ/ يَتْعَبُ - تَعَب 피곤하다, 지치다 ; 열심히 일하다
[9] بَاطِل 허위의, 근거없는 ; 쓸데없는, 헛된
[10] تَفَكَّرَ/ يَتَفَكَّرُ (في) 생각하다 ; 기억하다, 회상하다
[11] احْتَمَلَ/ يَحْتَمِلُ ه 운반하다, 나르다 ; 참다, 견디다
[12] خَاطِئ/ خُطَاة 죄인 خَطِيّة/ خَطَايَا 죄 خَطَأ/ أخْطَاء 실수
[13] قَاوَمَ/ يُقَاوِمُ ه، ـ - مُقَاوَمَة - مُقَاوِم ..에 반항하다, 대항하다, 맞서 싸우다
[14] لِئَلاّ = لِكَيْ + لاَ + أنْ + ل (lest) ..하지 않도록
[15] كَلَّ/ يَكِلُّ - كَلَل = تَعِبَ 지치다, 피로해지다
[16] خَارَ/ يَخُورُ (to grow weak) 나약하다, 맥빠지다

D-7 다른 사람을 섬김 خِدْمَةُ الآخَرينَ

لأنَّ ابْنَ الإنْسَانِ أيْضاً لَمْ يَأْتِ لِيُخْدَمَ[17] بَلْ لِيَخْدِمَ وَلِيَبْذِلَ[18] نَفْسَهُ فِدْيَةً[19] عَنْ كَثيرينَ. (مَرْقُس ١٠: ٤٥)

인자의 온 것은 섬김을 받으려 함이 아니라 도리어 섬기려 하고 자기 목숨을 많은 사람의 대속물로 주려 함이니라

D-8 다른 사람을 섬김 خِدْمَةُ الآخَرينَ

فَإنَّنا لَسْنَا[20] نَكرُزُ[21] بِأَنْفُسِنَا[22]، بَلْ بِالْمَسيحِ يَسُوعَ رَبّاً، وَلكِنْ بِأَنْفُسِنَا عَبيداً[23] لَكُمْ مِنْ أجْلِ يَسُوعَ. (٢كُورنْثُوس ٤: ٥)

우리가 우리를 전파하는 것이 아니라 오직 그리스도 예수의 주 되신 것과 또 예수를 위하여 우리가 너희의 종 된 것을 전파함이라

D-9 후히 드릴 것 العَطَاءُ بِسَخَاءٍ

أكْرِمِ[24] الرَّبَّ مِنْ مَالِكَ[25] وَمِنْ كُلِّ بَاكُورَاتِ[26] غَلَّتِكَ[27]، فَتَمْتَلِئَ[28] خَزَائِنُكَ[29] شِبْعاً[1]، وَتَفيضَ[2] مَعَاصِرُكَ[3] مِسْطَاراً[4]. (أمْثَال ٣: ٩-١٠)

---

[17] خَدَمَ/ يَخْدِمُ ه، ـ - خِدْمَة 봉사하다, 시중들다 (수동형) يُخْدَم
[18] بَذَلَ/ يَبْذُلُ ه ..을 바치다, (아낌없이) 제공하다
[19] فِدْيَة = فِدَاء 몸값, 댓가 ; (그리스도의) 속죄 (ransom)
[20] لَيْسَ 없다, 아니다 (لَسْتَ, لَسْنَا)
[21] كَرَزَ/ يَكْرِزُ ب - كِرَازَة = بَشَّرَ 전도하다
[22] نَفْس/ نُفُوس، أَنْفُس 정신 ; 마음 ; 영혼 (soul) ; 자신 (self) أَنْفُسُنَا 우리 자신 (ourselves)
[23] عَبْد/ عَبيد، عُبْدَان 노예 (slave)
[24] أكْرَمَ/ يُكْرِمُ ه ..에게 존경을 표하다 ; 예우하다
[25] مَال/ أمْوَال 재산, 재물, 재화 ; 돈
[26] بَاكُورَة/ بَاكُورَات، بَوَاكير 첫 열매, 첫 성과
[27] غَلَّة = مَحْصُول 생산물 ; 수확물, 낟알, 작물
[28] امْتَلأَ/ يَمْتَلِئُ ه، ب ه، مِنْ ه - امْتِلاَء ..로 가득차다, 가득 담기다, 충만되다 (to be full)
[29] خَزِينَة/ خَزَائِن، مَخْزَن - مَخَازِن 창고 ; 보물고 ; 금고 ; 보물

제 7 부 성경 암송

네 재물과 네 소산물의 처음 익은 열매로 여호와를 공경하라 그리하면 네 창고가 가득히 차고 네 즙틀에 새 포도즙이 넘치리라

الْعَطَاءُ بِسَخَاءٍ   D-10 후히 드릴 것

هَذَا وَإِنَّ مَنْ يَزْرَعْ بِالشُّحِّ⁵ فَبِالشُّحِّ أَيْضًا يَحْصُدُ، وَمَنْ يَزْرَعْ بِالْبَرَكَاتِ⁶ فَبِالْبَرَكَاتِ أَيْضًا يَحْصُدُ. كُلُّ وَاحِدٍ كَمَا يَنْوِي⁷ بِقَلْبِهِ، لَيْسَ عَنْ حُزْنٍ⁸ أَوِ اضْطِرَارٍ⁹. لِأَنَّ الْمُعْطِيَ¹⁰ الْمَسْرُورَ¹¹ يُحِبُّهُ اللهُ. (٢كُورِنْثُوس ٩: ٦-٧)

이것이 곧 적게 심는 자는 적게 거두고 많이 심는 자는 많이 거둔다 하는 말이로다 각각 그 마음에 정한 대로 할 것이요 인색함으로나 억지로 하지 말찌니 하나님은 즐겨 내는 자를 사랑하시느니라

تَوْسِيعُ مَجَالِ رُؤْيَةِ الْعَالَمِ   D-11 세계 비전

لَكِنَّكُمْ سَتَنَالُونَ¹² قُوَّةً مَتَى حَلَّ الرُّوحُ الْقُدُسُ عَلَيْكُمْ، وَتَكُونُونَ لِي شُهُودًا¹³ فِي أُورُشَلِيمَ وَفِي كُلِّ الْيَهُودِيَّةِ وَالسَّامِرَةِ وَإِلَى أَقْصَى¹⁴ الْأَرْضِ. (أَعْمَالُ الرُّسُلِ ١: ٨)

오직 성령이 너희에게 임하시면 너희가 권능을 받고 예루살렘과 온 유대와 사마리아와 땅끝까지 이르러 내 증인이 되리라 하시니라

تَوْسِيعُ مَجَالِ رُؤْيَةِ الْعَالَمِ   D-12 세계 비전

فَاذْهَبُوا وَتَلْمِذُوا¹⁵ جَمِيعَ الْأُمَمِ¹⁶ وَعَمِّدُوهُمْ¹⁷ بِاسْمِ الْآبِ وَالِابْنِ وَالرُّوحِ الْقُدُسِ. وَعَلِّمُوهُمْ أَنْ يَحْفَظُوا¹⁸ جَمِيعَ مَا أَوْصَيْتُكُمْ¹⁹ بِهِ. وَهَا²⁰ أَنَا مَعَكُمْ كُلَّ الْأَيَّامِ إِلَى انْقِضَاءِ²¹ الدَّهْرِ²². آمِينَ. (مَتَّى ٢٨: ١٩-٢٠)

그러므로 너희는 가서 모든 족속으로 제자를 삼아 아버지와 아들과 성령의 이름으로 세례를 주고 내가 너희에게 분부한 모든 것을 가르쳐 지키게 하라 볼찌어다 내가 세상 끝날까지 너희와 항상 함께 있으리라 하시니라

---

¹ شَبِعَ/يَشْبَعُ – شَبَعَ، شِبَعَ، شَبْعَ، شِبْع, 을 배불리 먹다, 배부른, 포화상태인 شِبْع 배가 가득차다, 포식하다

² فَاضَ/يَفِيضُ – فَيْض، فَيَضَان 넘치다, 흘러넘치다

³ عَصَرَ/يَعْصِرُ هـ – عَصْر ..을 눌러짜다, 쥐어짜다
مِعْصَرَة/مَعَاصِر = عَصَّارَة 프레스, 압착기

⁴ مِسْطَار = أَوَّلُ عَصِيرِ الْخَمْرِ 첫 포도주, 새 포도주

⁵ شَحَّ، شِحَّ = بُخْل (stinginess) 인색, 부족

⁶ بَرَكَة/بَرَكَات 축복, 행복, 복

⁷ نَوَى/يَنْوِي هـ – نِيَّة (to intend) ..을 의도하다, 마음먹다

⁸ حُزْن 슬픔 (sadness, grief)

⁹ اِضْطِرَار 부득이함 ; 강요, 강제
اِضْطَرَّ/يَضْطَرُّ ه إلى ..에게 ..을 강요하다, 하게끔하다

¹⁰ أَعْطَى/يُعْطِي ه ه، ه ل هـ – إِعْطَاء – مُعْطِي – مُعْطًى ..에게 ..을 주다, 제공하다 (to give)

¹¹ سَرَّ/يَسُرُّ ه – سُرُور – مَسْرُور ..을 기쁘게 하다, 즐겁게 하다 기쁜, 즐거운, 유쾌한 (happy, glad) مَسْرُور

¹² نَالَ/يَنَالُ هـ – نَيْل، مَنَال ..을 받다 ; 얻다, 획득하다

¹³ شَهِدَ/يَشْهَدُ ب، أَنْ – شَهَادَة (to witness) ..을 증명,확증하다
شَاهِد/ شُهُود = شَهِيد/ شُهَدَاء 증인
순교자

¹⁴ أَقْصَى = أَبْعَد 더 먼 ; 극도의, 최대의 ; 극점, 최대점
الشَّرْقُ الْأَقْصَى 극동 أَقْصَى الْأَرْضِ 지구상에서 가장 먼곳

¹⁵ تَلْمَذَ/يُتَلْمِذُ هـ – تَلْمَذَة ..을 제자로 삼다, 학생으로 만들다
تِلْمِيذ/ تَلَامِيذ 제자, 학생, 문하생

¹⁶ أُمَّة/ أُمَم 공동체 ; 국가, 민족, 백성

¹⁷ عَمَّدَ/يُعَمِّدُ ه ..에게 세례를 주다 ;

¹⁸ حَفِظَ/يَحْفَظُ هـ – حِفْظ 1. 유지하다, 보존하다, 지키다 2. 암기하다 (to memorize)

¹⁹ أَوْصَى/يُوصِي ب ه هـ 명령하다 ; 유증하다 ; 유언하다
وَصِيَّة/ وَصَايَا 유언, 유서 ; 위임 ; 명령

²⁰ هَا = هَاكَ اذا = هَا هُوَ = هَا هُوَ ذَا 여기에! 그가 여기에 있다!

²¹ اِنْقَضَى/يَنْقَضِي – اِنْقِضَاء 끝나다, 종결되다 ; 지나다

²² دَهْر/ دُهُور = عَصْر 시대, 세기 (age, era)

النُمُوُّ فِي صُورَةِ المَسِيحِ — E 그리스도를 닮아감

اَلْمَحَبَّةُ
E-1 사랑

وَصِيَّةً[1] جَدِيدَةً أَنَا أُعْطِيكُمْ : أَنْ تُحِبُّوا[2] بَعْضُكُمْ بَعْضًا. كَمَا أَحْبَبْتُكُمْ أَنَا تُحِبُّونَ أَنْتُمْ أَيْضًا بَعْضُكُمْ بَعْضًا. بِهَذَا يَعْرِفُ الْجَمِيعُ أَنَّكُمْ تَلَامِيذِي : إِنْ كَانَ لَكُمْ حُبٌّ بَعْضًا لِبَعْضٍ. (يُوحَنَّا ١٣: ٣٤-٣٥)

새 계명을 너희에게 주노니 서로 사랑하라 내가 너희를 사랑한것 같이 너희도 서로 사랑하라 너희가 서로 사랑하면 이로써 모든 사람이 너희가 내 제자인줄 알리라

اَلْمَحَبَّةُ
E-2 사랑

يَا أَوْلَادِي، لَا نُحِبَّ بِالكَلَامِ وَلَا بِاللِّسَانِ[3]، بَلْ بِالعَمَلِ وَالْحَقِّ! (ايوحَنَّا ٣: ١٨)

자녀들아 우리가 말과 혀로만 사랑하지 말고 오직 행함과 진실함으로 하자

اَلتَّوَاضُعُ
E-3 겸손

لَا شَيْئًا[4] بِتَحَزُّبٍ[5] أَوْ بِعُجْبٍ[6]، بَلْ بِتَوَاضُعٍ[7]، حَاسِبِينَ[8] بَعْضُكُمُ الْبَعْضَ أَفْضَلَ[9] مِنْ أَنْفُسِهِمْ[10].

لَا تَنْظُرُوا[11] كُلُّ وَاحِدٍ إِلَى مَا هُوَ لِنَفْسِهِ، بَلْ كُلُّ وَاحِدٍ إِلَى مَا هُوَ لِآخَرِينَ[12] أَيْضًا. (فِيلِبِّي ٢: ٣-٤)

아무 일에든지 다툼이나 허영으로 하지 말고 오직 겸손한 마음으로 각각 자기보다 남을 낫게 여기고 각각 자기 일을 돌아볼 뿐더러 또한 각각 다른 사람들의 일을 돌아보아 나의 기쁨을 충만케 하라

اَلتَّوَاضُعُ
E-4 겸손

كَذَلِكَ[13] أَيُّهَا الْأَحْدَاثُ[14]، اخْضَعُوا[15] لِلشُّيُوخِ[16]، وَكُونُوا جَمِيعًا[17] خَاضِعِينَ[18] بَعْضُكُمْ لِبَعْضٍ، وَتَسَرْبَلُوا[19] بِالتَّوَاضُعِ، لِأَنَّ : اللهَ يُقَاوِمُ[20] الْمُسْتَكْبِرِينَ[21]، وَأَمَّا الْمُتَوَاضِعُونَ[22] فَيُعْطِيهِمْ نِعْمَةً. فَتَوَاضَعُوا تَحْتَ يَدِ اللهِ الْقَوِيَّةِ لِكَيْ يَرْفَعَكُمْ[23] فِي حِينِهِ[24] (ابطرس ٥: ٥-٦)

---

[1] وَصِيَّة/ وَصَايَا 계명, 유언 (commandment)
[2] أَحَبَّ/يُحِبُّ ه ..를 사랑하다 (to love)
[3] لِسَان/ أَلْسُن، أَلْسِنَة 혀 ; 언어, 말
[4] شَيْء/ أَشْيَاء 물건, 사물, 대상 ; 그 무엇, 그 어떤 것(thing)
[5] تَحَزَّبَ/يَتَحَزَّبُ - تَحَزُّب 당을 조직하다; 편을 들다
    تَحَزُّب 당파성 ; 편견, 불공평 ; 반대해서 나서다 당파주의
[6] عُجْب 허영심, 자만
[7] تَوَاضَعَ/يَتَوَاضَعُ - تَوَاضُع 겸손 겸손하다
[8] حَسِبَ/يَحْسُبُ ه - حِسَاب ..을 세다, 계산하다
    حَاسِب ..라고 여기다
[9] أَفْضَل 더 좋은, 더 우월한
[10] نَفْس/ نُفُوس، أَنْفُس 정신 ; 마음 ; 영혼(soul) ; 자신 (self)
    أَنْفُسُهُم 그들 자신 (themselves)
[11] نَظَرَ/يَنْظُرُ إِلَى - نَظَر ..을 보다(to look at) ; 주시하다 ; 관심을 갖다
[12] آخَر another, else أَخِير the other last
[13] كَذَلِكَ 이와같이 (so, like this)
[14] حَدَث/ أَحْدَاث 1. 사건, 사변. 2. = شَابّ 젊은이, 청년
[15] خَضَعَ/يَخْضَعُ لــ - خُضُوع ..에게 순종하다, 복종하다
[16] شَيْخ/ شُيُوخ 늙은 사람 ; 장로
[17] جَمِيعًا 모두, 전체, 다
[18] خَضَعَ/يَخْضَعُ لــ - خُضُوع - خَاضِع 순종하다
[19] تَسَرْبَلَ/يَتَسَرْبَلُ = لَبِسَ (옷을) 입다
[20] قَاوَمَ/يُقَاوِمُ ه - مُقَاوَمَة 반항하다, 대항, 저항하다
[21] اِسْتَكْبَرَ/يَسْتَكْبِرُ - اِسْتِكْبَار - مُسْتَكْبِر ..을 자랑하다, 뽐내다 ; 큰 것으로 여기다
[22] تَوَاضَعَ/يَتَوَاضَعُ - تَوَاضُع 겸손 겸손하다
[23] رَفَعَ/يَرْفَعُ ه - رَفْع ..을 들다, 올리다, 높이다
[24] حِين = وَقْت = زَمَن 시간 (time)

제 7 부 성경 암송

젊은 자들아 이와 같이 장로들에게 순복하고 다 서로 겸손으로 허리를 동이라 하나님이 교만한 자를 대적하시되 겸손한 자들에게는 은혜를 주시느니라 그러므로 하나님의 능하신 손 아래서 겸손하라 때가 되면 너희를 높이시리라

E-5 순결 — الطَّهَارَةُ

وَأَمَّا الزِّنَا[1] وَكُلُّ نَجَاسَةٍ[2] أَوْ طَمَعٍ[3] فَلاَ يُسَمَّ[4] بَيْنَكُمْ كَمَا يَلِيقُ[5] بِقِدِّيسِينَ[6] (أَفَسُس ٥: ٣)

음행과 온갖 더러운 것과 탐욕은 너희 중에서 그 이름이라도 부르지 말라 이는 성도의 마땅한 바니라

E-6 순결 — الطَّهَارَةُ

أَيُّهَا الأَحِبَّاءُ[7]، أَطْلُبُ إِلَيْكُمْ كَغُرَبَاءَ[8] وَنُزَلاَءَ[9]، أَنْ تَمْتَنِعُوا[10] عَنِ الشَّهَوَاتِ[11] الْجَسَدِيَّةِ[12] الَّتِي تُحَارِبُ[13] النَّفْسَ[14] (بُطْرُس ٢: ١١)

사랑하는 자들아 나그네와 행인 같은 너희를 권하노니 영혼을 거슬러 싸우는 육체의 정욕을 제어하라

E-7 정직 — الصِّدْقُ

لاَ تَسْرِقُوا[15] وَلاَ تَكْذِبُوا[16] وَلاَ تَغْدُرُوا[17] أَحَدُكُمْ بِصَاحِبِهِ. (لاَوِيِّين ١٩: ١١)

너희는 도적질하지 말며 속이지 말며 서로 거짓말 하지 말며

E-8 정직 — الصِّدْقُ

لِذَلِكَ أَنَا أَيْضًا أُدَرِّبُ[18] نَفْسِي لِيَكُونَ لِي دَائِمًا ضَمِيرٌ بِلاَ عَثْرَةٍ[19] مِنْ نَحْوِ اللهِ وَالنَّاسِ. (أَعْمَالُ الرُّسُلِ ٢٤: ١٦)

이것을 인하여 나도 하나님과 사람을 대하여 항상 양심에 거리낌이 없기를 힘쓰노라

E-9 믿음 — الإِيمَانُ

وَلَكِنْ بِدُونِ إِيمَانٍ لاَ يُمْكِنُ إِرْضَاؤُهُ[20]، لأَنَّهُ يَجِبُ[21] أَنَّ الَّذِي يَأْتِي إِلَى اللهِ يُؤْمِنُ بِأَنَّهُ مَوْجُودٌ، وَأَنَّهُ يُجَازِي[22] الَّذِينَ يَطْلُبُونَهُ[23]. (العِبْرَانِيِّين ١١: ٦)

믿음이 없이는 기쁘시게 못하나니 하나님께 나아가는 자는 반드시 그가 계신 것과 또한 그가 자기를 찾는 자들에게 상 주시는 이심을 믿어야 할찌니라

---

[1] زَنَى/ يَزْنِي – زِنًى، زِنَا 간통하다
[2] نَجَاسَة 부정함, 더러움 (impurity) = دَنَس نَجِس 부정한
[3] طَمَع = جَشَع 탐욕, 욕심
[4] سَمَّى/ يُسَمِّي ه هـ ..을 ..라고 부르다 (단축법, لاَ يُسَمَّ...)
لاَ يُذْكَرْ = 여기서는 '언급되지 않도록 하라'는 의미 (수동형)
[5] لاَقَ/ يَلِيقُ بـ – لِيَاقَة ..에 어울리다, 적합하다, 알맞다
[6] قِدِّيس 기독교의 성인 (Christian saint)
[7] حَبِيب/ أَحِبَّاء، أَحْبَاب 사랑하는, 친애하는 ; 애인, 벗
[8] غَرِيب/ غُرَبَاء 낯선 사람, 모르는 사람 ; 타고향 사람
[9] نَزِيل/ نُزَلاَء 손님, 나그네 ; 하숙인
[10] اِمْتَنَعَ/ يَمْتَنِعُ عَنْ-اِمْتِنَاع ..을 삼가.절제.자제하다; 그만두다
[11] شَهْوَة = رَغْبَة 정욕, 음욕 ; 소원, 갈망
[12] جَسَدِيّ 육체적인
[13] حَارَبَ/ يُحَارِبُ ..와 싸우다, 전투하다, 전쟁하다
[14] نَفْس/ نُفُوس، أَنْفُس 정신 ; 마음 ; 영혼(soul) ; 자신 (self)

[15] سَرَقَ/ يَسْرِقُ هـ – سَرَقَة ..을 훔치다, 도둑질하다
[16] كَذَبَ/ يَكْذِبُ عَلَى ه، – كِذْب، كَذِب 거짓말하다
[17] غَدَرَ/ يَغْدِرُ، يَغْدُرُ ب ه – غَدْر ..을 배반하다, 속이다
[18] دَرَّبَ/ يُدَرِّبُ ه، هـ عَلَى(فِي، ب) – تَدْرِيب ..에게 ..을 훈련.연습시키다
[19] عَثْرَة = سَقْطَة 걸려 넘어짐 ; 실수(stumble, slip)
[20] أَرْضَى/ يُرْضِي ه – إِرْضَاء ..를 만족시키다 (to satisfy)
[21] وَجَبَ/ يَجِبُ – وُجُوب 당연히 ..해야 한다 ; ..의 의무이다
وَجَبَ عَلَي ه أَنْ .. ..는 할 의무를 지닌다 ...해야 한다
[22] جَازَى/ يُجَازِي عَلَى (ب) ه – ..에게 ..을 보상하다
[23] طَلَبَ/ يَطْلُبُ هـ، ه – طَلَب ..을 요구하다 ; ..을 추구하다

실용 기독교 아랍어 앤드북

E-10 믿음 الإيمَانُ

وَلاَ بِعَدَمِ¹ إِيمَانٍ ارْتَابَ² فِي وَعْدِ اللهِ، بَلْ تَقَوَّى³ بِالإِيمَانِ مُعْطِيًا⁴ مَجْدًا لله. وَتَيَقَّنَ⁵ أَنَّ مَا وَعَدَ بِهِ هُوَ قَادِرٌ أَنْ يَفْعَلَهُ⁶ أَيْضًا. (رُومِية ٤: ٢٠-٢١)

믿음이 없어 하나님의 약속을 의심치 않고 믿음에 견고하여져서 하나님께 영광을 돌리며 약속하신 그것을 또한 능히 이루실 줄을 확신하였으니

E-11 선행 الأَعْمَالُ الْحَسَنَةُ

فَلاَ نَفْشَلْ⁷ فِي عَمَلِ الْخَيْرِ لأَنَّنَا سَنَحْصُدُ⁸ فِي وَقْتِهِ إِنْ كُنَّا لاَ نَكِلُّ⁹. فَإِذًا¹⁰ حَسْبَمَا¹¹ لَنَا فُرْصَةٌ فَلْنَعْمَلِ الْخَيْرَ لِلْجَمِيعِ، وَلاَ سِيَّمَا¹² لأَهْلِ الإِيمَانِ. (غَلاَطِيَّة ٦: ٩-١٠)

우리가 선을 행하되 낙심하지 말찌니 피곤하지 아니하면 때가 이르매 거두리라 그러므로 우리는 기회 있는대로 모든 이에게 착한 일을 하되 더욱 믿음의 가정들에게 할찌니라

E-12 선행 الأَعْمَالُ الْحَسَنَةُ

فَلْيُضِئْ¹³ نُورُكُمْ هَكَذَا قُدَّامَ النَّاسِ، لِكَيْ يَرَوْا¹⁴ أَعْمَالَكُمُ الْحَسَنَةَ¹⁵، وَيُمَجِّدُوا¹⁶ أَبَاكُمُ الَّذِي فِي السَّمَاوَاتِ¹⁷. (مَتَّى ٥: ١٦)

이같이 너희 빛을 사람 앞에 비취게 하여 저희로 너희 착한 행실을 보고 하늘에 계신 너희 아버지께 영광을 돌리게 하라

---

¹ عَدَم 없는 것; 비존재 ; 비.., 무.., 불..(부정접두어)
² اِرْتَابَ/ يَرْتَابُ فِي، بِ، مِنْ – اِرْتِيَابٌ ..에 대해 의심하다
³ تَقَوَّى/ يَتَقَوَّى 강화되다, 튼튼해지다, 증강되다
⁴ أَعْطَى/ يُعْطِي هـ ، هـ ل هـ – إِعْطَاء – مُعْطٍ(الْمُعْطِي) ..에게 ..을 주다, 제공하다
⁵ تَيَقَّنَ/ يَتَيَقَّنُ هـ ، بِ ..을 확실하게 알다, 확신하다
⁶ فَعَلَ/ يَفْعَلُ هـ – فَعْل (to do) 하다, 행동하다
⁷ فَشِلَ/ يَفْشَلُ – فَشَل 실패하다 ; 낙심하다 ; 낙제하다
⁸ حَصَدَ/ يَحْصُدُ، يَحْصِدُ – حَصَاد ..을 수확하다, 추수하다
⁹ كَلَّ/ يَكِلُّ – كَلَّ (자)지치다, 피로해지다
¹⁰ فَ + إِذًا (therefore) 그러므로
¹¹ حَسْبَمَا ..에 따라서 (as, according to what)
¹² لاَ سِيَّمَا = وَلاَ سِيَّمَا 특별히 (especially, particularly)
¹³ أَضَاءَ/ يُضِيءُ هـ ..을 밝히다, 비치다, 빛나게 하다
¹⁴ رَأَى/ يَرَى هـ، أَنْ – رُؤْيَة ..을 보다 (to see)
أَرَى/ يُرِي هـ هـ ..에게 ..를 보여 주다 (to show)
¹⁵ حَسَنَة = أَعْمَال حَسَنَة 선행, 좋은 일, 덕행
¹⁶ مَجَّدَ/ يُمَجِّدُ هـ، هـ – تَمْجِيد 영광스럽게 하다, 영광돌리다
¹⁷ سَمَاء/ سَمَاوَات 하늘(sky)

제 8 부 성경 강독

    성경을 아랍어로 읽고 이해하는 것은 우리 사역자들의 중요한 과제입니다. 때문에 많은 사역자들이 아랍어 성경을 구하여 읽기를 시도하지만 그것이 그렇게 녹록한 것이 아닙니다. 성경 속의 단어나 문장이 어렵고 문법도 난해하여 어디서 어떻게 읽어야 할지 모르는 경우가 많습니다.
    아랍어 성경을 읽는다는 것은 아랍어 알파벳과 음가를 소리내어 읽을 수 있다는 차원만이 아닙니다. 그것은 성경을 읽으며 문장 속의 단어의 의미와 그 변화를 알고, 문장의 문법적인 내용까지 정확하게 파악하는 것을 말합니다.
    아래는 독자들이 아랍어 성경을 쉽게 읽고 이해할 수 있도록 여러가지 도움을 주는 강독 자료입니다. 가장 먼저 실려있는 요한복음 1장 - 3장 내용은 쉬운 단어와 단순한 문장으로 구성되어 있어 처음 아랍어 성경 강독을 하는 사람에게 적합한 본문입니다. 이런 분들을 고려하여 1장 전반부는 아주 상세하게 각주를 달았습니다. 그 다음에 실려있는 시편1편, 23편, 121편은 가장 많이 암송되는 성경 본문입니다. 누가복음 15장은 잃어버린 것에 대한 비유의 장으로 이야기체 구성을 볼 수 있습니다. 마태복음 5장-7장의 산상수훈은 좀 어렵기는 하지만 성도의 윤리 강령을 설명하는 중요한 구절이기에 선정하였습니다.

    ** 다음 성경 강독 부분의 페이지들은 2단으로 구성되어 있습니다. 읽으실 때 아랍어 성경의 방향대로 오른쪽 단을 먼저 읽으시고 그 다음 왼쪽 단을 읽으시기 바랍니다.

실용 기독교 아랍어 앤드북

제8부 성경 강독

| 요안복음 1장 | إنْجِيل يُوحَنَّا ١ |

الكلمة صار جسداً

١ فِي¹ الْبَدْءِ² كَانَ³ الْكَلِمَةُ⁴ وَالْكَلِمَةُ⁵ كَانَ عِنْدَ⁶ اللهِ وَكَانَ الْكَلِمَةُ اللهَ. ٢ هَذَا⁷ كَانَ فِي الْبَدْءِ عِنْدَ اللهِ. ٣ كُلُّ⁸ شَيْءٍ⁹ بِهِ¹⁰ كَانَ وَبِغَيْرِهِ¹¹ لَمْ¹² يَكُنْ¹³ شَيْءٌ مِمَّا¹⁴ كَانَ. ٤ فِيهِ كَانَتِ الْحَيَاةُ¹⁵ وَالْحَيَاةُ كَانَتْ نُورَ¹⁶ النَّاسِ¹⁷ ٥ وَالنُّورُ يُضِيءُ¹⁸ فِي الظُّلْمَةِ¹⁹ وَالظُّلْمَةُ لَمْ تُدْرِكْهُ²⁰.

٦ كَانَ إِنْسَانٌ²¹ مُرْسَلٌ²² مِنَ اللهِ اسْمُهُ²³ يُوحَنَّا. ٧ هَذَا جَاءَ²⁴ لِلشَّهَادَةِ²⁵ لِيَشْهَدَ²⁶ لِلنُّورِ لِكَيْ²⁷ يُؤْمِنَ²⁸ الْكُلُّ بِوَاسِطَتِهِ²⁹. ٨ لَمْ يَكُنْ هُوَ النُّورَ بَلْ³⁰ لِيَشْهَدَ لِلنُّورِ. ٩ كَانَ النُّورُ الْحَقِيقِيُّ³¹ الَّذِي³² يُنِيرُ³³ كُلَّ إِنْسَانٍ آتِياً³⁴ إِلَى الْعَالَمِ³⁵. ١٠ كَانَ فِي الْعَالَمِ وَكُوِّنَ³⁶ الْعَالَمُ بِهِ³⁷ وَلَمْ يَعْرِفْهُ³⁸ الْعَالَمُ. ١١ إِلَى خَاصَّتِهِ³⁹ جَاءَ¹ وَخَاصَّتُهُ لَمْ

---

¹ فِي <전치사> ... 안에, ...에 (in, at)

² بَدْء (ال + بَدْء) <정관사> 처음, 시작

³ كَانَ/يَكُونُ - كَوْن - كِيان 있다, 존재하다; ...이다

⁴ كَلِمَة (ال + كَلِمَة) كَلِمَات 단어 ; 말

⁵ (وَ + ال + كَلِمَة) <접속사> + <정관사> + كَلِمَة

⁶ عِنْدَ <전치사> ..에게, 곁에, 때에 (at, by, near)

⁷ هَذَا <지시대명사> 이것은

⁸ كُلّ 전체, 전부 ; 모든, 온갖

⁹ شَيْء/ أَشْيَاء 물건, 사물 ; 그 무엇, 그 어떤 것 (thing)

¹⁰ بِهِ <전치사> + ه <목적격 인칭대명사>

¹¹ (وَ + بـ + غَيْرِ + ه) <접속사> + <전치사> + غَيْر + ه <부정사>
<인칭대명사> بِغَيْرِ = مِنْ غَيْرِ ... 없이 (without)

¹² لَمْ 부정사 (과거시제의 부정, 단축법과 함께 사용)

¹³ (يَكُنْ) كَانَ/يَكُونُ - كَوْن - كِيان <단축법, 표 17>
있다, 존재하다; ...이다

¹⁴ (مِمَّا = مِنْ + مَا) ...한 ..것(of what, of which)

¹⁵ حَيَاة 생명 ; 삶, 생활

¹⁶ نُور / أَنْوَار 빛, 광선

¹⁷ نَاس (ال + نَاس) 사람들(people, human beings)

¹⁸ أَضَاءَ / يُضِيءُ ه ..을 밝히다, 비치다, 빛나게 하다

¹⁹ ظُلْمَة = ظَلَام 어두움 불공평, 억압

²⁰ (لَمْ تُدْرِكْ) ه + <단축법> + <목적격 인칭대명사)
أَدْرَكَ/يُدْرِكُ ه ، ه - إِدْرَاك 이해하다, 파악하다, 알다

---

²¹ إِنْسَان/ نَاس، أُنَاس 인간, 사람, 인류(human being, man)

²² أَرْسَلَ/ يُرْسِلُ ه، ه - إِرْسَال - مُرْسِل - مُرْسَل ..을 보내다, 파견하다 ; 발송하다

²³ (اسْم + ه) اِسْم/ أَسْمَاء 이름 <소유격 인칭 대명사>

²⁴ جَاءَ/يَجِيءُ ه، إِلَى - مَجِيء 오다 (to come)

²⁵ شَهَادَة (ال + شَهَادَة) <전치사 + ال + شَهَادَة) 증명, 증거 ; 증명서

²⁶ لِـ يَشْهَدَ <접속법> + لـ - لَام التَّعْلِيل ..하기 위하여
شَهِدَ/ يَشْهَدُ ب، أَنْ - شَهَادَة ..을 증명.입증.확증.보증하다

²⁷ لِكَيْ ..하기 위하여 (뒤에 동사의 접속법이 옴)

²⁸ (يُؤْمِنَ) <접속법> آمَنَ/ يُؤْمِنُ بـ ..을 믿다, 신앙하다

²⁹ (بِوَاسِطَةِ + ه) ب + وَاسِطَة ..을 통하여, ..을 수단으로(by means of, through)

³⁰ لَمْ ... بَلْ ...가 아닌 ...이다 (not A but B)

³¹ حَقِيقِيّ 진실한, 참된, 진정한 حَقّ/ حُقُوق 권리 ; 진실

³² الَّذِي <관계대명사>

³³ أَنَارَ/ يُنِيرُ ه ..을 밝혀주다, ..에 빛을 비추다

³⁴ آتِياً - خبر كَانَ) أَتَى/ يَأْتِي ه، إِلَى - هـ(ه) - إِتْيَان
أَتَى ..에게 오다
الأُسْبُوع الآتِي 다가오는 주간

³⁵ عَالِم 아는, 알고 있는 ; 과학자 عَالَم 세계, 세상

³⁶ كَوَّنَ/ يُكَوِّنُ ه = شَكَّلَ ..을 형성.조성.구성.작성하다
كُوِّنَ/ يُكَوَّنُ <수동형>

³⁷ (ب + ه) كُوِّنَ الْعَالَمُ بِهِ. 세상이 그를 의해 창조되었다.

³⁸ (لَمْ يَعْرِفْه) + <단축법> + ه <목적격 인칭대명사>
عَرَفَ/ يَعْرِفُ ه، ه - مَعْرِفَة ...을 알다 (to know)

³⁹ (خَاصَّة + ه) <소유격 인칭 대명사>
خَاصَّتِي 나의 소유 خَاصَّة 특징, 특성 ; 개인소유, 개인재산

실용 기독교 아랍어 핸드북

تَقْبَلْهُ². ١٢ وَأَمَّا³ كُلُّ الَّذِينَ قَبِلُوهُ فَأَعْطَاهُمْ⁴ سُلْطَاناً⁵ أَنْ يَصِيرُوا⁶ أَوْلاَدَ اللهِ أَيِ الْمُؤْمِنُونَ بِاسْمِهِ. ١٣ اَلَّذِينَ⁷ وُلِدُوا⁸ لَيْسَ⁹ مِنْ دَمٍ¹⁰ وَلاَ¹¹ مِنْ مَشِيئَةِ¹² جَسَدٍ¹³ وَلاَ مِنْ مَشِيئَةِ رَجُلٍ¹⁴ بَلْ¹⁵ مِنَ اللهِ.

١٤ وَالْكَلِمَةُ صَارَ¹⁶ جَسَداً وَحَلَّ¹⁷ بَيْنَنَا¹⁸ وَرَأَيْنَا¹⁹ مَجْدَهُ²⁰ مَجْداً كَمَا²¹ لِوَحِيدٍ²² مِنَ الآبِ²³ مَمْلُوءاً²⁴ نِعْمَةً²⁵ وَحَقّاً²⁶. ١٥ يُوحَنَّا شَهِدَ لَهُ وَنَادَى²⁷ قَائِلاً: «هَذَا هُوَ الَّذِي قُلْتُ²⁸ عَنْهُ²⁹: إِنَّ الَّذِي يَأْتِي³⁰ بَعْدِي³¹ صَارَ قُدَّامِي³² لأَنَّهُ³³ كَانَ قَبْلِي». ١٦ وَمِنْ مِلْئِهِ³⁴ نَحْنُ جَمِيعاً³⁵ أَخَذْنَا³⁶ وَنِعْمَةً فَوْقَ نِعْمَةٍ. ١٧ لأَنَّ النَّامُوسَ³⁷ بِمُوسَى أُعْطِيَ³⁸ أَمَّا³⁹ النِّعْمَةُ وَالْحَقُّ فَبِيَسُوعَ الْمَسِيحِ صَارَا⁴⁰. ١٨ اَللهُ لَمْ يَرَهُ⁴¹ أَحَدٌ قَطُّ⁴².

---

¹ جَاءَ/ يَجِيءُ إِلَى – مَجِيء (to come to) ..에게 오다
إِلَى خَاصَّتِهِ جَاءَ. 그는 그의 소유에게 그가 왔다.
² (لَمْ تَقْبَلْ + ه) قَبِلَ/ يَقْبَلُ ه، ب – قَبُول 을 받아들이다, 수락하다(to accept) ; 수취하다, 받다
³ (وَ + <접속사> + أَمَّا ... فَ ... 한편 ..에 대해 말하자면.....
⁴ (فَ + أَعْطَى + هُم) <목적격 인칭 대명사>
⁵ أَعْطَى/ يُعْطِي ه ه، ه ل – ه ..에게 ..을 주다, 제공하다
⁶ سُلْطَان 권력, 권세, 지배권
⁶ صَارَ/ يَصِيرُ (to become) ..이 되다
⁷ اَلَّذِينَ <남성 복수 관계대명사>
اَلَّذِي <남성 단수 관계대명사> اَلَّتِي <여성 단수>
اَللَّذَانِ <남성 쌍수 관계대명사> اَللَّتَانِ <여성 쌍수>
اَلَّذِينَ <남성 복수 관계대명사> اَللَّاتِي <여성 복수>
⁸ وَلَدَ/ يَلِدُ ه – وِلاَدَة وُلِدَ/ يُولَدُ 아기를 낳다 <수동형>
⁹ لَيْسَ <부정사, 술어를 대격 지배> 없다, 아니다
¹⁰ دَم 피
¹¹ (وَ + <접속사> + لاَ <부정사>) وَلاَ ...도 아니고 (nor)
¹² مَشِيئَة = إِرَادَة (will, desire) 의지, 뜻
¹³ جَسَد/ أَجْسَاد 몸, 신체
¹⁴ رَجُل/ رِجَال 남자, 사나이
¹⁵ بَلْ 그러나, 반대로, 오히려
¹⁶ صَارَ/ يَصِيرُ 되다 (to become, 술어를 대격 지배)
¹⁷ حَلَّ/ يَحُلُّ، يَحِلُّ (بـ، فِي، عِنْدَ، عَلَى) – حُلُول 머물다, 체류하다 ; (위에서) 임하다, 내려오다
حَلَّ/ يَحُلُّ، يَحِلُّ ه – حَلَّ = فَكَّ (매듭 등)을 풀다 ; (물에) 용해시키다 ; (문제를) 해결하다
¹⁸ بَيْنَ (بَيْنَ + نَا) ..사이에, ..가운데 (between, among)

---

¹⁹ رَأَى/ يَرَى ه، هـ، أَنْ – رُؤْيَة (to see) ..을 보다
²⁰ مَجْد (مَجْدَ + ه) 그의 영광을 영광
²¹ كَمَا ..같이, ..하듯이, ..처럼
²² وَحِيد (لِـ + وَحِيد) اَلاِبْنُ الْوَحِيد 유일한, 단일한 외아들
²³ اَلآبِ the (Heavenly) Father 성부
²⁴ مَلاَ/ يَمْلأُ – مَلْء – مَمْلُوء (공백을) 메우다, 가득채우다
²⁵ نِعْمَة (grace) 은혜
²⁶ حَقّ/ حُقُوق 권리 ; 사실, 진실
²⁷ نَادَى/ يُنَادِي ه (to call out) 호출하다;..을 부르다 (소리내어)
²⁸ قَالَ/ يَقُولُ 말하다, 이야기하다 <표 17>
²⁹ (عَنْ + ه) قَالَ عَنْ ... ...에 대해서 이야기하다
³⁰ أَتَى/ يَأْتِي ه، إِلَى هـ(ه) – إِتْيَان – آتٍ ..에게 오다..
³¹ (بَعْدَ + ي) بَعْدَ <인칭 대명사> 후에, 지나서, 뒤에..
³² (قُدَّامَ + ي) قُدَّام <인칭 대명사> 앞에, 이전에...
³³ (لأَنَّ + ه) لأَنَّ (because, for) 왜냐하면
³⁴ مِلْء = مَا يَمْلأُ 가득찬 것, 가득찬 수량
³⁵ جَمِيعاً 모두, 전체, 전부 جَمِيع 모두, 전체, 다
³⁶ أَخَذَ/ يَأْخُذُ هـ – أَخْذ 얻다 ; 차지하다; 가지다,..을 취하다
³⁷ نَامُوس/ نَوَامِيس 율법 ; 규칙 ; 법령, 법률
³⁸ أَعْطَى/ يُعْطِي ه ه، ه ل – ه ..에게 ..을 주다, 제공하다..
أُعْطِيَ/ يُعْطَى <수동형>
³⁹ أَمَّا 그러나 (as to, as for, but, however)
⁴⁰ صَارَ/ يَصِيرُ 되다 (to become) صَارَا <3인칭 쌍수>
⁴¹ (لَمْ يَرَ) <단축법> + ه + <목적격 인칭 대명사>
رَأَى/ يَرَى ه، هـ، أَنْ 보다 (to see)
⁴² مَا ... قَطُّ، لَمْ ... قَطُّ <과거 부정> 전혀, 결코 ..않았다

제 8 부 성경 강독

اَلِابْنُ الْوَحِيدُ[1] الَّذِي هُوَ فِي حِضْنِ[2] الآبِ هُوَ خَبَّرَ[3].

يوحنا المعمدان يعلن أنه ليس المسيح

١٩ وَهَذِهِ هِيَ شَهَادَةُ[4] يُوحَنَّا حِينَ[5] أَرْسَلَ[6] الْيَهُودُ مِنْ أُورُشَلِيمَ كَهَنَةً[7] وَلاَوِيِّينَ لِيَسْأَلُوهُ[8]: «مَنْ أَنْتَ؟» ٢٠ فَاعْتَرَفَ[9] وَلَمْ يُنْكِرْ[10] وَأَقَرَّ[11] إِنِّي[12] لَسْتُ[13] أَنَا الْمَسِيحَ. ٢١ فَسَأَلُوهُ[14]: «إِذاً[15] مَاذَا[16]؟ إِيلِيَّا أَنْتَ؟» فَقَالَ[17]: «لَسْتُ أَنَا».

«أَلنَّبِيُّ[18] أَنْتَ؟» فَأَجَابَ[19]: «لاَ». ٢٢ فَقَالُوا لَهُ: «مَنْ[20] أَنْتَ لِنُعْطِيَ[21] جَوَاباً[22] لِلَّذِينَ[23] أَرْسَلُونَا[24]؟ مَاذَا تَقُولُ عَنْ نَفْسِكَ[25]؟» ٢٣ قَالَ: «أَنَا صَوْتُ[26] صَارِخٍ[27] فِي الْبَرِّيَّةِ[28]: قَوِّمُوا[29] طَرِيقَ[30] الرَّبِّ كَمَا قَالَ إِشَعْيَاءُ النَّبِيُّ». ٢٤ وَكَانَ الْمُرْسَلُونَ[31] مِنَ الْفَرِّيسِيِّينَ ٢٥ فَسَأَلُوهُ وَقَالُوا لَهُ: «فَمَا[32] بَالُكَ تُعَمِّدُ[33] إِنْ كُنْتَ لَسْتَ الْمَسِيحَ وَلاَ إِيلِيَّا وَلاَ النَّبِيَّ؟» ٢٦ أَجَابَهُمْ[34] يُوحَنَّا قَائِلاً: «أَنَا أُعَمِّدُ بِمَاءٍ[35] وَلَكِنْ[36] فِي وَسْطِكُمْ[37] قَائِمٌ[38] الَّذِي لَسْتُمْ[39]

---

[1] الاِبْنُ الْوَحِيدُ 외아들

[2] حِضْنٌ/ أَحْضَانٌ 젖가슴, 가슴 ; 품
حَضَنَ/ يَحْضُنُ ه - حِضْنٌ ..을 안다, 품다, 껴안다

[3] خَبَّرَ/ يُخَبِّرُ ه ب ه، ه ..에게 ..을 전하다, 통지하다

[4] شَهَادَةٌ 증거, 증명 ; 자격증
شَهِدَ/ يَشْهَدُ ب، أَنْ - شَهَادَةٌ (to witness)..을 증명.확증하다

[5] حِينَ ... 할 때에

[6] أَرْسَلَ/ يُرْسِلُ ه، ه - إِرْسَالٌ - مُرْسِلٌ - مُرْسَلٌ ..을 보내다, 파견하다 ; 발송하다

[7] كَاهِنٌ/كَهَنَةٌ، كُهَّانٌ 제사장 (priest) ; 신부

[8] لِـ - لام التعليل + يَسْأَلُوا <접속법> + ه <목.인.대명사>
سَأَلَ/ يَسْأَلُ ه، ه عَنْ ه - سُؤَالٌ ..에게 묻다, 질문하다

[9] اِعْتَرَفَ/يَعْتَرِفُ ب ..을 승인.인정하다 ; 고백.자백하다

[10] أَنْكَرَ/ يُنْكِرُ ه، ه ..을 부인하다, 거부하다 ; 모른체하다

[11] أَقَرَّ/ يُقِرُّ ه، ب ه ..을 동의.인정하다, 시인하다
أَقَرَّ/ يُقِرُّ ..을 ..에 정착시키다

[12] أَنَّ <인칭 대명사> + ي = أَنَّ that

[13] لَسْتُ = أَنَا لَسْتُ
لَيْسَ <부정사, 술어를 대격 지배> 없다, 아니다

[14] فَـ <ف> + سَأَلُوا <접속법> + ه <목.인.대명사>

[15] إِذاً = إِذَنْ 그렇다면, 따라서, 그러니

[16] مَاذَا = مَا <의문사> 무엇? (what)
مَاذَا <동사의 목적어를 물을 때> مَا <명사문에서 사용>

[17] قَالَ <ف> + قَالَ (ف + قَالَ) قَوْلٌ - يَقُولُ 말하다, 이야기하다

[18] <أ> + النَّبِيُّ + <의문사> نَبِيٌّ/ أَنْبِيَاءُ 선지자

[19] أَجَابَ/ يُجِيبُ ه عَلَى ه ..에게 ..에 대해 대답하다

[20] مَنْ (who) 누구? <의문사>

[21] لِـ <접속법> + نُعْطِيَ + لِـ ..하기 위하여

[22] جَوَابٌ/ جَوَابَاتٌ 대답, 답변

[23] لِـ + الَّذِينَ ( )

[24] أَرْسَلُوا + نَا

[25] نَفْسٌ/ نُفُوسٌ، أَنْفُسٌ 심리, 마음 ; 자신, 자기
عَنْ نَفْسِكَ 당신 자신에 대해서

[26] صَوْتٌ/ أَصْوَاتٌ 소리, 목소리

[27] صَرَخَ/ يَصْرُخُ - صُرَاخٌ - صَارِخٌ 외치다, 고함지르다

[28] بَرِّيَّةٌ 광야, 황야

[29] قَوِّمُوا قَوَّمَ/ يُقَوِّمُ ه ..을 일으켜세우다;곧바로 펴다, 곧게 하다

[30] طَرِيقٌ/ طُرُقٌ 길, 도로 ; 방법, 방식

[31] مُرْسَلٌ 보냄받은 사람 ; 선교사 أَرْسَلَ/ يُرْسِلُ ه، ه - إِرْسَالٌ - مُرْسِلٌ - مُرْسَلٌ ..을 보내다, 파견하다 ; 발송하다

[32] مَا بَالُكَ؟ What's the matter with you? What's wrong with you?

[33] عَمَّدَ يُعَمِّدُ ه ..에게 세례를 주다

[34] أَجَابَ/ يُجِيبُ ه عَلَى(عَنْ) ه ..에게 ..에 대해 대답하다

[35] مَاءٌ/ مِيَاهٌ <전치사 ب> + مَاء 물

[36] لَكِنْ (و + لَكِنْ) 그러나

[37] وَسَطٌ/ أَوْسَاطٌ 중앙, 중간, 복판, 중심

[38] قَامَ/ يَقُومُ - قِيَامٌ - قَائِمٌ 일어서다, 기립하다 ; 서있다

[39] لَسْتُمْ (لَسْتُمْ - أَنْتُمْ لَسْتُمْ)

193

실용 기독교 아랍어 핸드북

تَعْرِفُونَهُ[1]. ٢٧ هُوَ الَّذِي يَأْتِي بَعْدِي الَّذِي صَارَ قُدَّامِي الَّذِي لَسْتُ بِمُسْتَحِقٍّ[2] أَنْ أَحُلَّ[3] سُيُورَ[4] حِذَائِهِ[5]». ٢٨ هَذَا كَانَ فِي بَيْتِ عَبْرَةَ فِي عَبْرِ[6] الْأُرْدُنِّ حَيْثُ[7] كَانَ يُوحَنَّا يُعَمِّدُ. ٢٩ وَفِي الْغَدِ[8] نَظَرَ[9] يُوحَنَّا يَسُوعَ مُقْبِلاً[10] إِلَيْهِ فَقَالَ: «هُوَذَا[11] حَمَلُ[12] اللَّهِ الَّذِي يَرْفَعُ[13] خَطِيَّةَ[14] الْعَالَمِ. ٣٠ هَذَا هُوَ الَّذِي قُلْتُ عَنْهُ يَأْتِي[15] بَعْدِي رَجُلٌ صَارَ قُدَّامِي لِأَنَّهُ كَانَ قَبْلِي. ٣١ وَأَنَا لَمْ أَكُنْ[16] أَعْرِفُهُ. لَكِنْ لِيُظْهَرَ[17] لِإِسْرَائِيلَ لِذَلِكَ جِئْتُ[18] أُعَمِّدُ[19] بِالْمَاءِ». ٣٢. وَشَهِدَ يُوحَنَّا: «إِنِّي قَدْ رَأَيْتُ[20] الرُّوحَ[21] نَازِلاً[22] مِثْلَ[23] حَمَامَةٍ[24] مِنَ السَّمَاءِ[25] فَاسْتَقَرَّ[26] عَلَيْهِ. ٣٣ وَأَنَا لَمْ أَكُنْ أَعْرِفُهُ لَكِنِ الَّذِي أَرْسَلَنِي[27] لِأُعَمِّدَ[28] بِالْمَاءِ ذَاكَ[29] قَالَ لِي: الَّذِي تَرَى[30] الرُّوحَ نَازِلاً وَمُسْتَقِرّاً[31] عَلَيْهِ فَهَذَا هُوَ الَّذِي يُعَمِّدُ بِالرُّوحِ الْقُدُسِ. ٣٤ وَأَنَا قَدْ رَأَيْتُ وَشَهِدْتُ أَنَّ هَذَا هُوَ ابْنُ اللَّهِ».

التلاميذ الأولون

٣٥ وَفِي الْغَدِ أَيْضاً كَانَ يُوحَنَّا وَاقِفاً[32] هُوَ وَاثْنَانِ[33] مِنْ تَلَامِيذِهِ[34] ٣٦ فَنَظَرَ[35] إِلَى يَسُوعَ مَاشِياً[36] فَقَالَ: «هُوَذَا حَمَلُ اللَّهِ». ٣٧ فَسَمِعَهُ[37]

لَيْسَ <부정사, 술어를 대격 지배> 없다, 아니다

[1] (أَنْتُمْ تَعْرِفُونَ + هـ) عَرَفَ/ يَعْرِفُ هـ، ه ...을 알다

[2] اِسْتَحَقَّ/ يَسْتَحِقُّ أَنْ ... - اِسْتِحْقَاق - مُسْتَحِقّ ..할 만하다, ..할 자격(가치)이 있다. ..에 대한 권리를 가지다

[3] حَلَّ/ يَحُلُّ هـ - حَلّ - (매듭,나사)를 풀다 ; 해방시키다, 놓아주다 ; (물에) 용해시키다 ; (문제)를 해결하다

[4] سَيْر/ سُيُور سَارَ/ يَسِيرُ - 걸어가다, 가다 가죽띠, 피대

[5] حِذَاء/ أَحْذِيَة 신발, 구두

[6] عَبَرَ/ يَعْبُرُ هـ - عُبُور (길, 강)을 건너가다, 횡단하다
عَبْر = عُبُور 건넘, 통과 ; 건너는 것

[7] حَيْثُ (where; wherein) ..곳에, ..때에

[8] غَد، فِي الْغَدِ 내일 다음날에

[9] نَظَرَ/ يَنْظُرُ ه، إِلَى - نَظَر (to look at) ..을 보다

[10] أَقْبَلَ/ يُقْبِلُ إِلَى - إِقْبَال - مُقْبِل 접근하다, 다가가다 ; 나아가다
قَبِلَ/ يَقْبَلُ هـ، ه - قُبُول 받아들이다, 수락하다

[11] (هُوَذَا = هُوَ ذَا   ذَا = هَذَا)

[12] حَمَل/ حُمْلَان 새끼양, 어린양

[13] رَفَعَ/ يَرْفَعُ هـ - رَفْع ..을 들다, 들어올리다, 높이다

[14] خَطِيَّة/ خَطَايَا 죄 خَاطِي/ خُطَاة 죄인

[15] أَتَى/ يَأْتِي هـ، إِلَى هـ(ه) - إِتْيَان - آتٍ ..에게 오다

[16] (لَمْ أَكُنْ <단축법> كَانَ/ يَكُونُ ...이다) ;있다, 존재하다

[17] ظَهَرَ/ يَظْهَرُ   ظَهَرَ/ يُظْهَرُ <수동형> 나타나다, 출현하다

[18] جَاءَ/ يَجِيءُ هـ، إِلَى - مَجِيء 오다 (to come)

[19] عَمَّدَ/ يُعَمِّدُ ه ..에게 세례를 주다

[20] رَأَى/ يَرَى ه، هـ، أَنْ - رُؤْيَة 보다 (to see)

[21] رُوح/ أَرْوَاح 영혼, 정신 (spirit)

[22] نَزَلَ/ يَنْزِلُ - نُزُول - نَازِل <자>내려오다 (to come down)

[23] مِثْل ..와 같은 (like), ..와 비슷한

[24] حَمَام/ حَمَائِم <집합> 비둘기 حَمَامَة 비둘기 한 마리

[25] سَمَاء 하늘

[26] اِسْتَقَرَّ/ يَسْتَقِرُّ فِي ،ب ..에 살다, 거주하다 ; 고정되다 ; 안정되다

[27] أَرْسَلَ/ يُرْسِلُ هـ، ه - إِرْسَال - مُرْسِل - مُرْسَل ..을 보내다, 파견하다 ; 발송하다

[28] (لِـ - لام التعليل + أُعَمِّدَ <접속법>)

[29] ذَاكَ = ذَا

[30] (أَنْتَ تَرَى) رَأَى/ يَرَى ه، هـ، أَنْ - رُؤْيَة 보다 (to see)

[31] اِسْتَقَرَّ/ يَسْتَقِرُّ - اِسْتِقْرَار - مُسْتَقِرّ ..에 살다 ; 고정되다 ; 안정되다

[32] وَقَفَ/ يَقِفُ - وُقُوف - وَاقِف 멎다, 서다, 정지되다 ; 일어서다

[33] اِثْنَان <주격> + (و + اِثْنَان) 둘 (two)

[34] تِلْمِيذ/ تَلَامِيذ 제자, 학생, 문하생

[35] نَظَرَ + (ف) نَظَرَ/ يَنْظُرُ إِلَى - نَظَر ..을 보다 (to look at)

[36] مَشَى/ يَمْشِي - مَشْي - مَاشٍ(الْمَاشِي) 걷다

[37] سَمِعَ/ يَسْمَعُ هـ، ه - سَمْع ..을 듣다 ; 알아듣다

제 8 부 성경 강독

التِّلْمِيذَانِ يَتَكَلَّمُ[1] فَتَبِعَا[2] يَسُوعَ. ٣٨ فَالْتَفَتَ[3] يَسُوعُ وَنَظَرَهُمَا يَتْبَعَانِ فَقَالَ لَهُمَا: «مَاذَا تَطْلُبَانِ[4]؟» فَقَالَا: «رَبِّي (الَّذِي تَفْسِيرُهُ[5]: يَا مُعَلِّمُ[6]) أَيْنَ تَمْكُثُ[7]؟» ٣٩ فَقَالَ لَهُمَا: «تَعَالَيَا وَانْظُرَا». فَأَتَيَا[8] وَنَظَرَا أَيْنَ كَانَ يَمْكُثُ وَمَكَثَا عِنْدَهُ ذَلِكَ الْيَوْمَ. وَكَانَ نَحْوَ السَّاعَةِ الْعَاشِرَةِ. ٤٠ كَانَ أَنْدَرَاوُسُ أَخُو سِمْعَانَ بُطْرُسَ وَاحِدًا مِنَ الِاثْنَيْنِ اللَّذَيْنِ سَمِعَا يُوحَنَّا وَتَبِعَاهُ. ٤١ هَذَا وَجَدَ أَوَّلًا أَخَاهُ سِمْعَانَ فَقَالَ لَهُ: «قَدْ وَجَدْنَا[9] مَسِيَّا» (الَّذِي تَفْسِيرُهُ: الْمَسِيحُ). ٤٢ فَجَاءَ بِهِ إِلَى يَسُوعَ. فَنَظَرَ إِلَيْهِ يَسُوعُ وَقَالَ: «أَنْتَ سِمْعَانُ بْنُ يُونَا. أَنْتَ تُدْعَى[10] صَفَا» (الَّذِي تَفْسِيرُهُ: بُطْرُسُ).

دعوة فيلبس ونثنائيل

٤٣ فِي الْغَدِ أَرَادَ[11] يَسُوعُ أَنْ يَخْرُجَ[12] إِلَى الْجَلِيلِ فَوَجَدَ فِيلُبُّسَ فَقَالَ لَهُ: «اتْبَعْنِي[13]». ٤٤ وَكَانَ فِيلُبُّسُ مِنْ بَيْتِ صَيْدَا مِنْ مَدِينَةِ أَنْدَرَاوُسَ وَبُطْرُسَ. ٤٥ فِيلُبُّسُ وَجَدَ نَثَنَائِيلَ وَقَالَ لَهُ: «وَجَدْنَا الَّذِي كَتَبَ عَنْهُ مُوسَى فِي النَّامُوسِ[14] وَالْأَنْبِيَاءِ: يَسُوعَ ابْنَ يُوسُفَ الَّذِي مِنَ النَّاصِرَةِ». ٤٦ فَقَالَ لَهُ نَثَنَائِيلُ: «أَمِنْ[15] النَّاصِرَةِ يُمْكِنُ أَنْ يَكُونَ شَيْءٌ صَالِحٌ[16]؟» قَالَ لَهُ فِيلُبُّسُ: «تَعَالَ وَانْظُرْ».

٤٧ وَرَأَى[17] يَسُوعُ نَثَنَائِيلَ مُقْبِلًا[18] إِلَيْهِ فَقَالَ عَنْهُ: «هُوَذَا إِسْرَائِيلِيٌّ حَقًّا لَا غِشَّ[19] فِيهِ». ٤٨ قَالَ لَهُ نَثَنَائِيلُ: «مِنْ أَيْنَ تَعْرِفُنِي؟» أَجَابَ[20] وَقَالَ لَهُ: «قَبْلَ أَنْ دَعَاكَ[21] فِيلُبُّسُ وَأَنْتَ تَحْتَ التِّينَةِ[22] رَأَيْتُكَ». ٤٩ أَجَابَ نَثَنَائِيلُ وَقَالَ لَهُ: «يَا مُعَلِّمُ أَنْتَ ابْنُ اللَّهِ! أَنْتَ مَلِكُ إِسْرَائِيلَ!» ٥٠ أَجَابَ يَسُوعُ: «هَلْ آمَنْتَ[23] لِأَنِّي قُلْتُ لَكَ إِنِّي رَأَيْتُكَ تَحْتَ التِّينَةِ؟ سَوْفَ تَرَى أَعْظَمَ مِنْ هَذَا!» ٥١ وَقَالَ لَهُ: «ٱلْحَقَّ ٱلْحَقَّ أَقُولُ لَكُمْ: مِنَ ٱلْآنَ تَرَوْنَ[24] ٱلسَّمَاءَ مَفْتُوحَةً[1] وَمَلَائِكَةَ ٱللَّهِ يَصْعَدُونَ[2] وَيَنْزِلُونَ[3] عَلَى ٱبْنِ ٱلْإِنْسَانِ».

---

[1] تَكَلَّمَ/ يَتَكَلَّمُ – تَكَلَّمَ في، عَنْ ..에 대하여 이야기하다

[2] تَبِعَ/ يَتْبَعُ ٥ – تَبَع 따르다, 뒤따르다, 추종하다

[3] الْتَفَتَ/ يَلْتَفِتُ (to look around) ..에 주의를 돌리다, 둘러보다

[4] طَلَبَ/ يَطْلُبُ هـ مِنْ(إلى) ٥، مِنْ (إلى) أَنْ – طَلَب 요구하다, 요청하다 ; ..에게 ..을 요구하다

[5] فَسَّرَ/ يُفَسِّرُ – تَفْسِير 설명하다, 해석하다, 주석을 달다

[6] مُعَلِّم 가르치는 ; 선생, 교사

[7] مَكَثَ/ يَمْكُثُ – مَكَثَ، مُكُوث ..에 살다, 체류하다

[8] أَتَى/ يَأْتِي إِلَى هـ(٥) – إِتْيَان – آتٍ ..에게 오다

[9] وَجَدَ/ يَجِدُ – وَجَدَ ..을 찾다, 발견하다

[10] دَعَا/ يَدْعُو ٥ هـ، ٥ ب هـ – دَعْوَة 부르다(to call), ..라고 명명하다 (to name); <수동형> دُعِيَ/ يُدْعَى

[11] أَرَادَ/ يُرِيدُ ٥ هـ، أَنْ .. – إِرَادَة ..을 원하다 (to want)

[12] خَرَجَ/ يَخْرُجُ مِنْ، إِلَى – خُرُوج (..로 부터) 나가다

[13] تَبِعَ/ يَتْبَعُ ٥ – تَبَع 따르다, 뒤따르다, 추종하다

---

[14] نَامُوس/ نَوَامِيس 법률, 법령 ; 규칙 ; 율법

[15] مِن <전치사> + <의문사> أ

[16] صَالِح 좋은 ; 의로운, 공정한 (good, right)

[17] رَأَى/ يَرَى – هـ، أَنْ – رُؤْيَة 보다 (to see)

[18] أَقْبَلَ/ يُقْبِلُ – إِقْبَال – مُقْبِل 접근하다, 다가가다 ; 나아가다

[19] غِشّ/ غُشُوش 속임, 기만, 사기 (لَا النافية للجنس)

[20] أَجَابَ/ يُجِيبُ ه(إلى ٥) عَلَى(عَنْ) هـ ..에게 ..에 대해 대답하다

[21] دَعَا/ يَدْعُو ٥ هـ، ٥ ب هـ – دَعْوَة 부르다(to call), ..라고 명명하다 (to name)

[22] تِين 무화과

[23] آمَنَ/ يُؤْمِنُ ب ..을 믿다, 신앙하다

[24] رَأَى/ يَرَى – هـ، أَنْ – رُؤْيَة 보다 (to see)

| 요안복음 2 장 | إِنْجِيل يُوحَنَّا ٢ |

العرس في قانا الجليل والمعجزة الأولى

١ وَفِي الْيَوْمِ الثَّالِثِ كَانَ عُرْسٌ[4] فِي قَانَا الْجَلِيلِ وَكَانَتْ أُمُّ يَسُوعَ هُنَاكَ. ٢ وَدُعِيَ[5] أَيْضاً يَسُوعُ وَتَلَامِيذُهُ إِلَى الْعُرْسِ. ٣ وَلَمَّا فَرَغَتِ[6] الْخَمْرُ[7] قَالَتْ أُمُّ يَسُوعَ لَهُ: «لَيْسَ لَهُمْ خَمْرٌ». ٤ قَالَ لَهَا يَسُوعُ: «مَا لِي وَلَكِ يَا امْرَأَةُ[8]! لَمْ تَأْتِ[9] سَاعَتِي بَعْدُ». ٥ قَالَتْ أُمُّهُ لِلْخُدَّامِ[10]: «مَهْمَا قَالَ لَكُمْ فَافْعَلُوا[11]». ٦ وَكَانَتْ سِتَّةُ أَجْرَانٍ[12] مِنْ حِجَارَةٍ[13] مَوْضُوعَةً[14] هُنَاكَ حَسَبَ[15] تَطْهِيرِ[16] الْيَهُودِ يَسَعُ[17] كُلُّ وَاحِدٍ مِطْرَيْنِ[18] أَوْ ثَلَاثَةً. ٧ قَالَ لَهُمْ يَسُوعُ: «امْلَأُوا[19] الْأَجْرَانَ مَاءً». فَمَلَأُوهَا إِلَى فَوْقُ. ٨ ثُمَّ قَالَ لَهُمْ: «اسْتَقُوا[20] الْآنَ وَقَدِّمُوا[21] إِلَى رَئِيسِ الْمُتَّكَإِ[22]». فَقَدَّمُوا. ٩ فَلَمَّا ذَاقَ[23] رَئِيسُ الْمُتَّكَإِ الْمَاءَ الْمُتَحَوِّلَ[24] خَمْراً وَلَمْ يَكُنْ يَعْلَمُ مِنْ أَيْنَ هِيَ - لَكِنَّ الْخُدَّامَ الَّذِينَ كَانُوا قَدِ اسْتَقُوا الْمَاءَ عَلِمُوا - دَعَا رَئِيسُ الْمُتَّكَإِ الْعَرِيسَ ١٠ وَقَالَ لَهُ: «كُلُّ إِنْسَانٍ إِنَّمَا يَضَعُ[25] الْخَمْرَ الْجَيِّدَةَ أَوَّلاً وَمَتَى سَكِرُوا[26] فَحِينَئِذٍ[27] الدُّونَ. أَمَّا أَنْتَ فَقَدْ أَبْقَيْتَ[28] الْخَمْرَ الْجَيِّدَةَ إِلَى الْآنَ». ١١ هَذِهِ بِدَايَةُ[29] الْآيَاتِ[30] فَعَلَهَا يَسُوعُ فِي قَانَا الْجَلِيلِ وَأَظْهَرَ[31] مَجْدَهُ فَآمَنَ بِهِ تَلَامِيذُهُ.

تطهير الهيكل

١٢ وَبَعْدَ هَذَا انْحَدَرَ[32] إِلَى كَفْرِنَاحُومَ هُوَ وَأُمُّهُ وَإِخْوَتُهُ وَتَلَامِيذُهُ وَأَقَامُوا[33] هُنَاكَ أَيَّاماً.

---

[1] فَتَحَ/ يَفْتَحُ هـ - فَتْحٌ - فَاتِحٌ - مَفْتُوحٌ (to open) 열다
[2] صَعِدَ/ يَصْعَدُ - صُعُودٌ 오르다, 올라가다
[3] نَزَلَ/ يَنْزِلُ - نُزُولٌ - نَازِلٌ (to come down) 내려오다<자>
[4] عُرْسٌ/ أَعْرَاسٌ = زِفَافٌ 결혼 ; 결혼식
[5] دَعَا/ يَدْعُو هـ، ه ب هـ - دَعْوَةٌ (to call) 부르다, ..라고 명명하다(to name) دُعِيَ/ يُدْعَى <수동형>
[6] فَرَغَ/ يَفْرُغُ - فُرُوغٌ 비다 ; 빠지다, 결원되다, 자리가 비다
[7] خَمْرٌ/ خُمُورٌ = خَمْرَةٌ 술
[8] اِمْرَأَةٌ/ نِسَاءٌ 부인 ; 여자
[9] أَتَى/ يَأْتِي إِلَى هـ(ه) - إِتْيَانٌ - آتٍ ..에게 오다
[10] خَادِمٌ/ خُدَّامٌ 봉사하는 ; 하인, 시중군
[11] فَعَلَ/ يَفْعَلُ هـ - فِعْلٌ (to do) 하다, 행동하다, 수행하다
[12] جُرْنٌ/ أَجْرَانٌ 물탱크 ; 저수조
[13] حَجَرٌ/ حِجَارَةٌ 돌
[14] وَضَعَ/ يَضَعُ هـ - وَضْعٌ - وَاضِعٌ - مَوْضُوعٌ 놓다, 두다
[15] حَسَبَ = بِحَسَبِ = عَلَى حَسَبِ (according to) ...에 따라서
[16] طَهَّرَ/ يُطَهِّرُ هـ - تَطْهِيرٌ (to purify) 깨끗이.정결히 하다
[17] وَسِعَ/ يَسَعُ هـ (to contain) 포괄하다,수용하다<타>
[18] مِطْرٌ 부피 단위. 39.5 리터

[19] مَلَأَ/ يَمْلَأُ - مَلْءٌ - مَمْلُوءٌ (공백을) 메우다, 가득채우다
[20] اِسْتَقَى/ يَسْتَقِي مِنْ ..에서 (물을) 긷다,푸다, 물을 청하다
[21] قَدَّمَ/ يُقَدِّمُ ه، هـ ..를 앞서게 하다 ; 제출하다, 제공하다
[22] اِتَّكَأَ/ يَتَّكِئُ عَلَى ... مُتَّكَأٌ (to lean on) ...에 기대다 ; 안락의자
[23] ذَاقَ/ يَذُوقُ هـ - ذَوْقٌ ..을 맛보다
[24] تَحَوَّلَ/ يَتَحَوَّلُ - تَحَوُّلٌ - مُتَحَوِّلٌ 변화되다, 달라지다
[25] وَضَعَ/ يَضَعُ هـ - وَضْعٌ 놓다, 두다
[26] سَكِرَ/ يَسْكَرُ - سَكَرٌ 술취하다
[27] حِينَئِذٍ (then, at that time) 그 때에, 그 이후
[28] أَبْقَى/ يُبْقِي ه، هـ ..을 남기다, 남도록하다
[29] بِدَايَةٌ = بَدْءٌ 처음, 시작
[30] آيَةٌ/ آيَاتٌ 기적, 불가사의한 일
[31] أَظْهَرَ/ يُظْهِرُ هـ ..을 나타내다 ; 보이다, 발휘하다
[32] اِنْحَدَرَ/ يَنْحَدِرُ - اِنْحِدَارٌ 내려가다
[33] أَقَامَ/ يُقِيمُ ه ..을 일어서게 하다 ; 건립하다 أَقَامَ/ يُقِيمُ بِ(فِي) ..에 체류하다, 머무르다

제 8 부 성경 강독

كَثِيرَةٌ 13 وَكَانَ فِصْحُ² الْيَهُودِ قَرِيباً فَصَعِدَ³ يَسُوعُ إِلَى أُورُشَلِيمَ 14 وَوَجَدَ فِي الْهَيْكَلِ⁴ الَّذِينَ كَانُوا يَبِيعُونَ⁵ بَقَراً وَغَنَماً وَحَمَاماً وَالصَّيَارِفَ⁶ جُلُوساً⁷. 15 فَصَنَعَ⁸ سَوْطاً⁹ مِنْ حِبَالٍ¹⁰ وَطَرَدَ¹¹ الْجَمِيعَ مِنَ الْهَيْكَلِ الْغَنَمَ وَالْبَقَرَ وَكَبَّ¹² دَرَاهِمَ¹³ الصَّيَارِفِ وَقَلَّبَ¹⁴ مَوَائِدَهُمْ¹⁵. 16 وَقَالَ لِبَاعَةِ¹⁶ الْحَمَامِ: «ارْفَعُوا هَذِهِ مِنْ هَهُنَا. لاَ تَجْعَلُوا بَيْتَ أَبِي بَيْتَ تِجَارَةٍ¹⁷». 17 فَتَذَكَّرَ¹⁸ تَلاَمِيذُهُ أَنَّهُ مَكْتُوبٌ: «غَيْرَةُ¹⁹ بَيْتِكَ أَكَلَتْنِي²⁰».

18 فَأَجَابَ الْيَهُودُ وَقَالَ لَهُ: «أَيَّةَ²¹ آيَةٍ²² تُرِينَا²³ حَتَّى تَفْعَلَ هَذَا؟» 19 أَجَابَ يَسُوعُ وَقَالَ لَهُمْ: «انْقُضُوا²⁴ هَذَا الْهَيْكَلَ²⁵ وَفِي ثَلاَثَةِ أَيَّامٍ أُقِيمُهُ²⁶». 20 فَقَالَ الْيَهُودُ: «فِي سِتٍّ وَأَرْبَعِينَ سَنَةً بُنِيَ²⁷ هَذَا الْهَيْكَلُ أَفَأَنْتَ²⁸ فِي ثَلاَثَةِ أَيَّامٍ تُقِيمُهُ؟». 21 وَأَمَّا هُوَ فَكَانَ يَقُولُ عَنْ هَيْكَلِ جَسَدِهِ. 22 فَلَمَّا قَامَ²⁹ مِنَ الأَمْوَاتِ³⁰ تَذَكَّرَ تَلاَمِيذُهُ أَنَّهُ قَالَ هَذَا فَآمَنُوا بِالْكِتَابِ وَالْكَلاَمِ³¹ الَّذِي قَالَهُ يَسُوعُ.

23 وَلَمَّا كَانَ فِي أُورُشَلِيمَ فِي عِيدِ الْفِصْحِ آمَنَ كَثِيرُونَ بِاسْمِهِ إِذْ³² رَأَوُا الآيَاتِ الَّتِي صَنَعَ. 24 لَكِنَّ يَسُوعَ لَمْ يَأْتَمِنْهُمْ³³ عَلَى نَفْسِهِ لأَنَّهُ كَانَ يَعْرِفُ الْجَمِيعَ. 25 وَلأَنَّهُ لَمْ يَكُنْ مُحْتَاجاً³⁴ أَنْ يَشْهَدَ أَحَدٌ عَنِ الإِنْسَانِ لأَنَّهُ عَلِمَ مَا كَانَ فِي الإِنْسَانِ.

---

1. يَوْمٌ/ أَيَّامٌ 날 (day) الْيَوْمَ (today) 오늘
2. فِصْحٌ 유월절
3. صَعِدَ/ يَصْعَدُ – صُعُود 오르다, 올라가다
4. هَيْكَلٌ/ هَيَاكِلٌ 사원 (temple); 성전; 제단
5. بَاعَ/ يَبِيعُ هـ – بَيْعٌ، مَبِيعٌ ..을 팔다, 매매하다
6. صَيْرَفٌ/ صَيَارِفٌ = صَرَّافٌ 환전상 (money changer)
7. جَلَسَ/ يَجْلِسُ – جُلُوسٌ 앉다 (to sit down)
8. صَنَعَ/ يَصْنَعُ هـ – صُنْعٌ ..을 만들다, 제작하다; 행하다
9. سَوْطٌ/ سِيَاطٌ، أَسْوَاطٌ 채찍
10. حَبْلٌ/ حِبَالٌ، أَحْبَالٌ 바, 로프, 노끈
11. طَرَدَ/ يَطْرُدُ هـ – طَرْدٌ ..을 몰아내다, 내쫓다, 추방하다
12. كَبَّ/ يَكُبُّ هـ – كَبٌّ (그릇 등을) 엎어뜨리다, 뒤집다
13. دِرْهَمٌ/ دَرَاهِمُ 디르함 (은화 단위)
14. قَلَّبَ/ يُقَلِّبُ هـ ..을 뒤집다; 굴리다
15. مَائِدَةٌ/ مَوَائِدُ 테이블, 상; 식사 테이블
16. بَائِعٌ/ بَاعَةٌ 판매원, 장사군; 판매하는
17. تِجَارَةٌ 상업, 교역 (commerce)
18. تَذَكَّرَ/ يَتَذَكَّرُ هـ ..을 기억하다, 회상하다, 돌이켜보다
19. غَيْرَةٌ 질투심; 열정, 열심
20. أَكَلَ/ يَأْكُلُ هـ – أَكْلٌ ..을 먹다

21. أَيٌّ = أَيَّةٌ <의문사> 어떤, 어느, 그 어떤
22. آيَةٌ/ آيَاتٌ 기적, 불가사의한 일
23. أَرَى/ يُرِي هـ ه ..에게 ..를 보여 주다 (to show)
24. نَقَضَ/ يَنْقُضُ هـ – نَقْضٌ ..을 폐기하다, 헐다, 파괴하다
25. هَيْكَلٌ/ هَيَاكِلٌ 사원 (temple); 성전; 제단
26. أَقَامَ/ يُقِيمُ هـ ه ..을 일어서게하다; 건립하다
27. بَنَى/ يَبْنِي هـ – بِنَاءٌ ..을 건설하다 <수동형> بُنِيَ
28. (أَ <의문사> + فَ + أَنْتَ)
29. قَامَ/ يَقُومُ – قِيَامٌ 일어서다, 기립하다; 일어나다
30. مَيِّتٌ/ أَمْوَاتٌ 죽은, 죽은 사람, 시체
31. كَلاَمٌ/ كَلِمَةٌ 단어; 말, 언어
32. إِذْ ..때, ..때에 (then; and then; as, when)
33. ائْتَمَنَ/ يَأْتَمِنُ ..عَلَى ه أَوْ هـ ...에게 ...을 위임하다, 맡기다, 위탁하다
34. اِحْتَاجَ/ يَحْتَاجُ إِلَى – اِحْتِيَاجٌ – مُحْتَاجٌ ..을 필요로 하다

| إِنْجِيل يُوحَنَّا ٣ | 요안복음 3장 |

حديثه مع نيقوديموس

١ كَانَ إِنْسَانٌ مِنَ الْفَرِّيسِيِّينَ اسْمُهُ نِيقُودِيمُوسُ رَئِيسٌ[1] لِلْيَهُودِ. ٢ هَذَا جَاءَ إِلَى يَسُوعَ لَيْلًا[2] وَقَالَ لَهُ: «يَا مُعَلِّمُ نَعْلَمُ أَنَّكَ قَدْ أَتَيْتَ مِنَ اللَّهِ مُعَلِّمًا لأَنْ لَيْسَ أَحَدٌ يَقْدِرُ[3] أَنْ يَعْمَلَ هَذِهِ الآيَاتِ الَّتِي أَنْتَ تَعْمَلُ إِنْ لَمْ يَكُنِ اللَّهُ مَعَهُ». ٣ أَجَابَ يَسُوعُ وَقَالَ لَهُ: «اَلْحَقَّ الْحَقَّ أَقُولُ لَكَ: إِنْ كَانَ أَحَدٌ لاَ يُولَدُ[4] مِنْ فَوْقُ لاَ يَقْدِرُ أَنْ يَرَى مَلَكُوتَ[5] اللَّهِ». ٤ قَالَ لَهُ نِيقُودِيمُوسُ: «كَيْفَ يُمْكِنُ الإِنْسَانَ أَنْ يُولَدَ وَهُوَ شَيْخٌ[6]؟ أَلَعَلَّهُ[7] يَقْدِرُ أَنْ يَدْخُلَ بَطْنَ[8] أُمِّهِ ثَانِيَةً وَيُولَدَ؟» ٥ أَجَابَ يَسُوعُ: «اَلْحَقَّ الْحَقَّ أَقُولُ لَكَ: إِنْ كَانَ أَحَدٌ لاَ يُولَدُ مِنَ الْمَاءِ وَالرُّوحِ لاَ يَقْدِرُ أَنْ يَدْخُلَ مَلَكُوتَ اللَّهِ. ٦ اَلْمَوْلُودُ[9] مِنَ الْجَسَدِ جَسَدٌ هُوَ وَالْمَوْلُودُ مِنَ الرُّوحِ هُوَ رُوحٌ. ٧ لاَ تَتَعَجَّبْ[10] أَنِّي قُلْتُ لَكَ: يَنْبَغِي[11] أَنْ تُولَدُوا مِنْ فَوْقُ. ٨ اَلرِّيحُ[12] تَهُبُّ[13] حَيْثُ تَشَاءُ[14] وَتَسْمَعُ صَوْتَهَا لَكِنَّكَ لاَ تَعْلَمُ مِنْ أَيْنَ تَأْتِي وَلاَ إِلَى أَيْنَ تَذْهَبُ[15]. هَكَذَا كُلُّ مَنْ وُلِدَ مِنَ الرُّوحِ».

٩ أَجَابَ نِيقُودِيمُوسُ وَقَالَ لَهُ: «كَيْفَ يُمْكِنُ أَنْ يَكُونَ هَذَا؟» ١٠ أَجَابَ يَسُوعُ وَقَالَ لَهُ: «أَنْتَ مُعَلِّمُ إِسْرَائِيلَ وَلَسْتَ تَعْلَمُ هَذَا! ١١ اَلْحَقَّ الْحَقَّ أَقُولُ لَكَ: إِنَّنَا إِنَّمَا نَتَكَلَّمُ بِمَا نَعْلَمُ وَنَشْهَدُ بِمَا رَأَيْنَا وَلَسْتُمْ تَقْبَلُونَ شَهَادَتَنَا. ١٢ إِنْ كُنْتُ قُلْتُ لَكُمُ الأَرْضِيَّاتِ[16] وَلَسْتُمْ تُؤْمِنُونَ فَكَيْفَ تُؤْمِنُونَ إِنْ قُلْتُ لَكُمُ السَّمَاوِيَّاتِ[17]؟ ١٣ وَلَيْسَ أَحَدٌ صَعِدَ إِلَى السَّمَاءِ إِلاَّ[18] الَّذِي نَزَلَ مِنَ السَّمَاءِ ابْنُ الإِنْسَانِ الَّذِي هُوَ فِي السَّمَاءِ.

١٤ «وَكَمَا رَفَعَ مُوسَى الْحَيَّةَ فِي الْبَرِّيَّةِ[19] هَكَذَا يَنْبَغِي أَنْ يُرْفَعَ[20] ابْنُ الإِنْسَانِ ١٥ لِكَيْ لاَ يَهْلِكَ[21] كُلُّ مَنْ يُؤْمِنُ بِهِ بَلْ تَكُونُ لَهُ الْحَيَاةُ الأَبَدِيَّةُ[22]. ١٦ لأَنَّهُ هَكَذَا أَحَبَّ[1] اللَّهُ الْعَالَمَ حَتَّى

---

[1] رَئِيس/ رُؤَسَاء ; 수반, 대통령 ; 장, 두목
[2] لَيْل/ لَيَال ; 밤, 저녁
[3] قَدَرَ/ يَقْدِرُ عَلى، أَنْ - قُدْرَة ; ..을 할 수 있다, ..할 능력이 있다
[4] وَلَدَ/ يَلِدُ هـ - وِلادَة ; 아기를 낳다   وُلِدَ/ يُولَدُ <수동형>
[5] مَلَكُوتُ الله ; 하나님의 나라
[6] شَيْخ/ شُيُوخ ; 노인, 늙은이 ; 장로 ; 쉐이크
[7] لَعَلَّ ; 혹시, 아마도 (perhaps, maybe)
[8] بَطْن ; 배 (abdomen)
[9] وَلَدَ/ يَلِدُ هـ - وِلادَة - مَوْلُود - وَالِد ; 아기를 낳다
[10] تَعَجَّبَ/ يَتَعَجَّبُ مِنْ ; ..에 놀라다, 감탄하다, 경탄하다
[11] اِنْبَغَى/ يَنْبَغِي ; ..가 필요하다, 바람직하다, ..해야 한다.
يَنْبَغِي عَلَيْهِ أَنْ ... ; 그는 ..해야 한다, ..하지 않으면 안 된다.

[12] رِيح/ رِيَاح ; 바람 ; 냄새
[13] هَبَّ/ يَهُبُّ - هُبُوب ; (바람이) 불다, 일다, 일어나다(화재, 전쟁)
هَبَّتِ الرِّيحُ ; 바람이 불다
[14] شَاءَ/ يَشَاءُ هـ - مَشِيئَة ; ..을 원하다, 바라다
[15] ذَهَبَ/ يَذْهَبُ إِلَى - ذَهَاب ; ..로 가다, 떠나다
[16] أَرْض/ أَرَاض ; 땅의, 지구 ; 지상의   أَرْضِيّ ; 바닥, 1층
[17] سَمَاء/ سَمَوَات   سَمَاوِيّ ; 하늘의 하늘
[18] إِلاَّ ; ...을 제외하고 (except, but)
[19] بَرِّيَّة ; 광야, 황야
[20] رَفَعَ/ يَرْفَعُ هـ - رَفْع ; ..을 들다, 들어올리다, 높이다
رُفِعَ/ يُرْفَعُ <수동형>
[21] هَلَكَ/ يَهْلَكُ - هَلاَك ; 멸망하다, 죽다
[22] الْحَيَاة الأَبَدِيَّة ; 영생

بَذَلَ² ابْنَهُ الْوَحِيدَ لِكَيْ لَا يَهْلِكَ كُلُّ مَنْ يُؤْمِنُ بِهِ بَلْ تَكُونُ لَهُ الْحَيَاةُ الْأَبَدِيَّةُ. ١٧ لِأَنَّهُ لَمْ يُرْسِلِ اللَّهُ ابْنَهُ إِلَى الْعَالَمِ لِيَدِينَ³ الْعَالَمَ بَلْ لِيَخْلُصَ⁴ بِهِ الْعَالَمُ. ١٨ الَّذِي يُؤْمِنُ بِهِ لَا يُدَانُ⁵ وَالَّذِي لَا يُؤْمِنُ قَدْ دِينَ⁶ لِأَنَّهُ لَمْ يُؤْمِنْ بِاسْمِ ابْنِ اللَّهِ الْوَحِيدِ. ١٩ وَهَذِهِ هِيَ الدَّيْنُونَةُ⁷: إِنَّ النُّورَ قَدْ جَاءَ إِلَى الْعَالَمِ وَأَحَبَّ النَّاسُ الظُّلْمَةَ⁸ أَكْثَرَ مِنَ النُّورِ لِأَنَّ أَعْمَالَهُمْ⁹ كَانَتْ شِرِّيرَةً¹⁰. ٢٠ لِأَنَّ كُلَّ مَنْ يَعْمَلُ السَّيِّئَاتِ¹¹ يُبْغِضُ¹² النُّورَ وَلَا يَأْتِي إِلَى النُّورِ لِئَلَّا¹³ تُوَبَّخَ¹⁴ أَعْمَالُهُ. ٢١ وَأَمَّا مَنْ يَفْعَلُ الْحَقَّ فَيُقْبِلُ¹⁵ إِلَى النُّورِ لِكَيْ تَظْهَرَ¹⁶ أَعْمَالُهُ أَنَّهَا بِاللَّهِ مَعْمُولَةٌ¹⁷».

شهادة يوحنا المعمدان للمسيح

٢٢ وَبَعْدَ هَذَا جَاءَ يَسُوعُ وَتَلَامِيذُهُ إِلَى أَرْضِ الْيَهُودِيَّةِ وَمَكَثَ¹⁸ مَعَهُمْ هُنَاكَ وَكَانَ يُعَمِّدُ. ٢٣ وَكَانَ يُوحَنَّا أَيْضاً يُعَمِّدُ فِي عَيْنِ نُونٍ بِقُرْبِ سَالِيمَ لِأَنَّهُ كَانَ هُنَاكَ مِيَاهٌ كَثِيرَةٌ وَكَانُوا يَأْتُونَ¹⁹ وَيَعْتَمِدُونَ²⁰ - ٢٤ لِأَنَّهُ لَمْ يَكُنْ يُوحَنَّا قَدْ أُلْقِيَ²¹ بَعْدُ فِي السِّجْنِ.

٢٥ وَحَدَثَتْ²² مُبَاحَثَةٌ²³ مِنْ تَلَامِيذِ يُوحَنَّا مَعَ يَهُودٍ مِنْ جِهَةِ²⁴ التَّطْهِيرِ²⁵. ٢٦ فَجَاءُوا إِلَى يُوحَنَّا وَقَالُوا لَهُ: «يَا مُعَلِّمُ هُوَذَا الَّذِي كَانَ مَعَكَ فِي عَبْرِ الْأُرْدُنِّ الَّذِي أَنْتَ قَدْ شَهِدْتَ لَهُ هُوَ يُعَمِّدُ وَالْجَمِيعُ يَأْتُونَ إِلَيْهِ». ٢٧ أَجَابَ يُوحَنَّا وَقَالَ: «لَا يَقْدِرُ إِنْسَانٌ أَنْ يَأْخُذَ شَيْئاً إِنْ لَمْ يَكُنْ قَدْ أُعْطِيَ مِنَ السَّمَاءِ. ٢٨ أَنْتُمْ أَنْفُسُكُمْ تَشْهَدُونَ لِي أَنِّي قُلْتُ: لَسْتُ أَنَا الْمَسِيحَ بَلْ إِنِّي مُرْسَلٌ²⁶ مَنْ لَهُ الْعَرُوسُ²⁷ فَهُوَ الْعَرِيسُ²⁸ وَأَمَّا صَدِيقُ الْعَرِيسِ الَّذِي يَقِفُ²⁹ وَيَسْمَعُهُ فَيَفْرَحُ فَرَحاً مِنْ

---

1. أَحَبَّ/ يُحِبُّ ♦ (to love) 를 사랑하다..
2. بَذَلَ/ يَبْذِلُ، يَبْذُلُ هـ ♦ 을 바치다, (아낌없이) 제공하다..
3. دَانَ/ يَدِينُ ♦ 를 재판하다, 판결하다..
4. خَلَصَ/ يَخْلُصُ مِنْ – خَلَاص ♦ 부터 구원되다, 해방되다..
5. أَدَانَ/ يُدِينُ ♦ <수동형> أُدِينَ/ يُدَانُ 유죄를 판결하다, 정죄하다..
6. دَانَ/ يَدِينُ <수동형> دِينَ/ يُدَانُ ♦ 를 재판하다, 판결하다..
7. دَيْنُونَة 심판, 최후의 심판
8. ظُلْمَة = ظَلَام 어두움 ظُلْم 불공평, 억압
9. عَمَل/ أَعْمَال 일, 노동 ; 행동, 행위
10. شِرِّير/ أَشْرَار 악한, 사악한, 나쁜 ; شَرّ 죄악 악, 악의
11. سَيِّئَة/ سَيِّئَات 못된 짓, 추악한 행위 나쁜, 악한, 추악한
12. أَبْغَضَ/ يُبْغِضُ ♦ 를 증오하다, 싫어하다..
13. لِئَلَّا = لِكَيْ لَا (لـِ + أَنْ + لَا) ...하지 않도록
14. وَبَّخَ/ يُوَبِّخُ ♦ عَلَى (to scold) 꾸짖다 <수동형> وُبِّخَ/ يُوَبَّخُ
15. أَقْبَلَ/ يُقْبِلُ (إِلَى، عَلَى) ♦ 오다 ; 접근하다, 다가가다 (사람이)
16. ظَهَرَ/ يَظْهَرُ 나타나다, 출현하다
17. عَمِلَ/ يَعْمَلُ هـ ♦ – عَمَل – عَامِل – مَعْمُول 을 하다, 일하다

18. مَكَثَ/ يَمْكُثُ – مَكْث ♦ ..에 살다, 체류하다
19. أَتَى/ يَأْتِي إِلَى هـ(ـ) – إِتْيَان ♦ ..에게 오다
20. اِعْتَمَدَ/ يَعْتَمِدُ = تَعَمَّدَ 세례를 받다
    اِعْتَمَدَ/ يَعْتَمِدُ عَلَى 의지하다, 신뢰하다, 의거하다
21. أَلْقَى/ يُلْقِي هـ ♦ (to throw) 던지다 <수동형> أُلْقِيَ/ يُلْقَى
22. حَدَثَ/ يَحْدُثُ – حُدُوث (사건이) 일어나다, 발생하다
23. مُبَاحَثَة/ مَاحَثَات 토의, 토론, 회담 ; 논쟁
24. جِهَة/ ـَات 방향, 방면, 구역, 지방 ; 측
25. طَهَّرَ/ يُطَهِّرُ هـ ♦ – تَطْهِير (to purify) 깨끗이, 정결히 하다
26. أَرْسَلَ/ يُرْسِلُ هـ، ♦ – إِرْسَال – مُرْسِل – مُرْسَل 을 보내다, 파견하다 ; 발송하다
27. عَرُوس/ عَرَائِس 신부, 색시
28. عَرِيس/ عُرُس 신랑
29. وَقَفَ/ يَقِفُ – وُقُوف – وَاقِف 멎다, 서다, 정지되다 ; 일어서다

أَجْلِ صَوْتِ الْعَرِيسِ. إِذاً فَرَحِي هَذَا قَدْ كَمَلَ[1]. ٣٠ يَنْبَغِي[2] أَنَّ ذَلِكَ يَزِيدُ[3] وَأَنِّي أَنَا أَنْقُصُ[4]. ٣١ اَلَّذِي يَأْتِي مِنْ فَوْقُ هُوَ فَوْقَ الْجَمِيعِ وَالَّذِي مِنَ الأَرْضِ هُوَ أَرْضِيٌّ وَمِنَ الأَرْضِ يَتَكَلَّمُ[5]. اَلَّذِي يَأْتِي مِنَ السَّمَاءِ هُوَ فَوْقَ الْجَمِيعِ ٣٢ وَمَا رَآهُ وَسَمِعَهُ بِهِ يَشْهَدُ وَشَهَادَتُهُ لَيْسَ أَحَدٌ يَقْبَلُهَا[6]. ٣٣ وَمَنْ قَبِلَ شَهَادَتَهُ فَقَدْ خَتَمَ[7] أَنَّ اللهَ صَادِقٌ ٣٤ لِأَنَّ الَّذِي أَرْسَلَهُ اللهُ يَتَكَلَّمُ بِكَلَامِ اللهِ. لِأَنَّهُ لَيْسَ بِكَيْلٍ[8] يُعْطِي اللهُ الرُّوحَ. ٣٥ اَلآبُ يُحِبُّ الابْنَ وَقَدْ دَفَعَ[9] كُلَّ شَيْءٍ فِي يَدِهِ. ٣٦ اَلَّذِي يُؤْمِنُ بِالابْنِ لَهُ حَيَاةٌ أَبَدِيَّةٌ وَالَّذِي لَا يُؤْمِنُ بِالابْنِ لَنْ يَرَى حَيَاةً بَلْ يَمْكُثُ عَلَيْهِ غَضَبُ[10] اللهِ».

---

[1] كَمَلَ أَوْ كَمُلَ/ يَكْمُلُ – كَمَال 완전하다, 완성되다, 끝나다 ; 성취되다 ; 가득차다

[2] اِنْبَغَى/ يَنْبَغِي ..가 필요하다, 바람직하다, ..해야 한다.
يَنْبَغِي عَلَيْهِ أَنْ ... 그는 ..해야 한다, ..하지 않으면 안된다.

[3] زَادَ/ يَزِيدُ – زِيَادَة <자> 늘어나다, 증가되다 ; 첨가되다 첨가되다

[4] نَقَصَ/ يَنْقُصُ – نَقْص <자> 모자라다, 부족하다 ; 작아지다

[5] تَكَلَّمَ/ يَتَكَلَّمُ فِي، عَنْ ..에 대하여 이야기하다

[6] قَبِلَ/ يَقْبَلُ هـ، ٥، بِ – قَبُول ..을 받아들이다, 수락하다(to accept) ; 수취하다, 받다

[7] خَتَمَ/ يَخْتِمُ – خَتْم، خِتَام هـ، عَلَى هـ ..에 도장을 찍다, 봉인하다 ; 끝내다, 마치다

[8] كَيْل/ أَكْيَال (됫박, 말 따위) 도량형기

[9] دَفَعَ/ يَدْفَعُ ٥، هـ – دَفْع ..을 밀다 ; 지불하다, 갚다

[10] غَضِبَ/ يَغْضَبُ مِنْ، عَلَى ٥ – غَضَب ..에게 화를 내다, 노하다

제 8 부 성경 강독

시편 1 편	١ الْمَزْمُورُ

١ طُوبَى¹ لِلرَّجُلِ الَّذِي لَمْ يَسْلُكْ² فِي مَشُورَةِ³ الْأَشْرَارِ⁴، وَفِي طَرِيقِ الْخُطَاةِ⁵ لَمْ يَقِفْ⁶، وَفِي مَجْلِسِ⁷ الْمُسْتَهْزِئِينَ⁸ لَمْ يَجْلِسْ⁹. ٢ لكِنْ فِي نَامُوسِ¹⁰ الرَّبِّ مَسَرَّتُهُ¹¹، وَفِي نَامُوسِهِ يَلْهَجُ¹² نَهَارًا وَلَيْلاً. ٣ فَيَكُونُ كَشَجَرَةٍ مَغْرُوسَةٍ¹³ عِنْدَ مَجَارِي¹⁴ الْمِيَاهِ¹⁵، الَّتِي ثَمَرَهَا¹⁷ فِي أَوَانِهِ¹⁸،

وَوَرَقُهَا¹⁹ لَا يَذْبُلُ²⁰. وَكُلُّ مَا يَصْنَعُهُ²¹ يَنْجَحُ²². لَيْسَ كَذلِكَ الْأَشْرَارُ، لكِنَّهُمْ كَالْعُصَافَةِ²³ الَّتِي تُذَرِّيهَا²⁴ الرِّيحُ. ٥ لِذلِكَ²⁵ لَا تَقُومُ²⁶ الْأَشْرَارُ فِي الدِّينِ²⁷، وَلَا الْخُطَاةُ فِي جَمَاعَةِ²⁸ الْأَبْرَارِ²⁹. ٦ الرَّبُّ يَعْلَمُ³⁰ طَرِيقَ الْأَبْرَارِ، أَمَّا طَرِيقُ الْأَشْرَارِ فَتَهْلِكُ³¹.

---

¹ طُوبَى 축복 طُوبَى لـ ... 에게 축복이 ..
² (لَمْ يَسْلُكْ <단축법>) سَلَكَ/ يَسْلُكُ - سُلُوك 행동하다, 태도를 취하다
³ مَشُورَة 상담, 협의 اِسْتِشَارَة 충고, 권고, 지시
⁴ شِرّير/ أَشْرَار 악, 악의 شَرّ/ شُرُور 간악한, 흉악한
⁵ خَاطِئ/ خُطَاة 죄인 خَطِيَّة/ خَطَايَا 죄
⁶ وَقَفَ/ يَقِفُ - وُقُوف 멎다, 서다, 정지되다 ; 일어서다
⁷ مَجْلِس/ مَجَالِس 앉은 자리 ; 회의, 협회, 이사회
⁸ اِسْتَهْزَأ/ يَسْتَهْزِئ – اِسْتِهْزَاء - مُسْتَهْزِئ ...을 비웃다, 비웃는, 조롱하는 مُسْتَهْزِئ 조롱하다, 업신여기다
⁹ جَلَسَ/ يَجْلِسُ – جُلُوس 앉다 (to sit down)
¹⁰ نَامُوس/ نَوَامِيس 법률, 법령 ; 규칙 ; 율법
¹¹ مَسَرَّة/ مَسَرَّات 기쁨, 즐거움, 쾌락 سُرُور
¹² لَهَجَ/ يَلْهَجُ بـ – لَهَج ..에 습관되다 ; 떠벌이다, 지껄이다 لَهَجَ بِذِكْرِهِ ...에 대해 계속 말하다
¹³ غَرَسَ/ يَغْرِسُ الشَّجَرَ – غَرْس – غَارِس – مَغْرُوس مَغْرُوس = مَزْرُوع 나무가 심어진 나무를 심다 غَرَسَ/ يَغْرِسُ (غَرْس) to plant
¹⁴ مَجْرَى/ مَجَار (الْمَجَارِي) 물길, 수로 مَجْرَى الْمَاء 물길, 도랑
¹⁵ مَاء/ مِيَاه أَوْ أَمْوَاء 물 (water)

¹⁶ أَعْطَى/ يُعْطِي هـ هـ، هـ لـ ہ ..에게 ..을 주다, 제공하다
¹⁷ ثَمَر/ ثِمَار أَو أَثْمَار 열매 ; 과실
¹⁸ أَوَان/ آوِنَة 때, 시간, 절 وَقْت = حِين
¹⁹ وَرَق/ أَوْرَاق الشَّجَر 종이 وَرَقُ الشَّجَر 나뭇잎
²⁰ ذَبَلَ/ يَذْبُلُ – ذَبْل (식물이) 시들다, 마르다
²¹ صَنَعَ/ يَصْنَعُ هـ – صُنْع ..을 만들다, 제작하다 ; 행하다
²² نَجَحَ/ يَنْجَحُ فِي – نَجَاح 성공하다, 잘되다(일이) ; 합격하다
²³ عُصَافَة 겨, 곡식껍질
²⁴ ذَرَّى/ يُذَرِّي هـ ...을 날리다 ; 키질하다
²⁵ لِذلِكَ = لِذَا = لِهذَا 그러므로
²⁶ قَامَ/ يَقُومُ – قِيَام 일어서다, 기립하다 ; 일어나다
²⁷ دَانَ/ يَدِينُ هـ ...를 재판하다, 판결하다 دَانَ/ يَدِينُ – دَيْن (돈을) 빌리다 ; 꾸다, 채용하다 يَوْمُ الدِّين 심판의 날 دِين 재판, 판결
²⁸ جَمَاعَة/ جَمَاعَات 집단, 무리, 그룹 جَامِعَة/ جَامِعَات 대학 جَامِع/ جَوَامِع 모스크 مَجْمُوعَة/ مَجْمُوعَات 그룹 مُجْتَمَع/ مُجْتَمَعَات 사회 (society)
²⁹ بَارّ/ أَبْرَار 의로운 بِرّ 의, 경건(piety, uprightness)
³⁰ عَلِمَ/ يَعْلَمُ ہ أَو هـ – عِلْم ..을 알다 (to know)
³¹ هَلَكَ/ يَهْلِكُ – هُلْك أَو هَلَاك 멸망하다, 죽다

| شَيْ | سيشة 23 편 | اَلْمَزْمُورُ ٢٣ |

١ الرَّبُّ رَاعِيَّ¹ فَلاَ يُعْوِزُنِي² شَيْءٌ. ٢ فِي مَرَاعٍ³ خُضْرٍ⁴ يُرْبِضُنِي⁵. إِلَى مِيَاهِ⁶ الرَّاحَةِ⁷ يُورِدُنِي⁸. ٣ يَرُدُّ⁹ نَفْسِي. يَهْدِينِي¹⁰ إِلَى سُبُلِ¹¹ الْبِرِّ مِنْ أَجْلِ اسْمِهِ. ٤ أَيْضًا إِذَا سِرْتُ¹² فِي وَادِي¹³ ظِلِّ¹⁴ الْمَوْتِ لاَ أَخَافُ¹⁵ شَرًّا¹⁶، لأَنَّكَ مَعِي. عَصَاكَ¹⁷ وَعُكَّازُكَ¹⁸ هُمَا يُعَزِّيَانِنِي¹⁹

٥ تُرَتِّبُ²⁰ قُدَّامِي مَائِدَةً²¹ تُجَاهَ²² مُضَايِقِيَّ²³. بِالدُّهْنِ²⁵ رَأْسِي. كَأْسِي رَيَّا²⁶. ٦ إِنَّمَا²⁷ خَيْرٌ يَتْبَعَانِنِي²⁸ كُلَّ أَيَّامِ حَيَاتِي، وَأَسْكُنُ²⁹ فِي بَيْتِ إِلَى مَدَى³⁰ الْأَيَّامِ.

---

¹ رَاعٍ (الرَّاعِي)/ رُعَاة 목자
رَعَى/ يَرْعَى 목양하다, 지키다
² أَعْوَزَ/ يُعْوِزُ = عَوِزَ/ يَعْوَزُ 가난하다, 부족하다
³ مَرْعَى/ مَرَاع 초장, 목장
⁴ أَخْضَر/ خَضْرَاء/ خُضْر 푸른
⁵ أَرْبَضَ/ يُرْبِضُ ه ...를 눕히다. رَبَضَ/ يَرْبِضُ - رَبْض (짐승이) 꿇어앉다, 눕다, 누워서 쉬다
⁶ مَاء/ مِيَاه أَو أَمْوَاه 물 (water)
⁷ رَاحَة 휴식, 안정
⁸ أَوْرَدَ/ يُورِدُ ه إِلَى ..을 ..에 데려가다 ; 운반하다, 가져오다
⁹ رَدَّ/ يَرُدُّ (ه) إِلَى - رَدّ ..을 ..에게 돌려주다, 되돌려주다, رَدَّ/ يَرُدُّ عَلَى ...에게 대답하다 회복시키다
¹⁰ هَدَى/ يَهْدِي ه - هُدًى ..을 옳은 길로 인도하다, 지도하다
¹¹ سَبِيل/ سُبُل 길, 도로 ; 방법
¹² سَارَ/ يَسِيرُ - سَيْر (أَنَا سِرْتُ <표 18>) 걷다, 행진하다
¹³ وَادٍ (الْوَادِي)/ أَوْدِيَة 계곡
¹⁴ ظِلّ/ ظِلاَل أَو أَظْلاَل 그늘, 그림자
¹⁵ خَافَ/ يَخَافُ مِنْ أَو هـ - خَوْف ..을 무서워하다 (أَنَا خِفْتُ <표 19>)
¹⁶ شَرّ/ شُرُور 악, 악의 ضِدّ خَيْر
¹⁷ عَصًا/ عُصِيّ 막대기, 지팡이 عَصَايَة 막대, 지팡이
¹⁸ عُكَّاز/ عَكَاكِيز or عَكَازَة/ -ات أَو عَكَازَات 지팡이

¹⁹ (يُعَزِّيَانِ <3인칭 쌍수> + ني <목적격 인칭 대명사>)
عَزَّى/ يُعَزِّي ه - تَعْزِيَة ...를 위안하다, 위로하다
²⁰ رَتَّبَ/ يُرَتِّبُ هـ - تَرْتِيب 정돈.정리하다 ; 조직하다 ; 배열하다
²¹ مَائِدَة/ مَوَائِد أَو مَائِدَات 식탁, 밥상, 상
²² تُجَاهَ <전치사> ..에 대하여, 앞에, 맞은 편에
²³ (مُضَايِقِين + ي) ضَايَقَ/ يُضَايِقُ ه - مُضَايَقَة - مُضَايِق ...를 구속하다, 성가시게 굴다, 괴롭히다
²⁴ مَسَحَ/ يَمْسَحُ هـ - مَسْح ..을 닦다, 문지르다
مَسَحَ/ يَمْسَحُ ه ..에게 기름이나 물을 바르다, 기름붓다
²⁵ دُهْن/ أَدْهَان 기름, 지방
²⁶ رَيَّان (f) رَيَّا رُوَاء (밭에) 물을 많이 댄 ; 즙이 많은
²⁷ إِنَّمَا 참말로, 실로, 정말
²⁸ (يَتْبَعَان <3인칭 쌍수> + ني <목적격 인칭 대명사>)
تَبِعَ/ يَتْبَعُ ه - تَبَع 따르다, 뒤따르다, 추종하다
²⁹ سَكَنَ/ يَسْكُنُ فِي - سُكْنَى ..에 살다, 거주하다
³⁰ مَدًى 한계, 경계 ; 크기, 정도 ; 끝, 종점
إِلَى مَدَى الأَيَّامِ

제 8 부 성경 강독

يَحْفَظُ نَفْسَكَ. ٨ الرَّبُّ يَحْفَظُ خُرُوجَكَ[16] وَدُخُولَكَ[17] مِنَ الآنَ وَإِلَى الدَّهْرِ[18].

اَلْمَزْمُورُ ١٢١	시편 121 편

١ أَرْفَعُ عَيْنَيَّ إِلَى الْجِبَالِ[1]، مِنْ حَيْثُ[2] يَأْتِي[3] عَوْنِي[4]! ٢ مَعُونَتِي[5] مِنْ عِنْدِ الرَّبِّ، صَانِعِ[6] السَّمَاوَاتِ وَالأَرْضِ. ٣ لاَ يَدَعُ[7] رِجْلَكَ رِجْلَكَ تَزِلُّ[8]. لاَ يَنْعَسُ[9] حَافِظُكَ[10]. ٤ إِنَّهُ لاَ يَنْعَسُ وَلاَ يَنَامُ[11] حَافِظُ إِسْرَائِيلَ. ٥ الرَّبُّ حَافِظُكَ. الرَّبُّ ظِلٌّ[12] لَكَ عَنْ يَدِكَ الْيُمْنَى[13]. ٦ لاَ تَضْرِبُكَ[14] الشَّمْسُ فِي النَّهَارِ، وَلاَ الْقَمَرُ فِي اللَّيْلِ. ٧ الرَّبُّ يَحْفَظُكَ[15] مِنْ كُلِّ شَرٍّ.

---

[1] جَبَل/ جِبَال 산

[2] حَيْثُ ..하는 곳에(where) ; ..하는 때에
 مِنْ حَيْثُ ..로 부터

[3] أَتَى/ يَأْتِي إِلَى هـ(ه) ‒ إِتْيَان ‒ آتٍ ..에게 오다..

[4] عَوْن = إِعَانَة 원조, 협조, 지원

[5] مَعُونَة = إِعَانَة 원조, 지원

[6] صَنَعَ/ يَصْنَعُ هـ ‒ صَنْع ‒ صَانِع ..을 만들다, 제작하다 ;..

[7] وَدَعَ/ يَدَعُ ..하게 하다 (to let)
 وَضَعَ/ يَضَعُ هـ فِي ‒ وَضْع ..을 ..에 놓다, 두다

[8] زَلَّ/ يَزِلُّ 미끄러지다, 실족하다(to slip)

[9] نَعَسَ/ يَنْعَسُ ‒ نَعَس ‒ نَعْسَان 졸다, 어렴풋이 자다 졸리는

[10] حَفِظَ/ يَحْفَظُ هـ ‒ حِفْظ ‒ حَافِظ ..을 지키다, 수호하다,
 보호하다 ; 외우다, 암기하다 حَافِظ/ حُفَّاظ 지키는, 보존하는

[11] نَامَ/ يَنَامُ ‒ نَوْم 자다(to sleep)

[12] ظِلّ/ ظِلاَل أَوْ أَظْلاَل 그늘, 그림자

[13] أَيْمَن/ يُمْنَى (f) يُمْن 우측의, 오른쪽의
 الْيَدُ الْيُمْنَى 우측 손, 오른 손

[14] ضَرَبَ/ يَضْرِبُ ه أَوْ هـ ‒ ضَرْب ..을 때리다, 치다

[15] حَفِظَ/ يَحْفَظُ هـ ‒ حِفْظ ..을 지키다, 보호하다 ; 외우다

[16] خَرَجَ/ يَخْرُجُ مِنْ ‒ خُرُوج ..로 부터 나가다...

[17] دَخَلَ/ يَدْخُلُ هـ، إِلَى ‒ دُخُول ..에 들어가다...

[18] دَهْر/ دُهُور أَوْ أَدْهُر 시대, 세기
 إِلَى الدَّهْرِ = إِلَى دَهْرِ الدُّهُورِ 영원히

| إنْجيلُ لُوقَا   ١٥ | 누가복음 15장 |

مَثَلُ الخَروفِ الضَّال[1]

١ وكانَ جَميعُ الْعَشَّارينَ[2] والْخُطَاةِ[3] يَدْنُونَ[4] مِنْهُ لِيَسْمَعُوهُ. ٢ فَتَذَمَّرَ[5] الْفَرِّيسِيُّونَ والْكَتَبَةُ قائِلينَ: «هذا يَقْبَلُ خُطاةً ويَأْكُلُ مَعَهُمْ». ٣ فَكَلَّمَهُمْ بِهذا الْمَثَلِ قائلاً : ٤ «أَيُّ إِنْسَانٍ مِنْكُمْ لَهُ مِئَةُ خَرُوفٍ وأَضاعَ[6] واحِداً مِنْها ألاَ يَتْرُكُ[7] التِّسْعَةَ والتِّسْعِينَ في الْبَرِّيَّةِ ويَذْهَبُ لأَجْلِ الضَّالِّ[8] حَتَّى يَجِدَهُ؟ ٥ وإذا وَجَدَهُ يَضَعُهُ[9] عَلى مَنْكِبَيْهِ[10] فَرِحاً ٦ ويَأْتي إلى بَيْتِهِ ويَدْعُو[11] الأَصْدِقاءَ والْجِيرانَ[12] قائِلاً لَهُمْ: افْرَحُوا مَعي لأَنِّي وَجَدْتُ خَرُوفِي الضَّالَّ. ٧ أَقُولُ لَكُمْ إِنَّهُ

هكَذَا يَكُونُ فَرَحٌ فِي السَّمَاءِ بِخَاطِئٍ واحِدٍ يَتُوبُ[13] أَكْثَرَ مِنْ تِسْعَةٍ وتِسْعِينَ بَارّاً[14] لا يَحْتاجُونَ[15] إِلى تَوْبَةٍ».

مَثَلُ الدِّرْهَمِ المَفْقُود

٨ «أَوْ أَيَّةُ امْرَأَةٍ لَها عَشَرَةُ دَرَاهِمَ[16] إِنْ أَضَاعَتْ[17] دِرْهَماً واحِداً ألاَ تُوقِدُ[18] سِرَاجاً[19] وتَكْنُسُ[20] الْبَيْتَ وتُفَتِّشُ[21] بِاجْتِهادٍ[22] حَتَّى تَجِدَهُ[23]؟ وإذا وَجَدَتْهُ تَدْعُو[24] الصَّدِيقاتِ والْجاراتِ قائِلَةً: افْرَحْنَ[25] مَعي لأَنِّي وَجَدْتُ الدِّرْهَمَ الَّذي ١٠ هكَذَا أَقُولُ لَكُمْ يَكونُ فَرَحٌ قُدَّامَ مَلائِكَةِ اللهِ بِخاطِئٍ واحِدٍ يَتُوبُ».

---

[1] ضَالّ/ ضُوَّال، -ونَ ; ― ; 길을 잃은, 헤매는 ; 유랑하는 ; 잃어버린
[2] عَشَّار/ عَشَّارُون = آخِذُ العُشْرِ ; 십일조 거두는 이 ; 세리
[3] خاطِئ/ خُطاة خَطَأَ = خَطِيَّة/ خَطايا 죄인 죄
[4] دَنَا/ يَدْنُو مِنْ، إلى، لــ ― دُنُوّ 접근하다, 가까이 다가서다
[5] تَذَمَّرَ/ يَتَذَمَّرُ عَلى، مِنْ ..을 투덜거리다, 불평하다
[6] أَضاعَ/ يُضِيعُ هـ = فَقَدَ، بَدَّدَ ..을 놓치다,..을 잃다
   ضاعَ/ يَضِيعُ ― ضَياع = فُقِدَ، تَبَدَّدَ 실종되다, 잃어지다
[7] تَرَكَ/ يَتْرُكُ ― تَرْك ..를 떠나다 ; 버리고 가다, 방치하다
[8] ضَالّ/ ضُوَّال 길을 잃은, 헤매는 ; 유랑하는 ; 잃어버린
[9] وَضَعَ/ يَضَعُ هـ ― وَضْع ..을 놓다, 두다
[10] (مَنْكِبَيْن <ه> + <쌍수>)   مَنْكِب/ مَناكِب = كَتِف 어깨
[11] دَعا/ يَدْعُو هـ إلى ― دَعْوَة ..에 초대.초청하다
    دَعا/ يَدْعُو هـ ― دُعاء 부르다 (to call)
[12] جار/ جيران 이웃

---

[13] تاب/ يتُوبُ ― تَوْبَة (죄인이) 후회하다, 회개하다
[14] بَرّ/ أَبْرار ; بِرّ 의로운 ; 경건(piety, uprightness)의,
[15] اِحْتاجَ/ يَحْتاجُ إلى أو لـ ..을 필요로하다
[16] دِرْهَم/ دَراهِم 디르함 (은화 단위)
[17] أَضاعَ/ يُضِيعُ هـ = فَقَدَ ..을 놓치다,..을 잃다
[18] أَوْقَدَ/ يُوقِدُ (النَّارَ) 불붙이다, 태우다
[19] سِراج/ سُرُج 등잔, 램프
[20] كَنَسَ/ يَكْنُسُ هـ ― كَنْس ..을 쓸다, 청소하다
[21] فَتَّشَ/ يُفَتِّشُ ― تَفْتِيش 검열.검사하다, 조사하다
    فَتَّشَ/ يُفَتِّشُ عَنْ ..을 수색하다, 뒤지다
[22] اِجْتَهَدَ/ يَجْتَهِدُ في ― اِجْتِهاد ..에 힘쓰다, 노력하다, 열심히하다
    اِجْتِهاد 노력, 열심, 근면
[23] وَجَدَ/ يَجِدُ هـ ― وُجُود ..을 찾다, 발견하다
[24] دَعا/ يَدْعُو هـ إلى ― دَعْوَة ..에 초대.초청하다
    دَعا/ يَدْعُو هـ ― دُعاء 부르다 (to call)
[25] فَرِحَ/ يَفْرَحُ بِـ ― فَرَح = سُرَّ، اِبْتَهَجَ 기뻐하다
[26] (أنا أَضَعْتُ <표 20> + <ه>)
    أَضاعَ/ يُضِيعُ هـ = فَقَدَ، بَدَّدَ ..을 놓치다,..을 잃다

제 8부 성경 강독

مَثَل الابن الضال

١١ وَقَالَ: «إِنْسَانٌ كَانَ لَهُ ابْنَانِ. ١٢ فَقَالَ أَصْغَرُهُمَا لِأَبِيهِ: يَا أَبِي أَعْطِنِي الْقِسْمَ[1] الَّذِي يُصِيبُنِي[3] مِنَ الْمَالِ. فَقَسَمَ لَهُمَا مَعِيشَتَهُ[4]. ١٣ وَبَعْدَ أَيَّامٍ لَيْسَتْ بِكَثِيرَةٍ جَمَعَ الاِبْنُ الأَصْغَرُ كُلَّ شَيْءٍ وَسَافَرَ إِلَى كُورَةٍ بَعِيدَةٍ وَهُنَاكَ بَذَّرَ[5] مَالَهُ بِعَيْشٍ[6] مُسْرِفٍ[7]. ١٤ فَلَمَّا أَنْفَقَ[8] كُلَّ شَيْءٍ حَدَثَ[9] جُوعٌ شَدِيدٌ فِي تِلْكَ الْكُورَةِ فَابْتَدَأَ يَحْتَاجُ. ١٥ فَمَضَى[10] وَالْتَصَقَ[11] بِوَاحِدٍ مِنْ أَهْلِ تِلْكَ الْكُورَةِ فَأَرْسَلَهُ إِلَى حُقُولِهِ[12] لِيَرْعَى[13] ١٦ وَكَانَ يَشْتَهِي[15] أَنْ يَمْلَأَ بَطْنَهُ مِنَ الَّذِي كَانَتِ الْخَنَازِيرُ[14] تَأْكُلُهُ فَلَمْ يُعْطِهِ أَحَدٌ. ١٧ فَرَجَعَ إِلَى نَفْسِهِ وَقَالَ: كَمْ مِنْ أَجِيرٍ[17] لِأَبِي يَفْضُلُ[18] عَنْهُ الْخُبْزُ وَأَنَا أَهْلِكُ[19] جُوعاً[20]! ١٨ أَذْهَبُ إِلَى أَبِي وَأَقُولُ لَهُ: يَا أَبِي أَخْطَأْتُ[21] إِلَى السَّمَاءِ وَقُدَّامَكَ[22] وَلَسْتُ مُسْتَحِقّاً بَعْدُ[23] أَنْ أُدْعَى[24] لَكَ ابْناً. اِجْعَلْنِي كَأَحَدِ أَجْرَاكَ[25]. ٢٠ فَقَامَ وَجَاءَ إِلَى أَبِيهِ. وَإِذْ كَانَ لَمْ يَزَلْ[26] بَعِيداً رَآهُ[27] فَتَحَنَّنَ[28] وَرَكَضَ[29] وَوَقَعَ[30] عَلَى عُنُقِهِ[31] وَقَبَّلَهُ[32]. فَقَالَ لَهُ الاِبْنُ: يَا أَبِي أَخْطَأْتُ إِلَى السَّمَاءِ وَقُدَّامَكَ وَلَسْتُ مُسْتَحِقّاً بَعْدُ أَنْ أُدْعَى لَكَ ابْناً. ٢٢ فَقَالَ الأَبُ لِعَبِيدِهِ[33]: أَخْرِجُوا الْحُلَّةَ الأُولَى وَأَلْبِسُوهُ

---

[1] أَعْطَى/ يُعْطِي ه ه، ه ل ...에게 ..을 주다, 제공하다
[2] قِسْمٌ/ أَقْسَام ; 몫, 부분 ; 부문, 분야 ; 파출소 جُزْء = قِسْم
[3] أَصَابَ/ يُصِيبُ ه، ه 몫으로 되다
[4] مَعِيشَة/ مَعَايِش ; 생활 ; 생활수단, 생계
[5] بَذَّرَ ه ه يُبَذِّرُ /بَذَّرَ 낭비하다, 탕진하다
[6] عَاشَ/ يَعِيشُ – عَيْش – مَعِيشَة 살다, 생활하다, 존재하다
[7] أَسْرَفَ/ يُسْرِفُ – إِسْرَاف – مُسْرِف = بَذَّرَ 낭비하다
[8] أَنْفَقَ/ يُنْفِقُ مَالاً إِلخ – إِنْفَاق ..을 소비하다, 낭비하다, 탕진하다 ; 보내다 (시간, 청춘을)
[9] حَدَثَ/ يَحْدُثُ – حُدُوث (사건이) 일어나다, 발생하다
[10] مَضَى/ يَمْضِي 가다, 떠나다 ; (시간이) 경과하다
[11] الْتَصَقَ/ يَلْتَصِقُ بـ ..에 붙다 ; 의지하다, 달라붙다 ; 결합되다
[12] حَقْل/ حُقُول 전답 ; 들, 밭 ; (활동의) 분야, 영역 field
[13] رَعَى/ يَرْعَى ه، ه – رَعْي أَو رِعَايَة ..을 살피다, 지켜보다 ; 보살피다, 배려하다 ; 풀을 뜯어 먹이다
[14] خِنْزِير/ خَنَازِير 돼지
[15] اِشْتَهَى/ يَشْتَهِي ه – اِشْتِهَاء ..을 갈망.열망.동경하다 ; 바라다 ; 식욕을 느끼다
[16] خُرْنُوب 쥐엄나무 (carob, locust)

---

[17] أَجِير/ أُجَرَاء 머슴, 하인, 사환 ; 삯군 ; عَامِلٌ بِأُجْرَةٍ =
[18] فَضَلَ/ يَفْضُلُ ..에서 남다, 나머지가 있다 ; 여분이 있다
[19] هَلَكَ/ يَهْلِكُ – هُلْك أَو هَلاَك 멸망하다, 죽다
[20] جَاعَ/ يَجُوعُ – جُوع 굶주리다, 배고프다
[21] أَخْطَأَ/ يُخْطِئُ فِي، ه،، ه 에서 틀리다, 실수하다, 오류를 범하다 ; 죄짓다
[22] اِسْتَحَقَّ/ يَسْتَحِقُّ ه – اِسْتِحْقَاق – مُسْتَحِقّ – مُسْتَحَقّ ..에 대한 권리를 가지다, ..을 할 만하다, .. 할 자격이 있다.
[23] بَعْدُ 아직, 채 ; 다음에 ; 더 이상(anymore) هُوَ بَعْدُ صَغِيرٌ 그는 아직 어리다. لَمْ يَأْتِ بَعْدُ 그는 아직 오지 않았다.
[24] دَعَا/ يَدْعُو ه ه، ه بـ ه – دَعْوَة 부르다(to call), ..라고 <수동형> دُعِيَ/ يُدْعَى 명명하다(to name)
[25] أَجِير/ أُجَرَاء <여기서는 복수로 사용됨> 머슴, 하인
[26] مَا زَالَ، مَا يَزَالُ، لَمْ يَزَلْ، لاَ يَزَالُ 여전히 ..하다, 아직도 ..하다, 계속해서 ..하다
[27] رَأَى/ يَرَى ه، ه – رُؤْيَة ..을 보다(to see)
[28] تَحَنَّنَ/ يَتَحَنَّنُ عَلَى – عَطَفَ عَلَى ..을 가엽게 여기다, 동정하다
[29] رَكَضَ/ يَرْكُضُ – رَكْض 뛰다, 달리다
[30] وَقَعَ/ يَقَعُ – وُقُوع = سَقَطَ 떨어지다 ; 넘어지다 وَقَعَ/ يَقَعُ عَلَى (to run into) 우연히 만나다, ..에 달려들다
[31] عُنُقٌ = رَقَبَةٌ 목 (neck)
[32] قَبَّلَ/ يُقَبِّلُ ه ..에게 입맞추다, 키스하다
[33] عَبْد/ عَبِيد 노예, 종

وَاجْعَلُوا خَاتَماً[2] فِي يَدِهِ وَحِذَاءً[3] فِي رِجْلَيْهِ ٢٣ وَقَدِّمُوا الْعِجْلَ[4] الْمُسَمَّنَ[5] وَاذْبَحُوهُ[6] فَنَأْكُلَ وَنَفْرَحَ ٢٤ لِأَنَّ ابْنِي هَذَا كَانَ مَيِّتاً فَعَاشَ وَكَانَ ضَالاًّ فَوُجِدَ. فَابْتَدَأُوا يَفْرَحُونَ. ٢٥ وَكَانَ ابْنُهُ الْأَكْبَرُ فِي الْحَقْلِ. فَلَمَّا جَاءَ وَقَرُبَ مِنَ الْبَيْتِ سَمِعَ صَوْتَ آلَاتِ[7] طَرَبٍ[8] وَرَقْصاً ٢٦ فَدَعَا[9] وَاحِداً مِنَ الْغِلْمَانِ[10] وَسَأَلَهُ: مَا عَسَى[11] أَنْ يَكُونَ هَذَا؟ ٢٧ فَقَالَ لَهُ: أَخُوكَ جَاءَ فَذَبَحَ أَبُوكَ الْعِجْلَ الْمُسَمَّنَ لِأَنَّهُ قَبِلَهُ[12] سَالِماً[13]. ٢٨ فَغَضِبَ[14] وَلَمْ يُرِدْ[15] أَنْ يَدْخُلَ. فَخَرَجَ أَبُوهُ يَطْلُبُ إِلَيْهِ. ٢٩ فَأَجَابَ وَقَالَ لِأَبِيهِ: هَا أَنَا أَخْدِمُكَ سِنِينَ هَذَا عَدَدُهَا وَقَطُّ[16] لَمْ أَتَجَاوَزْ[17] وَصِيَّتَكَ[18] وَجَدْياً[19] لَمْ تُعْطِنِي قَطُّ لِأَفْرَحَ مَعَ أَصْدِقَائِي[20]. ٣٠ وَلَكِنْ لَمَّا جَاءَ ابْنُكَ هَذَا الَّذِي أَكَلَ مَعِيشَتَكَ مَعَ الزَّوَانِي[21] ذَبَحْتَ لَهُ الْعِجْلَ الْمُسَمَّنَ. ٣١ فَقَالَ لَهُ: يَا بُنَيَّ أَنْتَ مَعِي فِي كُلِّ حِينٍ وَكُلُّ مَا لِي فَهُوَ لَكَ. ٣٢ وَلَكِنْ كَانَ يَنْبَغِي[22] أَنْ نَفْرَحَ وَنُسَرَّ[23] لِأَنَّ أَخَاكَ هَذَا كَانَ مَيِّتاً فَعَاشَ وَكَانَ ضَالاًّ فَوُجِدَ[24]».

---

[1] حُلَّةٌ/ حِلَل = ثَوْبٌ 옷, 의복

[2] خَاتَمٌ/ خَوَاتِم 반지, 가락지

[3] حِذَاءٌ/ أَحْذِيَّة 신발, 구두

[4] عِجْلٌ/ عُجُول 송아지

[5] سَمَّنَ/ يُسَمِّنُ هـ، ة - تَسْمِين - مُسَمَّن - مُسَمِّن 살찌우다, 기름지게 하다

[6] ذَبَحَ/ يَذْبَحُ ٥، هـ - ذَبْح ..을 죽이다, 도살하다; 제물로 바치다

[7] آلَةٌ/ آلَات 기계; 기구 (machine; instrument)

[8] طَرَبٌ آلَةُ الطَّرَبِ 악기 흥분, 기쁨, 즐거움

[9] دَعَا/ يَدْعُو هـ، ٥، ب هـ - دَعْوَة ...부르다(to call), ...라고 호칭하다

[10] غُلَامٌ/ غِلْمَان 소년, 총각; 청년, 젊은이; 종, 심부름꾼

[11] مَا عَسَى أَنْ يَكُونَ ... ؟! What might be ... ?!

[12] قَبِلَ/ يَقْبَلُ هـ، ٥، ب - قُبُول ..을 수취하다, 받다; 받아들이다, 수락하다

[13] سَالِمٌ = سَلِيمٌ 온전한, 무사한, 안전한

[14] غَضِبَ/ يَغْضَبُ مِنْ، عَلَى - غَضَب ..에게 화를 내다, 노하다, 성내다

[15] أَرَادَ/ يُرِيدُ هـ، ٥، أَنْ .. - إِرَادَة ..을 원하다 (to want)

[16] قَطُّ = أَبَداً never, not at all

مَا ... قَطُّ (لَمْ ... قَطُّ) 전혀.결코 ... 않았다(과거 부정문)

[17] تَجَاوَزَ/ يَتَجَاوَزُ هـ ..의 한계를 넘다, 초월.초과하다

تَجَاوَزَ/ يَتَجَاوَزُ عَنْ 그만두다, 단념하다, 끊다; 허용하다

[18] وَصِيَّةٌ/ وَصَايَا 유언, 유서; 맡기는 것, 위임; 명령

[19] جَدْيٌ = صَغِيرُ الْمَاعِزِ 염소 새끼

[20] صَدِيقٌ/ أَصْدِقَاء friend

[21] زَانِيَةٌ/ زَوَانٍ 간통녀, 매춘부

[22] اِنْبَغَى/ يَنْبَغِي 필요하다, 바람직하다, 적당하다

يَنْبَغِي عَلَيْهِ أَوْ لَهُ أَنْ 그는 ..해야 한다, ..하지 않으면 안된다

[23] سَرَّ/ يَسُرُّ ٥ - سُرُور = أَفْرَحَ ..를 기쁘게 하다

سُرَّ/ يُسَرُّ ب <수동형> ..을 기뻐하다, 반가워하다

[24] وَجَدَ/ يَجِدُ هـ - وَجْد/ يُوجَدُ <수동형> ..을 찾다, 발견하다

제 8부 성경 강독

| 마태복음 5 장 | إنْجِيل مَتَّى ٥ |

المَوْعِظَة[1] على الجبل – التَّطْوِيبَات[2]

١ وَلَمَّا رَأَى الجُمُوع[3] صَعِدَ إِلَى الجَبَلِ، فَلَمَّا جَلَسَ تَقَدَّمَ[4] إِلَيْهِ تَلَامِيذُهُ. ٢ فَفَتَحَ فَاهُ[5] وَعَلَّمَهُمْ قَائِلًا : ٣ طُوبَى[6] لِلْمَسَاكِين[7] بِالرُّوحِ، لِأَنَّ لَهُمْ مَلَكُوتَ السَّمَاوَاتِ. ٤ طُوبَى لِلْحَزَانَى[8]، لِأَنَّهُمْ يَتَعَزَّوْنَ[9]. ٥ طُوبَى لِلْوُدَعَاء[10]، لِأَنَّهُمْ يَرِثُونَ[11] الأَرْضَ. ٦ طُوبَى لِلْجِيَاع[12] وَالعِطَاش[13] إِلَى البِرّ[14]، لِأَنَّهُمْ

٧ طُوبَى لِلرُّحَمَاء[16]، لِأَنَّهُمْ يُرْحَمُونَ[17]. ٨ طُوبَى لِلْأَنْقِيَاء[18] القَلْبِ، لِأَنَّهُمْ يُعَايِنُونَ[19] اللهَ. ٩ طُوبَى لِصَانِعِي[20] السَّلَامَ، لِأَنَّهُمْ أَبْنَاء[21] اللهِ يُدْعَوْنَ[22]. ١٠ طُوبَى لِلْمَطْرُودِين[23] مِنْ أَجْلِ البِرِّ، لِأَنَّ لَهُمْ مَلَكُوتَ السَّمَاوَاتِ. ١١ طُوبَى لَكُمْ إِذَا عَيَّرُوكُمْ[24] وَطَرَدُوكُمْ[25] وَقَالُوا عَلَيْكُمْ كُلَّ كَلِمَةٍ شِرِّيرَةٍ، مِنْ أَجْلِي، كَاذِبِين[26]. ١٢ اِفْرَحُوا[27] وَتَهَلَّلُوا[28]، لِأَنَّ أَجْرَكُمْ[29] عَظِيمٌ فِي السَّمَاوَاتِ، فَإِنَّهُمْ هَكَذَا طَرَدُوا الأَنْبِيَاء[30] الَّذِينَ قَبْلَكُمْ.

مِلْح الأَرْض ونُور العَالَم

١٣ «أَنْتُمْ مِلْحُ الأَرْضِ، وَلَكِنْ إِنْ فَسَدَ[31] فَبِمَاذَا يُمَلَّحُ[32]؟ لَا يَصْلُحُ[33] بَعْدُ لِشَيْءٍ، إِلَّا لِأَنْ

---

[1] مَوْعِظَة/ مَوَاعِظ ㅇ عِظَة 설교
[2] طَوَّبَ/ يُطَوِّبُ ㅇ تَطْوِيب - ...를 축복하다
[3] جُمُوع/ جَمْع/ جُمُوع 무리, 군중 모으기, 수집
[4] تَقَدَّمَ/ يَتَقَدَّمُ ㅇ، هـ أو عَنْ(عَلَى) ...를 앞서다, 진보하다
 تَقَدَّمَ/ يَتَقَدَّمُ إِلَى أو مِنْهُ ...에게 가까이 오다, 접근하다
[5] فَاه = فَم 입
[6] طُوبَى ل... ... 에게 축복이
[7] مِسْكِين/ مَسَاكِين = فَقِير = مَسْكَنَة 가난한, 불쌍한 빈곤
[8] حَزِين/ حَزَانَى أو حُزَنَاء أو حِزَان 슬픈, 애통하는
[9] تَعَزَّى/ يَتَعَزَّى عَزَّى/ يُعَزِّي ㅇ 위로받다 ...를 위로하다
[10] وَدَعَ/ يَوْدَعُ – وَدَاعَة 고분고분하다, 온순하다
 وَدِيع/ وُدَعَاء 온순한, 부드러운, 겸손한
[11] وَرَِثَ/ يَرِثُ هـ – وِرَاثَة، إِرْث ...을 상속받다, 계승하다
[12] جَاعَ/ يَجُوعُ – جُوع – مَجَاعَة 기근 굶주리다, 배고프다
 جَائِع/ جِيَاع 굶주린, 배고픈
[13] عَطِشَ/ يَعْطَشُ – عَطَش 목마르다, 갈증을 느끼다
 عَطْشَان/ عَطْشَى/ عِطَاش 목마른, 갈증나는
[14] بِرّ، بَارّ/ أَبْرَار 의, 경건(piety, uprightness) 의로운
[15] شَبِعَ/ يَشْبَعُ هـ، مِنْ هـ – شَبَع ...을 배불리 먹다, 포식하다
[16] رَحِيم/ رُحَمَاء 동정심많은, 자비로운(merciful)
 رَحْمَة 자비심, 동정심 (mercy)
[17] رَحِمَ/ يَرْحَمُ ㅇ – رَحْمَة، مَرْحَمَة ...을 가엾이, 불쌍히여기다

[18] نَقِيّ/ نِقَاء أو أَنْقِيَاء 깨끗한, 순수한
[19] عَايَنَ/ يُعَايِنُ ه،... 자기 눈으로 보다, 목격하다
[20] صَنَعَ/ يَصْنَعُ هـ – صُنْع – صَانِع ...을 만들다, 제작하다
 صَانِع/ صَانِعُون أو صُنَّاع 만드는 사람, 행하는 사람 행하다
[21] اِبْن/ أَبْنَاء أو بَنُون 아들 (son) 인간(human being) بَنُو آدَم
[22] دَعَا/ يَدْعُو ㅇ – دُعَاء 부르다 (to call)
 دُعِيَ/ يُدْعَى <수동형, 표 27>
[23] طَرَدَ/ يَطْرُدُ ㅇ – طَرْد – مَطْرُود ...을 몰아내다, 내쫓다, 추방하다
[24] عَيَّرَ/ يُعَيِّرُ ㅇ ...를 욕하다, 꾸짖다, 모욕하다
[25] طَرَدَ/ يَطْرُدُ ㅇ – طَرْد – مَطْرُود ...을 몰아내다, 내쫓다, 추방하다
[26] كَذَبَ/ يَكْذِبُ عَلَى ㅇ، ه – كِذْب – كَاذِب ...를 속이다, 거짓말하다
[27] فَرِحَ/ يَفْرَحُ ب، لـ 기뻐하다, 즐거워하다
[28] تَهَلَّلَ/ يَتَهَلَّلُ 기뻐 날뛰다, 기쁨에 차다 (얼굴이)
 هَلَّلَ/ يُهَلِّلُ 환성을 올리다 ; 찬양하다, 찬미하다
[29] أَجْر/ أُجُور 노임, 보수 ; 요금 ; 보상
[30] نَبِيّ/ أَنْبِيَاء 선지자
[31] فَسَدَ/ يَفْسُدُ أو يَفْسِدُ – فَسَاد 썩다 ; 타락하다, 못쓰게 되다
[32] مَلَّحَ/ يُمَلِّحُ هـ 짜게하다, 소금을 치다
[33] صَلَحَ/ يَصْلُحُ لـ – صَلَاح ...에 좋다, 이롭다

207

يُطْرَحُ¹ خَارِجاً وَيُدَاسَ² مِنَ النَّاسِ. ١٤ أَنْتُمْ نُورُ الْعَالَمِ. لاَ يُمْكِنُ أَنْ تُخْفَى³ مَدِينَةٌ مَوْضُوعَةٌ⁴ عَلَى جَبَلٍ ١٥ وَلاَ يُوقِدُونَ⁵ سِرَاجاً⁶ وَيَضَعُونَهُ⁷ تَحْتَ الْمِكْيَالِ⁸ بَلْ عَلَى الْمَنَارَةِ⁹ فَيُضِيءُ¹⁰ لِجَمِيعِ الَّذِينَ فِي الْبَيْتِ. ١٦ فَلْيُضِئْ نُورُكُمْ هَكَذَا قُدَّامَ النَّاسِ لِكَيْ يَرَوْا¹¹ أَعْمَالَكُمُ¹² الْحَسَنَةَ وَيُمَجِّدُوا أَبَاكُمُ الَّذِي فِي السَّمَاوَاتِ.

إكمال الناموس

١٧ «لاَ تَظُنُّوا¹³ أَنِّي جِئْتُ لأَنْقُضَ¹⁴ النَّامُوسَ أَوِ الأَنْبِيَاءَ. مَا جِئْتُ لأَنْقُضَ بَلْ لأُكَمِّلَ. ١٨ فَإِنِّي الْحَقَّ أَقُولُ لَكُمْ: إِلَى أَنْ تَزُولَ¹⁵ السَّمَاءُ وَالأَرْضُ لاَ يَزُولُ حَرْفٌ وَاحِدٌ أَوْ نُقْطَةٌ وَاحِدَةٌ مِنَ النَّامُوسِ حَتَّى يَكُونَ الْكُلُّ.

١٩ فَمَنْ نَقَضَ إِحْدَى هَذِهِ الْوَصَايَا الصُّغْرَى¹⁶ وَعَلَّمَ النَّاسَ هَكَذَا يُدْعَى¹⁷ أَصْغَرَ فِي مَلَكُوتِ السَّمَاوَاتِ. وَأَمَّا مَنْ عَمِلَ وَعَلَّمَ فَهَذَا يُدْعَى عَظِيماً فِي مَلَكُوتِ السَّمَاوَاتِ. ٢٠ فَإِنِّي أَقُولُ لَكُمْ: إِنَّكُمْ إِنْ لَمْ يَزِدْ¹⁸ بِرُّكُمْ عَلَى الْكَتَبَةِ¹⁹ وَالْفَرِّيسِيِّينَ لَنْ تَدْخُلُوا مَلَكُوتَ السَّمَاوَاتِ.

الغضب

٢١ «قَدْ سَمِعْتُمْ أَنَّهُ قِيلَ²⁰ لِلْقُدَمَاءِ²¹: لاَ تَقْتُلْ وَمَنْ قَتَلَ يَكُونُ مُسْتَوْجِبَ²² الْحُكْمِ. ٢٢ وَأَمَّا أَنَا فَأَقُولُ لَكُمْ: إِنَّ كُلَّ مَنْ يَغْضَبُ²³ عَلَى أَخِيهِ يَكُونُ مُسْتَوْجِبَ الْحُكْمِ وَمَنْ قَالَ لأَخِيهِ: رَقَا²⁴ يَكُونُ مُسْتَوْجِبَ الْمَجْمَعِ وَمَنْ قَالَ: يَا أَحْمَقُ²⁵ يَكُونُ مُسْتَوْجِبَ نَارِ جَهَنَّمَ²⁶. ٢٣ فَإِنْ قَدَّمْتَ قُرْبَانَكَ²⁷ الْمَذْبَحِ²⁸ وَهُنَاكَ تَذَكَّرْتَ²⁹ أَنَّ لأَخِيكَ شَيْئاً عَلَيْكَ

---

¹ طَرَحَ/ يَطْرَحُ هـ ،، – طَرْح ،، ..을 던지다 ; 내버리다
² دَاسَ/ يَدُوسُ هـ – دِيَاسَة
دِيل/ يُدَاسُ <수동형, 표 17> (땅, 곡물을) 밟다, 짓밟다
³ خَفِيَ/ يَخْفَى هـ .. 을 감추다, 숨기다 خُفِيَ/ يُخْفَى <수동형>
⁴ وَضَعَ/ يَضَعُ هـ – وَضْع – مَوْضُوع ..을 놓다, 두다
⁵ أَوْقَدَ/ يُوقِدُ هـ 불붙이다, 태우다
⁶ سِرَاج/ سُرُج 등잔, 램프
⁷ وَضَعَ/ يَضَعُ هـ – وَضْع – مَوْضُوع ..을 놓다, 두다
⁸ مِكْيَال/ مَكَايِيل 미크얄(용량의 단위), 건량기
⁹ مَنَارَة 등대 ; 불을 올려 놓는 스탠드
¹⁰ أَضَاءَ/ يُضِيءُ الشَّيْءُ = أَشْرَقَ 빛나다   أَضَاءَ/ يُضِيءُ الشَّيْءَ = أَنَارَهُ ..을 밝히다, 비치다, 빛나게 하다
¹¹ رَأَى/ يَرَى هـ ،، أَنْ – رُؤْيَة ..을 보다(to see)
¹² أَعْمَال حَسَنَة (good deeds) 선행
¹³ ظَنَّ/ يَظُنُّ هـ هـ ،، ه ه 생각하다, 간주하다,추측하다
¹⁴ نَقَضَ/ يَنْقُضُ هـ – نَقْض ..를 폐기하다, 헐다, 파괴하다
¹⁵ زَالَ/ يَزُولُ (해,달이)넘어가다; 없어지다, 사라지다

---

¹⁶ أَصْغَر / صُغْرَى <여성형>/ أَصَاغِر 더 작은
¹⁷ دَعَا/ يَدْعُو هـ – دُعَاء 부르다 (to call)
دُعِيَ/ يُدْعَى <수동형, 표 27>
¹⁸ زَادَ/ يَزِيدُ – زِيَادَة <자> 늘어나다, 증가되다 ; 첨가되다
¹⁹ كَاتِب/ كُتَّاب أَو كَتَبَة 작가, 저자 ; 서기관
²⁰ قِيلَ/ يُقَالُ <수동형> قَالَ/ يَقُولُ 말하다, 이야기하다
²¹ قَدِيم/ قُدَمَاء 오래된, 고대의
²² اسْتَوْجَبَ/ يَسْتَوْجِبُ – مُسْتَوْجِب ..을 받을만하다(평가, 처벌 등)
²³ غَضِبَ/ يَغْضَبُ مِنْ، عَلَى – غَضَب 화를 내다, 노하다
²⁴ بَاطِل/ بَوَاطِل، أَبَاطِيل 허위의, 근거없는, 쓸데없는, 헛된
²⁵ أَحْمَق/ حَمْقَاء 우둔한, 미련한, 아둔한
²⁶ جَهَنَّم (ممنوع من الصرف) 지옥, 지옥불
²⁷ قُرْبَان 희생, 제물 ; 성찬
²⁸ مَذْبَح/ مَذَابِح 도살장 ; 제단
²⁹ تَذَكَّرَ/ يَتَذَكَّرُ هـ ..을 기억하다, 회상하다, 돌이켜보다

제 8 부 성경 강독

٢٤ فَاتْرُكْ[1] هُنَاكَ قُرْبَانَكَ قُدَّامَ الْمَذْبَحِ وَاذْهَبْ أَوَّلاً اصْطَلِحْ[2] مَعَ أَخِيكَ وَحِينَئِذٍ تَعَالَ وَقَدِّمْ قُرْبَانَكَ. ٢٥ كُنْ مُرَاضِياً[3] لِخَصْمِكَ[4] سَرِيعاً مَا دُمْتَ[5] مَعَهُ فِي الطَّرِيقِ لِئَلَّا[6] يُسَلِّمَكَ[7] الْخَصْمُ إِلَى الْقَاضِي وَيُسَلِّمَكَ الْقَاضِي إِلَى الشُّرَطِيِّ[8] فَتُلْقَى[9] فِي السِّجْنِ. ٢٦ الْحَقَّ أَقُولُ لَكَ: لَا تَخْرُجُ مِنْ هُنَاكَ حَتَّى تُوفِي[10] الْفَلْسَ[11] الأَخِيرَ!

الزنا

٢٧ «قَدْ سَمِعْتُمْ أَنَّهُ قِيلَ لِلْقُدَمَاءِ: لَا تَزْنِ[12]. ٢٨ وَأَمَّا أَنَا فَأَقُولُ لَكُمْ: إِنَّ كُلَّ مَنْ يَنْظُرُ إِلَى امْرَأَةٍ لِيَشْتَهِيَهَا[13] فَقَدْ زَنَى بِهَا فِي قَلْبِهِ. ٢٩ فَإِنْ كَانَتْ عَيْنُكَ الْيُمْنَى تُعْثِرُكَ[14] فَاقْلَعْهَا[15] وَأَلْقِهَا[16]

عَنْكَ لأَنَّهُ خَيْرٌ لَكَ أَنْ يَهْلِكَ[17] أَحَدُ أَعْضَائِكَ[18] وَلَا يُلْقَى جَسَدُكَ كُلُّهُ فِي جَهَنَّمَ. ٣٠ وَإِنْ كَانَتْ يَدُكَ الْيُمْنَى تُعْثِرُكَ فَاقْطَعْهَا[19] وَأَلْقِهَا عَنْكَ لأَنَّهُ خَيْرٌ لَكَ أَنْ يَهْلِكَ أَحَدُ أَعْضَائِكَ وَلَا يُلْقَى جَسَدُكَ كُلُّهُ فِي جَهَنَّمَ.

الطلاق

٣١ «وَقِيلَ: مَنْ طَلَّقَ[20] امْرَأَتَهُ فَلْيُعْطِهَا كِتَابَ طَلَاقٍ[21]. ٣٢ وَأَمَّا أَنَا فَأَقُولُ لَكُمْ: إِنَّ مَنْ طَلَّقَ امْرَأَتَهُ إِلَّا[22] لِعِلَّةِ[23] الزِّنَى يَجْعَلُهَا تَزْنِي وَمَنْ يَتَزَوَّجُ مُطَلَّقَةً فَإِنَّهُ يَزْنِي.

القسم

٣٣ «أَيْضاً سَمِعْتُمْ أَنَّهُ قِيلَ لِلْقُدَمَاءِ: لَا تَحْنَثْ[24] بَلْ أَوْفِ[25] لِلرَّبِّ أَقْسَامَكَ[26]. ٣٤ وَأَمَّا أَنَا فَأَقُولُ لَكُمْ: لَا تَحْلِفُوا[27] الْبَتَّةَ[28] لَا بِالسَّمَاءِ لأَنَّهَا كُرْسِيُّ ٣٥ وَلَا بِالأَرْضِ لأَنَّهَا مَوْطِئُ[29] قَدَمَيْهِ وَلَا

---

[1] تَرَكَ/ يَتْرُكُ – تَرْكُ ; 떠나다 ; 버리고 가다, 방치하다..
[2] اصْطَلَحَ/ يَصْطَلِحُ مَعَ = تَصَالَحَ 와 화해하다..
[3] رَاضَى/ يُرَاضِي ه - مُرَاضِي 의 환심사려고 하다, 기쁘게 하다
رَضِيَ/ يَرْضَى – رِضَى – رَاضِي – مَرْضِيّ 에 만족하다..
[4] خَصْمٌ = غَرِيمٌ, عَدُوٌّ 반대자, 적, 원수
[5] دَامَ/ يَدُومُ 지속되다, 계속되다
مَا دَامَ <표 17> ..하는 한(as long as, so long as)
[6] لِئَلَّا = لِكَيْ لَا ..하지 않도록 (lest, in order not to)..
[7] سَلَّمَ/ يُسَلِّمُ ه(ه) إِلَى(ل) ... ..을 ..에게 양도.이양하다, 넘겨주다
[8] شُرَطِيّ = بُولِيس 경찰관
[9] أَلْقَى/ يُلْقِي ه، ه = رَمَى 던지다 (to throw)
[10] أَوْفَى/ يُوفِي ه 완전히 갚다, 청산하다
[11] فَلْس أو فِلْس = فُلُوس, نُقُود, عُمْلَة 돈
[12] زَنَى/ يَزْنِي – زِنًى أو زِنَاء = ارْتَكَبَ الزِّنَى 간통하다
[13] اشْتَهَى/ يَشْتَهِي ه 갈망.열망하다; 욕망을 느끼다, 바라다
[14] أَعْثَرَ/ يُعْثِرُ ه ..를 넘어뜨리다,자빠지게 하다
عَثَرَ/ يَعْثُرُ = زَلَّ, سَقَطَ 넘어지다, (발에) 걸리다
[15] قَلَعَ/ يَقْلَعُ ه (이)를 빼다, 뽑아내다 ; 벗다(옷을)

[16] أَلْقَى/ يُلْقِي ه،ه ، <명령형, 표 28> 던지다 (to throw)
[17] هَلَكَ/ يَهْلِكُ – هَلَاكٌ 멸망하다, 죽다
[18] عُضْوٌ/ أَعْضَاء (몸의) 조직(organ), 부분 ; 구성원, 회원
[19] قَطَعَ/ يَقْطَعُ ه - قَطْع ..을 자르다, 절단하다
[20] طَلَّقَ/ يُطَلِّقُ زَوْجَتَهُ ..와 이혼하다
[21] طَلَاق 이혼
[22] إِلَّا (except, but)..을 제외하고
[23] عِلَّة (ل + علل) عِلَل أو عِلَّات 병 ; 결함, 흠집 ; 원인, 이유
[24] حَنِثَ/ يَحْنَثُ (فِي يَمِينِهِ) 맹세를 어기다
[25] أَوْفَى/ يُوفِي ه – وَفَى/ يَفِي ب 완료하다, 수행하다 ; 이행하다
[26] قَسَم/ أَقْسَام 맹세, 서선, 서약
[27] حَلَفَ/ يَحْلِفُ – حَلْف يَمِيناً 맹세하다 맹세.선서하다
[28] الْبَتَّة 단연코, 단호히 (definitely, absolutely)
[29] مَوْطِئ (قَدَم) = مَوْطَأ (قَدَم) 발판, 발디딤대

بِأُورُشَلِيمَ لِأَنَّهَا مَدِينَةُ الْمَلِكِ الْعَظِيمِ. ٣٦ وَلاَ تَحْلِفْ بِرَأْسِكَ لِأَنَّكَ لاَ تَقْدِرُ أَنْ تَجْعَلَ شَعْرَةً وَاحِدَةً بَيْضَاءَ أَوْ سَوْدَاءَ. ٣٧ بَلْ لِيَكُنْ كَلاَمُكُمْ: نَعَمْ نَعَمْ لاَ لاَ. وَمَا زَادَ عَلَى ذَلِكَ فَهُوَ مِنَ الشِّرِّيرِ.

الانتقام

٣٨ «سَمِعْتُمْ أَنَّهُ قِيلَ: عَيْنٌ بِعَيْنٍ وَسِنٌّ بِسِنٍّ. ٣٩ وَأَمَّا أَنَا فَأَقُولُ لَكُمْ: لاَ تُقَاوِمُوا[1] الشَّرَّ بَلْ مَنْ لَطَمَكَ[2] عَلَى خَدِّكَ الأَيْمَنِ فَحَوِّلْ لَهُ الآخَرَ أَيْضاً. ٤٠ وَمَنْ أَرَادَ أَنْ يُخَاصِمَكَ[3] وَيَأْخُذَ ثَوْبَكَ[4] فَاتْرُكْ[5] لَهُ الرِّدَاءَ[6] أَيْضاً. ٤١ وَمَنْ سَخَّرَكَ[7] مِيلاً[8] وَاحِداً فَاذْهَبْ مَعَهُ اثْنَيْنِ. ٤٢ مَنْ سَأَلَكَ فَأَعْطِهِ وَمَنْ أَرَادَ أَنْ يَقْتَرِضَ[9] مِنْكَ فَلاَ تَرُدَّهُ[10].

محبة الأعداء

٤٣ «سَمِعْتُمْ أَنَّهُ قِيلَ: تُحِبُّ قَرِيبَكَ وَتُبْغِضُ[11] عَدُوَّكَ. ٤٤ وَأَمَّا أَنَا فَأَقُولُ لَكُمْ: أَحِبُّوا أَعْدَاءَكُمْ[12]. بَارِكُوا لاَعِنِيكُمْ[13]. أَحْسِنُوا[14] إِلَى مُبْغِضِيكُمْ[15] لأَجْلِ الَّذِينَ يُسِيئُونَ[16] إِلَيْكُمْ وَيَطْرُدُونَكُمْ[17] ٤٥ تَكُونُوا أَبْنَاءَ أَبِيكُمُ الَّذِي فِي السَّمَاوَاتِ فَإِنَّهُ شَمْسَهُ عَلَى الأَشْرَارِ[19] وَالصَّالِحِينَ[20] وَيُمْطِرُ[21] الأَبْرَارِ[22] وَالظَّالِمِينَ[23]. ٤٦ لِأَنَّهُ إِنْ أَحْبَبْتُمُ الَّذِينَ يُحِبُّونَكُمْ فَأَيُّ أَجْرٍ[24] لَكُمْ؟ أَلَيْسَ الْعَشَّارُونَ[25] أَيْضاً يَفْعَلُونَ[26] ذَلِكَ؟ ٤٧ وَإِنْ سَلَّمْتُمْ[27] عَلَى إِخْوَتِكُمْ فَقَطْ فَأَيَّ[28] فَضْلٍ[1] تَصْنَعُونَ[2]؟ أَلَيْسَ الْعَشَّارُونَ

---

[1] قَاوَمَ/ يُقَاوِمُ هـ، هـ – مُقَاوَمَة   ..에 반항.저항.대항하다
[2] لَطَمَ/ يَلْطِمُ هـ – لَطْم   손바닥으로 때리다, 뺨을 치다
[3] خَاصَمَ/ يُخَاصِمُ هـ – مُخَاصَمَة، خُصُومَة = نَازَعَ و..   논쟁하다, 옥신각신 다투다 ; 적대시하다
[4] ثَوْبٌ/ ثِيَاب   옷, 복장
[5] تَرَكَ/ يَتْرُكُ – تَرْك ; ..를 떠나다 ; 버리고 가다, 방치하다
[6] رِدَاء/ أَرْدِيَة   외투, 망토
[7] سَخَّرَ/ يُسَخِّرُ هـ، هـ ل..   ..을 위해 ..을 착취.이용하다
[8] مِيل (mile)   마일
[9] اقْتَرَض/ يَقْتَرِضُ هـ مِنْ   ..로 부터 ..을 꾸다, 빌리다
[10] رَدَّ، يَرُدُّ ه(هـ) إِلَى – رَدّ   ..을 ..에게 돌려주다, 반환하다 ; رَدَّ/ يَرُدُّ عَلَى   ..에게 대답하다 ; 물리치다, 격퇴하다

---

[11] أَبْغَضَ/ يُبْغِضُ ه = مَقَتَ، كَرِهَ   ..을 증오하다, 싫어하다
[12] عَدُوّ/ أَعْدَاء = خَصْم   원수, 적
[13] لَعَنَ/ يَلْعَنُ ه – لَعْن – لاَعِن – مَلْعُون أَو لَعِين   저주하다
[14] أَحْسَنَ/ يُحْسِنُ ه   ..을 훌륭히 해내다, 잘하다 ; أَحْسَنَ إِلَى، بـ   <자>좋은 일을 하다, 선을 행하다
[15] أَبْغَضَ/ يُبْغِضُ ه – إِبْغَاض – مُبْغِض   ..을 증오하다
[16] أَسَاءَ/ يُسِيءُ هـ   ..를 해치다, 못쓰게 만들다 ; 모욕하다 ; أَسَاءَ إِلَى ...   ..를 나쁘게 대하다, 악행을 저지르다
[17] طَرَدَ/ يَطْرُدُ ه – طَرْد   ..를 몰아내다,내쫓다, 추방하다
[18] أَشْرَقَ/ يُشْرِقُ = أَضَاءَ   빛을 비추다 ; أَشْرَقَتِ الشَّمْسُ   (해가) 떠오르다 ; 빛나다
[19] شِرِّير/ أَشْرَار   شَرّ   간악한, 흉악한 ; شُرُور   악, 악의
[20] صَالِح   좋은 ; 의로운, 공정한 (good, right)
[21] أَمْطَرَ/ يُمْطِرُ   비오게 하다   أَمْطَرَتِ السَّمَاءُ   비가 내리다
[22] بَارّ/ أَبْرَار   بِرّ   의, 의로움 = وَفِيّ   의로운, 경건한, صَالِح
[23] ظَالِم/ ظُلاَّم   잔인한, 불공평한 ; 억압자, 폭군, 압제자 ; ظَلَمَة/ يَظْلِمُ – ظَلْم – ظَالِم – مَظْلُوم   ..을 억압하다, 압제하다
[24] أَجْرٌ/ أُجُور   노임, 보수 ; 요금 ; 보상
[25] عَشَّار = آخِذُ الْعُشْرِ   십일조 거두는 사람 ; 세리
[26] فَعَلَ/ يَفْعَلُ هـ – فَعْل   하다, 행동하다 (to do)
[27] سَلَّمَ/ يُسَلِّمُ عَلَى ه   ..에게 인사하다
[28] أَيّ   어떤 (any) ; <뒤의 동사의 목적어> ; (فَـ + أَيّ)

| إِنْجِيل مَتَّى ٦ | 마태복음 6장 |

الصَّدَقَة

١ «اِحْتَرِزُوا⁴ مِنْ أَنْ تَصْنَعُوا صَدَقَتَكُمْ⁵ قُدَّامَ النَّاسِ لِكَيْ يَنْظُرُوكُمْ⁶ وَإِلاَّ فَلَيْسَ لَكُمْ أَجْرٌ عِنْدَ أَبِيكُمُ الَّذِي فِي السَّمَاوَاتِ. ٢ فَمَتَى صَنَعْتَ صَدَقَةً فَلاَ تُصَوِّتْ⁷ قُدَّامَكَ بِالْبُوقِ⁸ كَمَا يَفْعَلُ الْمُرَاؤُونَ⁹ فِي الْمَجَامِعِ¹⁰ وَفِي الأَزِقَّةِ¹¹ لِكَيْ يُمَجَّدُوا¹² مِنَ النَّاسِ. اَلْحَقَّ أَقُولُ لَكُمْ: إِنَّهُمْ قَدِ اسْتَوْفَوْا¹³ أَجْرَهُمْ! وَأَمَّا أَنْتَ فَمَتَى صَنَعْتَ صَدَقَةً فَلاَ تُعَرِّفْ¹⁴ شِمَالَكَ مَا تَفْعَلُ يَمِينُكَ ٤

أَيْضاً يَفْعَلُونَ هَكَذَا؟ ٤٨ فَكُونُوا أَنْتُمْ كَامِلِينَ³ كَمَا أَنَّ أَبَاكُمُ الَّذِي فِي السَّمَاوَاتِ هُوَ كَامِلٌ.

الصَّلاَة

٥ «وَمَتَى صَلَّيْتَ¹⁸ فَلاَ تَكُنْ كَالْمُرَائِينَ فَإِنَّهُمْ يُحِبُّونَ أَنْ يُصَلُّوا قَائِمِينَ فِي الْمَجَامِعِ وَفِي الشَّوَارِعِ²⁰ لِكَيْ يَظْهَرُوا²¹ لِلنَّاسِ. اَلْحَقَّ أَقُولُ إِنَّهُمْ قَدِ اسْتَوْفَوْا أَجْرَهُمْ! ٦ وَأَمَّا أَنْتَ فَمَتَى صَلَّيْتَ فَادْخُلْ إِلَى مِخْدَعِكَ²² وَأَغْلِقْ²³ بَابَكَ وَصَلِّ²⁴ إِلَى أَبِيكَ الَّذِي فِي الْخَفَاءِ. فَأَبُوكَ الَّذِي يَرَى فِي الْخَفَاءِ يُجَازِيكَ عَلاَنِيَةً. ٧ وَحِينَمَا تُصَلُّونَ لاَ تُكَرِّرُوا²⁵ الْكَلاَمَ بَاطِلاً كَالأُمَمِ²⁶ فَإِنَّهُمْ يَظُنُّونَ²⁷ بِكَثْرَةِ كَلاَمِهِمْ يُسْتَجَابُ²⁸ لَهُمْ. ٨ فَلاَ تَتَشَبَّهُوا²⁹

لِكَيْ تَكُونَ صَدَقَتُكَ فِي الْخَفَاءِ¹⁵. فَأَبُوكَ الَّذِي يَرَى فِي الْخَفَاءِ هُوَ يُجَازِيكَ¹⁶ عَلاَنِيَةً¹⁷.

---

¹ فَضْل/ أَفْضَال أو فُضُول ; 호의, 은혜, 친절 ; 공로, 공적 ; 나머지, 여분
² صَنَعَ/ يَصْنَعُ هـ – صُنْع ; ...을 만들다, 제작.제조하다 ; 행하다
³ كَامِل = تَامّ ; 완전한, 전적인, 완비된; 완결된
⁴ اِحْتَرَزَ/ يَحْتَرِزُ مِنْ – اِحْتِرَاز ; ...을 경계하다, 조심하다
⁵ صَدَقَة = حَسَنَة ; 동냥 ; 선행
⁶ نَظَرَ/ يَنْظُرُ إِلَى – نَظَر ; ...을 보다(to look at) ; 주시하다
⁷ صَوَّتَ/ يُصَوِّتُ – تَصْوِيت ; 외치다, 소리지르다; 투표하다
⁸ بُوق/ أَبْوَاق = طَبْل 만든 나팔 ; 트럼펫
⁹ مُرَاء (الْمُرَائِي) = مُنَافِق ; 위선자, 표리부동한 사람
¹⁰ مَجْمَع/ مَجَامِع ; 회의장 ; 집회, 회의; (여기서는 회당)
¹¹ زُقَاق/ أَزِقَّة = طَرِيق ضَيِّق ; 골목길 ; 통로
¹² مَجَّدَ/ يُمَجِّدُ هـ – تَمْجِيد ; <여기서는 수동형> 영광을 돌리다
¹³ اِسْتَوْفَى/ يَسْتَوْفِي هـ، ه – اِسْتِيفَاء ; 완전히 받다 ; 완성하다; 충족시키다
¹⁴ عَرَّفَ/ يُعَرِّفُ هـ ه ; ...에게 ..을 알게하다

¹⁵ خَفِيَ/ يَخْفَى – خَفَاء ; 숨겨지다, 은폐되다 ; 사라지다
 خَفَاء = ضِدّ ظُهُور ; 숨김 ; 은밀성
¹⁶ جَازَى/ يُجَازِي ه ; ...에게 ..을 보상하다, 갚다 ; 상을 주다
¹⁷ عَلاَنِيَة ; 공개적으로 공개적임, 공공연함
¹⁸ صَلَّى/ يُصَلِّي ; 기도하다
¹⁹ زَاوِيَة/ زَوَايَا ; 구석 ; 각(수학) حَجَرُ الزَّاوِيَةِ 모퉁이돌
²⁰ شَارِع/ شَوَارِع ; 거리(street)
²¹ ظَهَرَ/ يَظْهَرُ ل ه ... – ظُهُور ; ...에게 이 ..드러나다
²² مِخْدَع أو مَخْدَع/ مَخَادِع ; 작은 방, 골방
²³ أَغْلَقَ/ يُغْلِقُ هـ ; ...을 닫다, 채우다, 잠그다
²⁴ صَلَّى/ يُصَلِّي إِلَى ; ...에게 기도하다 <표 28, 명령법>
²⁵ كَرَّرَ/ يُكَرِّرُ هـ – تَكْرِير ; ...을 반복하다, 되풀이하다
²⁶ أُمَّة/ أُمَم ; 공동체 ; 국가, 민족 <성경에서는 이방인>
²⁷ ظَنَّ/ يَظُنُّ هـ، ه ، ه هـ ; 생각하다, 간주하다, 추측하다
²⁸ اِسْتُجَابَ/ يُسْتَجَابُ هـ، ل ه، مِنْهُ – اِسْتِجَاب ; (신이)기도를 들어주시다
²⁹ تَشَبَّهَ/ يَتَشَبَّهُ بِ ; ...을 모방하다, 본뜨다, 닮다

실용 기독교 아랍어 앤드북

بِهِمْ. لِأَنَّ أَبَاكُمْ يَعْلَمُ مَا تَحْتَاجُونَ إِلَيْهِ قَبْلَ أَنْ تَسْأَلُوهُ.

9 «فَصَلُّوا أَنْتُمْ هَكَذَا: أَبَانَا الَّذِي فِي السَّمَاوَاتِ لِيَتَقَدَّسْ[1] اسْمُكَ. 10 لِيَأْتِ[2] مَلَكُوتُكَ. لِتَكُنْ مَشِيئَتُكَ[3] كَمَا فِي السَّمَاءِ كَذَلِكَ عَلَى الأَرْضِ. 11 خُبْزَنَا كَفَافَنَا[4] أَعْطِنَا الْيَوْمَ. 12 وَاغْفِرْ[5] لَنَا ذُنُوبَنَا[6] كَمَا نَغْفِرُ نَحْنُ أَيْضاً لِلْمُذْنِبِينَ[7] إِلَيْنَا. 13 وَلاَ تُدْخِلْنَا فِي تَجْرِبَةٍ لَكِنْ نَجِّنَا[8] مِنَ الشِّرِّيرِ. لِأَنَّ لَكَ الْمُلْكَ وَالْقُوَّةَ وَالْمَجْدَ إِلَى الأَبَدِ. آمِينَ. 14 فَإِنَّهُ إِنْ غَفَرْتُمْ لِلنَّاسِ زَلاَّتِهِمْ[9] يَغْفِرْ لَكُمْ أَيْضاً أَبُوكُمُ السَّمَاوِيُّ. 15 وَإِنْ لَمْ تَغْفِرُوا لِلنَّاسِ زَلاَّتِهِمْ لاَ يَغْفِرْ لَكُمْ أَبُوكُمْ أَيْضاً زَلاَّتِكُمْ.

الصوم

16 «وَمَتَى صُمْتُمْ[10] فَلاَ تَكُونُوا عَابِسِينَ[11] كَالْمُرَائِينَ فَإِنَّهُمْ يُغَيِّرُونَ وُجُوهَهُمْ[12] لِكَيْ يَظْهَرُوا لِلنَّاسِ صَائِمِينَ. اَلْحَقَّ أَقُولُ لَكُمْ: إِنَّهُمْ قَدِ اسْتَوْفَوْا[14] أَجْرَهُمْ. 17 وَأَمَّا أَنْتَ فَمَتَى صُمْتَ فَادْهُنْ[15] رَأْسَكَ وَاغْسِلْ[16] وَجْهَكَ 18 لِكَيْ لاَ تَظْهَرَ لِلنَّاسِ صَائِماً بَلْ لِأَبِيكَ الَّذِي فِي الْخَفَاءِ. فَأَبُوكَ الَّذِي يَرَى فِي الْخَفَاءِ يُجَازِيكَ عَلاَنِيَةً.

كنوز في السماء

19 «لاَ تَكْنِزُوا[17] لَكُمْ كُنُوزاً[18] عَلَى الأَرْضِ حَيْثُ[19] يُفْسِدُ[20] السُّوسُ[21] وَالصَّدَأُ[22] وَحَيْثُ يَنْقُبُ[23] السَّارِقُونَ[24] وَيَسْرِقُونَ. 20 بَلِ اكْنِزُوا لَكُمْ كُنُوزاً فِي السَّمَاءِ حَيْثُ لاَ يُفْسِدُ سُوسٌ وَلاَ صَدَأٌ وَحَيْثُ لاَ يَنْقُبُ سَارِقُونَ وَلاَ يَسْرِقُونَ 21 لِأَنَّهُ حَيْثُ يَكُونُ كَنْزُكَ هُنَاكَ يَكُونُ قَلْبُكَ أَيْضاً. 22 سِرَاجُ[25] الْجَسَدِ هُوَ الْعَيْنُ فَإِنْ كَانَتْ عَيْنُكَ بَسِيطَةً[26]

---

[1] تَقَدَّسَ/ يَتَقَدَّسُ 거룩하게 되다, 신성화 되다
[2] أَتَى/ يَأْتِي ه، إِلَى ..에게 오다..
[3] مَشِيئَة = إِرَادَة = رَغْبَة 뜻, 의지, 소원
[4] كَفَاف (مِنَ الرِّزْقِ) 먹고 살아갈 양식
[5] غَفَرَ/ يَغْفِرُ هـ ل ه - غُفْرَان 용서하다
[6] ذَنْب/ ذُنُوب 죄, 죄악
[7] مُذْنِب/ أَذْنَبَ/ يُذْنِبُ - مُذْنِب 죄 지은, 죄 지은 사람
[8] نَجَّى/ يُنَجِّي ه مِنْ ... ...를 ...에서 구원하다
[9] زَلَّة/ زَلاَّت 실수, 잘못 ; 실족 ; 실언
[10] صَامَ/ يَصُومُ - صَوْم أو صِيَام 금식하다 صُمْتُمْ
[11] عَابِس 찌푸리는, 찡그리는
[12] عَبَسَ/ يَعْبِسُ - عُبُوس - عَابِس 찡그리다
وَجْه/ وُجُوه 얼굴(face)

---

[13] صَامَ/ يَصُومُ - صَوْم أو صِيَام - صَائِم 금식하다
صَائِم 금식하는, 금식하는 사람
[14] اسْتَوْفَى/ يَسْتَوْفِي هـ، ه - اسْتِيفَاء 완전히 받다 ; 완성하다 ; 충족시키다
[15] دَهَنَ/ يَدْهُنُ ه،هـ - دَهْن (세례에서) ..에 기름칠하다 ; 성유를 바르다
[16] غَسَلَ/ يَغْسِلُ هـ، ه - غَسْل .. 을 씻다, 빨다
[17] كَنَزَ/ يَكْنِزُ هـ - كَنْز (보화를) 파묻다 ; 모아두다
[18] كَنْز/ كُنُوز 보물, 보배
[19] حَيْثُ ...곳에(where; wherein, in which)
[20] أَفْسَدَ/ يُفْسِدُ هـ، ه 못쓰게하다, 상하게 하다, 변질.타락시키다
[21] سُوس أو سُوسَة/ سِيسَان 벌레, 좀, 유충
[22] صَدَأ (rust) 녹
[23] نَقَبَ/ يَنْقُبُ هـ - نَقْب ..을 파내다, 굴을 파다 ; 구멍을 뚫다
[24] سَرَقَ/ يَسْرِقُ هـ - سَرِقَة - سَارِق .. 을 훔치다, 도둑질하다
[25] سِرَاج/ سُرْج 등잔, 램프
[26] بَسِيط/ بُسَطَاء 단순한, 간단한 ; 소박한 ; 평범한 ; 알맞은

제 8 부 성경 강독

23 وَإِنْ كَانَتْ عَيْنُكَ نَيِّرَةً¹ فَجَسَدُكَ كُلُّهُ يَكُونُ نَيِّراً. وَإِنْ كَانَتْ عَيْنُكَ شِرِّيرَةً فَجَسَدُكَ كُلُّهُ يَكُونُ مُظْلِماً². فَإِنْ كَانَ النُّورُ الَّذِي فِيكَ ظَلاَماً³ فَالظَّلاَمُ كَمْ⁴ يَكُونُ!

24 «لاَ يَقْدِرُ أَحَدٌ أَنْ يَخْدِمَ سَيِّدَيْنِ⁵ لأَنَّهُ إِمَّا أَنْ يُبْغِضَ⁶ الْوَاحِدَ وَيُحِبَّ الآخَرَ أَوْ يُلاَزِمَ⁷ الْوَاحِدَ وَيَحْتَقِرَ⁸ الآخَرَ. لاَ تَقْدِرُونَ أَنْ تَخْدِمُوا اللهَ وَالْمَالَ.

الله يعتني بنا

25 لِذَلِكَ أَقُولُ لَكُمْ: لاَ تَهْتَمُّوا⁹ لِحَيَاتِكُمْ بِمَا تَأْكُلُونَ وَبِمَا تَشْرَبُونَ وَلاَ لأَجْسَادِكُمْ¹⁰ بِمَا تَلْبَسُونَ¹¹. أَلَيْسَتِ¹² الْحَيَاةُ أَفْضَلَ مِنَ الطَّعَامِ وَالْجَسَدُ أَفْضَلَ مِنَ اللِّبَاسِ¹³؟ 26 اُنْظُرُوا إِلَى طُيُورِ¹⁴ السَّمَاءِ: إِنَّهَا لاَ تَزْرَعُ¹⁵ وَلاَ تَحْصُدُ¹⁶

23 وَإِنْ كَانَتْ تَجْمَعُ¹⁷ إِلَى مَخَازِنَ¹⁸ وَأَبُوكُمُ السَّمَاوِيُّ يَقُوتُهَا¹⁹. أَلَسْتُمْ أَنْتُمْ بِالْحَرِيِّ²⁰ أَفْضَلَ مِنْهَا؟ 27 وَمَنْ مِنْكُمْ إِذَا اهْتَمَّ يَقْدِرُ أَنْ يَزِيدَ عَلَى قَامَتِهِ²¹ ذِرَاعاً²² 28 وَلِمَاذَا تَهْتَمُّونَ بِاللِّبَاسِ؟ تَأَمَّلُوا²³ زَنَابِقَ²⁴ الْحَقْلِ²⁵ كَيْفَ تَنْمُو²⁶! لاَ تَتْعَبُ²⁷ وَلاَ تَغْزِلُ²⁸. وَلَكِنْ أَقُولُ لَكُمْ إِنَّهُ وَلاَ سُلَيْمَانُ فِي كُلِّ مَجْدِهِ كَانَ يَلْبَسُ كَوَاحِدَةٍ مِنْهَا. 30 فَإِنْ كَانَ عُشْبُ²⁹ الْحَقْلِ الَّذِي يُوجَدُ³⁰ الْيَوْمَ وَيُطْرَحُ³¹ غَداً فِي التَّنُّورِ³²، يُلْبِسُهُ³³ اللهُ هَكَذَا، أَفَلَيْسَ بِالْحَرِيِّ جِدّاً يُلْبِسُكُمْ أَنْتُمْ يَا قَلِيلِي الإِيمَانِ³⁴؟ 31 فَلاَ تَهْتَمُّوا قَائِلِينَ: مَاذَا

---

¹ نَيِّر ; 빛을 뿜는; 눈부신, 밝은
² مُظْلِم ; 어두운, 캄캄한, 암담한
³ ظَلاَم = ظُلْمَة (darkness) ; 어둠, 암흑
⁴ كَمْ؟ ; كَمْ! 얼마나 많이 (의문문) 얼마나 많이 (감탄문)
⁵ سَيِّد/ سَادَة، أَسْيَاد ; 선생, 각하, 씨; 주인
⁶ أَبْغَضَ/ يُبْغِضُ هـ ; ..를 증오하다, 싫어하다
⁷ لاَزَمَ/ يُلاَزِمُ هـ ، ه ; 떨어지지 않다, 딱 붙어다니다; 동반하다, 동행하다
⁸ اِحْتَقَرَ/ يَحْتَقِرُ ه ، هـ ; ..을 멸시하다, 깔보다
⁹ اِهْتَمَّ/ يَهْتَمُّ بِ..; ..에 관심.흥미를 갖다, ..에 주의하다, 염두에 두다 ; 근심.걱정하다
¹⁰ جَسَد/ أَجْسَاد ; 몸, 신체, 육체
¹¹ لَبِسَ/ يَلْبَسُ هـ ; (옷을) 입다, (신을) 신다
¹² أَ + لَيْسَت
¹³ لِبَاس/ أَلْبِسَة أو لُبْس = ثَوْب ; 옷, 의복
¹⁴ طَيْر أو طَائِر/ طُيُور ; 새
¹⁵ زَرَعَ/ يَزْرَعُ هـ ; ..을 심다, 씨를 뿌리다; زَرْع
¹⁶ حَصَدَ/ يَحْصُدُ هـ ; ..을 수확하다, 추수하다; حَصَاد

¹⁷ جَمَعَ/ يَجْمَعُ ه، هـ ; - جَمْع ..을 모으다, 수집하다
¹⁸ خَزَنَ/ يَخْزُنُ هـ ; - خَزْن 저장하다, 보관하다; مَخْزَن/ مَخَازِن 창고
¹⁹ قَاتَ/ يَقُوتُ ه ; - قُوت = أَقَاتَ ..를 먹여살리다, 부양하다
²⁰ بِالحَرِيّ = بِالأَحْرَى 보다 더 좋기는, 보다 더 적절하기는
²¹ قَامَة/ قَامَات ; (사람의) 키; 체격, 체구, 몸매 ; 길이 단위
²² ذِرَاع/ أَذْرُع ; 팔, 팔꿈치 ; 길이 단위
²³ تَأَمَّلَ/ يَتَأَمَّلُ فِي هـ، هـ ; ..을 눈여겨보다 ; 깊이 숙고하다, 생각에 잠기다, 사색하다
²⁴ زَنْبَق أو زَنْبَقَة/ زَنَابِق 백합, 나리꽃(lily)
²⁵ حَقْل/ حُقُول 전답, 들, 밭; (활동의) 분야, 영역 field
²⁶ نَمَا أو نَمَى/ يَنْمُو - نُمُوّ 자라다, 성장하다; 발전하다
²⁷ تَعِبَ/ يَتْعَبُ - تَعَب 피곤하다, 지치다; 열심히 일하다
²⁸ غَزَلَ/ يَغْزِلُ هـ - غَزْل ..의 실을 뽑다, 실을 내다
²⁹ عُشْب/ أَعْشَاب 풀, 식물
³⁰ وَجَدَ/ يَجِدُ هـ .. ..을 찾다, 발견하다; يُوجَدُ <수동형> ..이 있다, 존재하다
³¹ طَرَحَ/ يَطْرَحُ ه، هـ - طَرْح ..을 던지다, 내버리다 ; 덜다, 빼다 ; طُرِحَ/ يُطْرَحُ <수동형>
³² تَنُّور/ تَنَانِير 진흙 가마, 용광로
³³ أَلْبَسَ/ يُلْبِسُ (옷을) 입히다
³⁴ (يَا + قَلِيلِين + الإِيمَان)

نَأْكُلُ أَوْ مَاذَا نَشْرَبُ أَوْ مَاذَا نَلْبَسُ؟ ٣٢ فَإِنَّ هَذِهِ كُلَّهَا تَطْلُبُهَا[1] الأُمَمُ. لأَنَّ أَبَاكُمُ السَّمَاوِيَّ يَعْلَمُ أَنَّكُمْ تَحْتَاجُونَ إِلَى هَذِهِ كُلِّهَا. ٣٣ لَكِنِ اطْلُبُوا أَوَّلاً مَلَكُوتَ اللهِ وَبِرَّهُ[2] وَهَذِهِ كُلُّهَا تُزَادُ[3] لَكُمْ. ٣٤ فَلاَ تَهْتَمُّوا لِلْغَدِ لأَنَّ الْغَدَ يَهْتَمُّ بِمَا لِنَفْسِهِ. يَكْفِي[4] الْيَوْمَ شَرُّهُ[5].

إِنْجِيل مَتَّى ٧ | 마태복음 7장

إدانة الآخرين

١ «لاَ تَدِينُوا[6] لِكَيْ لاَ تُدَانُوا[7] ٢ لأَنَّكُمْ بِالدَّيْنُونَةِ[8] الَّتِي بِهَا تَدِينُونَ تُدَانُونَ وَبِالْكَيْلِ[9] الَّذِي بِهِ تَكِيلُونَ[10] يُكَالُ[11] لَكُمْ. ٣ وَلِمَاذَا تَنْظُرُ الْقَذَى[12] الَّذِي فِي عَيْنِ أَخِيكَ وَأَمَّا الْخَشَبَةُ[13] الَّتِي فِي عَيْنِكَ فَلاَ تَفْطَنُ[14] لَهَا؟ ٤ أَمْ كَيْفَ تَقُولُ لأَخِيكَ: دَعْنِي[15] أُخْرِجِ[16] الْقَذَى مِنْ عَيْنِكَ وَهَا[17] الْخَشَبَةُ فِي عَيْنِكَ! ٥ يَا مُرَائِي[18] أَخْرِجْ أَوَّلاً الْخَشَبَةَ مِنْ عَيْنِكَ وَحِينَئِذٍ تُبْصِرُ جَيِّداً أَنْ تُخْرِجَ الْقَذَى مِنْ عَيْنِ أَخِيكَ! ٦ لاَ تُعْطُوا[19] الْقُدْسَ لِلْكِلاَبِ[20] وَلاَ

---

[1] طَلَبَ / يَطْلُبُ هـ، ٥ - طَلَب ؛ ..을 추구하다 ؛ 요구.요청하다
[2] بِرّ / أَبْرَار ؛ بَارّ의, 경건(piety, uprightness)
[3] زَادَ / يَزِيدُ - زِيَادَة ؛ (자)늘어나다, 증가되다 ؛ 첨가되다
[4] كَفَى / يَكْفِي - كِفَايَة ؛ (물질등이) ..에게 충분하다, 넉넉하다 ؛ 충족시키다
[5] شَرّ ؛ شِرّير / أَشْرَار 악, 악의 ; 죄악 악한, 사악한, 나쁜

---

[6] دِين ٥ - دَانَ / يَدِينُ 재판하다, 판결하다
[7] دِين / يُدَانُ <수동형>
[8] دَيْنُونَة 심판 (judgment)
[9] كَيْل / أَكْيَال (됫박, 말 따위) 도량형기
[10] كَالَ / يَكِيلُ هـ - كَيْل (곡식을) 재다, 측정하다, (쌀이) 되다
[11] كِيل / يُكَالُ <수동형>
[12] قَذَى / أَقْذِيَة, أَقْذَاء 티, 티끌
[13] خَشَبَة = قِطْعَةُ خَشَب 널판지 ; 나무조각
[14] فَطِنَ أَو فَطُنَ / يَفْطَنُ لـ، إِلَى، بـ = أَدْرَكَ، فَهِمَ 깨닫다, 파악하다, 이해하다 ؛ 규명하다
[15] وَدَعَ / يَدَعُ ..하게 하다 (to let)
[16] أَخْرَجَ / يُخْرِجُ هـ، ٥ ..을 데리고 나오다, 꺼내다 ; 내보내다
[17] هَا 바로, 여기에
[18] مُرَاءٍ (الْمُرَائِي) = مُنَافِق 위선자, 표리부동한 사람
[19] أَعْطَى / يُعْطِي ٥ هـ، هـ ل ..에게 ..을 주다, 제공하다
[20] كَلْب / كِلاَب 개

제 8 부 성경 강독

تَطْرَحُوا[1] دُرَرَكُمْ[2] قُدَّامَ الْخَنَازِيرِ[3] لِئَلاَّ تَدُوسَهَا[4] بِأَرْجُلِهَا[5] وَتَلْتَفِتَ[6] فَتُمَزِّقَكُمْ[7].

اسألوا، اطلبوا، اقرعوا

7 «اسْأَلُوا تُعْطَوْا[8]. اطْلُبُوا تَجِدُوا[9]. اقْرَعُوا[10] يُفْتَحْ[11] لَكُمْ. 8 لِأَنَّ كُلَّ مَنْ يَسْأَلُ يَأْخُذُ وَمَنْ يَطْلُبُ يَجِدُ وَمَنْ يَقْرَعُ يُفْتَحُ لَهُ. 9 أَمْ أَيُّ إِنْسَانٍ مِنْكُمْ إِذَا سَأَلَهُ ابْنُهُ خُبْزاً يُعْطِيهِ حَجَراً؟ 10 وَإِنْ سَأَلَهُ سَمَكَةً يُعْطِيهِ حَيَّةً؟ 11 فَإِنْ كُنْتُمْ وَأَنْتُمْ أَشْرَارٌ تَعْرِفُونَ أَنْ تُعْطُوا أَوْلاَدَكُمْ عَطَايَا جَيِّدَةً فَكَمْ بِالْحَرِيِّ[12] أَبُوكُمُ الَّذِي فِي السَّمَاوَاتِ يَهَبُ[13] خَيْرَاتٍ لِلَّذِينَ يَسْأَلُونَهُ. 12 فَكُلُّ مَا تُرِيدُونَ أَنْ يَفْعَلَ النَّاسُ بِكُمُ افْعَلُوا هَكَذَا أَنْتُمْ أَيْضاً بِهِمْ لِأَنَّ هَذَا هُوَ النَّامُوسُ وَالْأَنْبِيَاءُ[14].

الباب الضيق

13 «اُدْخُلُوا مِنَ الْبَابِ الضَّيِّقِ لِأَنَّهُ وَاسِعٌ الْبَابُ وَرَحْبٌ[15] الطَّرِيقُ الَّذِي يُؤَدِّي[16] إِلَى وَكَثِيرُونَ هُمُ الَّذِينَ يَدْخُلُونَ مِنْهُ! 14 مَا أَضْيَقَ[18] الْبَابَ وَأَكْرَبَ[19] الطَّرِيقَ الَّذِي يُؤَدِّي إِلَى الْحَيَاةِ وَقَلِيلُونَ هُمُ الَّذِينَ يَجِدُونَهُ!

الشجرة وثمرها

15 «اِحْتَرِزُوا[20] مِنَ الْأَنْبِيَاءِ الْكَذَبَةِ[21] الَّذِينَ يَأْتُونَكُمْ[22] بِثِيَابِ[23] الْحُمْلاَنِ[24] وَلَكِنَّهُمْ مِنْ دَاخِلٍ ذِئَابٌ[25] خَاطِفَةٌ[26]! 16 مِنْ ثِمَارِهِمْ[27] تَعْرِفُونَهُمْ. يَجْتَنُونَ[28] مِنَ الشَّوْكِ عِنَباً أَوْ مِنَ الْحَسَكِ[29] تِيناً؟ 17 هَكَذَا كُلُّ شَجَرَةٍ جَيِّدَةٍ تَصْنَعُ أَثْمَاراً جَيِّدَةً وَأَمَّا

---

[1] طَرَحَ/ يَطْرَحُ هـ، هـ ؛ طَرْحٌ - 을 던지다, 내버리다 ؛ 덜다, 빼다
[2] دُرَّةٌ/ دُرَرٌ = لُؤْلُؤَةٌ 진주, 진주알
[3] خِنْزِيرٌ/ خَنَازِيرُ 돼지
[4] دَاسَ/ يَدُوسُ هـ - دِيَاسَةٌ 밟다, 짓밟다
[5] رِجْلٌ/ أَرْجُلٌ 발(foot), 다리
[6] اِلْتَفَتَ/ يَلْتَفِتُ إِلَى ..에 주의를 돌리다, 둘러보다
[7] مَزَّقَ/ يُمَزِّقُ هـ - 을 갈기갈기 찢다
[8] أَعْطَى/ يُعْطِي ه هـ - <수동형> ...에게 ..을 주다, 제공하다
[9] وَجَدَ/ يَجِدُ هـ - 을 찾다, 발견하다
[10] قَرَعَ/ يَقْرَعُ هـ - قَرْعٌ (문을) 두드리다, (벨을) 울리다
[11] فَتَحَ/ يَفْتَحُ <수동형> فُتِحَ/ يُفْتَحُ هـ - فَتْحٌ 열다, 개방하다
[12] بِالْحَرِيِّ = بِالْأَحْرَى 보다 더 좋기는, 보다 더 적절하기는
[13] وَهَبَ/ يَهَبُ ه هـ - وَهْبٌ - ..에게 ..을 선물.선사하다
[14] نَبِيٌّ/ أَنْبِيَاءُ 선지자

[15] رَحْبٌ/ رَحَابَةٌ 넓은, 광활한, 광대한 ؛ 너그러운, 후한 넓음
[16] أَدَّى/ يُؤَدِّي هـ، ه - ..을 치르다 ; 수행하다, 집행하다 ..을 ..로 이끌어가다, 데려가다 ...
[17] هَلَكَ/ يَهْلِكُ - هَلاَكٌ 멸망하다, 죽다 ; 파괴되다
[18] ضَيِّقٌ 좁은, 협소한 ; 난처한 أَضْيَقُ 더 좁은
[19] كَرْبٌ/ كُرُوبٌ 슬픔, 비애 ; 고민, 번뇌
[20] اِحْتَرَزَ/ يَحْتَرِزُ مِنْ - ..을 경계하다, 조심하다, 예방하다
[21] كَاذِبٌ/ أَكْذِبُ أَوْ كَذَبَةٌ 거짓말하는 ; 거짓말쟁이 كِذْبٌ أَوْ كَذْبَةٌ أَوْ كِذْبَةٌ 거짓, 허위 ; 거짓말
[22] أَتَى/ يَأْتِي ه، إِلَى ..에게 오다, ..에게
[23] ثَوْبٌ/ ثِيَابٌ 옷, 복장
[24] حَمَلٌ/ حُمْلاَنٌ أَوْ أَحْمَالٌ 어린 양
[25] ذِئْبٌ/ ذِئَابٌ 늑대, 이리
[26] خَاطِفٌ/ خَوَاطِفُ 채가는, 덮치는 خَطَفَ/ يَخْطَفُ هـ، ه - 덥석쥐다, 잡아채다, 빼았다
[27] ثَمَرٌ/ ثِمَارٌ أَوْ أَثْمَارٌ 열매 ; 과실
[28] اِجْتَنَى/ يَجْتَنِي هـ - (과일 꿀 등을) 따다, 거둬들이다
[29] حَسَكٌ = شَوْكٌ 가시

الشَّجَرَةُ الرَّدِيَّةُ¹ فَتَصْنَعُ أَثْمَاراً رَدِيَّةً. ١٨ لاَ تَقْدِرُ شَجَرَةٌ جَيِّدَةٌ أَنْ تَصْنَعَ أَثْمَاراً رَدِيَّةً وَلاَ شَجَرَةٌ رَدِيَّةٌ أَنْ تَصْنَعَ أَثْمَاراً جَيِّدَةً. ١٩ كُلُّ شَجَرَةٍ لاَ تَصْنَعُ ثَمَراً جَيِّداً تُقْطَعُ وَتُلْقَى² فِي النَّارِ. ٢٠ فَإِذاً مِنْ ثِمَارِهِمْ تَعْرِفُونَهُمْ.

٢١ «لَيْسَ كُلُّ مَنْ يَقُولُ لِي: يَا رَبُّ يَا رَبُّ يَدْخُلُ مَلَكُوتَ السَّمَاوَاتِ. بَلِ الَّذِي يَفْعَلُ إِرَادَةَ أَبِي الَّذِي فِي السَّمَاوَاتِ. ٢٢ كَثِيرُونَ سَيَقُولُونَ لِي فِي ذَلِكَ الْيَوْمِ: يَا رَبُّ يَا رَبُّ أَلَيْسَ بِاسْمِكَ تَنَبَّأْنَا³ وَبِاسْمِكَ أَخْرَجْنَا⁴ شَيَاطِينَ⁵ وَبِاسْمِكَ صَنَعْنَا قُوَّاتٍ كَثِيرَةً؟ ٢٣ فَحِينَئِذٍ أُصَرِّحُ⁶ لَهُمْ: إِنِّي لَمْ أَعْرِفْكُمْ قَطُّ⁷! اذْهَبُوا عَنِّي يَا فَاعِلِي الإِثْمِ⁸!

البناؤون الحكماء والبناؤون الجهلاء

٢٤ «فَكُلُّ مَنْ يَسْمَعُ أَقْوَالِي⁹ هَذِهِ وَيَعْمَلُ بِهَا أُشَبِّهُهُ¹⁰ بِرَجُلٍ عَاقِلٍ¹¹ بَنَى بَيْتَهُ عَلَى الصَّخْرِ. ٢٥ فَنَزَلَ الْمَطَرُ وَجَاءَتِ الأَنْهَارُ¹²

وَهَبَّتْ¹³ الرِّيَاحُ¹⁴ وَوَقَعَتْ عَلَى ذَلِكَ الْبَيْتِ فَلَمْ يَسْقُطْ¹⁵ لِأَنَّهُ كَانَ مُؤَسَّساً¹⁶ عَلَى الصَّخْرِ. ٢٦ مَنْ يَسْمَعُ أَقْوَالِي هَذِهِ وَلاَ يَعْمَلُ بِهَا يُشَبَّهُ بِرَجُلٍ جَاهِلٍ بَنَى بَيْتَهُ عَلَى الرَّمْلِ. ٢٧ فَنَزَلَ الْمَطَرُ وَجَاءَتِ الأَنْهَارُ وَهَبَّتِ الرِّيَاحُ وَصَدَمَتْ¹⁷ ذَلِكَ الْبَيْتَ فَسَقَطَ وَكَانَ سُقُوطُهُ¹⁸ عَظِيماً!». ٢٨ فَلَمَّا أَكْمَلَ يَسُوعُ هَذِهِ الأَقْوَالِ بُهِتَتِ¹⁹ الْجُمُوعُ مِنْ تَعْلِيمِهِ ٢٩ لِأَنَّهُ كَانَ يُعَلِّمُهُمْ كَمَنْ لَهُ سُلْطَانٌ وَلَيْسَ كَالْكَتَبَةِ.

---

¹ رَدِيّ = رَدِيء/ أَرْدِيَاء ; 나쁜, 고약한, 불량한 ; 악의에 찬
² أَلْقَى/ يُلْقِي هـ ، ٥ - مُلْقِي (to throw) 던지다
³ تَنَبَّأَ/ يَتَنَبَّأُ بـ ..을 예언하다
⁴ أَخْرَجَ/ يُخْرِجُ هـ ، ٥ ..을 데리고 나오다, 꺼내다 : 내보내다
⁵ شَيْطَانٌ/ شَيَاطِينُ 사탄 (Satan), 귀신
⁶ صَرَّحَ/ يُصَرِّحُ بـ ..을 선언하다, 명백히하다 ; 진술하다
⁷ مَا ... قَطُّ (لَمْ ... قَطُّ) 전혀.결코 ... 않았다(과거 부정문)
⁸ إِثْمٌ/ آثَامٌ 죄, 죄악 (sin, wrongdoing)
⁹ قَوْلٌ/ أَقْوَالٌ 말, 이야기, 발언
¹⁰ شَبَّهَ/ يُشَبِّهُ هـ بـ ... ..과 ..을 비교.대비.비유하다
¹¹ عَاقِلٌ/ عُقَلَاء = مُدْرِك، حَكِيم 이성 이성적인, 현명한
¹² نَهْرٌ/ أَنْهَارٌ 강 (river)

¹³ هَبَّ/ يَهُبُّ لـ ، إِلَى = تَحَرَّكَ، نَشِطَ، أَسْرَعَ ..을 시작하다
هَبَّتِ الرِّيحُ 바람이 불다
¹⁴ رِيحٌ/ رِيَاحٌ 바람
¹⁵ سَقَطَ/ يَسْقُطُ - سُقُوط 떨어지다, 넘어지다 ; 실수하다 ; 낙제하다
¹⁶ أَسَّسَ/ يُؤَسِّسُ هـ - تَأْسِيس - مُؤَسِّس - مُؤَسَّس ..을 세우다, 창건.수립.설립.창설하다 ; 기초를 쌓다
أَسَّسَ/ يُؤَسِّسُ عَلَى ..에 토대하다, ..을 기초로하다
¹⁷ صَدَمَ/ يَصْدِمُ ٥، هـ - صَدْم ..을 두드리다, 밀치다 ; 충돌하다
صَدِمَ/ يَصْدَمُ (نَفْسِيًّا أَوْ مَعْنَوِيًّا أَوْ مَادِّيًّا أَوْ كَهْرَبَائِيًّا) 충격을 받다
¹⁸ سَقَطَ/ يَسْقُطُ - سُقُوط 떨어지다, 넘어지다 ; 실수하다 ; 낙제하다
¹⁹ بَهَتَ/ يَبْهَتُ - بَهْت ..를 놀라게 하다, 경탄시키다
بُهِتَ/ يُبْهَتُ <수동형> 어리둥절하여지다, 얼빠지다

제 9 부 신앙고백

콥틱 교회 사제가 성찬 앞에서 기도를 한다

아랍 교회들이 전통에 따라 고백하는 신앙고백이 있습니다. 동방교회의 전통을 이어받은 아랍 나라의 정교회(이집트의 콥틱교회 등)들은 거의 모든 예배 마다 '믿음의 법 قانون الإيمان' (니케아 - 콘스탄티노플 신조)을 고백합니다. 개신교회들도 부흥회 등에 간혹 이 신앙고백을 사용하는 것을 볼 수 있습니다. 이 신조는 AD 381년에 있었던 콘스탄티노플 회의에서 채택된 것입니다. 콘스탄티노플 회의는 니케아 회의(AD 325) 부터 이어져오던 삼위일체 논쟁에 대해 종지부를 찍은 역사적인 회의입니다. 이 신조는 니케아 회의에서 채택된 니케아 신조와 같은 흐름이지만 그것에 비해 더욱 체계화되고 종합적이며 완전해졌기 때문에 '니케아 - 콘스탄티노플 신조' 라고 합니다.

한편 서방 교회의 전통인 사도신경은 아랍 나라의 개신교회들이 고백하는 것입니다. 다음에 사도신경과 니케아 - 콘스탄티노플 신조 두 가지 내용과 그 각주를 싣습니다.

실용 기독교 아랍어 앤드북

제 9 부 신앙고백

1. 사도신경	إقرار الإيمان

أُومِنُ بِاللهِ الآبِ الضَّابِطِ الْكُلِّ خَالِقِ السَّمَاءِ وَالأَرْضِ وَبِرَبِّنا يَسُوعَ الْمَسِيحِ ابنِهِ الْوَحِيدِ الَّذِي حُبِلَ بِهِ بِالرُّوحِ الْقُدُسِ وَوُلِدَ مِنْ مَرْيَمَ الْعَذْرَاءِ وَتَأَلَّمَ عَلَى عَهْدِ بِيلاطُسَ البُنْطِيِّ وَصُلِبَ وَمَاتَ وَقُبِرَ وَقَامَ أَيْضًا فِي الْيَوْمِ الثَّالِثِ مِنَ الأَمْوَاتِ، وَصَعِدَ إِلَى السَّمَاءِ. وَهُوَ جَالِسٌ عَنْ يَمِينِ اللهِ الآبِ الضَّابِطِ الْكُلِّ وَسَيَأْتِي مِنْ هُنَاكَ لَيَدِينَ الأَحْيَاءَ وَالأَمْوَاتَ. أُومِنُ بِالرُّوحِ الْقُدُسِ وَبِالْكَنِيسَةِ الْمُقَدَّسَةِ الْجَامِعَةِ وَبِشَرَكَةِ الْقِدِّيسِينَ وَبِمَغْفِرَةِ الْخَطَايَا وَبِقِيَامَةِ الأَمْوَاتِ وَبِالْحَيَاةِ الأَبَدِيَّةِ آمِين.

나는 전능하신 아버지 하나님, 천지의 창조주를 믿습니다.
나는 그의 유일하신 아들, 우리 주 예수 그리스도를 믿습니다.
그는 성령으로 잉태되어 동정녀 마리아에게서 나시고,
본디오 빌라도에게 고난을 받아 십자가에 못 박혀 죽으시고,
장사된 지 사흘만에 죽은 자 가운데서 다시 살아나셨으며,
하늘에 오르시어 전능하신 아버지 하나님 우편에 앉아 계시다가,
거기로부터 살아있는 자와 죽은 자를 심판하러 오십니다.
나는 성령을 믿으며, 거룩한 공교회와 성도의 교제와
죄를 용서 받는 것과 몸의 부활과 영생을 믿습니다. 아멘.
- 개정된 사도신경 번역입니다 -

أُومِنُ[1] بِاللهِ الآبِ الضَّابِطِ[2] الْكُلِّ خَالِقِ[3] السَّمَاءِ وَالأَرْضِ وَبِرَبِّنَا يَسُوعَ الْمَسِيحِ ابْنِهِ الْوَحِيدِ الَّذِي حُبِلَ[4] بِهِ بِالرُّوحِ الْقُدُسِ وَوُلِدَ[5] مِنْ مَرْيَمَ الْعَذْرَاءِ[6] وَتَأَلَّمَ[7] عَلَى عَهْدِ[8] بِيلَاطُسَ الْبُنْطِيِّ وَصُلِبَ[9] وَمَاتَ وَقُبِرَ[10] وَقَامَ أَيْضًا فِي الْيَوْمِ الثَّالِثِ مِنَ الأَمْوَاتِ[11]، وَصَعِدَ[12] إِلَى السَّمَاءِ. وَهُوَ جَالِسٌ[13] عَنْ يَمِينِ اللهِ الآبِ الضَّابِطِ الْكُلِّ وَسَيَأْتِي[14] مِنْ هُنَاكَ لِيَدِينَ[15] الأَحْيَاءَ[16] وَالأَمْوَاتَ. أُومِنُ بِالرُّوحِ الْقُدُسِ وَبِالْكَنِيسَةِ الْمُقَدَّسَةِ[17] الْجَامِعَةِ[18] وَبِشَرِكَةِ[19] الْقِدِّيسِينَ[20] وَبِمَغْفِرَةِ[21] الْخَطَايَا[22] وَبِقِيَامَةِ[23] الأَمْوَاتِ[24] وَبِالْحَيَاةِ الأَبَدِيَّةِ[25] آمِين.

---

[1] آمَنَ/ يُؤْمِنُ بِـ - إِيمَان ..을 믿다, 신앙하다

[2] ضَبَطَ/ يَضْبِطُ أَوْ يَضْبُطُ - ضَبْط 붙잡다, 체포하다 ; 고치다, 수정하다, 정확히하다, (기구를) 설치하다 ; 조절하다
ضَابِط/ ضَوَابِط 기준 ; 규칙, 규정 ; 체재, 질서 ; 통제하는, 억제하는

[3] خَالِق الْخَالِق = the Creator 창조자

[4] حَبِلَ/ يَحْبَلُ - حَبَل / يُحْبَل <수동형> 임신하다

[5] وَلَدَ/ يَلِدُ ه - وِلَادَة، وِلَاد (아이를) 낳다, 번식하다(to give birth) وُلِدَ/ يُولَدُ <수동형> 태어나다

[6] عَذْرَاء 처녀, 동정녀

[7] تَأَلَّمَ/ يَتَأَلَّمُ - تَأَلُّم = تَوَجَّعَ 고통을 겪다, 고통을 느끼다

[8] عَهْد/ عُهُود 약속, 서약, 언약 ; 시대, 시기 ; 통치

[9] صَلَبَ/ يَصْلِبُ ه - صَلْب 십자가에 못 박다 صُلِبَ/ يُصْلَب <수동형>

[10] قَبَرَ/ يَقْبِرُ أَوْ يَقْبُرُ ه أَوْ ... - قَبْر = دَفَنَ/ يَدْفِنُ (시신을) 파묻다, 매장하다 قُبِرَ/ يُقْبَر <수동형>

[11] مَاتَ - يَمُوتُ - مَوْت 죽다 مَيِّت/ أَمْوَات 죽은 사람 (the dead)

[12] صَعِدَ/ يَصْعَدُ - صُعُود (위로) 올라가다

[13] جَلَسَ/ يَجْلِسُ - جُلُوس - جَالِس 앉다 (to sit down)

[14] أَتَى/ يَأْتِي إِلَى ... ...에게 오다 (to come)

[15] دَانَ/ يَدِينُ ه ... 를 재판하다, 판결하다 دَيْن - دَيْن 돈을 빌리다 ; 꾸다

[16] حَيّ/ أَحْيَاء 살아있는 (living, alive), 살아있는 사람 حَيَاة/ حَيَوَات 생명

[17] قَدَّسَ/ يُقَدِّسُ هـ أَوْ ه - تَقْدِيس - مُقَدَّس - مُقَدِّس ...을 거룩하게 하다, 신성화하다

[18] جَمَعَ/ يَجْمَعُ ه أَوْ هـ - جَمْع - جَامِع ... 을 모으다, 수집하다 ; 종합.개괄하다 모으는, 수집하는 ; 전반적인, 포괄적인, 일반적인, 종합적인

[19] شَرِكَة 회사 (company) ; 교제(fellowship)

[20] قِدِّيس/ قِدِّيسُون 성인 (Christian saint)

[21] غَفَرَ/ يَغْفِرُ هـ لـ ه - غَفْر، غُفْرَان ..에게 ..을 용서하다 مَغْفِرَة = غُفْرَان 용서

[22] خَطِيَّة أَو خَطِيئَة/ خَطَايَا 죄 (sin) خَاطِئ/ خُطَاة 죄인

[23] قَامَ/ يَقُومُ - قِيَام 일어서다 قِيَامَة 부활 (resurrection) يَوْمُ الْقِيَامَة 심판의 날 عِيدُ الْقِيَامَة 부활절

[24] مَيِّت / أَمْوَات = مَيِّت/ مَيِّتُون 죽은 사람, 시체

[25] أَبَدِيّ 영원한 (everlasting) أَبَدِيَّة 영원성 (eternity)

2. 믿음의 법(니케아 – 콘스탄티노플 신조)	قَانُونُ الإِيمَانِ

بِالْحَقِيقَةِ نُؤْمِنُ بِإِلَهٍ وَاحِدٍ، اللهِ الآبِ، ضَابِطِ الْكُلِّ، خَالِقِ السَّمَاءِ وَالأَرْضِ، مَا يُرَى وَمَا لا يُرَى. نُؤْمِنُ بِرَبٍّ وَاحِدٍ يَسُوعَ الْمَسِيحِ، ابْنِ اللهِ الْوَحِيدِ، الْمَوْلُودِ مِنَ الآبِ قَبْلَ كُلِّ الدُّهُورِ، نُورٍ مِنْ نُورٍ، إِلَهٍ حَقٍّ مِنْ إِلَهٍ حَقٍّ، مَوْلُودٍ غَيْرِ مَخْلُوقٍ، مُسَاوٍ لِلآبِ فِى الْجَوْهَرِ، الَّذِي بِهِ كَانَ كُلُّ شَيْءٍ. هَذَا الَّذِي مِنْ أَجْلِنَا نَحْنُ الْبَشَرَ، وَمِنْ أَجْلِ خَلاصِنَا، نَزَلَ مِنَ السَّمَاءِ وَتَجَسَّدَ مِنَ الرُّوحِ الْقُدُسِ وَمِنْ مَرْيَمَ الْعَذْرَاءِ وَتَأَنَّسَ. وَصُلِبَ عَنَّا عَلَى عَهْدِ بِيلاطُسَ الْبُنْطِيِّ. تَأَلَّمَ وَقُبِرَ وَقَامَ مِنْ بَيْنِ الأَمْوَاتِ فِي الْيَوْمِ الثَّالِثِ كَمَا فِى الْكُتُبِ، وَصَعِدَ إِلَى السَّمَاوَاتِ، وَجَلَسَ عَنْ يَمِينِ أَبِيهِ، وَأَيْضًا يَأْتِي فِي مَجْدِهِ لِيَدِينَ الأَحْيَاءَ وَالأَمْوَاتَ، الَّذِي لَيْسَ لِمُلْكِهِ انْقِضَاءٌ. نَعَمْ نُؤْمِنُ بِالرُّوحِ الْقُدُسِ، الرَّبِّ الْمُحْيِي الْمُنْبَثِقِ مِنَ الآبِ، نَسْجُدُ لَهُ وَنُمَجِّدُهُ مَعَ الآبِ وَالابْنِ، النَّاطِقِ فِي الأَنْبِيَاءِ. وَبِكَنِيسَةٍ وَاحِدَةٍ مُقَدَّسَةٍ جَامِعَةٍ رَسُولِيَّةٍ. وَنَعْتَرِفُ بِمَعْمُودِيَّةٍ وَاحِدَةٍ لِمَغْفِرَةِ الْخَطَايَا. وَنَنْتَظِرُ قِيَامَةَ الأَمْوَاتِ وَحَيَاةَ الدَّهْرِ الآتِي. آمِينَ.

우리는 한 분 하나님, 아버지 하나님, 전능자, 하늘과 땅 그리고 보이는 것과 보이지 않는 것의 창조자를 믿습니다.
 우리는 한 분이신 주님 예수 그리스도를 믿사오니, 이는 하나님의 외아들이시며, 모든 세대 이전에 아버지로 부터 탄생하신 분이시며, 빛으로 부터의 빛이시며, 진리의 하나님으로 부터의 진리의 하나님이시며, 출생하시되 만들어지지 아니하셨고, 본질에서 아버지와 하나이시고, 모든 것들이 그를 통하여 생겨났습니다. 그는 우리 인간을 위한 분이시고, 우리의 구원을 위한 분이시며, 하늘에서 내려오셔서, 성령과 동정녀 마리아로 부터 성육신하시었고, 사람이 되시었고, 우리를 위하여 본디오 빌라도에게 십자가에 못박히시었고, 고난받으시고, 장사되시고, 성경대로 3일만에 죽은 자 가운데서 살아나시고, 하늘에 오르시고, 그의 아버지의 우편에 앉아계십니다. 뿐만아니라 산자들과 죽은자들을 심판하기 위해 그의 영광중에 다시오실 것이며, 그의 나라는 끝이 없습니다.
 예! 우리는 성령을 믿사오니, 그는 아버지로 부터 발출하신 생명을 주시는 주(主)이시며, 아버지와 아들과 함께 우리가 경배하는 분이시며, 우리가 영광을 돌리는 분이시고, 선지자들을 통해 말씀하시는 분이십니다.
 우리는 하나이며 거룩하고 보편적이며 사도적인 교회를 믿습니다. 우리는 죄의 용서를 위한 하나의 세례를 고백합니다. 우리는 죽은 자들의 부활과 오는 세상의 삶을 기다립니다. 아멘.

بِالْحَقِيقَةِ نُؤْمِنُ بِإِلَهٍ وَاحِدٍ، اللهِ الآبِ، ضَابِطِ الْكُلِّ، خَالِقِ السَّمَاءِ وَالأَرْضِ، مَا يُرَى[1] وَمَا لَا يُرَى. نُؤْمِنُ بِرَبٍّ وَاحِدٍ يَسُوعَ الْمَسِيحِ، ابْنِ اللهِ الْوَحِيدِ، الْمَوْلُودِ[2] مِنَ الآبِ قَبْلَ كُلِّ الــدُّهُورِ[3]، نُورٍ مِنْ نُورٍ، إِلَهٍ حَقٍّ مِنْ إِلَهٍ حَقٍّ، مَوْلُودٍ غَيْرِ مَخْلُوقٍ[4]، مُسَاوٍ[5] لِلآبِ فِى الْجَوْهَرِ[6]، الَّذِي بِهِ كَانَ كُلُّ شَيْءٍ. هَذَا الَّذِي مِنْ أَجْلِنَا نَحْنُ الْبَشَرَ، وَمِنْ أَجْلِ خَلَاصِنَا، نَزَلَ مِنَ السَّمَاءِ وَتَجَسَّدَ[7] مِنَ الرُّوحِ الْقُدُسِ وَمِنْ مَرْيَمَ الْعَذْرَاءِ وَتَأَنَّسَ[8]. وَصُلِبَ عَنَّا عَلَى عَهْدِ بِيلَاطُسَ الْبُنْطِيِّ. تَــأَلَّمَ وَقُبِرَ[9] وَقَامَ مِنْ بَيْنِ الأَمْوَاتِ[10] فِي الْيَوْمِ الثَّالِثِ كَمَا فِى الْكُتُبِ، وَصَعِدَ إِلَى السَّمَاوَاتِ، وَجَلَسَ عَنْ يَمِينِ أَبِيهِ، وَأَيْضًا يَأْتِي فِي مَجْدِهِ لِيَدِينَ[11] الأَحْيَاءَ[12] وَالأَمْوَاتَ، الَّذِي لَيْسَ لِمُلْكِهِ انْقِضَاءٌ[13]. نَعَمْ نُؤْمِنُ بِالرُّوحِ الْقُدُسِ، الرَّبِّ الْمُحْيِي[14] الْمُنْبَثِقِ[15] مِنَ الآبِ، نَسْجُدُ لَـهُ وَنُمَجِّدُهُ مَـعَ الآبِ وَالابْنِ، النَّاطِقِ[16] فِي الأَنْبِيَاءِ[17]. وَبِكَنِيسَةٍ وَاحِدَةٍ مُقَدَّسَةٍ جَامِعَةٍ رَسُولِيَّةٍ. وَنَعْتَرِفُ[18] بِمَعْمُودِيَّــةٍ وَاحِدَةٍ لِمَغْفِرَةِ الْخَطَايَا. وَنَنْتَظِرُ[19] قِيَامَةَ الأَمْوَاتِ وَحَيَاةَ الدَّهْرِ الآتِي[20]. آمِينَ.

---

[1] رَأَى/ يَرَى ه ... 을 보다 (to see) ‹수동형› رُئِيَ/ يُرَى ‹수동형›

[2] وَلَدَ/ يَلِدُ ه – وِلَادَة، وِلَاد – وَالِد – مَوْلُود (to give birth) 낳다, 번식하다 (아이를)

[3] دَهْر/ دُهُور 시대, 세기

[4] خَلَقَ/ يَخْلُقُ هـ – خَلْق – خَالِق – مَخْلُوق 을 창조하다..

[5] سَاوَى/ يُسَاوِي هـ أو ه – مُسَاوَاة – مُسَاوٍ 같다, 동등하다 ; 동등하게 하다, 평등하게 하다

[6] جَوْهَر/ جَوَاهِر 본질, 근본

[7] تَجَسَّدَ/ يَتَجَسَّدُ – تَجَسُّد 육체를 입다, 성육신하다

[8] تَأَنَّسَ/ يَتَأَنَّسُ – تَأَنُّس 인간화 하다, 인간이 되다

[9] قَبَرَ/ يَقْبِرُ ه أو هـ – قَبْر (시신을) 파묻다, 매장하다 ‹수동형› قُبِرَ/ يُقْبَرُ ‹수동형›

[10] مَيِّت / أَمْوَات = مَيِّت/ مَيِّتُون 죽은 사람, 시체

[11] دَانَ/ يَدِينُ ه – دَيْن ...를 재판하다, 판결하다 ; 꾸다 دَانَ/ يَدِينُ ه – دَيْن (돈을) 빌리다

[12] حَيّ/ أَحْيَاء 산, 생명있는, 살아있는 ; 유기체, 생물체

[13] انْقَضَى/ يَنْقَضِي – انْقِضَاء (시간이) 지나다, 흘러가다 ; 끝나다, 완성되다, 종결되다

[14] أَحْيَا/ يُحْيِي ه أو هـ – إِحْيَاء – مُحْيِي ...을 살리다, 재생시키다, 부활시키다, 생명을 주다

[15] انْبَثَقَ/ يَنْبَثِقُ – انْبِثَاق – مُنْبَثِقٌ 뚫어지다, 터지다 ; 흘러나오다, 분출되다, 용솟음치다

[16] نَطَقَ/ يَنْطِقُ – نُطْق – نَاطِق نَطَقَ/ يَنْطِقُ بِـ ... 발음하다 ...을 말하다, 진술하다

[17] نَبِيّ/ أَنْبِيَاء 예언자

[18] اعْتَرَفَ/ يَعْتَرِفُ – اعْتِرَاف – اعْتَرَفَ بِـ ... 을 승인.인정하다 ; 고백.자백하다

[19] انْتَظَرَ/ يَنْتَظِرُ هـ أو ه – انْتِظَار ...를 기다리다, 고대하다 ; 예상.기대하다

[20] أَتَى/ يَأْتِي إِلَى ... – إِتْيَان أو أَتْي – آتٍ (الآتِي) ...에게 오다 (to come) ; 다음의 오는, 다가오는

제 10부 주제별 용어 사전

　아랍 교회들에서 사역하기 위해서는 아랍 기독교인들이 사용하고 있는 용어들을 알아야 합니다. 교회에서 사용하는 용어들 가운데는 일반인들이 사용하지 않는 것들도 있고, 사전에서 쉽게 찾을 수 없는 것들도 있습니다. 이런 것들은 주제별로 따로 학습하지 않으면 공부할 수 있는 방법이 없습니다.
　다음은 아랍 기독교인들이 교회 생활에서 사용하는 용어들을 주제별로 정리한 것입니다. 내용을 보시면 단순한 단어의 나열이 아닌 여러 가지 변화형들도 함께 정리된 것을 볼 수 있습니다. 반복해서 많이 듣고 읽고 시도하여서 자기 것으로 삼으시기 바랍니다.
　이집트 구어체 아랍어에서는 다음 용어들이 조금씩 다르게 발음되기도 합니다. 페이지 여백이 충분하지 못하여 구어체 아랍어의 발음표기를 따로 하지는 못했습니다. 하지만 녹음은 구어체 아랍어로도 대부분 되어 있습니다.

실용 기독교 아랍어 앤드북

	10-1 예배의 요소들		ألفاظ مستخدمة في الاختماعات
	명사	동사	형용사 혹은 사람
예배	عِبَادَة	عَبَدَ/ يَعْبُدُ ه	مُتَعَبِّد 예배자
경배, 절함	سُجُود	سَجَدَ/ يَسْجُدُ لـ ه	سَاجِد 경배하는
노래함(성가를)	تَرْنِيم تَرْتِيل	رَنَّمَ/ يُرَنِّمُ لـ ه رَتَّلَ/ يُرَتِّلُ هـ	مُرَنِّم 복음성가 가수 مُرَتِّل
찬양(praise)	تَسْبِيح	سَبَّحَ/ يُسَبِّحُ ه	مُسَبِّح 찬양하는 사람
찬양하는 시간	فُرْصَة التَّسْبِيح، فَتْرَة التَّسْبِيح		
경배찬양곡	تَرْنِيمَة تَعَبُّدِيَّة		
기쁨의찬양곡	تَرْنِيمَة تَسْبِيحِيَّة		
헌신 찬양곡	تَرْنِيمَة تَكْرِيسِيَّة		
부흥 찬양곡	تَرْنِيمَة لِلنَّهْضَة		
회개 찬양곡	تَرْنِيمَة لِلتَّوْبَة		
기도	صَلَاة	صَلَّى/ يُصَلِّي لـ ه	늘 기도하는, 경건한 مُصَلٍّ(المُصَلِّي)
기도하는 시간	فُرْصَة الصَّلَاة، فَتْرَة الصَّلَاة		
시작기도	صَلَاة افْتِتَاحِيَّة		
경배의 기도	صَلَاة تَعَبُّدِيَّة		
중보기도	صَلَاة شَفَاعِيَّة		
회개의 기도	صَلَاة لِلتَّوْبَة		
헌신의 기도	صَلَاة لِلتَّسْلِيم		
마침기도	صَلَاة خِتَامِيَّة		
개인 기도	صَلَاة فَرْدِيَّة		
묵상 기도	صَلَاة تَأَمُّلِيَّة		
개인적인 내용의 기도	صَلَاة شَخْصِيَّة		

전체가 함께 하는 기도	صَلَاة جَمَاعِيَّة	
비밀스런기도, 묵상기도	صَلَاة سِرِّيَّة	
성경봉독	قِرَاءة الْكِتَاب الْمُقَدَّس	قَرَأ/ يَقْرَأ الْكِتَاب الْمُقَدَّس — 읽는 사람 قَارِئ
설교	وَعْظ، عِظَة	وَعَظ/ يَعِظْ هـ — 설교자 وَاعِظ/ وُعَّاظ
말씀을 듣는 시간	فَتْرَة الْكَلِمَة، فُرْصَة لِسَمَاع صَوْتِ الرَّبِّ	— 말씀하는자, 강사 مُتَكَلِّم
성찬	الْمَائِدَةُ الرَّبَّانِيَّة، التَّنَاوُل، تَنَاوُل العَشَاء الرَّبَّانِي	تَنَاوَلَ/ يَتَنَاوَلُ هـ — 성찬식 참여자 مُتَنَاوِل
헌금	عَطَاء، تَقْدِمَة / تَقْدِيم العَطَاء 헌금을 바침	قَدَّم/ يُقَدِّم الْعَطَاء — 주는 사람 مُعْطٍ (الْمُعْطِي)
월정헌금약속	تَعَهُّد شَهْرِيّ/ تَعَهُّدَات شَهْرِيَّة	تَعَهَّد/ يَتَعَهَّد شَهْرِيًّا — مُتَعَهِّد
십일조	عُشُور	قَدَّم/ يُقَدِّم الْعُشُور —
축도	صَلَاة البَرَكَة الرَّسُولِيَّة	صَلَّى/ يُصَلِّي صَلَاة البَرَكَة الرَّسُولِيَّة / خَتَمَ/ يَخْتِمُ بِصَلَاةِ الْبَرَكَةِ الرَّسُولِيَّةِ 축도로 (모임을) 끝내다
광고	تَنْبِيه/ تَنْبِيهَات 알림 / إِعْلَان 광고, 상품 광고	قَالَ/ يَقُولُ التَّنْبِيهَات / نَبَّه/ يُنَبِّهُ عَلَى هـ
사람의 중보기도	تَشَفُّع	تَشَفَّع/ يَتَشَفَّعُ إِلَى — 중보기도자 مُتَشَفِّع
묵상	تَأَمُّل	تَأَمَّل/ يَتَأَمَّلُ فِي هـ / (ع) خَذ/ يَأْخُذ تَأَمُّل — 묵상하는 مُتَأَمِّل
고백(confession)	اِعْتِرَاف	اعْتَرَف/ يَعْتَرِف بِـ — 고백하는 مُعْتَرِف
간증	اِخْتِبَار، اخْتِبَار شَخْصِيّ	شَارَك/ يُشَارِك بِاخْتِبَار شَخْصِيّ — 간증이 있는 مُخْتَبِر
신앙고백	شَهَادَة	شَهِدَ/ يَشْهَدُ بِـ —
교제	شَرِكَة	صَنَع/ يَصْنَعُ شَرِكَة، عَمِل/ يَعْمَلُ شَرِكَة —
사례비(설교자 등에게)	تَقْدِمَة	أَعْطَى/ يُعْطِي تَقْدِمَة —

	10-2 교회내의 사람들		أَشْخَاص فِي الْكَنِيسَة	
		사람	동사	명사
기독교인		مَسِيحِيّ/ مَسِيحِيُّون (ع) مَسِيحِيّ/ مَسِيحِيِّين		الْمَسِيحِيَّة 기독교
신자		مُؤْمِن/ مُؤْمِنُون	믿다 آمَنَ/ يُؤْمِنُ بِ	إِيمَان 믿음
등록교인(member)		عُضُو/ أَعْضَاء		عُضْوِيَّة 멤버쉽
집사		شَمَّاس/ شَمَامِسَة		
장로		شَيْخ/ شُيُوخ		مَشْيَخَة
목사		قِسِّيس أَو قَسّ/ قَسَاوِسَة، قُسُس		
담임목사		رَاعِي الْكَنِيسَة		
부목사(협동 목사)		قِسِّيس مُسَاعِد		
은퇴목사		قِسِّيس شَرَفِي		
순회목사		قِسِّيس مُتَجَوِّل		
선교사		مُرْسَل/ مُرْسَلُون	보내다 أَرْسَلَ/ يُرْسِلُ ه	إِرْسَالِيَّة
전도자		كَارِز/ كَارِزُون	كَرَزَ/ يَكْرِزُ بِالْإِنْجِيل	كِرَازَة
		مُبَشِّر/ مُبَشِّرُون	بَشَّرَ/ يُبَشِّرُ ه بِ	تَبْشِير
설교자		وَاعِظ/ وُعَّاظ	وَعَظَ/ يَعِظُ ه	وَعْظ
강사(speaker)		مُتَكَلِّم/ مُتَكَلِّمُون	تَكَلَّمَ/ يَتَكَلَّمُ عَنْ، فِي أَلْقَى/ يُلْقِي كَلِمَة	
통역인		مُتَرْجِم/ مُتَرْجِمُون	تَرْجَمَ/ يُتَرْجِمُ هـ	تَرْجَمَة
평신도		عِلْمَانِيّ، شَخْص غَيْر اكْلِيرِكِيّ		
지도자		قَائِد/ قَادَة	قَادَ/ يَقُودُ هـ	قِيَادَة
성직자		رَجُل الدِّين، إِكْلِيرُوس (ع) رَاجِل الدِّين		
사역자		خَادِم/ خُدَّام	خَدَمَ/ يَخْدِمُ ه أَو هـ	خِدْمَة/ خِدْمَات، خِدَم
전임사역자		خَادِم مُتَفَرِّغ، مُتَفَرِّغ	تَفَرَّغَ/ يَتَفَرَّغُ لِلْخِدْمَة	تَفَرُّغ
순회사역자		خَادِم مُتَجَوِّل	تَجَوَّلَ/ يَتَجَوَّلُ	تَجَوُّل

실용 기독교 아랍어 핸드북

자원봉사자	مُتَطَوِّع/ مُتَطَوِّعُون	تَطَوَّعَ/ يَتَطَوَّعُ (ب)	تَطَوُّع
노예, 종(주님의 종의 의미로 사용)	عَبْد/ عَبِيد أو عِباد	عَبَدَ/ يَعْبُدُ ه 숭배하다 إِسْتَعْبَدَ/ يَسْتَعْبِدُ 노예를 삼다	عُبُودِيَّة 노예됨
선생	مُدَرِّس/ مُدَرِّسُون مُعَلِّم/ مُعَلِّمُون	دَرَّسَ/ يُدَرِّسُ ه 가르치다 عَلَّمَ/ يُعَلِّمُ ه 가르치다	تَدْرِيس 가르침 تَعْلِيم/ تَعَالِيم 교육
어린이	طِفْل/ أَطْفَال (ع) أَوْلَاد		
청년, 젊은이	شَابّ/ شَبَاب أو شُبَّان، شَابَّة/ شَابَّات (여자 청년)		
어른	كَبِير/ كِبَار، كَبِير السِّنّ		
노인	مُسِنّ/ مُسِنُّون، (ع) مُسِنّ/ مُسِنِّين		
출석자, 참석자	حَاضِر/ حَاضِرُون	حَضَرَ/ يَحْضُرُ	حُضُور
결석자	غَائِب/ غَائِبُون مُتَغَيِّب/ مُتَغَيِّبُون	غَابَ/ يَغِيبُ تَغَيَّبَ/ يَتَغَيَّبُ	غَيْب، غِيَاب تَغَيُّب
참가자	مُشْتَرِك/ مُشْتَرِكُون	إِشْتَرَكَ/ يَشْتَرِكُ (في أو مع)	إِشْتِرَاك
청중	مُسْتَمِع/ مُسْتَمِعُون مَوْعُوظ/ مَوْعُوظُون	إِسْتَمَعَ/ يَسْتَمِعُ (إلى أو ل) وَعَظَ/ يَعِظُ 설교하다	إِسْتِمَاع 경청 وَعْظ 설교
예배자	عَابِد/ عَابِدُون مُتَعَبِّد/ مُتَعَبِّدُون	عَبَدَ/ يَعْبُدُ ه 예배하다 تَعَبَّدَ/ يَتَعَبَّدُ لـ 예배하다	عِبَادَة
기도하는 사람	مُصَلٍّ (الْمُصَلِّي)/ مُصَلُّون	صَلَّى/ يُصَلِّي	صَلَاة
중보자	مُتَشَفِّع/ مُتَشَفِّعُون	تَشَفَّعَ/ يَتَشَفَّعُ إلى	تَشَفُّع
찬양하는 사람 복음성가 가수	مُرَنِّم/ مُرَنِّمُون	رَنَّمَ/ يُرَنِّمُ هـ	تَرْنِيم
연주자	عَازِف/ عَازِفُون	عَزَفَ/ يَعْزِفُ هـ	عَزْف
제자	تِلْمِيذ/ تَلَامِيذ	تَلْمَذَ/ يُتَلْمِذُ ه	تَلْمَذَة 제자도
증인	شَاهِد/ شُهُود	شَهِدَ/ يَشْهَدُ عَنْ	شَهَادَة
재정담당자	أَمِين الصُّنْدُوق		
관리인, 문지기	بَوَّاب/ بَوَّابُون، فَرَّاش/ فَرَّاشُون		
책임을 맡은 자	مَسْؤُول/ مَسْؤُولُون (ع) مَسْؤُول/ مسؤولين		مَسْؤُولِيَّة

제 10부 주제별 용어 사전

نَاغنِنَة(출22:21)	غَرِيب/ غُرَبَاء أو أغْرَاب	تَغَرَّبَ/ يَتَغَرَّبُ 낯선 곳으로 떠나가다	غُرْبَة 타향살이
고아	يَتِيم/ أيْتَام أو يَتَامَى	تَيَتَّمَ/ يَتَيَتَّمُ 고아가 되다	تَيَتُّم 고아됨
과부(여자)	أرْمَلَة/ أرَامِل	تَرَمَّلَ/ يَتَرَمَّلُ 과부가 되다	تَرَمُّل 과부됨
환자, 병자	مَرِيض/ مَرْضَى	مَرِضَ/ يَمْرَضُ 병을 앓다	مَرَض
장애인	مُعَاق/ مُعَاقُون	أَعَاقَ/ يُعِيقُ	إِعَاقَة 지연,방해,장애
소경	أَعْمَى/ عُمْيَان	عَمِيَ/ يَعْمَى، تَعَمَّى/ يَتَعَمَّى	عَمَى
배고픈 자	جَائِع/ جِيَاع	جَاعَ/ يَجُوعُ	جُوع
목마른 자	عَطِش، عَطْشَان/ عِطَاش	عَطِشَ/ يَعْطَشُ	عَطَش
필요가 있는 자(가난한 사람)	مُحْتَاج/ مُحْتَاجُون	اِحْتَاجَ/ يَحْتَاجُ إِلَى	اِحْتِيَاج
약자	ضَعِيف/ ضِعَاف أو ضُعَفَاء		ضَعْف
문맹인	أُمِّيّ/ أُمِّيُّون، (ع) أُمِّيّ/ أُمِّيِّين		أُمِّيَّة
고통당하는 자	مُتَأَلِّم/ مُتَأَلِّمُون	تَأَلَّمَ/ يَتَأَلَّمُ مِنْ	تَأَلُّم، أَلَم
슬픈 자	حَزِين/ حَزَانَى	حَزَنَ/ يَحْزَنُ عَلَى .. 대해 슬퍼하다	حُزْن
갇힌 자	مَسْجُون/ مَسَاجِين	سَجَنَ/ يَسْجُنُ ه.. 을가두다	سَجْن
억울한 자	مَظْلُوم/ مَظْلُومُون	ظَلَمَ/ يَظْلِمُ ه 억압하다	ظُلْم 불의
거절당한 자	مَنْبُوذ/ مَنْبُوذُون	نَبَذَ/ يَنْبِذُ ه ـ أو ه	نَبْذ 거절, 거부
믿음에서 멀리떠나 있는자	بَعِيد/ بَعِيدُون أو بُعَدَاء عَنِ الإِيمَان		بُعْد
불신자	غَيْر مُؤْمِن/ غَيْر مُؤْمِنِين		
무신론자(atheist)	مُلْحِد/ مُلْحِدُون	أَلْحَدَ/ يُلْحِدُ 신을 믿지 않다	إِلْحَاد
개종자(무슬림에서)	مُتَنَصِّر/ مُتَنَصِّرُون	تَنَصَّرَ/ يَتَنَصَّرُ 기독교를 믿다	تَنَصُّر
의장(chairman)	رَئِيس الْجَلْسَة، رَئِيس اللَّجْنَة		
노회장	رَئِيس الْمَجْمَع		
총회장	رَئِيس السِّنُودُس		
개신교회 대표	رَئِيس الطَّائِفَة الإِنْجِيلِيَّة		

10-3 콥틱, 카톨릭 교회의 사람들   أَشْخَاص في الكنيسة الأرثوذكسية

	사람	동사 혹은 명사	결혼 유무	호칭
교황	الْبَابَا، الْبَطْرِيَرْك (بَطْرَك) قَدَاسَة الْبَابَا الْمُعَظَّم، الْبَابَا بَطْرِيَرْك (بَطْرَك)		×	قَدَاسَة
대주교	مِطْرَان، (ع) مُطْرَان	مِطْرَانِيَّة 대주교가 있는 곳	×	نِيَافَة، الْأَنْبَا
교구 감독	أُسْقُف / أَسَاقِفَة		×	نِيَافَة، الْأَنْبَا
순회 감독	خُورِي		×	نِيَافَة، الْأَنْبَا
수도사	رَاهِب / رُهْبَان	تَرَهْبَن / يَتَرَهْبَن	×	
여자 수도사, 수녀	رَاهِبَة / رَاهِبَات، (ع) تَأَسُونِي، مَاسِير		×	
신부(목사)들의 수장	قُمُّص / قَمَامِصَة		ㅇ	أَبُونَا، سَيِّدْنَا
신부(목사)-교회를 담당	قِسِّيس أو قَسّ / قَسَاوِسَة، قُسُس		ㅇ	أَبُونَا
대집사	رَئِيس شَمَامِسَة، (ع) أَرْشِدْيَاكُن		ㅇ	
집사	شَمَّاس / شَمَامِسَة، (ع) شَمَّاس / شَمَامْسَة		ㅇ	

10-4 성경의 인물 및 직위   أشخاص في الكتاب المقدس

	사람	동사	명사
예수님	يَسُوع		
그리스도	الْمَسِيح		
예수 그리스도	يَسُوع الْمَسِيح		
성자 예수님	يَسُوع الابْن		
구세주(savior)	مُخَلِّص مُنْقِذ	خَلَّص / يُخَلِّص من 구원하다 أَنْقَذ / يُنْقِذ من 구원하다	خَلَاص إِنْقَاذ
구속자(redeemer)	فَادٍ (الْفَادِي)	فَدَى / يَفْدِي 구속하다	فِدًى، فِدَاء 구속
중보자(intercessor) 그리스도	شَفِيع / شُفَعَاء	شَفَع / يَشْفَعُ في	شَفَاعَة 중보
중개자(mediator)	وَسِيط / وُسَطَاء	تَوَسَّط / يَتَوَسَّط بَيْنَ، لِـ	تَوَسُّط
보혜사	مُعَزٍّ (الْمُعَزِّي)	عَزَّى / يُعَزِّي	تَعْزِيَة

하나님	اللهُ، الإلَهُ		
성부 하나님	اللهُ الآبُ		
성령	الرُّوحُ الْقُدُسُ		
죄인	خَاطِئٌ/ خُطَاةٌ	죄를 짓다 أَخْطَأَ/ يُخْطِئُ	خَطِيئَةٌ، خَطِيَّةٌ/ خَطَايَا
성인(saint), 성도	قِدِّيسٌ/ قِدِّيسُونَ		
왕	مَلِكٌ/ مُلُوكٌ		
제사장, 사제	كَاهِنٌ/ كَهَنَةٌ، كُهَّانٌ		제사장제도 كَهُنُوتٌ
대제사장	رَئِيسُ الْكَهَنَةِ		
선지자	نَبِيٌّ/ أَنْبِيَاءُ	예언하다 (ب) تَنَبَّأَ/ يَتَنَبَّأُ	예언 نُبُوَّةٌ
나실인	النَّذِيرُ	서원하다 نَذَرَ/ يَنْذِرُ	서원 نَذْرٌ/ نُذُورٌ
서기관들	الْكَتَبَةُ، كَاتِبٌ/ كَتَبَةٌ		
바리새인들	الْفَرِّيسِيُّونَ، (ع) الْفَرِّيسِيِّينَ		
사두개인들	الصَّدُّوقِيُّونَ، (ع) الصَّدُّوقِيِّينَ		
율법선생들	مُعَلِّمُونَ لِلنَّامُوسِ		
랍비	مُعَلِّمٌ، سَيِّدٌ		
목자	رَاعٍ(الرَّاعِي)/ رُعَاةٌ	رَعَى/ يَرْعَى	رِعَايَةٌ
세리	عَشَّارٌ/ عَشَّارُونَ	십일조를 거두다 عَشَّرَ/ يُعَشِّرُ هـ	
어부	صَيَّادٌ/ صَيَّادُونَ	고기잡다 اِصْطَادَ/ يَصْطَادُ	
제자	تِلْمِيذٌ/ تَلَامِيذُ	تَلْمَذَ/ يُتَلْمِذُ	제자도 تَلْمَذَةٌ
사도	رَسُولٌ/ رُسُلٌ	보내다 أَرْسَلَ/ يُرْسِلُ	보냄 إِرْسَالٌ
증인	شَاهِدٌ/ شُهُودٌ	شَهِدَ/ يَشْهَدُ عَنْ	شَهَادَةٌ
순교자	شَهِيدٌ/ شُهَدَاءُ	أُشْهِدُ/ يُشْهَدُ، اُسْتُشْهِدَ/ يُسْتَشْهَدُ	اِسْتِشْهَادٌ
집사	شَمَّاسٌ/ شَمَامِسَةٌ		
장로	شَيْخٌ/ شُيُوخٌ		مَشْيَخَةٌ
감독	أُسْقُفٌ/ أَسَاقِفَةٌ		أُسْقُفِيَّةٌ
교부들	آبَاءُ الْكَنِيسَةِ، الآبَاءُ الأَوَّلُونَ (ع) الآبَاءُ الأَوَّلِينَ		교부의 آبَائِيٌّ
그리스도인	مَسِيحِيٌّ/ مَسِيحِيُّونَ (ع) مَسِيحِيٌّ/ مَسِيحِيِّينَ		الْمَسِيحِيَّةُ

10-5 교회의 활동들   نشاطات الكنيسة

	명사	동사	형용사 혹은 사람
활동	نَشَاط/ أَنْشِطَة، نشاطات	활기를 북돋우다 نَشَّطَ/ يُنَشِّطُ ه أو هـ	활동적인 نَشِيط/ نُشَطَاء
가르침	تَعْلِيم	عَلَّمَ/ يُعَلِّمُ ه	가르치는 사람 مُعَلِّم
양육	تَرْبِيَة	رَبَّى/ يُرَبِّي ه	
배움	تَعَلُّم	تَعَلَّمَ/ يَتَعَلَّمُ هـ (ع) اِتْعَلَّم/ يتْعَلَّم هـ	배운 사람 مُتَعَلِّم
교제	شَرِكَة	صَنَعَ/ يَصْنَعُ شَرِكَةً عَمِلَ/ يَعْمَلُ شَرِكَةً	
금식	صِيَام، صَوْم (ع) صُوم	صَامَ/ يَصُومُ	금식하고 있는 صَائِم
삶의 나눔(sharing)	مُشَارَكَة	شَارَكَ/ يُشَارِكُ ه هـ	مُشَارِك
관심, 돌봄	اهْتِمَام	اهْتَمَّ/ يَهْتَمُّ بـ	관심이 있는 مُهْتَمّ (ب)
돌봄(Care)	عِنَايَة	اَعْتَنَى/ يَعْتَنِي بـ	مُعْتَنٍ (الْمُعْتَنِي)
목회적 돌봄	رِعَايَة	رَعَى/ يَرْعَى ه أو هـ	목회적인, 목사의 رَعَوِيّ
1대1 사역	عَمَل فَرْدِيّ	قَامَ/ يَقُومُ بِعَمَل فَرْدِيٍّ	
모임, 집회 (meeting)	اجْتِمَاع	اجْتَمَعَ/ يَجْتَمِعُ عَمِلَ/ يَعْمَلُ اجْتِمَاع	모이는 مُجْتَمِع 사회(society) مُجْتَمَع
방문, 심방	زِيَارَة	زَارَ/ يَزُورُ ه	방문자 زَائِر/ زُوَّار
사역, 봉사	خِدْمَة/ خِدْمَات	خَدَمَ/ يَخْدِمُ ه أو هـ	사역자 خَادِم/ خُدَّام
선교	إِرْسَالِيَّة	أَرْسَلَ/ يُرْسِلُ ه أو هـ	선교사 مُرْسَل
섬김, 봉사	خِدْمَة/ خِدْمَات	خَدَمَ/ يَخْدِمُ ه أو هـ	섬기는 자 خَادِم/ خُدَّام
자람, 성장	نُمُوّ، نَمَاء	نَمَى/ يَنْمُو	نَامٍ (النَّامِي)
육성, 증진	تَنْمِيَة	نَمَّى/ يُنَمِّي هـ	
세례	مَعْمُودِيَّة	세례를 주다 عَمَّدَ/ يُعَمِّدُ ه 세례를 받다 تَعَمَّدَ/ يَتَعَمَّدُ	세례를 받은 مُعَمَّد

훈련	تَدْرِيب، تَمْرِين مُمَارَسَة	دَرَّبَ/ يُدَرِّبُ ه 훈련시키다 تَدَرَّبَ/ يَتَدَرَّبُ عَلَى 연습하다	مُدَرِّب 코치
전도	كِرَازَة تَبْشِير	كَرَزَ/ يَكْرِزُ بِالْإِنْجِيل بَشَّرَ/ يُبَشِّرُ ه بـ	كَارِز 전도하는 مُبَشِّر
증거(witness)	شَهَادَة	شَهِدَ/ يَشْهَدُ عَنْ	شَاهِد/ شُهُود 증인
큐티	خَلْوَة (ع) خِلْوَة	أَخَذَ/ يَأْخُذُ الْخَلْوَة عَمِلَ/ يَعْمَلُ الْخَلْوَة	
헌금	تَقْدِيم الْعَطَاء	قَدَّمَ/ يُقَدِّمُ الْعَطَاء	
치유, 치료	شِفَاء	شَفَى/ يَشْفِي ه	شَافٍ (الشَّافِي) 치료자
제자훈련	تَلْمَذَة	تَلْمَذَ/ يُتَلْمِذُ ه 제자로삼다 تَتَلْمَذَ/ يَتَتَلْمَذُ 제자가 되다	تِلْمِيذ/ تَلَامِيذ 제자
치리	تَأْدِيبَات كَنَسِيَّة	أَدَّبَ/ يُؤَدِّبُ ه	تَأْدِيب/ تَأْدِيبَات 훈육, 처벌
순교	اِسْتِشْهَاد	أُشْهِدَ/ يُشْهَدُ اُسْتُشْهِدَ/ يُسْتَشْهَدُ	شَهِيد/ شُهَدَاء 순교자
약혼	خُطُوبَة	خَطَبَ/ يَخْطُبُ ها	خَاطِب، 약혼한 مَخْطُوبَة
결혼	زَوَاج (ع) جَوَاز	تَزَوَّجَ/ يَتَزَوَّجُ ه (ع) اِتْجَوَّزَ/ يِتْجَوَّز	مُتَزَوِّج 결혼한 (ع) مِتْجَوِّز
결혼식	فَرَح، عُرْس، زِفَاف		
파티, 연주회, 피로연	حَفْلَة	اِحْتَفَلَ/ يَحْتَفِلُ عَمِلَ/ يَعْمَلُ حَفْلَة	مُحْتَفِل 축하하는
장례, 장례식	جِنَازَة أَو جَنَازَة	عَمِلَ/ يَعْمَلُ جِنَازَة	جَنَائِزِيّ
추도식(하관 이후에)	عَزَاء	عَزَّى/ يُعَزِّي 위로하다	مُعَزٍّ (الْمُعَزِّي)
위임식	خِدْمَة تَنْصِيب		
체육 활동	نَشَاط رِيَاضِيّ		
클럽	نَادٍ (النَّادِي)		
참가, 회원가입	اِشْتِرَاك	اِشْتَرَكَ/ يَشْتَرِكُ فِي	مُشْتَرِك 참가자, 참가하는

10-6 교회의 장소와 기구들　محتويات الكنيسة

#	한국어	아랍어	#	한국어	아랍어
1	강단(pulpit)	مِنْبَر/ مَنَابِر، (ع) مَنْبَر	23	교회용 긴 의자	كَنَبَة
2	홀, 강당	قَاعَة/ قَاعَات	24	촛불	شَمْعَة/ شُمُوع
3	다목적홀	قَاعَة الْمُنَاسَبَات	25	촛대	شَمْعَدَان
4	사무실	مَكْتَب/ مَكَاتِب	26	등, 램프	قِنْدِيل/ قَنَادِيل (ع)قَنْدِيل
5	도서관	مَكْتَبَة/ مَكْتَبَات	27	향로	مَجْمَرَة/ مَجَامِر
6	간이 진료소	مُسْتَوْصَف	28	향불	بَخُور (ع) بُخُور
7	게스트룸	غُرْفَة ضُيُوف	29	성경책	الْكِتَاب الْمُقَدَّس
8	매점	(ع) كَانْتِين	30	소책자	كُتَيِّب/ كُتَيِّبَات
9	서점	مَكْتَبَة/ مَكْتَبَات	31	찬양집,복음성가집	كِتَاب التَّرَانِيم
10	첨탑(minaret)	مَنَارَة/ مَنَارَات	32	콥틱교인 기도서	أَجْبِيَة
11	돔	قُبَّة/ قُبَب، قِبَاب	33	빵	خُبْز
12	성화(icon)	أَيْقُونَة/ أَيْقُونَات			قُرْبَانَة/ قُرْبَان (콥틱 교회)
13	십자가	صَلِيب/ صُلْبَان	34	포도주	خَمْر
14	종(bell)	جَرَس/ أَجْرَاس			أَبَارْكَة (콥틱교회)
15	성전	هَيْكَل/ هَيَاكِل	35	잔, 컵	كَأْس/ كُؤُوس، كَأْسَات
16	제단	مَذْبَح/ مَذَابِح	36	성찬기	صِينِيَّة التَّنَاوُل
17	기둥	عَمُود/ أَعْمِدَة، عَوَامِيد	37	헌금 쟁반	طَبَق الْعَطَاء
18	계단	سُلَّم/ سَلَالِم، (ع) سِلِّم/ سَلَالِم	38	헌금 주머니	(ع) كِيس الْعَطَا
19	휘장	حِجَاب، حِجَاب الْهَيْكَل	39	앰프	(ع) مِيكْسَر
20	커튼	سِتَارَة/ سَتَائِر	40	마이크	مُكَبِّر صَوْت
21	보좌(throne)	عَرْش/ عُرُوش			(ع) مِيكْرُوفُون
22	의자	كُرْسِيّ/ كَرَاسِي			

10-7 교회의 모임들	أَنْوَاع الاِجْتِمَاعَات
모임, 집회	اِجْتِمَاع/ اِجْتِمَاعَات
예배, 예배 모임	عِبَادَة، اِجْتِمَاع عِبَادَة
미사(콥틱 교회)	قُدَّاس/ قُدَّاسَات أو قَدَادِيس
주일 아침 모임(주일 오전 예배)	اِجْتِمَاع صَبَاح الأَحَد
주일 저녁 모임(주일 저녁 예배, main service)	الاِجْتِمَاع الْعَامّ، اِجْتِمَاع مَسَاء الأَحَد
기도모임	اِجْتِمَاع صَلاَة
찬양모임	اِجْتِمَاع تَسْبِيح
성경공부모임	اِجْتِمَاع دَرْس كِتَاب
주일학교	مَدَارِس الأَحَد
중등부 모임	اِجْتِمَاع إِعْدَادِيّ
고등부 모임	اِجْتِمَاع ثَانَوِيّ
대학부 모임	اِجْتِمَاع جَامِعَة
대졸자 청년 모임	اِجْتِمَاع خِرِّيجِين، اِجْتِمَاع مُتَخَرِّجِين
청년회 모임	اِجْتِمَاع الشَّبَاب
부인회 모임	اِجْتِمَاع السَّيِّدَات
가족 모두를 위한 모임	اِجْتِمَاع الأُسْرَة
빈민을 위한 모임	اِجْتِمَاع إِخْوَة الرَّبّ
사역자 준비를 위한 모임	اِجْتِمَاع إِعْدَاد خُدَّام
바자회	مَعْرِض خَيْرِي، (ع) مَعْرِض خَيْرِي
영혼 구원을 위한 부흥회, 전도집회	نَهْضَة، نَهْضَة خَلاَصِيَّة
영성 회복을 위한 부흥회	نَهْضَة اِنْتِعَاشِيَّة
제자훈련그룹	مَجْمُوعَات تَلْمَذَة
소그룹 모임	اِجْتِمَاع مَجْمُوعَة صَغِيرَة
소규모 기도 모임	حَلْقَة صَلاَة
위원회	لَجْنَة/ لِجَان
예)주일학교 위원회	لَجْنَة مَدَارِس الأَحَد
당회	مَجْلِس الْكَنِيسَة

노회 예) 카이로 노회	مَجْمَع/ مَجَامِع مَجْمَع الْقَاهِرَة
총회 예) 나일 복음주의 교단 총회	سِنُودُس، مَجْمَع كَنَسِيّ سِنُودُس النِّيل الإنْجِيلِيّ

10-8 수련회 종류	الْمُؤْتَمَرَات الْكَنَسِيَّة
수련회	مُؤْتَمَر/ مُؤْتَمَرَات
리트릿 (짧은 기간의 기도와 말씀 중심의 수련회)	خَلْوَة (ع) خِلْوَة
천막 아래의 수련회 (천막 집회)	مُخَيَّم/ مُخَيَّمَات
기도 수련회	مُؤْتَمَر لِلصَّلَاةِ، مُخَيَّم لِلصَّلَاةِ
금식 기도 수련회	مُؤْتَمَر صَوْم وَصَلَاة
찬양을 위한 수련회	مُؤْتَمَر لِلتَّسْبِيحِ
전도를 위한 수련회	مُؤْتَمَر لِلْكِرَازَةِ
사역자를 위한 수련회	مُؤْتَمَر لِلْخُدَّامِ
주일학교를 위한 수련회	مُؤْتَمَر مَدَارِسِ الأَحَدِ
중고등부 학생 수련회	مُؤْتَمَر شَبَاب نَاشِيءٍ
대학부, 대졸자를 위한 수련회	مُؤْتَمَر جَامِعَةٍ وَخِرِّيجِين
청년 수련회	مُؤْتَمَر شَبَاب
여청년 수련회	مُؤْتَمَر شَبَّات
여성 수련회(여전도회 수련회)	مُؤْتَمَر سَيِّدَاتٍ
목사들 수련회	مُؤْتَمَر قُسُس
가족 수련회	مُؤْتَمَر عَائِلَاتٍ
교육을 위한 수련회	مُؤْتَمَر تَعْلِيمِيّ
영적 건축을 위한 수련회	مُؤْتَمَر بِنَائِيّ
영혼 구원을 위한 수련회	مُؤْتَمَر خَلَاصِيّ
가난한 사람을 위한 수련회	مُؤْتَمَر إخْوَةِ الرَّبّ

10-9 사역의 종류	الْخِدْمَات الكَنَسِيَّة
말씀 사역	خِدْمَة الْكَلِمَة
기도 사역	خِدْمَة الصَّلاَة
찬양 사역	خِدْمَة التَّسْبِيح
반주 사역	خِدْمَة الْعَزْف
전도 사역	خِدْمَة الْكِرَازَة
교회 개척 사역	خِدْمَة زَرْع الْكَنَائِس
돌봄 사역, 목회 사역	خِدْمَة الرِّعَايَة
1대1 사역	خِدْمَة الْعَمَل الْفَرْدِي
심방 사역	خِدْمَة الزِّيَارَات
환자 사역	خِدْمَة الْمَرْضَى
구제사역(가난한 사람)	خِدْمَة الْفُقَرَاء
어린이 사역	خِدْمَة الأَطْفَال، خِدْمَة سِنّ الْمَلاَئِكَة
시골 마을 사역	خِدْمَة الْقُرَى
순회 사역(전도 등)	خِدْمَة القَوَافِل
스포츠 사역	خِدْمَة رِيَاضِيَّة
연극(드라마) 사역	خِدْمَة الْمَسْرَح، خِدْمَة التَّمْثِيل
노인 사역	خِدْمَة الْمُسِنِّين
고아 사역	خِدْمَة الْيَتَامَى
장애인 사역	خِدْمَة الْمُعَاقِين، خِدْمَة ذَوِي الاحْتِيَاجَات الْخَاصَّة
정신 장애인 사역	خِدْمَة الْمُعَاقِين ذِهْنِيًّا
청각 장애인 사역	خِدْمَة الصُّمّ وَالْبُكْم
시각 장애인 사역	خِدْمَة الْعُمْيَان
문맹자 사역	خِدْمَة الأُمِّيِّين
중독자 사역	خِدْمَة الْمُدْمِنِين
교도소 사역	خِدْمَة الْمَسَاجِين

10-10 교단 및 이단의 종류	الطَّوَائِفُ[1] فِي الْمَسِيحِيَّة
이집트 콥틱 정교회(Coptic Orthodox Church)	الْكَنِيسَة الأُرْثوذُكْسِيَّة الْقِبْطِيَّة
로마 카톨릭 교회(Catholic Church)	كَنِيسَة الرُّوم الْكَاثُولِيك
그리이스 정교회	كَنِيسَة الرُّوم الأُرْثُوذُكْس
개신 교회(Evangelical Church)	برُوتِسْتَانْت، الْكَنِيسَة الإِنْجِيلِيَّة
장로교회(Presbyterian Church)	الْكَنِيسَة الْمَشْيَخِيَّة
성공회(Episcopal Church)	الْكَنِيسَة الأُسْقُفِيَّة
감리교회(Methodist Church, Holiness Movement)	كَنِيسَة نَهْضَة الْقَدَاسَة
하나님의 성회(Assembly of God)	الْكَنِيسَة الْخَمْسِينِيَّة
침례교회(Baptist Church)	الْكَنِيسَة الْمَعْمَدَانِيَّة
형제교회(Brethren Church)	كَنِيسَة الإِخْوَة
그리스도 교회(Christ Church)	كَنِيسَة الْمَسِيح
사도적 교회(Apostolic Church)	الْكَنِيسَة الرَّسُولِيَّة
하나님의 교회(Church of God)	كَنِيسَة الله
믿음 교회(Faith Church)	كَنِيسَة الإِيمَان
은혜 교회(Grace Church)	كَنِيسَة النِّعْمَة الرَّسُولِيَّة
루터 교회(Lutheran Church)	الْكَنِيسَة اللُّوثَرية
표준 그리스도의 교회(Standard Christ Church)	كَنِيسَة الْمِثَال الْمَسِيحِيّ
아르메니안 교회(Armenian Church)	الْكَنِيسَة الأَرْمَنِيَّة
시리안 교회(Syrian Church)	الْكَنِيسَة السُّرْيَانِيَّة
마론파 교회(Maronic Chruch)	الْكَنِيسَة الْمَارُونِيَّة
구세군(Salvation Army)	جَيْش الْخَلَاص
이단들	هَرْطَقَات[2]
여호와의 증인	شُهُود يَهْوَه
제칠일 안식교	الأدفنتست
적그리스도 교회	كَنِيسَة ضِدّ الْمَسِيح
사탄 교회	كَنِيسَة الشَّيْطَان
예수 유일 교회	كَنِيسَة يسوع وَحْدُهُ

---

[1] طَائِفَة/ طَوَائِف 종파, 교단

[2] هَرْطَقَة/ هَرْطَقَات 이단

제 10부 주제별 용어 사전

10-11 성경 목차   فِهْرِس الكِتاب المقدس

10-11-1 신약   العَهد الجَديد

	책명	약자	아랍어 책명
1	마태복음	مت	إنجيلُ مَتَّى (مَتَّى)
2	마가복음	مر	إنجيلُ مَرْقسَ (مَرْقسَ)
3	누가복음	لو	إنجيلُ لُوقَا (لُوقَا)
4	요한복음	يو	إنجيلُ يُوحَنَّا (يُوحَنَّا)
5	사도행전	أع	أَعْمَالُ الرُّسُل
6	로마서	رو	رسَالةُ رُومِيَة (رُومِيَة)
7	고린도전서	١كو	رسَالةُ كُورنْثُوس الأُولى (كُورنْثُوس الأُولى)
8	고린도후서	٢كو	رسَالةُ كُورنْثُوس الثَّانيَة (كُورنْثُوس الثَّانيَة)
9	갈라디아서	غل	رسَالةُ غَلاطِيَّة (غَلاطِيَّة)
10	에베소서	أف	رسَالةُ أَفَسُس (أَفَسُس)
11	빌립보서	في	رسَالةُ فِيلِبِّي (فِيلِبِّي)
12	골로새서	كو	رسَالةُ كُولُوسِّي (كُولُوسِّي)
13	데살로니가전서	١تس	رسَالةُ تَسَالُونيكِي الأُولى (تَسَالُونيكِي الأُولى)
14	데살로니가후서	٢تس	رسَالةُ تَسَالُونيكِي الثَّانيَة (تَسَالُونيكِي الثَّانيَة)
15	디모데전서	١تي	رسَالةُ تِيمُوثَاوُس الأُولى (تِيمُوثَاوُس الأُولى)
16	디모데후서	٢تي	رسَالةُ تِيمُوثَاوُس الثَّانيَة (تِيمُوثَاوُس الثَّانيَة)
17	디도서	تي	رسَالةُ تِيطُس (تِيطُس)
18	빌레몬서	فل	رسَالةُ فِلِيمُون (فِلِيمُون)
19	히브리서	عب	رسَالةُ العِبْرَانِيِّين (العِبْرَانِيِّين)
20	야고보서	يع	رسَالةُ يَعقُوب (يَعقُوب)
21	베드로전서	١بط	رسَالةُ بُطْرُس الأُولى (بُطْرُس الأُولى)
22	베드로후서	٢بط	رسَالةُ بُطْرُس الثَّانيَة (بُطْرُس الثَّانيَة)
23	요한1서	١يو	رسَالةُ يُوحَنَّا الأُولى (يُوحَنَّا الأُولى)
24	요한2서	٢يو	رسَالةُ يُوحَنَّا الثَّانيَة (يُوحَنَّا الثَّانيَة)
25	요한3서	٣يو	رسَالةُ يُوحَنَّا الثَّالثَة (يُوحَنَّا الثَّالثَة)
26	유다서	يه	رسَالةُ يَهُوذَا (يَهُوذَا)
27	요한계시록	رؤ	رُؤْيَا يُوحَنَّا اللَّاهُوتِيّ (رُؤْيَا يُوحَنَّا)

	10-11-2 구약 العهد القديم		
	책명	약자	아랍어 책명
1	창세기	تك	التَّكْوِين
2	출애굽기	خر	الْخُرُوج
3	레위기	لا	اللَّاوِيِّين
4	민수기	عد	الْعَدَد
5	신명기	تث	التَّثْنِيَة
6	여호수아	يش	يَشُوع
7	사사기	قض	الْقُضَاة
8	룻기	را	رَاعُوث
9	사무엘상	١صم	صَمُوئِيلَ الأَوَّل
10	사무엘하	٢صم	صَمُوئِيلَ الثَّانِي
11	열왕기상	١مل	الْمُلُوك الأَوَّل
12	열왕기하	٢مل	الْمُلُوك الثَّانِي
13	역대상	١أخ	أَخْبَار الأَيَّام الأَوَّل
14	역대하	٢أخ	أَخْبَار الأَيَّام الثَّانِي
15	에스라	عز	عَزْرَا
16	느헤미야	نح	نَحَمْيَا
17	에스더	أس	أَسْتِير
18	욥기	أي	أَيُّوب
19	시편	مز	الْمَزَامِير
20	잠언	أم	أَمْثَال
21	전도서	جا	الْجَامِعَة
22	아가	نش	نَشِيد الأَنْشَاد
23	이사야	إش	إِشَعْيَاء
24	예레미야	إر	إِرْمِيَا
25	예레미야 애가	مرا	مَرَاثِي إِرْمِيَا
26	에스겔	حز	حِزْقِيَال
27	다니엘	دا	دَانِيآل
28	호세아	هو	هُوشَع

29	요엘	يؤ	يُوئيل
30	아모서	عا	عامُوس
31	오바댜	عو	عُوبَدْيَا
32	요나	يون	يُونَان
33	미가	مي	مِيخَا
34	나훔	نا	نَاحُوم
35	하박국	حب	حَبَقُّوق
36	스바냐	صف	صَفَنْيَا
37	학개	حج	حَجِّي
38	스가랴	زك	زَكَرِيَّا
39	말라기	ملا	مَلاخِي

10-12 성경에 대한 여러가지 명칭

성경의 권 (성경 66권의 각 권), 예) 창세기	سِفْر/ أَسْفَار، (سِفْرُ التَّكْوِين)
성경의 장, 예) 3장	إِصْحَاح/ إِصْحَاحَات، (الإِصْحَاح الثَّالِث)
성경의 절, 예) 5절	آيَة/ آيَات، (الآيَة الْخَامِسَة)، عَدَد/ أَعْدَاد
구절(passage), 소절, 문단	مَقْطَع/ مَقَاطِع
본문(text)	نَصّ/ نُصُوص
구약	الْعَهْد الْقَدِيم
신약	الْعَهْد الْجَدِيد
모세 오경	الشَّرِيعَة، أَسْقَارُ مُوسَى الْخَمْسَة
역사서	الأَسْفَار التَّارِيخِيَّة
시가서	أَسْفَار الْحِكْمَة والشِّعْر
예언서	الأَسْفَار النَّبَوِيَّة
복음서	الأَنَاجِيل
역사서 (사도행전)	تَارِيخ نَشْأَة الْكَنِيسَة
서신서	الرَّسَائِل
교회서신	رَسَائِل الْكَنَائِس
목회서신	الرَّسَائِل الرَّعَوِيَّة
공동서신	الرَّسَائِل الْعَامَّة
계시록	نُبُوَّة (سِفْر الرُّؤْيَا)

10-13 교회의 절기 أَعْيَاد الْكَنِيسَة

1	신년	رَأْس السَّنَة	4	고난주간	أُسْبُوع الآلَام
		عِيد رَأْس السَّنَة	5	성목요일	خَمِيس الْعَهْد
2	성탄절(1월 7일)	عِيد الْمِيلَاد	6	정사일, 성금요일	يَوْم الْجُمْعَة الْعَظِيمَة
		عِيد الْمِيلَاد الْمَجِيد			الْجُمْعَة الْحَزِينَة
3	종려주일	عِيد السَّعَف، أَحَد السَّعَف، أَحَد الشَّعَانِين	7	성토요일	سَبْت النُّور
		(ع) حَدّ الزَّعْف	8	부활주일	عِيد الْقِيَامَة

10-14 성경의 절기 الأَعْيَاد في الكِتَاب الْمُقَدَّس

1	안식일	الْيَوْم السَّابِع، يَوْم السَّبْت	8	나팔절(레23:23)	عِيد الأَبْوَاق
2	안식년	السَّنَة السَّابِعَة	9	초막절, 장막절(레23:33)	عِيد الْمَظَال
3	희년	سَنَة الْيُوبِيل	10	맥추절(출23:16)	عِيد الْحَصَاد
4	속죄일(레16장)	يَوْم الْكَفَّارَة	11	수장절(출23:16)	عِيد الْجَمْع
5	유월절(신16:1)	عِيد الْفِصْح	12	칠칠절(신16:9)	عِيد الأَسَابِيع
6	무교절(레23:6)	عِيد الْفَطِير	13	오순절 (레23:15, 행2:1)	عِيد الْخَمْسِين
7	첫이삭 바치는 절기(레23:10)	عِيد الْبَاكُورَة			يَوْم الْخَمْسِين

10-15 성막의 기구들 مُحْتَوِيَات المسكن

1	성막(the Tabernacle)	الْمَسْكَن	11	분향단	مَذْبَح الْبَخُور
2	성소	الْقُدْس	12	번제단	مَذْبَح الْمُحْرَقَة
3	지성소	قُدْس الأَقْدَاس	13	물두멍	الْمِرْحَضَة
4	법궤	التَّابُوت			مِرْحَضَة لِلإِغْتِسَال
5	언약궤	تَابُوت الْعَهْد	14	진설병	الْخُبْز الْمُقَدَّس
6	증거궤	تَابُوت الشَّهَادَة	15	진설병 상	مَائِدَة الْخُبْز الْمُقَدَّس
7	휘장	حِجَاب السَّجْف			الْمَائِدَة
8	성전 휘장	حِجَاب الْهَيْكَل	16	뜰	الدَّار الْخَارِجِيَّة
9	등대	الْمَنَارَة	17	그룹(cherubim)	كَرُوب، كَارُوبِيم
10	향불, 향	الْبَخُور	18	회막(the Tent of meeting)	خَيْمَة الاجْتِمَاع

10-16 제사의 종류　أنْوَاع الذَّبَائِح

1	번제	الْمُحْرَقَة	4	속죄제	ذَبِيحَة الْخَطِيَّة
		قُرْبَان الْمُحْرَقَة	5	속건제	ذَبِيحَة الإثْم
2	소제	تَقْدِمَة الدَّقِيق	6	제물(offering)	قُرْبَان/ قَرَابِين
3	화목제	ذَبِيحَة السَّلَامَة			ذَبِيحَة/ ذَبَائِح (짐승)
					تَقْدِمَة/ تَقْدِمَات (곡물)

10-17 열두 지파 이름　أسْبَاط إسْرَائِيل

1	르우벤	رَأُوبَيْن	7	스불론	زَبُولُون
2	시므온	شِمْعُون	8	단	دَان
3	유다	يَهُوذَا	9	납달리	نَفْتَالِي
4	갓	جَاد	10	에브라임	أَفْرَايِم
5	앗셀	أَشِير	11	므낫세	مَنَسَّى
6	잇사갈	يَسَّاكَر	12	베냐민	بَنْيَامِين

10-18 열 재앙　الضَّرَبَات الْعَشْر

1	피 재앙	تَحْوِيل الْمَاء إِلَى دَم	6	독종 재앙	ضَرْبَة الدَّمَامِل
2	개구리 재앙	ضَرْبَة الضَّفَادِع	7	우박 재앙	ضَرْبَة الْبَرْد
3	이 재앙	ضَرْبَة الْبَعُوض	8	메뚜기 재앙	ضَرْبَة الْجَرَاد
4	파리 재앙	ضَرْبَة الذُّبَّان	9	흑암 재앙	ضَرْبَة الظَّلَام
5	악질 재앙	ضَرْبَة إهْلَاك الْمَاشِيَة	10	장자의 죽음	ضَرْبَة مَوْت الأبْكَار

10-19 가나안 7 족속 (수3:10)　سَبْع شُعُوب فِي أَرْض كَنْعَان

1	가나안	الْكَنْعَانِيُّون	5	기르가스	الْجِرْجَاشِيُّون
2	헷	الْحِثِّيُّون	6	아모리	الأمُورِيُّون
3	히위	الْحِوِّيُّون	7	여부스	الْيَبُوسِيُّون
4	브리스	الْفِرِزِّيُّون			

10-20 열두 제자 이름 — اسماء تلاميذ يسوع

1	시몬 베드로	سِمْعَانُ بُطْرُس	7	도마	تُومَا
2	안드레	أَنْدَراوُس	8	세리 마태	مَتَّى الْعَشَّار
3	세베대의 아들 야고보	يَعْقُوبُ بْنُ زَبَدِي	9	알패오의 아들 야고보	يَعْقُوبُ بْنُ حَلْفَى
4	요한	يُوحَنَّا	10	다대오	لَبَّاوُسُ الْمُلَقَّب تَدَّاوُس
5	빌립	فِيلبُّس	11	가나안인 시몬	سِمْعَانُ الْقَانَوِيّ
6	바돌로매	بَرْثُولَمَاوُس	12	가룟 유다	يَهُوذَا الْإِسْخَرْيُوطِيّ

10-21 소아시아 일곱 교회 — الْكَنَائِس السَّبْع في أَسِيَّا

1	에베소	أَفَسُسَ	5	사데	سَارْدِسَ
2	서머나	سِمِيرنَا	6	빌라델비아	فِيلاَدَلْفِيَا
3	버가모	بَرْغَامُسَ	7	라오디게아	لاَوُدِكِيَّة
4	두아디라	ثِيَاتِيرَا			

10-22 성경의 도량형 — المقاييس الكتابية

화폐단위	달란트(마25:15)	وَزْنَة/ وَزْنَات	길이단위	손가락 두께(렘52:21)	إِصْبَع/ أَصَابِع
	데나리온(마20:2)	دِينَار/ دَنَانِير		손바닥 넓이(출25:25)	كَفّ/ كُفُوف
	드라크마(눅15:8)	دِرْهَم/ دَرَاهِم		뼘(출28:16)	شِبْر/ أَشْبَار
	앗사리온(마10:29)	فَلْس/ فُلُوس		규빗(cubit, 출25:17)	الذِّرَاع
	렙돈(막12:42)	فَلْس/ فُلُوس		길(fathom, 행27:28)	قَامَة
	므나(눅19:13)	مَنَا/ أَمْنَاء		척(겔42:17)	قَصَبَة
	은	الْفِضَّة		(눅24:13)	غَلْوَة
무게단위	게라(레27:25)	جِيرَة		마일(mile, 마5:41)	مِيل
	세겔(출38:24)	شَاقِل		안식일 길(행1:12)	سَفَر سَبْتٍ
	오멜(출16:16)	عُمَر		하루 길(눅2:44)	مَسِيرَة يَوْم
	호멜(민11:32)	حُومَر/ حَوَامِر			
	에바(출16:36)	إِيفَة		광주리(마14:20)	قُفَّة
	달란트(마25:15)	وَزْنَة/ وَزْنَات			

	10-23 신약 과목 이름				مواد اللاهوت
1	조직신학	اللَّاهُوت النِّظَامِي	21	설교학	عِلْم الْوَعْظ
2	신학개론	مُقَدِّمَات اللَّاهُوت	22	설교학이론(석의)	عِلْم الْوَعْظ التَّفْسِيرِي
3	성경개론	نَظْرَة عَامَّة عَلَى الْكِتَاب الْمُقَدَّس	23	설교학실습	عِلْم الْوَعْظ التَّدْرِيبِي
4	장로교 신조	الْعَقِيدَة الْمَشِيخِيَّة	24	목회상담	الْمَشُورَة الرَّعَوِيَّة
5	기독론	الكريستُولُوجيا	25	기독교교육	التَّرْبِيَّة الْمَسِيحِيَّة
6	종말론	اسْخَاتُولُوجي	26	(목회)실습(Internship)	تَدْرِيب عَمَلِي
7	교회사	تَارِيخ الْكَنِيسَة	27	문화인류학	أَنْثْرُوبُولُوجِي
8	초대교회사	تَارِيخ الْكَنِيسَة الأُولَى			عِلْم الْإِنْسَان
9	종교개혁사	تَارِيخ الْإِصْلَاح	28	사회학	عِلْم الاجْتِمَاع
10	기독교사상사	تَارِيخ الْفِكْر الْمَسِيحِي	29	심리학	عِلْم النَّفْس
11	선교학	الْإِرْسَالِيَّات	30	상담학	عِلْم الْمَشُورَة
12	비교종교학	الأَدْيَان الْمُقَارَنَة	31	발달심리학	عِلْم نَفْس نُمُوّ
13	변증학	الدِّفَاع عَن الْإِيمَان	32	치료적상담	الْمَشُورَة الْعِلَاجِيَّة
14	전도학	الْكِرَازَة	33	철학	الْفَلْسَفَة
15	교회성장학	إِسْتِرَتِجِيَّات نُمُوّ الْكَنِيسَة	34	그리스철학	فَلْسَفَة يُونَانِيَّة
16	기독교리더쉽	الْقِيَادَة الْمَسِيحِيَّة	35	이슬람철학	فَلْسَفَة إِسْلَامِيَّة
17	조사(연구)방법론	طُرُق بَحْث	36	중세철학	فَلْسَفَة الْعُصُور الْوُسْطَى
18	헬라어	اللُّغَة الْيُونَانِيَّة	37	현대철학	فَلْسَفَة حَدِيثَة وَمُعَاصِرَة
19	히브리어	اللُّغَة الْعِبْرِيَّة	38	논리학	الْمَنْطِق
20	목회신학	اللَّاهُوت الرَّعَوِي			

10-24-1 성경의 주요 인물들 - 시대순

1	아담	آدَم	27	모세	مُوسَى
2	하와	حَوَّاء	28	아론	هَارُون
3	가인	قَايِين	29	미리암	مَرْيَم
4	아벨	هَابِيل	30	바로왕	فِرْعَوْن
5	므두셀라	مَتُوشَالَح	31	이드로	يَثْرُون
6	노아	نُوح	32	여호수아	يَشُوع
7	셈	سَام	33	갈렙	كَالَب
8	함	حَام	34	라합	رَاحَاب
9	야벳	يَافَث	35	기드온	جِدْعُون
10	아브라함	إِبْرَاهِيم	36	삼손	شَمْشُون
11	사라	سَارَة	37	룻	رَاعُوث
12	롯	لُوط	38	나오미	نُعْمِي
13	하갈	هَاجَر	39	보아스	بُوعَز
14	이스마엘	إِسْمَاعِيل	40	한나	حَنَّة
15	멜기세덱, 살렘왕	مَلْكِي صَادِق، مَلِكُ شَالِيم	41	사무엘	صَمُوئِيل
16	아비멜렉	أَبِيمَالِك	42	엘리	عَالِي
17	이삭	إِسْحَاق	43	사울	شَاوُل
18	리브가	رِفْقَة	44	요나단	يُونَاثَان
19	야곱	يَعْقُوب	45	이새	يَسَّى
20	에서	عِيسُو	46	다윗	دَاوُد
21	라반	لَابَان	47	골리앗	جُلْيَات
22	라헬	رَاحِيل	48	요압	يُوآب
23	레아	لَيْئَة	49	밧세바	بَشْبَع
	야곱의 12 아들	이스라엘 12 지파 참조	50	우리아	أُورِيَّا
24	요셉	يُوسُف	51	나단	نَاثَان
25	레위	لَاوِي	52	압살롬	أَبْشَالُوم
26	다말	ثَامَار	53	솔로몬	سُلَيْمَان

54	스바 여왕	مَلِكَة سَبَا	80	요셉	يُوسُف
55	여로보암	يَرُبْعَام	81	헤롯	هِيرُودُس
56	르호보암	رَحُبْعَام		예수님의 12 제자	12 제자 참조
57	아합	أَخْآب	82	니고데모	نِيقُودِيمُوس
58	이세벨	إِيزَابَل	83	마르다	مَرْثَا
59	엘리야	إِيلِيَّا	84	마리아	مَرْيَم
60	엘리사	أَلِيشَع	85	나사로	لِعَازَر
61	나아만	نُعْمَان	86	삭개오	زَكَّا
62	게하시	جِيحْزِي	87	빌라도	بِيلَاطُس
63	요아스	يَهُوآش	88	바라바	بَارَابَاس
64	히스기야	حَزَقِيَّا	89	아리마대 요셉	يُوسُف، مِنْ الرَّامَة
65	요시야	يُوشِيَّا	90	막달라 마리아	مَرْيَم الْمَجْدَلِيَّة
66	에스라	عَزْرَا	91	맛디아	مَتِيَاس
67	고레스	كُورَش	92	아나니아	حَنَانِيَّا
68	스룹바벨	زَرُبَّابِل	93	삽비라	سَفِيرَة
69	느헤미야	نَحَمْيَا	94	스데반	اسْتِفَانُوس
70	에스더	أَسْتِير	95	빌립	فِيلُبُّس
71	모르드개	مُرْدَخَاي	96	고넬료	كَرْنِيلِيُوس
72	다니엘	دَانِيآل	97	사울	شَاوُل
73	사드락	شَدْرَخ	98	바울	بُولُس
74	메삭	مِيشَخ	99	바나바	بَرْنَابَا
75	아벳느고	عَبْدَنَغُو	100	디모데	تِيمُوثَاوُس
	구약 선지자들	성경 목차 참조	101	실라	سِيلَا
	10-24-2 신약 시대		102	아굴라	أَكِيلَا
76	세례요한	يُوحَنَّا الْمَعْمَدَان	103	브리스길라	بريسْكِلاَّ
77	사가랴	زَكَرِيَّا	104	아볼로	أَبُلُّوس
78	엘리사벳	أَلِيصَابَات	105	로이스(딤후1:5)	لَوْئِيس
79	마리아	مَرْيَم	106	유니게(딤후1:5)	أَفْنِيكِي

10-25 성경의 주요 지명들 - 한글 알파벳 순 -

#	한글	아랍어	#	한글	아랍어
1	가나안	كَنْعَان	27	세겜	شَكِيم
2	가버나움	كَفْرَنَاحُوم	28	소돔	سَدُوم
3	갈대아 우르	أُور الْكَلْدَانِيِّين	29	소알	صُوغَر
4	갈릴리	الْجَلِيل	30	수가	سُوخَار
5	갈멜산	جَبَل الْكَرْمَل	31	시내산	جَبَل سِينَاء
6	감람산	جَبَل الزَّيْتُون	32	시온	صِهْيَوْن
7	고모라	عَمُورَة	33	신광야	صَحْرَاء سِين
8	고센	جَاسَان	34	아이성	عَاي
9	골고다	الْجُلْجُثَة	35	안디옥	أَنْطَاكِية
10	그리심산	جَبَل جِرزِّيم	36	알렉산드리아	الإِسْكَنْدَرِيَّة
11	나사렛	النَّاصِرَة	37	암몬	عَمُّون
12	느보산	جَبَل نَبُو	38	앗수르	أَشُور
13	니느웨	نِينَوَى	39	애굽(이집트)	مِصْر
14	다메섹	دِمَشْق	40	에덴	عَدْن
15	다시스	تَرْشِيش	41	에돔	أَدُوم
16	라암셋	رَعَمْسِيس	42	에발산	جَبَل عِيبَال
17	모압	مُوآب	43	엠마오	عِمْوَاس
18	미디안	مِدْيَان	44	여리고	أَرِيحَا
19	바벨론	بَابِل	45	예루살렘	أُورُشَلِيم
20	바벨탑	بُرْج بَابِل	46	요단강	نَهْر الأُرْدُن
21	바사(페르시아)	فَارِس	47	유대	الْيَهُودِيَّة
22	밧모	بَطْمُس	48	이스라엘	إِسْرَائِيل
23	베들레헴	بَيْت لَحْم	49	하란	حَارَان
24	벧엘	بَيْت إِيل	50	헤브론	حَبْرُون
25	브엘세바	بِئْر سَبْع	51	호렙산	جَبَل حُورِيب
26	사마리아	السَّامِرَة	52	홍해	الْبَحْر الأَحْمَر

부록 - 동사변화표

동사 변화표

다음은 'Elementary Modern Standard Arabic' – University of Michigan -의 내용을 근간으로 발전시킨 동사 변화 도표이다. 필자가 저술한 '종합 아랍어 문법'-문예림-에 기록한 내용을 그대로 옮긴다.

명칭	동사	명칭	동사
표1 – 강동사 원형	دَرَسَ/ يَدْرُسُ	표20 – 수약동사 원형	وَعَدَ/ يَعِدُ
표2 – 강동사 II형	دَرَّسَ/ يُدَرِّسُ	표21 – 수약동사 VIII 형	اتَّفَقَ/ يَتَّفِقُ
표3 – 강동사 III 형	شَاهَدَ/ يُشَاهِدُ	표22 – 간약동사 원형	قَالَ/ يَقُولُ
표4 – 강동사 IV 형	أَكْرَمَ/ يُكْرِمُ	표23 – 간약동사 원형	سَارَ/ يَسِيرُ
표5 – 강동사 V 형	تَقَدَّمَ/ يَتَقَدَّمُ	표24 – 간약동사 원형	خَافَ/ يَخَافُ
표6 – 강동사 VI 형	تَنَاوَلَ/ يَتَنَاوَلُ	표25 – 간약동사 IV 형	أَجَابَ/ يُجِيبُ
표7 – 강동사 VII 형	انْصَرَفَ/ يَنْصَرِفُ	표26 – 간약동사 VII 형	انْقَادَ/ يَنْقَادُ
표8 – 강동사 VIII 형	انْتَخَبَ/ يَنْتَخِبُ	표27 – 간약동사 VIII 형	اخْتَارَ/ يَخْتَارُ
표9 – 강동사 IX형	احْمَرَّ/ يَحْمَرُّ	표28 – 간약동사 X 형	اسْتَفَادَ/ يَسْتَفِيدُ
표10 – 강동사 X 형	اسْتَقْبَلَ/ يَسْتَقْبِلُ	표29 – 말약동사 원형	دَعَا/ يَدْعُو
표11 – 사(四)자음 동사	تَرْجَمَ/ يُتَرْجِمُ	표30 – 말약동사 원형	بَنَى/ يَبْنِي
표12 – 함자동사	أَكَلَ/ يَأْكُلُ	표31 – 말약동사 원형	لَقِيَ/ يَلْقَى
표13 – 함자동사	سَأَلَ/ يَسْأَلُ	표32 – 말약동사 IV 형	أَجْرَى/ يُجْرِي
표14 – 함자동사	بَدَأَ/ يَبْدَأُ	표33 – 말약동사 V 형	تَرَبَّى/ يَتَرَبَّى
표15 – 중복자음동사 원형	عَدَّ/ يَعُدُّ	표34 – 말약동사 VI 형	تَنَاسَى/ يَتَنَاسَى
표16 – 중복자음동사 IV형	أَحَبَّ/ يُحِبُّ	표35 – 말약동사 VII형	انْحَنَى/ يَنْحَنِي
표17 – 중복자음동사 VII형	انْضَمَّ/ يَنْضَمُّ	표36 – 말약동사 VIII형	اشْتَرَى/ يَشْتَرِي
표18 – 중복자음동사 VIII형	احْتَلَّ/ يَحْتَلُّ	표37 – 말약동사 X 형	اسْتَدْعَى/ يَسْتَدْعِي
표19 – 중복자음동사 X 형	اسْتَمَرَّ/ يَسْتَمِرُّ		

부록 - 동사변화표

<표1> - 강동사 원형   공부하다   دَرَسَ / يَدْرُسُ   ‐ ‐ ‐ / يَ ‐ ُ ‐ ‐

			능동태(ACTIVE)					수동태(PASSIVE)	
			완료형 الْفِعْلُ الْمَاضِي	미완료형 الْفِعْلُ الْمُضَارِعُ				완료형 الْفِعْلُ الْمَاضِي	미완료형
				직설법 مَرْفُوعٌ	접속법 مَنْصُوبٌ	단축법 مَجْزُومٌ	명령형 فِعْلُ الْأَمْرِ		직설법 مَرْفُوعٌ
3인칭	남성단수	هُوَ	دَرَسَ	يَدْرُسُ	يَدْرُسَ	يَدْرُسْ		دُرِسَ	يُدْرَسُ
	여성단수	هِيَ	دَرَسَتْ	تَدْرُسُ	تَدْرُسَ	تَدْرُسْ		دُرِسَتْ	تُدْرَسُ
	남성쌍수	هُمَا	دَرَسَا	يَدْرُسَانِ	يَدْرُسَا	يَدْرُسَا		دُرِسَا	يُدْرَسَانِ
	여성쌍수	هُمَا	دَرَسَتَا	تَدْرُسَانِ	تَدْرُسَا	تَدْرُسَا		دُرِسَتَا	تُدْرَسَانِ
	남성복수	هُمْ	دَرَسُوا	يَدْرُسُونَ	يَدْرُسُوا	يَدْرُسُوا		دُرِسُوا	يُدْرَسُونَ
	여성복수	هُنَّ	دَرَسْنَ	يَدْرُسْنَ	يَدْرُسْنَ	يَدْرُسْنَ		دُرِسْنَ	يُدْرَسْنَ
2인칭	남성단수	أَنْتَ	دَرَسْتَ	تَدْرُسُ	تَدْرُسَ	تَدْرُسْ	أُدْرُسْ	دُرِسْتَ	تُدْرَسُ
	여성단수	أَنْتِ	دَرَسْتِ	تَدْرُسِينَ	تَدْرُسِي	تَدْرُسِي	أُدْرُسِي	دُرِسْتِ	تُدْرَسِينَ
	남녀쌍수	أَنْتُمَا	دَرَسْتُمَا	تَدْرُسَانِ	تَدْرُسَا	تَدْرُسَا	أُدْرُسَا	دُرِسْتُمَا	تُدْرَسَانِ
	남성복수	أَنْتُمْ	دَرَسْتُمْ	تَدْرُسُونَ	تَدْرُسُوا	تَدْرُسُوا	أُدْرُسُوا	دُرِسْتُمْ	تُدْرَسُونَ
	여성복수	أَنْتُنَّ	دَرَسْتُنَّ	تَدْرُسْنَ	تَدْرُسْنَ	تَدْرُسْنَ	أُدْرُسْنَ	دُرِسْتُنَّ	تُدْرَسْنَ
1인칭	남녀단수	أَنَا	دَرَسْتُ	أَدْرُسُ	أَدْرُسَ	أَدْرُسْ		دُرِسْتُ	أُدْرَسُ
	남녀쌍수·복수	نَحْنُ	دَرَسْنَا	نَدْرُسُ	نَدْرُسَ	نَدْرُسْ		دُرِسْنَا	نُدْرَسُ

능동분사 (اسْمُ الْفَاعِلِ)	수동분사 (اسْمُ الْمَفْعُولِ)	동명사 (الْمَصْدَرُ)
دَارِسٌ	مَدْرُوسٌ	دَرْسٌ، دِرَاسَةٌ

다른 원형 동사의 중간 모음 형태와 능동분사, 수동분사, 동명사의 꼴은 아래와 같다.

형태	동사 (الْفِعْلُ)	의미	능동분사 (اسْمُ الْفَاعِلِ)	수동분사 (اسْمُ الْمَفْعُولِ)	동명사 (الْمَصْدَرُ)
‐ ‐ ‐ / يَ ‐ َ ‐	ذَهَبَ / يَذْهَبُ	가다	ذَاهِبٌ	مَذْهُوبٌ إِلَيْهِ	ذَهَابٌ
‐ ‐ ‐ / يَ ‐ ِ ‐	رَجَعَ / يَرْجِعُ	돌아오다	رَاجِعٌ	مَرْجُوعٌ مِنْهُ	رُجُوعٌ
‐ ‐ ‐ / يَ ‐ َ ‐	شَرِبَ / يَشْرَبُ	마시다	شَارِبٌ	مَشْرُوبٌ	شُرْبٌ
‐ ‐ ‐ / يَ ‐ ُ ‐	كَرُمَ / يَكْرُمُ	고상하다	×	×	كَرْمٌ، كَرَامَةٌ

실용 기독교 아랍어 핸드북

<표2> 강동사 Ⅱ 형　가르치다

دَرَّسَ / يُدَرِّسُ هـ

			능동태(ACTIVE)					수동태(PASSIVE)	
			완료형 الْفِعْلُ الْمَاضِي	미완료형 الْفِعْلُ الْمُضَارِعُ				완료형 الْفِعْلُ الْمَاضِي	미완료형
				직설법 مَرْفُوعٌ	접속법 مَنْصُوبٌ	단축법 مَجْزُومٌ	명령형 فِعْلُ الْأَمْرِ		직설법 مَرْفُوعٌ
3인칭	남성 단수	هُوَ	دَرَّسَ	يُدَرِّسُ	يُدَرِّسَ	يُدَرِّسْ		دُرِّسَ	يُدَرَّسُ
	여성 단수	هِيَ	دَرَّسَتْ	تُدَرِّسُ	تُدَرِّسَ	تُدَرِّسْ		دُرِّسَتْ	تُدَرَّسُ
	남성 쌍수	هُمَا	دَرَّسَا	يُدَرِّسَانِ	يُدَرِّسَا	يُدَرِّسَا		دُرِّسَا	يُدَرَّسَانِ
	여성 쌍수	هُمَا	دَرَّسَتَا	تُدَرِّسَانِ	تُدَرِّسَا	تُدَرِّسَا		دُرِّسَتَا	تُدَرَّسَانِ
	남성 복수	هُمْ	دَرَّسُوا	يُدَرِّسُونَ	يُدَرِّسُوا	يُدَرِّسُوا		دُرِّسُوا	يُدَرَّسُونَ
	여성 복수	هُنَّ	دَرَّسْنَ	يُدَرِّسْنَ	يُدَرِّسْنَ	يُدَرِّسْنَ		دُرِّسْنَ	يُدَرَّسْنَ
2인칭	남성 단수	أَنْتَ	دَرَّسْتَ	تُدَرِّسُ	تُدَرِّسَ	تُدَرِّسْ	دَرِّسْ	دُرِّسْتَ	تُدَرَّسُ
	여성 단수	أَنْتِ	دَرَّسْتِ	تُدَرِّسِينَ	تُدَرِّسِي	تُدَرِّسِي	دَرِّسِي	دُرِّسْتِ	تُدَرَّسِينَ
	남녀 쌍수	أَنْتُمَا	دَرَّسْتُمَا	تُدَرِّسَانِ	تُدَرِّسَا	تُدَرِّسَا	دَرِّسَا	دُرِّسْتُمَا	تُدَرَّسَانِ
	남성 복수	أَنْتُمْ	دَرَّسْتُمْ	تُدَرِّسُونَ	تُدَرِّسُوا	تُدَرِّسُوا	دَرِّسُوا	دُرِّسْتُمْ	تُدَرَّسُونَ
	여성 복수	أَنْتُنَّ	دَرَّسْتُنَّ	تُدَرِّسْنَ	تُدَرِّسْنَ	تُدَرِّسْنَ	دَرِّسْنَ	دُرِّسْتُنَّ	تُدَرَّسْنَ
1인칭	남녀 단수	أَنَا	دَرَّسْتُ	أُدَرِّسُ	أُدَرِّسَ	أُدَرِّسْ		دُرِّسْتُ	أُدَرَّسُ
	남녀 쌍수·복수	نَحْنُ	دَرَّسْنَا	نُدَرِّسُ	نُدَرِّسَ	نُدَرِّسْ		دُرِّسْنَا	نُدَرَّسُ

능동분사 (اسْمُ الْفَاعِلِ)	수동분사 (اسْمُ الْمَفْعُولِ)	동명사 (الْمَصْدَرُ)
مُدَرِّسٌ	مُدَرَّسٌ	تَدْرِيسٌ

<표3> 강동사 Ⅲ 형   목격하다, 보다, 시청하다

شَاهَدَ / يُشَاهِدُ هـ أوْ هــ

			능동태(ACTIVE)					수동태(PASSIVE)	
			완료형 الْفِعْلُ الْمَاضِي	미완료형 الْفِعْلُ الْمُضَارِعُ				완료형 الْفِعْلُ الْمَاضِي	미완료형
				직설법 مَرْفُوعٌ	접속법 مَنْصُوبٌ	단축법 مَجْزُومٌ	명령형 فِعْلُ الأَمْرِ		직설법 مَرْفُوعٌ
3인칭	남성단수	هُوَ	شَاهَدَ	يُشَاهِدُ	يُشَاهِدَ	يُشَاهِدْ		شُوهِدَ	يُشَاهَدُ
	여성단수	هِيَ	شَاهَدَتْ	تُشَاهِدُ	تُشَاهِدَ	تُشَاهِدْ		شُوهِدَتْ	تُشَاهَدُ
	남성쌍수	هُمَا	شَاهَدَا	يُشَاهِدَانِ	يُشَاهِدَا	يُشَاهِدَا		شُوهِدَا	يُشَاهَدَانِ
	여성쌍수	هُمَا	شَاهَدَتَا	تُشَاهِدَانِ	تُشَاهِدَا	تُشَاهِدَا		شُوهِدَتَا	تُشَاهَدَانِ
	남성복수	هُمْ	شَاهَدُوا	يُشَاهِدُونَ	يُشَاهِدُوا	يُشَاهِدُوا		شُوهِدُوا	يُشَاهَدُونَ
	여성복수	هُنَّ	شَاهَدْنَ	يُشَاهِدْنَ	يُشَاهِدْنَ	يُشَاهِدْنَ		شُوهِدْنَ	يُشَاهَدْنَ
2인칭	남성단수	أَنْتَ	شَاهَدْتَ	تُشَاهِدُ	تُشَاهِدَ	تُشَاهِدْ	شَاهِدْ	شُوهِدْتَ	تُشَاهَدُ
	여성단수	أَنْتِ	شَاهَدْتِ	تُشَاهِدِينَ	تُشَاهِدِي	تُشَاهِدِي	شَاهِدِي	شُوهِدْتِ	تُشَاهَدِينَ
	남녀쌍수	أَنْتُمَا	شَاهَدْتُمَا	تُشَاهِدَانِ	تُشَاهِدَا	تُشَاهِدَا	شَاهِدَا	شُوهِدْتُمَا	تُشَاهَدَانِ
	남성복수	أَنْتُمْ	شَاهَدْتُمْ	تُشَاهِدُونَ	تُشَاهِدُوا	تُشَاهِدُوا	شَاهِدُوا	شُوهِدْتُمْ	تُشَاهَدُونَ
	여성복수	أَنْتُنَّ	شَاهَدْتُنَّ	تُشَاهِدْنَ	تُشَاهِدْنَ	تُشَاهِدْنَ	شَاهِدْنَ	شُوهِدْتُنَّ	تُشَاهَدْنَ
1인칭	남녀단수	أَنَا	شَاهَدْتُ	أُشَاهِدُ	أُشَاهِدَ	أُشَاهِدْ		شُوهِدْتُ	أُشَاهَدُ
	남녀쌍수·복수	نَحْنُ	شَاهَدْنَا	نُشَاهِدُ	نُشَاهِدَ	نُشَاهِدْ		شُوهِدْنَا	نُشَاهَدُ

능동분사 (اسْمُ الْفَاعِلِ)	수동분사 (اسْمُ الْمَفْعُولِ)	동명사 (الْمَصْدَرُ)
مُشَاهِدٌ	مُشَاهَدٌ	مُشَاهَدَةٌ

<표4> 강동사 IV 형 존경하다

$$\text{أَكْرَمَ} / \text{يُكْرِمُ ه}$$

			능동태(ACTIVE)					수동태(PASSIVE)	
			완료형 الْفِعْلُ الْمَاضِي	미완료형 الْفِعْلُ الْمُضَارِعُ				완료형 الْفِعْلُ الْمَاضِي	미완료형
				직설법 مَرْفُوعٌ	접속법 مَنْصُوبٌ	단축법 مَجْزُومٌ	명령형 فِعْلُ الْأَمْرِ		직설법 مَرْفُوعٌ
3인칭	남성단수	هُوَ	أَكْرَمَ	يُكْرِمُ	يُكْرِمَ	يُكْرِمْ		أُكْرِمَ	يُكْرَمُ
	여성단수	هِيَ	أَكْرَمَتْ	تُكْرِمُ	تُكْرِمَ	تُكْرِمْ		أُكْرِمَتْ	تُكْرَمُ
	남성쌍수	هُمَا	أَكْرَمَا	يُكْرِمَانِ	يُكْرِمَا	يُكْرِمَا		أُكْرِمَا	يُكْرَمَانِ
	여성쌍수	هُمَا	أَكْرَمَتَا	تُكْرِمَانِ	تُكْرِمَا	تُكْرِمَا		أُكْرِمَتَا	تُكْرَمَانِ
	남성복수	هُمْ	أَكْرَمُوا	يُكْرِمُونَ	يُكْرِمُوا	يُكْرِمُوا		أُكْرِمُوا	يُكْرَمُونَ
	여성복수	هُنَّ	أَكْرَمْنَ	يُكْرِمْنَ	يُكْرِمْنَ	يُكْرِمْنَ		أُكْرِمْنَ	يُكْرَمْنَ
2인칭	남성단수	أَنْتَ	أَكْرَمْتَ	تُكْرِمُ	تُكْرِمَ	تُكْرِمْ	أَكْرِمْ	أُكْرِمْتَ	تُكْرَمُ
	여성단수	أَنْتِ	أَكْرَمْتِ	تُكْرِمِينَ	تُكْرِمِي	تُكْرِمِي	أَكْرِمِي	أُكْرِمْتِ	تُكْرَمِينَ
	남녀쌍수	أَنْتُمَا	أَكْرَمْتُمَا	تُكْرِمَانِ	تُكْرِمَا	تُكْرِمَا	أَكْرِمَا	أُكْرِمْتُمَا	تُكْرَمَانِ
	남성복수	أَنْتُمْ	أَكْرَمْتُمْ	تُكْرِمُونَ	تُكْرِمُوا	تُكْرِمُوا	أَكْرِمُوا	أُكْرِمْتُمْ	تُكْرَمُونَ
	여성복수	أَنْتُنَّ	أَكْرَمْتُنَّ	تُكْرِمْنَ	تُكْرِمْنَ	تُكْرِمْنَ	أَكْرِمْنَ	أُكْرِمْتُنَّ	تُكْرَمْنَ
1인칭	남녀단수	أَنَا	أَكْرَمْتُ	أُكْرِمُ	أُكْرِمَ	أُكْرِمْ		أُكْرِمْتُ	أُكْرَمُ
	남녀쌍수·복수	نَحْنُ	أَكْرَمْنَا	نُكْرِمُ	نُكْرِمَ	نُكْرِمْ		أُكْرِمْنَا	نُكْرَمُ

능동분사 (اسْمُ الْفَاعِلِ)	수동분사 (اسْمُ الْمَفْعُولِ)	동명사 (الْمَصْدَرُ)
مُكْرِمٌ	مُكْرَمٌ	إِكْرَامٌ

부록 - 동사변화표

<표5> 강동사 V 형 발달하다, 진보하다

تَقَدَّمَ / يَتَقَدَّمُ إِلَى

			능동태(ACTIVE)				수동태(PASSIVE)	
		완료형 الْفِعْلُ الْمَاضِي	미완료형 الْفِعْلُ الْمُضَارِعُ				완료형 الْفِعْلُ الْمَاضِي	미완료형
			직설법 مَرْفُوعٌ	접속법 مَنْصُوبٌ	단축법 مَجْزُومٌ	명령형 فِعْلُ الأَمْرِ		직설법 مَرْفُوعٌ
3인칭	남성단수	هُوَ	تَقَدَّمَ	يَتَقَدَّمُ	يَتَقَدَّمَ	يَتَقَدَّمْ			
	여성단수	هِيَ	تَقَدَّمَتْ	تَتَقَدَّمُ	تَتَقَدَّمَ	تَتَقَدَّمْ			
	남성쌍수	هُمَا	تَقَدَّمَا	يَتَقَدَّمَانِ	يَتَقَدَّمَا	يَتَقَدَّمَا			
	여성쌍수	هُمَا	تَقَدَّمَتَا	تَتَقَدَّمَانِ	تَتَقَدَّمَا	تَتَقَدَّمَا			
	남성복수	هُمْ	تَقَدَّمُوا	يَتَقَدَّمُونَ	يَتَقَدَّمُوا	يَتَقَدَّمُوا			
	여성복수	هُنَّ	تَقَدَّمْنَ	يَتَقَدَّمْنَ	يَتَقَدَّمْنَ	يَتَقَدَّمْنَ			
2인칭	남성단수	أَنْتَ	تَقَدَّمْتَ	تَتَقَدَّمُ	تَتَقَدَّمَ	تَتَقَدَّمْ	تَقَدَّمْ		
	여성단수	أَنْتِ	تَقَدَّمْتِ	تَتَقَدَّمِينَ	تَتَقَدَّمِي	تَتَقَدَّمِي	تَقَدَّمِي		
	남녀쌍수	أَنْتُمَا	تَقَدَّمْتُمَا	تَتَقَدَّمَانِ	تَتَقَدَّمَا	تَتَقَدَّمَا	تَقَدَّمَا		
	남성복수	أَنْتُمْ	تَقَدَّمْتُمْ	تَتَقَدَّمُونَ	تَتَقَدَّمُوا	تَتَقَدَّمُوا	تَقَدَّمُوا		
	여성복수	أَنْتُنَّ	تَقَدَّمْتُنَّ	تَتَقَدَّمْنَ	تَتَقَدَّمْنَ	تَتَقَدَّمْنَ	تَقَدَّمْنَ		
1인칭	남녀단수	أَنَا	تَقَدَّمْتُ	أَتَقَدَّمُ	أَتَقَدَّمَ	أَتَقَدَّمْ			
	남녀쌍수·복수	نَحْنُ	تَقَدَّمْنَا	نَتَقَدَّمُ	نَتَقَدَّمَ	نَتَقَدَّمْ			

능동분사 (اسْمُ الْفَاعِل)	수동분사 (اسْمُ الْمَفْعُول)	동명사 (الْمَصْدَر)
مُتَقَدِّمٌ		تَقَدُّمٌ

<표6> 강동사 VI 형 취하다, 처리하다, 다루다 ; 먹다, 들다

تَنَاوَلَ / يَتَنَاوَلُ هـ

			능동태(ACTIVE)					수동태(PASSIVE)	
			완료형 الْفِعْلُ الْمَاضِي	미완료형 الْفِعْلُ الْمُضَارِعُ				완료형 الْفِعْلُ الْمَاضِي	미완료형
				직설법 مَرْفُوعٌ	접속법 مَنْصُوبٌ	단축법 مَجْزُومٌ	명령형 فِعْلُ الأَمْرِ		직설법 مَرْفُوعٌ
3인칭	남성단수	هُوَ	تَنَاوَلَ	يَتَنَاوَلُ	يَتَنَاوَلَ	يَتَنَاوَلْ		تُنُووِلَ	يُتَنَاوَلُ
	여성단수	هِيَ	تَنَاوَلَتْ	تَتَنَاوَلُ	تَتَنَاوَلَ	تَتَنَاوَلْ		تُنُووِلَتْ	تُتَنَاوَلُ
	남성쌍수	هُمَا	تَنَاوَلَا	يَتَنَاوَلَانِ	يَتَنَاوَلَا	يَتَنَاوَلَا		تُنُووِلَا	يُتَنَاوَلَانِ
	여성쌍수	هُمَا	تَنَاوَلَتَا	تَتَنَاوَلَانِ	تَتَنَاوَلَا	تَتَنَاوَلَا		تُنُووِلَتَا	تُتَنَاوَلَانِ
	남성복수	هُمْ	تَنَاوَلُوا	يَتَنَاوَلُونَ	يَتَنَاوَلُوا	يَتَنَاوَلُوا		تُنُووِلُوا	يُتَنَاوَلُونَ
	여성복수	هُنَّ	تَنَاوَلْنَ	يَتَنَاوَلْنَ	يَتَنَاوَلْنَ	يَتَنَاوَلْنَ		تُنُووِلْنَ	يُتَنَاوَلْنَ
2인칭	남성단수	أَنْتَ	تَنَاوَلْتَ	تَتَنَاوَلُ	تَتَنَاوَلَ	تَتَنَاوَلْ	تَنَاوَلْ	تُنُووِلْتَ	تُتَنَاوَلُ
	여성단수	أَنْتِ	تَنَاوَلْتِ	تَتَنَاوَلِينَ	تَتَنَاوَلِي	تَتَنَاوَلِي	تَنَاوَلِي	تُنُووِلْتِ	تُتَنَاوَلِينَ
	남녀쌍수	أَنْتُمَا	تَنَاوَلْتُمَا	تَتَنَاوَلَانِ	تَتَنَاوَلَا	تَتَنَاوَلَا	تَنَاوَلَا	تُنُووِلْتُمَا	تُتَنَاوَلَانِ
	남성복수	أَنْتُمْ	تَنَاوَلْتُمْ	تَتَنَاوَلُونَ	تَتَنَاوَلُوا	تَتَنَاوَلُوا	تَنَاوَلُوا	تُنُووِلْتُمْ	تُتَنَاوَلُونَ
	여성복수	أَنْتُنَّ	تَنَاوَلْتُنَّ	تَتَنَاوَلْنَ	تَتَنَاوَلْنَ	تَتَنَاوَلْنَ	تَنَاوَلْنَ	تُنُووِلْتُنَّ	تُتَنَاوَلْنَ
1인칭	남녀단수	أَنَا	تَنَاوَلْتُ	أَتَنَاوَلُ	أَتَنَاوَلَ	أَتَنَاوَلْ		تُنُووِلْتُ	أُتَنَاوَلُ
	남녀쌍수·복수	نَحْنُ	تَنَاوَلْنَا	نَتَنَاوَلُ	نَتَنَاوَلَ	نَتَنَاوَلْ		تُنُووِلْنَا	نُتَنَاوَلُ

능동분사 (اسْمُ الْفَاعِلِ)	수동분사 (اسْمُ الْمَفْعُولِ)	동명사 (الْمَصْدَرُ)
مُتَنَاوِلٌ	مُتَنَاوَلٌ	تَنَاوُلٌ

<표7> 강동사 Ⅶ형   가버리다

اِنْصَرَفَ / يَنْصَرِفُ (مِنْ أَوْ إِلَى)

			능동태(ACTIVE)					수동태(PASSIVE)	
			완료형 الْفِعْلُ الْمَاضِي	미완료형 الْفِعْلُ الْمُضَارِعُ			명령형 فِعْلُ الأَمْرِ	완료형 الْفِعْلُ الْمَاضِي	미완료형
				직설법 مَرْفُوعٌ	접속법 مَنْصُوبٌ	단축법 مَجْزُومٌ			직설법 مَرْفُوعٌ
3인칭	남성단수	هُوَ	اِنْصَرَفَ	يَنْصَرِفُ	يَنْصَرِفَ	يَنْصَرِفْ			
	여성단수	هِيَ	اِنْصَرَفَتْ	تَنْصَرِفُ	تَنْصَرِفَ	تَنْصَرِفْ			
	남성쌍수	هُمَا	اِنْصَرَفَا	يَنْصَرِفَانِ	يَنْصَرِفَا	يَنْصَرِفَا			
	여성쌍수	هُمَا	اِنْصَرَفَتَا	تَنْصَرِفَانِ	تَنْصَرِفَا	تَنْصَرِفَا			
	남성복수	هُمْ	اِنْصَرَفُوا	يَنْصَرِفُونَ	يَنْصَرِفُوا	يَنْصَرِفُوا			
	여성복수	هُنَّ	اِنْصَرَفْنَ	يَنْصَرِفْنَ	يَنْصَرِفْنَ	يَنْصَرِفْنَ			
2인칭	남성단수	أَنْتَ	اِنْصَرَفْتَ	تَنْصَرِفُ	تَنْصَرِفَ	تَنْصَرِفْ	اِنْصَرِفْ		
	여성단수	أَنْتِ	اِنْصَرَفْتِ	تَنْصَرِفِينَ	تَنْصَرِفِي	تَنْصَرِفِي	اِنْصَرِفِي		
	남녀쌍수	أَنْتُمَا	اِنْصَرَفْتُمَا	تَنْصَرِفَانِ	تَنْصَرِفَا	تَنْصَرِفَا	اِنْصَرِفَا		
	남성복수	أَنْتُمْ	اِنْصَرَفْتُمْ	تَنْصَرِفُونَ	تَنْصَرِفُوا	تَنْصَرِفُوا	اِنْصَرِفُوا		
	여성복수	أَنْتُنَّ	اِنْصَرَفْتُنَّ	تَنْصَرِفْنَ	تَنْصَرِفْنَ	تَنْصَرِفْنَ	اِنْصَرِفْنَ		
1인칭	남녀단수	أَنَا	اِنْصَرَفْتُ	أَنْصَرِفُ	أَنْصَرِفَ	أَنْصَرِفْ			
	남녀쌍수·복수	نَحْنُ	اِنْصَرَفْنَا	نَنْصَرِفُ	نَنْصَرِفَ	نَنْصَرِفْ			

능동분사 (اِسْمُ الْفَاعِلِ)	수동분사 (اِسْمُ الْمَفْعُولِ)	동명사 (الْمَصْدَرُ)
مُنْصَرِفٌ		اِنْصِرَافٌ

실용 기독교 아랍어 핸드북

<표8> 강동사 Ⅷ 형   ..을 뽑다, 선출하다

اِنْتَخَبَ / يَنْتَخِبُ هـ

			능동태(ACTIVE)				수동태(PASSIVE)	
			완료형 الْفِعْلُ الْمَاضِي	미완료형 الْفِعْلُ الْمُضَارِعُ				완료형 الْفِعْلُ الْمَاضِي	미완료형
				직설법 مَرْفُوعٌ	접속법 مَنْصُوبٌ	단축법 مَجْزُومٌ	명령형 فِعْلُ الأَمْر		직설법 مَرْفُوعٌ
3인칭	남성 단수	هُوَ	اِنْتَخَبَ	يَنْتَخِبُ	يَنْتَخِبَ	يَنْتَخِبْ		اُنْتُخِبَ	يُنْتَخَبُ
	여성 단수	هِيَ	اِنْتَخَبَتْ	تَنْتَخِبُ	تَنْتَخِبَ	تَنْتَخِبْ		اُنْتُخِبَتْ	تُنْتَخَبُ
	남성 쌍수	هُمَا	اِنْتَخَبَا	يَنْتَخِبَانِ	يَنْتَخِبَا	يَنْتَخِبَا		اُنْتُخِبَا	يُنْتَخَبَانِ
	여성 쌍수	هُمَا	اِنْتَخَبَتَا	تَنْتَخِبَانِ	تَنْتَخِبَا	تَنْتَخِبَا		اُنْتُخِبَتَا	تُنْتَخَبَانِ
	남성 복수	هُمْ	اِنْتَخَبُوا	يَنْتَخِبُونَ	يَنْتَخِبُوا	يَنْتَخِبُوا		اُنْتُخِبُوا	يُنْتَخَبُونَ
	여성 복수	هُنَّ	اِنْتَخَبْنَ	يَنْتَخِبْنَ	يَنْتَخِبْنَ	يَنْتَخِبْنَ		اُنْتُخِبْنَ	يُنْتَخَبْنَ
2인칭	남성 단수	أَنْتَ	اِنْتَخَبْتَ	تَنْتَخِبُ	تَنْتَخِبَ	تَنْتَخِبْ	اِنْتَخِبْ	اُنْتُخِبْتَ	تُنْتَخَبُ
	여성 단수	أَنْتِ	اِنْتَخَبْتِ	تَنْتَخِبِينَ	تَنْتَخِبِي	تَنْتَخِبِي	اِنْتَخِبِي	اُنْتُخِبْتِ	تُنْتَخَبِينَ
	남녀 쌍수	أَنْتُمَا	اِنْتَخَبْتُمَا	تَنْتَخِبَانِ	تَنْتَخِبَا	تَنْتَخِبَا	اِنْتَخِبَا	اُنْتُخِبْتُمَا	تُنْتَخَبَانِ
	남성 복수	أَنْتُمْ	اِنْتَخَبْتُمْ	تَنْتَخِبُونَ	تَنْتَخِبُوا	تَنْتَخِبُوا	اِنْتَخِبُوا	اُنْتُخِبْتُمْ	تُنْتَخَبُونَ
	여성 복수	أَنْتُنَّ	اِنْتَخَبْتُنَّ	تَنْتَخِبْنَ	تَنْتَخِبْنَ	تَنْتَخِبْنَ	اِنْتَخِبْنَ	اُنْتُخِبْتُنَّ	تُنْتَخَبْنَ
1인칭	남녀 단수	أَنَا	اِنْتَخَبْتُ	أَنْتَخِبُ	أَنْتَخِبَ	أَنْتَخِبْ		اُنْتُخِبْتُ	أُنْتَخَبُ
	남녀 쌍수·복수	نَحْنُ	اِنْتَخَبْنَا	نَنْتَخِبُ	نَنْتَخِبَ	نَنْتَخِبْ		اُنْتُخِبْنَا	نُنْتَخَبُ

능동분사 (اسْمُ الفَاعِلِ)	수동분사 (اسْمُ المَفْعُولِ)	동명사 (المَصْدَرُ)
مُنْتَخِبٌ	مُنْتَخَبٌ	اِنْتِخَابٌ

부록 - 동사변화표

<표9> 강동사 Ⅸ 형   붉어지다

اِحْمَرَّ / يَحْمَرُّ

			능동태(ACTIVE)					수동태(PASSIVE)	
			완료형 الْفِعْلُ الْمَاضِي	미완료형 الْفِعْلُ الْمُضَارِعُ				완료형 الْفِعْلُ الْمَاضِي	미완료형
				직설법 مَرْفُوعٌ	접속법 مَنْصُوبٌ	단축법 مَجْزُومٌ	명령형 فِعْلُ الْأَمْرِ		직설법 مَرْفُوعٌ
3인칭	남성단수	هُوَ	اِحْمَرَّ	يَحْمَرُّ	يَحْمَرَّ	يَحْمَرَّ، يَحْمَرِرْ			
	여성단수	هِيَ	اِحْمَرَّتْ	تَحْمَرُّ	تَحْمَرَّ	تَحْمَرَّ، تَحْمَرِرْ			
	남성쌍수	هُمَا	اِحْمَرَّا	يَحْمَرَّانِ	يَحْمَرَّا	يَحْمَرَّا			
	여성쌍수	هُمَا	اِحْمَرَّتَا	تَحْمَرَّانِ	تَحْمَرَّا	تَحْمَرَّا			
	남성복수	هُمْ	اِحْمَرُّوا	يَحْمَرُّونَ	يَحْمَرُّوا	يَحْمَرُّوا			
	여성복수	هُنَّ	اِحْمَرَرْنَ	يَحْمَرِرْنَ	يَحْمَرِرْنَ	يَحْمَرِرْنَ			
2인칭	남성단수	أَنْتَ	اِحْمَرَرْتَ	تَحْمَرُّ	تَحْمَرَّ	تَحْمَرَّ	اِحْمَرَّ، اِحْمَرِرْ		
	여성단수	أَنْتِ	اِحْمَرَرْتِ	تَحْمَرِّينَ	تَحْمَرِّي	تَحْمَرِّي	اِحْمَرِّي		
	남녀쌍수	أَنْتُمَا	اِحْمَرَرْتُمَا	تَحْمَرَّانِ	تَحْمَرَّا	تَحْمَرَّا	اِحْمَرَّا		
	남성복수	أَنْتُمْ	اِحْمَرَرْتُمْ	تَحْمَرُّونَ	تَحْمَرُّوا	تَحْمَرُّوا	اِحْمَرُّوا		
	여성복수	أَنْتُنَّ	اِحْمَرَرْتُنَّ	تَحْمَرِرْنَ	تَحْمَرِرْنَ	تَحْمَرِرْنَ	اِحْمَرِرْنَ		
1인칭	남녀단수	أَنَا	اِحْمَرَرْتُ	أَحْمَرُّ	أَحْمَرَّ	أَحْمَرَّ، أَحْمَرِرْ			
	남녀쌍수·복수	نَحْنُ	اِحْمَرَرْنَا	نَحْمَرُّ	نَحْمَرَّ	نَحْمَرَّ، نَحْمَرِرْ			

능동분사 (اِسْمُ الْفَاعِلِ)	수동분사 (اِسْمُ الْمَفْعُولِ)	동명사 (الْمَصْدَرُ)
مُحْمَرٌّ		اِحْمِرَارٌ

실용 기독교 아랍어 핸드북

<표10> 강동사 X 형 받아들이다

اسْتَقْبَلَ / يَسْتَقْبِلُ هـ أَوْ ه

			능동태(ACTIVE)					수동태(PASSIVE)	
			완료형 الْفِعْلُ الْمَاضِي	미완료형 الْفِعْلُ الْمُضَارِعُ				완료형 الْفِعْلُ الْمَاضِي	미완료형
				직설법 مَرْفُوعٌ	접속법 مَنْصُوبٌ	단축법 مَجْزُومٌ	명령형 فِعْلُ الْأَمْرِ		직설법 مَرْفُوعٌ
3인칭	남성단수	هُوَ	اسْتَقْبَلَ	يَسْتَقْبِلُ	يَسْتَقْبِلَ	يَسْتَقْبِلْ		اُسْتُقْبِلَ	يُسْتَقْبَلُ
	여성단수	هِيَ	اسْتَقْبَلَتْ	تَسْتَقْبِلُ	تَسْتَقْبِلَ	تَسْتَقْبِلْ		اُسْتُقْبِلَتْ	تُسْتَقْبَلُ
	남성쌍수	هُمَا	اسْتَقْبَلَا	يَسْتَقْبِلَانِ	يَسْتَقْبِلَا	يَسْتَقْبِلَا		اُسْتُقْبِلَا	يُسْتَقْبَلَانِ
	여성쌍수	هُمَا	اسْتَقْبَلَتَا	تَسْتَقْبِلَانِ	تَسْتَقْبِلَا	تَسْتَقْبِلَا		اُسْتُقْبِلَتَا	تُسْتَقْبَلَانِ
	남성복수	هُمْ	اسْتَقْبَلُوا	يَسْتَقْبِلُونَ	يَسْتَقْبِلُوا	يَسْتَقْبِلُوا		اُسْتُقْبِلُوا	يُسْتَقْبَلُونَ
	여성복수	هُنَّ	اسْتَقْبَلْنَ	يَسْتَقْبِلْنَ	يَسْتَقْبِلْنَ	يَسْتَقْبِلْنَ		اُسْتُقْبِلْنَ	يُسْتَقْبَلْنَ
2인칭	남성단수	أَنْتَ	اسْتَقْبَلْتَ	تَسْتَقْبِلُ	تَسْتَقْبِلَ	تَسْتَقْبِلْ	اِسْتَقْبِلْ	اُسْتُقْبِلْتَ	تُسْتَقْبَلُ
	여성단수	أَنْتِ	اسْتَقْبَلْتِ	تَسْتَقْبِلِينَ	تَسْتَقْبِلِي	تَسْتَقْبِلِي	اِسْتَقْبِلِي	اُسْتُقْبِلْتِ	تُسْتَقْبَلِينَ
	남녀쌍수	أَنْتُمَا	اسْتَقْبَلْتُمَا	تَسْتَقْبِلَانِ	تَسْتَقْبِلَا	تَسْتَقْبِلَا	اِسْتَقْبِلَا	اُسْتُقْبِلْتُمَا	تُسْتَقْبَلَانِ
	남성복수	أَنْتُمْ	اسْتَقْبَلْتُمْ	تَسْتَقْبِلُونَ	تَسْتَقْبِلُوا	تَسْتَقْبِلُوا	اِسْتَقْبِلُوا	اُسْتُقْبِلْتُمْ	تُسْتَقْبَلُونَ
	여성복수	أَنْتُنَّ	اسْتَقْبَلْتُنَّ	تَسْتَقْبِلْنَ	تَسْتَقْبِلْنَ	تَسْتَقْبِلْنَ	اِسْتَقْبِلْنَ	اُسْتُقْبِلْتُنَّ	تُسْتَقْبَلْنَ
1인칭	남녀단수	أَنَا	اسْتَقْبَلْتُ	أَسْتَقْبِلُ	أَسْتَقْبِلَ	أَسْتَقْبِلْ		اُسْتُقْبِلْتُ	أُسْتَقْبَلُ
	남녀쌍수·복수	نَحْنُ	اسْتَقْبَلْنَا	نَسْتَقْبِلُ	نَسْتَقْبِلَ	نَسْتَقْبِلْ		اُسْتُقْبِلْنَا	نُسْتَقْبَلُ

능동분사 (اسْمُ الْفَاعِلِ)	수동분사 (اسْمُ الْمَفْعُولِ)	동명사 (الْمَصْدَرُ)
مُسْتَقْبِلٌ	مُسْتَقْبَلٌ	اسْتِقْبَالٌ

<표11> 사(四)자음 동사　　번역하다

$$تَرْجَمَ / يُتَرْجِمُ هـ$$

			능동태(ACTIVE)					수동태(PASSIVE)	
			완료형 الْفِعْلُ الْمَاضِي	미완완료형 الْفِعْلُ الْمُضَارِعُ				완료형 الْفِعْلُ الْمَاضِي	미완료형
				직설법 مَرْفُوعٌ	접속법 مَنْصُوبٌ	단축법 مَجْزُومٌ	명령형 فِعْلُ الأَمْرِ		직설법 مَرْفُوعٌ
3인칭	남성 단수	هُوَ	تَرْجَمَ	يُتَرْجِمُ	يُتَرْجِمَ	يُتَرْجِمْ		تُرْجِمَ	يُتَرْجَمُ
	여성 단수	هِيَ	تَرْجَمَتْ	تُتَرْجِمُ	تُتَرْجِمَ	تُتَرْجِمْ		تُرْجِمَتْ	تُتَرْجَمُ
	남성 쌍수	هُمَا	تَرْجَمَا	يُتَرْجِمَانِ	يُتَرْجِمَا	يُتَرْجِمَا		تُرْجِمَا	يُتَرْجَمَانِ
	여성 쌍수	هُمَا	تَرْجَمَتَا	تُتَرْجِمَانِ	تُتَرْجِمَا	تُتَرْجِمَا		تُرْجِمَتَا	تُتَرْجَمَانِ
	남성 복수	هُمْ	تَرْجَمُوا	يُتَرْجِمُونَ	يُتَرْجِمُوا	يُتَرْجِمُوا			
	여성 복수	هُنَّ	تَرْجَمْنَ	يُتَرْجِمْنَ	يُتَرْجِمْنَ	يُتَرْجِمْنَ			
2인칭	남성 단수	أَنْتَ	تَرْجَمْتَ	تُتَرْجِمُ	تُتَرْجِمَ	تُتَرْجِمْ	تَرْجِمْ		
	여성 단수	أَنْتِ	تَرْجَمْتِ	تُتَرْجِمِينَ	تُتَرْجِمِي	تُتَرْجِمِي	تَرْجِمِي		
	남녀 쌍수	أَنْتُمَا	تَرْجَمْتُمَا	تُتَرْجِمَانِ	تُتَرْجِمَا	تُتَرْجِمَا	تَرْجِمَا		
	남성 복수	أَنْتُمْ	تَرْجَمْتُمْ	تُتَرْجِمُونَ	تُتَرْجِمُوا	تُتَرْجِمُوا	تَرْجِمُوا		
	여성 복수	أَنْتُنَّ	تَرْجَمْتُنَّ	تُتَرْجِمْنَ	تُتَرْجِمْنَ	تُتَرْجِمْنَ	تَرْجِمْنَ		
1인칭	남녀 단수	أَنَا	تَرْجَمْتُ	أُتَرْجِمُ	أُتَرْجِمَ	أُتَرْجِمْ			
	남녀 쌍수·복수	نَحْنُ	تَرْجَمْنَا	نُتَرْجِمُ	نُتَرْجِمَ	نُتَرْجِمْ			

능동분사 (اسْمُ الْفَاعِلِ)	수동분사 (اسْمُ الْمَفْعُولِ)	동명사 (الْمَصْدَرُ)
مُتَرْجِمٌ	مُتَرْجَمٌ	تَرْجَمَةٌ

실용 기독교 아랍어 핸드북

<표12> 함자동사   먹다

أَكَلَ / يَأْكُلُ هـ

		능동태(ACTIVE)					수동태(PASSIVE)	
		완료형 الْفِعْلُ الْمَاضِي	미완료형 الْفِعْلُ الْمُضَارِعُ				완료형 الْفِعْلُ الْمَاضِي	미완료형
			직설법 مَرْفُوعٌ	접속법 مَنْصُوبٌ	단축법 مَجْزُومٌ	명령형 فِعْلُ الْأَمْرِ		직설법 مَرْفُوعٌ
3인칭	남성단수 هُوَ	أَكَلَ	يَأْكُلُ	يَأْكُلَ	يَأْكُلْ		أُكِلَ	يُؤْكَلُ
	여성단수 هِيَ	أَكَلَتْ	تَأْكُلُ	تَأْكُلَ	تَأْكُلْ		أُكِلَتْ	تُؤْكَلُ
	남성쌍수 هُمَا	أَكَلاَ	يَأْكُلاَنِ	يَأْكُلاَ	يَأْكُلاَ		أُكِلاَ	يُؤْكَلاَنِ
	여성쌍수 هُمَا	أَكَلَتَا	تَأْكُلاَنِ	تَأْكُلاَ	تَأْكُلاَ		أُكِلَتَا	تُؤْكَلاَنِ
	남성복수 هُمْ	أَكَلُوا	يَأْكُلُونَ	يَأْكُلُوا	يَأْكُلُوا		أُكِلُوا	يُؤْكَلُونَ
	여성복수 هُنَّ	أَكَلْنَ	يَأْكُلْنَ	يَأْكُلْنَ	يَأْكُلْنَ		أُكِلْنَ	يُؤْكَلْنَ
2인칭	남성단수 أَنْتَ	أَكَلْتَ	تَأْكُلُ	تَأْكُلَ	تَأْكُلْ	كُلْ	أُكِلْتَ	تُؤْكَلُ
	여성단수 أَنْتِ	أَكَلْتِ	تَأْكُلِينَ	تَأْكُلِي	تَأْكُلِي	كُلِي	أُكِلْتِ	تُؤْكَلِينَ
	남녀쌍수 أَنْتُمَا	أَكَلْتُمَا	تَأْكُلاَنِ	تَأْكُلاَ	تَأْكُلاَ	كُلاَ	أُكِلْتُمَا	تُؤْكَلاَنِ
	남성복수 أَنْتُمْ	أَكَلْتُمْ	تَأْكُلُونَ	تَأْكُلُوا	تَأْكُلُوا	كُلُوا	أُكِلْتُمْ	تُؤْكَلُونَ
	여성복수 أَنْتُنَّ	أَكَلْتُنَّ	تَأْكُلْنَ	تَأْكُلْنَ	تَأْكُلْنَ	كُلْنَ	أُكِلْتُنَّ	تُؤْكَلْنَ
1인칭	남녀단수 أَنَا	أَكَلْتُ	آكُلُ	آكُلَ	آكُلْ		أُكِلْتُ	أُوكَلُ*
	남녀쌍수·복수 نَحْنُ	أَكَلْنَا	نَأْكُلُ	نَأْكُلَ	نَأْكُلْ		أُكِلْنَا	نُؤْكَلُ

→ * 표가 있는 أُوكَلُ 에서 أ + أ 가 أُو 로 바뀌었다.

능동분사 (اِسْمُ الْفَاعِلِ)	수동분사 (اِسْمُ الْمَفْعُولِ)	동명사 (الْمَصْدَرُ)
آكِلٌ	مَأْكُولٌ	أَكْلٌ

부록 - 동사변화표

<표13> 함자동사   질문하다

سَأَلَ/ يَسْأَلُ ه هـ

			능동태(ACTIVE)					수동태(PASSIVE)	
			완료형 الْفِعْلُ الْمَاضِي	미완료형 الْفِعْلُ الْمُضَارِعُ				완료형 الْفِعْلُ الْمَاضِي	미완료형
				직설법 مَرْفُوعٌ	접속법 مَنْصُوبٌ	단축법 مَجْزُومٌ	명령형 فِعْلُ الأَمْرِ		직설법 مَرْفُوعٌ
3인칭	남성단수	هُوَ	سَأَلَ	يَسْأَلُ	يَسْأَلَ	يَسْأَلْ		سُئِلَ	يُسْأَلُ
	여성단수	هِيَ	سَأَلَتْ	تَسْأَلُ	تَسْأَلَ	تَسْأَلْ		سُئِلَتْ	تُسْأَلُ
	남성쌍수	هُمَا	سَأَلَا	يَسْأَلَانِ	يَسْأَلَا	يَسْأَلَا		سُئِلَا	يُسْأَلَانِ
	여성쌍수	هُمَا	سَأَلَتَا	تَسْأَلَانِ	تَسْأَلَا	تَسْأَلَا		سُئِلَتَا	تُسْأَلَانِ
	남성복수	هُمْ	سَأَلُوا	يَسْأَلُونَ	يَسْأَلُوا	يَسْأَلُوا		سُئِلُوا	يُسْأَلُونَ
	여성복수	هُنَّ	سَأَلْنَ	يَسْأَلْنَ	يَسْأَلْنَ	يَسْأَلْنَ		سُئِلْنَ	يُسْأَلْنَ
2인칭	남성단수	أَنْتَ	سَأَلْتَ	تَسْأَلُ	تَسْأَلَ	تَسْأَلْ	إِسْأَلْ	سُئِلْتَ	تُسْأَلُ
	여성단수	أَنْتِ	سَأَلْتِ	تَسْأَلِينَ	تَسْأَلِي	تَسْأَلِي	إِسْأَلِي	سُئِلْتِ	تُسْأَلِينَ
	남녀쌍수	أَنْتُمَا	سَأَلْتُمَا	تَسْأَلَانِ	تَسْأَلَا	تَسْأَلَا	إِسْأَلَا	سُئِلْتُمَا	تُسْأَلَانِ
	남성복수	أَنْتُمْ	سَأَلْتُمْ	تَسْأَلُونَ	تَسْأَلُوا	تَسْأَلُوا	إِسْأَلُوا	سُئِلْتُمْ	تُسْأَلُونَ
	여성복수	أَنْتُنَّ	سَأَلْتُنَّ	تَسْأَلْنَ	تَسْأَلْنَ	تَسْأَلْنَ	إِسْأَلْنَ	سُئِلْتُنَّ	تُسْأَلْنَ
1인칭	남녀단수	أَنَا	سَأَلْتُ	أَسْأَلُ	أَسْأَلَ	أَسْأَلْ		سُئِلْتُ	أُسْأَلُ
	남녀쌍수·복수	نَحْنُ	سَأَلْنَا	نَسْأَلُ	نَسْأَلَ	نَسْأَلْ		سُئِلْنَا	نُسْأَلُ

능동분사 (اسْمُ الْفَاعِلِ)	수동분사 (اسْمُ الْمَفْعُولِ)	동명사 (الْمَصْدَرُ)
سَائِلٌ	مَسْؤُولٌ (أَوْ مَسْئُولٌ)	سُؤَالٌ

<표14> 함자동사 시작하다

$$بَدَأَ / يَبْدَأُ هـ$$

			능동태(ACTIVE)					수동태(PASSIVE)	
			완료형 الْفِعْلُ الْمَاضِي	미완료형 الْفِعْلُ الْمُضَارِعُ				완료형 الْفِعْلُ الْمَاضِي	미완료형
				직설법 مَرْفُوعٌ	접속법 مَنْصُوبٌ	단축법 مَجْزُومٌ	명령형 فِعْلُ الْأَمْرِ		직설법 مَرْفُوعٌ
3인칭	남성단수	هُوَ	بَدَأَ	يَبْدَأُ	يَبْدَأَ	يَبْدَأْ		بُدِئَ	يُبْدَأُ
	여성단수	هِيَ	بَدَأَتْ	تَبْدَأُ	تَبْدَأَ	تَبْدَأْ		بُدِئَتْ	تُبْدَأُ
	남성쌍수	هُمَا	بَدَآ	يَبْدَآن	يَبْدَآ	يَبْدَآ		بُدِآ	يُبْدَآن
	여성쌍수	هُمَا	بَدَأَتَا	تَبْدَآن	تَبْدَآ	تَبْدَآ		بُدِئَتَا	تُبْدَآن
	남성복수	هُمْ	بَدَؤُوا، بَدَأُوا، بَدَءُوا	يَبْدَؤُونَ، يَبْدَأُونَ، يَبْدَءُونَ	يَبْدَؤُوا، يَبْدَأُوا، يَبْدَءُوا	يَبْدَؤُوا، يَبْدَأُوا، يَبْدَءُوا			
	여성복수	هُنَّ	بَدَأْنَ	يَبْدَأْنَ	يَبْدَأْنَ	يَبْدَأْنَ			
2인칭	남성단수	أَنْتَ	بَدَأْتَ	تَبْدَأُ	تَبْدَأَ	تَبْدَأْ	اِبْدَأْ		
	여성단수	أَنْتِ	بَدَأْتِ	تَبْدَئِينَ	تَبْدَئِي	تَبْدَئِي	اِبْدَئِي		
	남녀쌍수	أَنْتُمَا	بَدَأْتُمَا	تَبْدَآن	تَبْدَآ	تَبْدَآ	اِبْدَآ		
	남성복수	أَنْتُمْ	بَدَأْتُمْ	تَبْدَؤُونَ، تَبْدَأُونَ، تَبْدَءُونَ	تَبْدَؤُوا، تَبْدَأُوا، تَبْدَءُوا	تَبْدَؤُوا، تَبْدَأُوا، تَبْدَءُوا	اِبْدَؤُوا، اِبْدَأُوا، اِبْدَءُوا		
	여성복수	أَنْتُنَّ	بَدَأْتُنَّ	تَبْدَأْنَ	تَبْدَأْنَ	تَبْدَأْنَ	اِبْدَأْنَ		
1인칭	남녀단수	أَنَا	بَدَأْتُ	أَبْدَأُ	أَبْدَأَ	أَبْدَأْ			
	남녀쌍수·복수	نَحْنُ	بَدَأْنَا	نَبْدَأُ	نَبْدَأَ	نَبْدَأْ			

능동분사 (اسْمُ الْفَاعِلِ)	수동분사 (اسْمُ الْمَفْعُولِ)	동명사 (الْمَصْدَرُ)
بَادِئٌ	مَبْدُوءٌ	بَدْءٌ، بِدَايَةٌ

<표15> 중복자음동사 원형 세다(to count)

عَدَّ / يَعُدُّ هـ أَوْ ه

		능동태(ACTIVE)					수동태(PASSIVE)	
		완료형 الْفِعْلُ الْمَاضِي	미완료형 الْفِعْلُ الْمُضَارِعُ				완료형 الْفِعْلُ الْمَاضِي	미완료형
			직설법 مَرْفُوعٌ	접속법 مَنْصُوبٌ	단축법 مَجْزُومٌ	명령형 فِعْلُ الأَمْرِ		직설법 مَرْفُوعٌ
3인칭	남성단수	هُوَ	عَدَّ	يَعُدُّ	يَعُدَّ	يَعُدَّ، يَعْدُدْ		عُدَّ	يُعَدُّ
	여성단수	هِيَ	عَدَّتْ	تَعُدُّ	تَعُدَّ	تَعُدَّ، تَعْدُدْ		عُدَّتْ	تُعَدُّ
	남성쌍수	هُمَا	عَدَّا	يَعُدَّانِ	يَعُدَّا	يَعُدَّا		عُدَّا	يُعَدَّانِ
	여성쌍수	هُمَا	عَدَّتَا	تَعُدَّانِ	تَعُدَّا	تَعُدَّا		عُدَّتَا	تُعَدَّانِ
	남성복수	هُمْ	عَدُّوا	يَعُدُّونَ	يَعُدُّوا	يَعُدُّوا		عُدُّوا	يُعَدُّونَ
	여성복수	هُنَّ	عَدَدْنَ	يَعْدُدْنَ	يَعْدُدْنَ	يَعْدُدْنَ		عُدِدْنَ	يُعْدَدْنَ
2인칭	남성단수	أَنْتَ	عَدَدْتَ	تَعُدُّ	تَعُدَّ	تَعُدَّ، تَعْدُدْ	عُدَّ، أَعْدُدْ	عُدِدْتَ	تُعَدُّ
	여성단수	أَنْتِ	عَدَدْتِ	تَعُدِّينَ	تَعُدِّي	تَعُدِّي	عُدِّي	عُدِدْتِ	تُعَدِّينَ
	남녀쌍수	أَنْتُمَا	عَدَدْتُمَا	تَعُدَّانِ	تَعُدَّا	تَعُدَّا	عُدَّا	عُدِدْتُمَا	تُعَدَّانِ
	남성복수	أَنْتُمْ	عَدَدْتُمْ	تَعُدُّونَ	تَعُدُّوا	تَعُدُّوا	عُدُّوا	عُدِدْتُمْ	تُعَدُّونَ
	여성복수	أَنْتُنَّ	عَدَدْتُنَّ	تَعْدُدْنَ	تَعْدُدْنَ	تَعْدُدْنَ	أَعْدُدْنَ	عُدِدْتُنَّ	تُعْدَدْنَ
1인칭	남녀단수	أَنَا	عَدَدْتُ	أَعُدُّ	أَعُدَّ	أَعُدَّ، أَعْدُدْ		عُدِدْتُ	أُعَدُّ
	남녀쌍수·복수	نَحْنُ	عَدَدْنَا	نَعُدُّ	نَعُدَّ	نَعُدَّ، نَعْدُدْ		عُدِدْنَا	نُعَدُّ

능동분사 (اِسْمُ الْفَاعِلِ)	수동분사 (اِسْمُ الْمَفْعُولِ)	동명사 (الْمَصْدَرُ)
عَادٌّ	مَعْدُودٌ	عَدٌّ

<표16> 중복자음동사 Ⅳ 형   사랑하다, 좋아하다

أَحَبَّ / يُحِبُّ هـ أَوْ هـ

			능동태(ACTIVE)					수동태(PASSIVE)	
			완료형 الْفِعْلُ الْمَاضِي	미완료형 الْفِعْلُ الْمُضَارِع				완료형 الْفِعْلُ الْمَاضِي	미완료형
				직설법 مَرْفُوعٌ	접속법 مَنْصُوبٌ	단축법 مَجْزُومٌ	명령형 فِعْلُ الأَمْر		직설법 مَرْفُوعٌ
3인칭	남성단수	هُوَ	أَحَبَّ	يُحِبُّ	يُحِبَّ	يُحِبَّ، يُحْبِبْ		أُحِبَّ	يُحَبُّ
	여성단수	هِيَ	أَحَبَّتْ	تُحِبُّ	تُحِبَّ	تُحِبَّ، تُحْبِبْ		أُحِبَّتْ	تُحَبُّ
	남성쌍수	هُمَا	أَحَبَّا	يُحِبَّانِ	يُحِبَّا	يُحِبَّا		أُحِبَّا	يُحَبَّانِ
	여성쌍수	هُمَا	أَحَبَّتَا	تُحِبَّانِ	تُحِبَّا	تُحِبَّا		أُحِبَّتَا	تُحَبَّانِ
	남성복수	هُمْ	أَحَبُّوا	يُحِبُّونَ	يُحِبُّوا	يُحِبُّوا		أُحِبُّوا	يُحَبُّونَ
	여성복수	هُنَّ	أَحْبَبْنَ	يُحْبِبْنَ	يُحْبِبْنَ	يُحْبِبْنَ		أُحْبِبْنَ	يُحْبَبْنَ
2인칭	남성단수	أَنْتَ	أَحْبَبْتَ	تُحِبُّ	تُحِبَّ	تُحِبَّ، تُحْبِبْ	أَحِبَّ، أَحْبِبْ	أُحْبِبْتَ	تُحَبُّ
	여성단수	أَنْتِ	أَحْبَبْتِ	تُحِبِّينَ	تُحِبِّي	تُحِبِّي	أَحِبِّي	أُحْبِبْتِ	تُحَبِّينَ
	남녀쌍수	أَنْتُمَا	أَحْبَبْتُمَا	تُحِبَّانِ	تُحِبَّا	تُحِبَّا	أَحِبَّا	أُحْبِبْتُمَا	تُحَبَّانِ
	남성복수	أَنْتُمْ	أَحْبَبْتُمْ	تُحِبُّونَ	تُحِبُّوا	تُحِبُّوا	أَحِبُّوا	أُحْبِبْتُمْ	تُحَبُّونَ
	여성복수	أَنْتُنَّ	أَحْبَبْتُنَّ	تُحْبِبْنَ	تُحْبِبْنَ	تُحْبِبْنَ	أَحْبِبْنَ	أُحْبِبْتُنَّ	تُحْبَبْنَ
1인칭	남녀단수	أَنَا	أَحْبَبْتُ	أُحِبُّ	أُحِبَّ	أُحِبَّ، أُحْبِبْ		أُحْبِبْتُ	أُحَبُّ
	남녀쌍수·복수	نَحْنُ	أَحْبَبْنَا	نُحِبُّ	نُحِبَّ	نُحِبَّ، نُحْبِبْ		أُحْبِبْنَا	نُحَبُّ

능동분사 (اسْمُ الْفَاعِلِ)	수동분사 (اسْمُ الْمَفْعُولِ)	동명사 (الْمَصْدَرُ)
مُحِبٌّ	مُحَبٌّ	إِحْبَابٌ

<표17> 중복자음동사 Ⅶ 형 …에 가입하다

اِنْضَمَّ/ يَنْضَمُّ إِلَى

			능동태(ACTIVE)				수동태(PASSIVE)	
			완료형 الْفِعْلُ الْمَاضِي	미완료형 الْفِعْلُ الْمُضَارِعُ				완료형 الْفِعْلُ الْمَاضِي	미완료형
				직설법 مَرْفُوعٌ	접속법 مَنْصُوبٌ	단축법 مَجْزُومٌ	명령형 فِعْلُ الْأَمْرِ		직설법 مَرْفُوعٌ
3인칭	남성단수	هُوَ	اِنْضَمَّ	يَنْضَمُّ	يَنْضَمَّ	يَنْضَمَّ، يَنْضَمِمْ			
	여성단수	هِيَ	اِنْضَمَّتْ	تَنْضَمُّ	تَنْضَمَّ	تَنْضَمَّ، تَنْضَمِمْ			
	남성쌍수	هُمَا	اِنْضَمَّا	يَنْضَمَّانِ	يَنْضَمَّا	يَنْضَمَّا			
	여성쌍수	هُمَا	اِنْضَمَّتَا	تَنْضَمَّانِ	تَنْضَمَّا	تَنْضَمَّا			
	남성복수	هُمْ	اِنْضَمُّوا	يَنْضَمُّونَ	يَنْضَمُّوا	يَنْضَمُّوا			
	여성복수	هُنَّ	اِنْضَمَمْنَ	يَنْضَمِمْنَ	يَنْضَمِمْنَ	يَنْضَمِمْنَ			
2인칭	남성단수	أَنْتَ	اِنْضَمَمْتَ	تَنْضَمُّ	تَنْضَمَّ	تَنْضَمَّ، تَنْضَمِمْ	اِنْضَمَّ، اِنْضَمِمْ		
	여성단수	أَنْتِ	اِنْضَمَمْتِ	تَنْضَمِّينَ	تَنْضَمِّي	تَنْضَمِّي	اِنْضَمِّي		
	남녀쌍수	أَنْتُمَا	اِنْضَمَمْتُمَا	تَنْضَمَّانِ	تَنْضَمَّا	تَنْضَمَّا	اِنْضَمَّا		
	남성복수	أَنْتُمْ	اِنْضَمَمْتُمْ	تَنْضَمُّونَ	تَنْضَمُّوا	تَنْضَمُّوا	اِنْضَمُّوا		
	여성복수	أَنْتُنَّ	اِنْضَمَمْتُنَّ	تَنْضَمِمْنَ	تَنْضَمِمْنَ	تَنْضَمِمْنَ	اِنْضَمِمْنَ		
1인칭	남녀단수	أَنَا	اِنْضَمَمْتُ	أَنْضَمُّ	أَنْضَمَّ	أَنْضَمَّ، أَنْضَمِمْ			
	남녀쌍수·복수	نَحْنُ	اِنْضَمَمْنَا	نَنْضَمُّ	نَنْضَمَّ	نَنْضَمَّ، نَنْضَمِمْ			

능동분사 (اسْمُ الْفَاعِلِ)	수동분사 (اسْمُ الْمَفْعُولِ)	동명사 (الْمَصْدَرُ)
مُنْضَمٌّ		اِنْضِمَامٌ

실용 기독교 아랍어 핸드북

<표18> 중복자음동사 VIII형 점령하다

اِحْتَلَّ / يَحْتَلُّ هـ

			능동태(ACTIVE)					수동태(PASSIVE)	
			완료형 الْفِعْلُ الْمَاضِي	미완료형 الْفِعْلُ الْمُضَارِعُ				완료형 الْفِعْلُ الْمَاضِي	미완료형
				직설법 مَرْفُوعٌ	접속법 مَنْصُوبٌ	단축법 مَجْزُومٌ	명령형 فِعْلُ الْأَمْرِ		직설법 مَرْفُوعٌ
3인칭	남성단수	هُوَ	اِحْتَلَّ	يَحْتَلُّ	يَحْتَلَّ	يَحْتَلَّ، يَحْتَلِلْ		اُحْتُلَّ	يُحْتَلُّ
	여성단수	هِيَ	اِحْتَلَّتْ	تَحْتَلُّ	تَحْتَلَّ	تَحْتَلَّ، تَحْتَلِلْ		اُحْتُلَّتْ	تُحْتَلُّ
	남성쌍수	هُمَا	اِحْتَلَّا	يَحْتَلَّانِ	يَحْتَلَّا	يَحْتَلَّا		اُحْتُلَّا	يُحْتَلَّانِ
	여성쌍수	هُمَا	اِحْتَلَّتَا	تَحْتَلَّانِ	تَحْتَلَّا	تَحْتَلَّا		اُحْتُلَّتَا	تُحْتَلَّانِ
	남성복수	هُمْ	اِحْتَلُّوا	يَحْتَلُّونَ	يَحْتَلُّوا	يَحْتَلُّوا		اُحْتُلُّوا	يُحْتَلُّونَ
	여성복수	هُنَّ	اِحْتَلَلْنَ	يَحْتَلِلْنَ	يَحْتَلِلْنَ	يَحْتَلِلْنَ		اُحْتُلِلْنَ	يُحْتَلَلْنَ
2인칭	남성단수	أَنْتَ	اِحْتَلَلْتَ	تَحْتَلُّ	تَحْتَلَّ	تَحْتَلَّ، تَحْتَلِلْ	اِحْتَلَّ، اِحْتَلِلْ	اُحْتُلِلْتَ	تُحْتَلُّ
	여성단수	أَنْتِ	اِحْتَلَلْتِ	تَحْتَلِّينَ	تَحْتَلِّي	تَحْتَلِّي	اِحْتَلِّي	اُحْتُلِلْتِ	تُحْتَلِّينَ
	남녀쌍수	أَنْتُمَا	اِحْتَلَلْتُمَا	تَحْتَلَّانِ	تَحْتَلَّا	تَحْتَلَّا	اِحْتَلَّا	اُحْتُلِلْتُمَا	تُحْتَلَّانِ
	남성복수	أَنْتُمْ	اِحْتَلَلْتُمْ	تَحْتَلُّونَ	تَحْتَلُّوا	تَحْتَلُّوا	اِحْتَلُّوا	اُحْتُلِلْتُمْ	تُحْتَلُّونَ
	여성복수	أَنْتُنَّ	اِحْتَلَلْتُنَّ	تَحْتَلِلْنَ	تَحْتَلِلْنَ	تَحْتَلِلْنَ	اِحْتَلِلْنَ	اُحْتُلِلْتُنَّ	تُحْتَلَلْنَ
1인칭	남녀단수	أَنَا	اِحْتَلَلْتُ	أَحْتَلُّ	أَحْتَلَّ	أَحْتَلَّ، أَحْتَلِلْ		اُحْتُلِلْتُ	أُحْتَلُّ
	남녀쌍수·복수	نَحْنُ	اِحْتَلَلْنَا	نَحْتَلُّ	نَحْتَلَّ	نَحْتَلَّ، نَحْتَلِلْ		اُحْتُلِلْنَا	نُحْتَلُّ

능동분사 (اِسْمُ الْفَاعِلِ)	수동분사 (اِسْمُ الْمَفْعُولِ)	동명사 (الْمَصْدَرُ)
مُحْتَلٌّ	مُحْتَلٌّ	اِحْتِلَالٌ

<표19> 중복자음동사 X형 계속되다

اسْتَمَرَّ / يَسْتَمِرُّ

			능동태(ACTIVE)				수동태(PASSIVE)	
			완료형 الْفِعْلُ الْمَاضِي	미완료형 الْفِعْلُ الْمُضَارِعُ				완료형 الْفِعْلُ الْمَاضِي	미완료형
				직설법 مَرْفُوعٌ	접속법 مَنْصُوبٌ	단축법 مَجْزُومٌ	명령형 فِعْلُ الْأَمْرِ		직설법 مَرْفُوعٌ
3인칭	남성단수	هُوَ	اسْتَمَرَّ	يَسْتَمِرُّ	يَسْتَمِرَّ	يَسْتَمِرَّ، يَسْتَمْرِرْ			
	여성단수	هِيَ	اسْتَمَرَّتْ	تَسْتَمِرُّ	تَسْتَمِرَّ	تَسْتَمِرَّ، تَسْتَمْرِرْ			
	남성쌍수	هُمَا	اسْتَمَرَّا	يَسْتَمِرَّانِ	يَسْتَمِرَّا	يَسْتَمِرَّا			
	여성쌍수	هُمَا	اسْتَمَرَّتَا	تَسْتَمِرَّانِ	تَسْتَمِرَّا	تَسْتَمِرَّا			
	남성복수	هُمْ	اسْتَمَرُّوا	يَسْتَمِرُّونَ	يَسْتَمِرُّوا	يَسْتَمِرُّوا			
	여성복수	هُنَّ	اسْتَمْرَرْنَ	يَسْتَمْرِرْنَ	يَسْتَمْرِرْنَ	يَسْتَمْرِرْنَ			
2인칭	남성단수	أَنْتَ	اسْتَمَرَرْتَ	تَسْتَمِرُّ	تَسْتَمِرَّ	تَسْتَمِرَّ، تَسْتَمْرِرْ	اسْتَمِرَّ، اسْتَمْرِرْ		
	여성단수	أَنْتِ	اسْتَمَرَرْتِ	تَسْتَمِرِّينَ	تَسْتَمِرِّي	تَسْتَمِرِّي	اسْتَمِرِّي		
	남녀쌍수	أَنْتُمَا	اسْتَمَرَرْتُمَا	تَسْتَمِرَّانِ	تَسْتَمِرَّا	تَسْتَمِرَّا	اسْتَمِرَّا		
	남성복수	أَنْتُمْ	اسْتَمَرَرْتُمْ	تَسْتَمِرُّونَ	تَسْتَمِرُّوا	تَسْتَمِرُّوا	اسْتَمِرُّوا		
	여성복수	أَنْتُنَّ	اسْتَمْرَرْتُنَّ	تَسْتَمْرِرْنَ	تَسْتَمْرِرْنَ	تَسْتَمْرِرْنَ	اسْتَمْرِرْنَ		
1인칭	남녀단수	أَنَا	اسْتَمْرَرْتُ	أَسْتَمِرُّ	أَسْتَمِرَّ	أَسْتَمِرَّ، أَسْتَمْرِرْ			
	남녀쌍수·복수	نَحْنُ	اسْتَمْرَرْنَا	نَسْتَمِرُّ	نَسْتَمِرَّ	نَسْتَمِرَّ، نَسْتَمْرِرْ			

능동분사 (اسْمُ الْفَاعِلِ)	수동분사 (اسْمُ الْمَفْعُولِ)	동명사 (الْمَصْدَرُ)
مُسْتَمِرٌّ		اسْتِمْرَارٌ

실용 기독교 아랍어 앤드북

<표20> 수약동사 원형   (아무에게) (…을) 약속하다

وَعَدَ/ يَعِدُ بِـ

			능동태(ACTIVE)					수동태(PASSIVE)	
			완료형 الْفِعْلُ الْمَاضِي	미완료형 الْفِعْلُ الْمُضَارِعُ				완료형 الْفِعْلُ الْمَاضِي	미완료형
				직설법 مَرْفُوعٌ	접속법 مَنْصُوبٌ	단축법 مَجْزُومٌ	명령형 فِعْلُ الأَمْرِ		직설법 مَرْفُوعٌ
3인칭	남성단수	هُوَ	وَعَدَ	يَعِدُ	يَعِدَ	يَعِدْ		وُعِدَ	يُوعَدُ
	여성단수	هِيَ	وَعَدَتْ	تَعِدُ	تَعِدَ	تَعِدْ		وُعِدَتْ	تُوعَدُ
	남성쌍수	هُمَا	وَعَدَا	يَعِدَانِ	يَعِدَا	يَعِدَا		وُعِدَا	يُوعَدَانِ
	여성쌍수	هُمَا	وَعَدَتَا	تَعِدَانِ	تَعِدَا	تَعِدَا		وُعِدَتَا	تُوعَدَانِ
	남성복수	هُمْ	وَعَدُوا	يَعِدُونَ	يَعِدُوا	يَعِدُوا		وُعِدُوا	يُوعَدُونَ
	여성복수	هُنَّ	وَعَدْنَ	يَعِدْنَ	يَعِدْنَ	يَعِدْنَ		وُعِدْنَ	يُوعَدْنَ
2인칭	남성단수	أَنْتَ	وَعَدْتَ	تَعِدُ	تَعِدَ	تَعِدْ	عِدْ	وُعِدْتَ	تُوعَدُ
	여성단수	أَنْتِ	وَعَدْتِ	تَعِدِينَ	تَعِدِي	تَعِدِي	عِدِي	وُعِدْتِ	تُوعَدِينَ
	남녀쌍수	أَنْتُمَا	وَعَدْتُمَا	تَعِدَانِ	تَعِدَا	تَعِدَا	عِدَا	وُعِدْتُمَا	تُوعَدَانِ
	남성복수	أَنْتُمْ	وَعَدْتُمْ	تَعِدُونَ	تَعِدُوا	تَعِدُوا	عِدُوا	وُعِدْتُمْ	تُوعَدُونَ
	여성복수	أَنْتُنَّ	وَعَدْتُنَّ	تَعِدْنَ	تَعِدْنَ	تَعِدْنَ	عِدْنَ	وُعِدْتُنَّ	تُوعَدْنَ
1인칭	남녀단수	أَنَا	وَعَدْتُ	أَعِدُ	أَعِدَ	أَعِدْ		وُعِدْتُ	أُوعَدُ
	남녀쌍수·복수	نَحْنُ	وَعَدْنَا	نَعِدُ	نَعِدَ	نَعِدْ		وُعِدْنَا	نُوعَدُ

능동분사 (اسْمُ الْفَاعِلِ)	수동분사 (اسْمُ الْمَفْعُولِ)	동명사 (الْمَصْدَرُ)
وَاعِدٌ	مَوْعُودٌ	وَعْدٌ

<표21> 수약동사 VIII 형   …에 합의하다

اتَّفَقَ/ يَتَّفِقُ عَلَى

			능동태(ACTIVE)				수동태(PASSIVE)	
		완료형 الْفِعْلُ الْمَاضِي	미완료형 الْفِعْلُ الْمُضَارِعُ				완료형 الْفِعْلُ الْمَاضِي	미완료형
			직설법 مَرْفُوعٌ	접속법 مَنْصُوبٌ	단축법 مَجْزُومٌ	명령형 فِعْلُ الْأَمْرِ		직설법 مَرْفُوعٌ
3인칭	남성단수 هُوَ	اتَّفَقَ	يَتَّفِقُ	يَتَّفِقَ	يَتَّفِقْ		اتُّفِقَ	يُتَّفَقُ
	여성단수 هِيَ	اتَّفَقَتْ	تَتَّفِقُ	تَتَّفِقَ	تَتَّفِقْ			
	남성쌍수 هُمَا	اتَّفَقَا	يَتَّفِقَانِ	يَتَّفِقَا	يَتَّفِقَا			
	여성쌍수 هُمَا	اتَّفَقَتَا	تَتَّفِقَانِ	تَتَّفِقَا	تَتَّفِقَا			
	남성복수 هُمْ	اتَّفَقُوا	يَتَّفِقُونَ	يَتَّفِقُوا	يَتَّفِقُوا			
	여성복수 هُنَّ	اتَّفَقْنَ	يَتَّفِقْنَ	يَتَّفِقْنَ	يَتَّفِقْنَ			
2인칭	남성단수 أَنْتَ	اتَّفَقْتَ	تَتَّفِقُ	تَتَّفِقَ	تَتَّفِقْ	اِتَّفِقْ		
	여성단수 أَنْتِ	اتَّفَقْتِ	تَتَّفِقِينَ	تَتَّفِقِي	تَتَّفِقِي	اِتَّفِقِي		
	남녀쌍수 أَنْتُمَا	اتَّفَقْتُمَا	تَتَّفِقَانِ	تَتَّفِقَا	تَتَّفِقَا	اِتَّفِقَا		
	남성복수 أَنْتُمْ	اتَّفَقْتُمْ	تَتَّفِقُونَ	تَتَّفِقُوا	تَتَّفِقُوا	اِتَّفِقُوا		
	여성복수 أَنْتُنَّ	اتَّفَقْتُنَّ	تَتَّفِقْنَ	تَتَّفِقْنَ	تَتَّفِقْنَ	اِتَّفِقْنَ		
1인칭	남녀단수 أَنَا	اتَّفَقْتُ	أَتَّفِقُ	أَتَّفِقَ	أَتَّفِقْ			
	남녀쌍수·복수 نَحْنُ	اتَّفَقْنَا	نَتَّفِقُ	نَتَّفِقَ	نَتَّفِقْ			

능동분사 (اسْمُ الْفَاعِلِ)	수동분사 (اسْمُ الْمَفْعُولِ)	동명사 (الْمَصْدَرُ)
مُتَّفِقٌ	مُتَّفَقٌ عَلَيْهِ	اتِّفَاقٌ

이 동사의 수동태는 3인칭 남성 단수꼴로만 사용된다. 비인칭 동사 용법으로 사용된다.
(الْمُعَاهَدَةُ اتُّفِقَ عَلَيْهَا. 그 협정은 합의되었다.)

<표22> 간약동사 원형   말하다

قَالَ / يَقُولُ هـ

		능동태(ACTIVE)					수동태(PASSIVE)	
		완료형 الْفِعْلُ الْمَاضِي	미완료형 الْفِعْلُ الْمُضَارِعُ				완료형 الْفِعْلُ الْمَاضِي	미완료형
			직설법 مَرْفُوعٌ	접속법 مَنْصُوبٌ	단축법 مَجْزُومٌ	명령형 فِعْلُ الأَمْرِ		직설법 مَرْفُوعٌ
3인칭	남성 단수 هُوَ	قَالَ	يَقُولُ	يَقُولَ	يَقُلْ		قِيلَ	يُقَالُ
	여성 단수 هِيَ	قَالَتْ	تَقُولُ	تَقُولَ	تَقُلْ		قِيلَتْ	تُقَالُ
	남성 쌍수 هُمَا	قَالَا	يَقُولَانِ	يَقُولَا	يَقُولَا		قِيلَا	يُقَالَانِ
	여성 쌍수 هُمَا	قَالَتَا	تَقُولَانِ	تَقُولَا	تَقُولَا		قِيلَتَا	تُقَالَانِ
	남성 복수 هُمْ	قَالُوا	يَقُولُونَ	يَقُولُوا	يَقُولُوا			
	여성 복수 هُنَّ	قُلْنَ	يَقُلْنَ	يَقُلْنَ	يَقُلْنَ			
2인칭	남성 단수 أَنْتَ	قُلْتَ	تَقُولُ	تَقُولَ	تَقُلْ	قُلْ		
	여성 단수 أَنْتِ	قُلْتِ	تَقُولِينَ	تَقُولِي	تَقُولِي	قُولِي		
	남녀 쌍수 أَنْتُمَا	قُلْتُمَا	تَقُولَانِ	تَقُولَا	تَقُولَا	قُولَا		
	남성 복수 أَنْتُمْ	قُلْتُمْ	تَقُولُونَ	تَقُولُوا	تَقُولُوا	قُولُوا		
	여성 복수 أَنْتُنَّ	قُلْتُنَّ	تَقُلْنَ	تَقُلْنَ	تَقُلْنَ	قُلْنَ		
1인칭	남녀 단수 أَنَا	قُلْتُ	أَقُولُ	أَقُولَ	أَقُلْ			
	남녀 쌍수·복수 نَحْنُ	قُلْنَا	نَقُولُ	نَقُولَ	نَقُلْ			

능동분사 (اسْمُ الْفَاعِلِ)	수동분사 (اسْمُ الْمَفْعُولِ)	동명사 (الْمَصْدَرُ)
قَائِلٌ	مَقُولٌ	قَوْلٌ

이 동사가 수동태 문장에 사용될 때 수동형의 주어(نَائِبُ الْفَاعِلِ)로 사물이 사용되기 때문에 3인칭 단수와 3인칭 쌍수 형태만 사용된다.

<표23> 간약동사 원형   걷다

سَارَ/ يَسِيرُ فِي أَوْ إِلَى

			능동태(ACTIVE)				수동태(PASSIVE)	
		완료형 الْفِعْلُ الْمَاضِي	미완료형 الْفِعْلُ الْمُضَارِعُ				완료형 الْفِعْلُ الْمَاضِي	미완료형
			직설법 مَرْفُوعٌ	접속법 مَنْصُوبٌ	단축법 مَجْزُومٌ	명령형 فِعْلُ الْأَمْرِ		직설법 مَرْفُوعٌ
3인칭	남성단수 هُوَ	سَارَ	يَسِيرُ	يَسِيرَ	يَسِرْ			
	여성단수 هِيَ	سَارَتْ	تَسِيرُ	تَسِيرَ	تَسِرْ			
	남성쌍수 هُمَا	سَارَا	يَسِيرَانِ	يَسِيرَا	يَسِيرَا			
	여성쌍수 هُمَا	سَارَتَا	تَسِيرَانِ	تَسِيرَا	تَسِيرَا			
	남성복수 هُمْ	سَارُوا	يَسِيرُونَ	يَسِيرُوا	يَسِيرُوا			
	여성복수 هُنَّ	سِرْنَ	يَسِرْنَ	يَسِرْنَ	يَسِرْنَ			
2인칭	남성단수 أَنْتَ	سِرْتَ	تَسِيرُ	تَسِيرَ	تَسِرْ	سِرْ		
	여성단수 أَنْتِ	سِرْتِ	تَسِيرِينَ	تَسِيرِي	تَسِيرِي	سِيرِي		
	남녀쌍수 أَنْتُمَا	سِرْتُمَا	تَسِيرَانِ	تَسِيرَا	تَسِيرَا	سِيرَا		
	남성복수 أَنْتُمْ	سِرْتُمْ	تَسِيرُونَ	تَسِيرُوا	تَسِيرُوا	سِيرُوا		
	여성복수 أَنْتُنَّ	سِرْتُنَّ	تَسِرْنَ	تَسِرْنَ	تَسِرْنَ	سِرْنَ		
1인칭	남녀단수 أَنَا	سِرْتُ	أَسِيرُ	أَسِيرَ	أَسِرْ			
	남녀쌍수·복수 نَحْنُ	سِرْنَا	نَسِيرُ	نَسِيرَ	نَسِرْ			

능동분사 (اسْمُ الْفَاعِلِ)	수동분사 (اسْمُ الْمَفْعُولِ)	동명사 (الْمَصْدَرُ)
سَائِرٌ		سَيْرٌ

<표24> 간약동사 원형　두려워 하다

خَافَ / يَخَافُ مِنْ

			완료형 الْفِعْلُ الْمَاضِي	미완료형 الْفِعْلُ الْمُضَارِعُ				완료형 الْفِعْلُ الْمَاضِي	미완료형
				직설법 مَرْفُوعٌ	접속법 مَنْصُوبٌ	단축법 مَجْزُومٌ	명령형 فِعْلُ الْأَمْرِ		직설법 مَرْفُوعٌ
				능동태(ACTIVE)				수동태(PASSIVE)	
3인칭	남성단수	هُوَ	خَافَ	يَخَافُ	يَخَافَ	يَخَفْ		خِيفَ	يُخَافُ
	여성단수	هِيَ	خَافَتْ	تَخَافُ	تَخَافَ	تَخَفْ		خِيفَتْ	تُخَافُ
	남성쌍수	هُمَا	خَافَا	يَخَافَانِ	يَخَافَا	يَخَافَا		خِيفَا	يُخَافَانِ
	여성쌍수	هُمَا	خَافَتَا	تَخَافَانِ	تَخَافَا	تَخَافَا		خِيفَتَا	تُخَافَانِ
	남성복수	هُمْ	خَافُوا	يَخَافُونَ	يَخَافُوا	يَخَافُوا			
	여성복수	هُنَّ	خِفْنَ	يَخَفْنَ	يَخَفْنَ	يَخَفْنَ			
2인칭	남성단수	أَنْتَ	خِفْتَ	تَخَافُ	تَخَافَ	تَخَفْ	خَفْ		
	여성단수	أَنْتِ	خِفْتِ	تَخَافِينَ	تَخَافِي	تَخَافِي	خَافِي		
	남녀쌍수	أَنْتُمَا	خِفْتُمَا	تَخَافَانِ	تَخَافَا	تَخَافَا	خَافَا		
	남성복수	أَنْتُمْ	خِفْتُمْ	تَخَافُونَ	تَخَافُوا	تَخَافُوا	خَافُوا		
	여성복수	أَنْتُنَّ	خِفْتُنَّ	تَخَفْنَ	تَخَفْنَ	تَخَفْنَ	خَفْنَ		
1인칭	남녀단수	أَنَا	خِفْتُ	أَخَافُ	أَخَافَ	أَخَفْ			
	남녀쌍수·복수	نَحْنُ	خِفْنَا	نَخَافُ	نَخَافَ	نَخَفْ			

능동분사 (اسْمُ الْفَاعِلِ)	수동분사 (اسْمُ الْمَفْعُولِ)	동명사 (الْمَصْدَرُ)
خَائِفٌ	مَخُوفٌ مِنْهُ	خَوْفٌ

이 동사는 3인칭 단수와 쌍수에서만 수동태가 나타난다.

<표25> 간약동사 IV 형 대답하다

أَجَابَ / يُجِيبُ ه (عَنْ)

			능동태(ACTIVE)					수동태(PASSIVE)	
			완료형 الْفِعْلُ الْمَاضِي	미완료형 الْفِعْلُ الْمُضَارِعُ				완료형 الْفِعْلُ الْمَاضِي	미완료형
				직설법 مَرْفُوعٌ	접속법 مَنْصُوبٌ	단축법 مَجْزُومٌ	명령형 فِعْلُ الأَمْرِ		직설법 مَرْفُوعٌ
3인칭	남성단수	هُوَ	أَجَابَ	يُجِيبُ	يُجِيبَ	يُجِبْ		أُجِيبَ	يُجَابُ
	여성단수	هِيَ	أَجَابَتْ	تُجِيبُ	تُجِيبَ	تُجِبْ		أُجِيبَتْ	تُجَابُ
	남성쌍수	هُمَا	أَجَابَا	يُجِيبَانِ	يُجِيبَا	يُجِيبَا		أُجِيبَا	يُجَابَانِ
	여성쌍수	هُمَا	أَجَابَتَا	تُجِيبَانِ	تُجِيبَا	تُجِيبَا		أُجِيبَتَا	تُجَابَانِ
	남성복수	هُمْ	أَجَابُوا	يُجِيبُونَ	يُجِيبُوا	يُجِيبُوا		أُجِيبُوا	يُجَابُونَ
	여성복수	هُنَّ	أَجَبْنَ	يُجِبْنَ	يُجِبْنَ	يُجِبْنَ		أُجِبْنَ	يُجَبْنَ
2인칭	남성단수	أَنْتَ	أَجَبْتَ	تُجِيبُ	تُجِيبَ	تُجِبْ	أَجِبْ	أُجِبْتَ	تُجَابُ
	여성단수	أَنْتِ	أَجَبْتِ	تُجِيبِينَ	تُجِيبِي	تُجِيبِي	أَجِيبِي	أُجِبْتِ	تُجَابِينَ
	남녀쌍수	أَنْتُمَا	أَجَبْتُمَا	تُجِيبَانِ	تُجِيبَا	تُجِيبَا	أَجِيبَا	أُجِبْتُمَا	تُجَابَانِ
	남성복수	أَنْتُمْ	أَجَبْتُمْ	تُجِيبُونَ	تُجِيبُوا	تُجِيبُوا	أَجِيبُوا	أُجِبْتُمْ	تُجَابُونَ
	여성복수	أَنْتُنَّ	أَجَبْتُنَّ	تُجِبْنَ	تُجِبْنَ	تُجِبْنَ	أَجِبْنَ	أُجِبْتُنَّ	تُجَبْنَ
1인칭	남녀단수	أَنَا	أَجَبْتُ	أُجِيبُ	أُجِيبَ	أُجِبْ		أُجِبْتُ	أُجَابُ
	남녀쌍수·복수	نَحْنُ	أَجَبْنَا	نُجِيبُ	نُجِيبَ	نُجِبْ		أُجِبْنَا	نُجَابُ

능동분사 (اسْمُ الْفَاعِلِ)	수동분사 (اسْمُ الْمَفْعُولِ)	동명사 (الْمَصْدَرُ)
مُجِيبٌ	مُجَابٌ	إِجَابَةٌ

<표26> 간약동사 Ⅶ 형   이끌어지다

اِنْقَادَ/ يَنْقَادُ إِلَى

			능동태(ACTIVE)					수동태(PASSIVE)	
			완료형 الْفِعْلُ الْمَاضِي	미완료형 الْفِعْلُ الْمُضَارِعُ				완료형 الْفِعْلُ الْمَاضِي	미완료형
				직설법 مَرْفُوعٌ	접속법 مَنْصُوبٌ	단축법 مَجْزُومٌ	명령형 فِعْلُ الْأَمْرِ		직설법 مَرْفُوعٌ
3인칭	남성단수	هُوَ	اِنْقَادَ	يَنْقَادُ	يَنْقَادَ	يَنْقَدْ			
	여성단수	هِيَ	اِنْقَادَتْ	تَنْقَادُ	تَنْقَادَ	تَنْقَدْ			
	남성쌍수	هُمَا	اِنْقَادَا	يَنْقَادَانِ	يَنْقَادَا	يَنْقَادَا			
	여성쌍수	هُمَا	اِنْقَادَتَا	تَنْقَادَانِ	تَنْقَادَا	تَنْقَادَا			
	남성복수	هُمْ	اِنْقَادُوا	يَنْقَادُونَ	يَنْقَادُوا	يَنْقَادُوا			
	여성복수	هُنَّ	اِنْقَدْنَ	يَنْقَدْنَ	يَنْقَدْنَ	يَنْقَدْنَ			
2인칭	남성단수	أَنْتَ	اِنْقَدْتَ	تَنْقَادُ	تَنْقَادَ	تَنْقَدْ	اِنْقَدْ		
	여성단수	أَنْتِ	اِنْقَدْتِ	تَنْقَادِينَ	تَنْقَادِي	تَنْقَادِي	اِنْقَادِي		
	남녀쌍수	أَنْتُمَا	اِنْقَدْتُمَا	تَنْقَادَانِ	تَنْقَادَا	تَنْقَادَا	اِنْقَادَا		
	남성복수	أَنْتُمْ	اِنْقَدْتُمْ	تَنْقَادُونَ	تَنْقَادُوا	تَنْقَادُوا	اِنْقَادُوا		
	여성복수	أَنْتُنَّ	اِنْقَدْتُنَّ	تَنْقَدْنَ	تَنْقَدْنَ	تَنْقَدْنَ	اِنْقَدْنَ		
1인칭	남녀단수	أَنَا	اِنْقَدْتُ	أَنْقَادُ	أَنْقَادَ	أَنْقَدْ			
	남녀쌍수·복수	نَحْنُ	اِنْقَدْنَا	نَنْقَادُ	نَنْقَادَ	نَنْقَدْ			

능동분사 (اِسْمُ الْفَاعِلِ)	수동분사 (اِسْمُ الْمَفْعُولِ)	동명사 (الْمَصْدَرُ)
مُنْقَادٌ		اِنْقِيَادٌ

<표27> 간약동사 Ⅷ 형 선택하다

اخْتَارَ/ يَخْتَارُ هـ ـ أوْ ه

			능동태(ACTIVE)					수동태(PASSIVE)	
			완료형 الْفِعْلُ الْمَاضِي	미완료형 الْفِعْلُ الْمُضَارِعُ				완료형 الْفِعْلُ الْمَاضِي	미완료형
				직설법 مَرْفُوعٌ	접속법 مَنْصُوبٌ	단축법 مَجْزُومٌ	명령형 فِعْلُ الأَمْرِ		직설법 مَرْفُوعٌ
3인칭	남성단수	هُوَ	اخْتَارَ	يَخْتَارُ	يَخْتَارَ	يَخْتَرْ		أُخْتِيرَ	يُخْتَارُ
	여성단수	هِيَ	اخْتَارَتْ	تَخْتَارُ	تَخْتَارَ	تَخْتَرْ		أُخْتِيرَتْ	تُخْتَارُ
	남성쌍수	هُمَا	اخْتَارَا	يَخْتَارَانِ	يَخْتَارَا	يَخْتَارَا		أُخْتِيرَا	يُخْتَارَانِ
	여성쌍수	هُمَا	اخْتَارَتَا	تَخْتَارَانِ	تَخْتَارَا	تَخْتَارَا		أُخْتِيرَتَا	تُخْتَارَانِ
	남성복수	هُمْ	اخْتَارُوا	يَخْتَارُونَ	يَخْتَارُوا	يَخْتَارُوا		أُخْتِيرُوا	يُخْتَارُونَ
	여성복수	هُنَّ	اخْتَرْنَ	يَخْتَرْنَ	يَخْتَرْنَ	يَخْتَرْنَ		أُخْتِرْنَ	يُخْتَرْنَ
2인칭	남성단수	أَنْتَ	اخْتَرْتَ	تَخْتَارُ	تَخْتَارَ	تَخْتَرْ	اِخْتَرْ	أُخْتِرْتَ	تُخْتَارُ
	여성단수	أَنْتِ	اخْتَرْتِ	تَخْتَارِينَ	تَخْتَارِي	تَخْتَارِي	اِخْتَارِي	أُخْتِرْتِ	تُخْتَارِينَ
	남녀쌍수	أَنْتُمَا	اخْتَرْتُمَا	تَخْتَارَانِ	تَخْتَارَا	تَخْتَارَا	اِخْتَارَا	أُخْتِرْتُمَا	تُخْتَارَانِ
	남성복수	أَنْتُمْ	اخْتَرْتُمْ	تَخْتَارُونَ	تَخْتَارُوا	تَخْتَارُوا	اِخْتَارُوا	أُخْتِرْتُمْ	تُخْتَارُونَ
	여성복수	أَنْتُنَّ	اخْتَرْتُنَّ	تَخْتَرْنَ	تَخْتَرْنَ	تَخْتَرْنَ	اِخْتَرْنَ	أُخْتِرْتُنَّ	تُخْتَرْنَ
1인칭	남녀단수	أَنَا	اخْتَرْتُ	أَخْتَارُ	أَخْتَارَ	أَخْتَرْ		أُخْتِرْتُ	أُخْتَارُ
	남녀쌍수·복수	نَحْنُ	اخْتَرْنَا	نَخْتَارُ	نَخْتَارَ	نَخْتَرْ		أُخْتِرْنَا	نُخْتَارُ

능동분사 (اسْمُ الْفَاعِلِ)	수동분사 (اسْمُ الْمَفْعُولِ)	동명사 (الْمَصْدَرُ)
مُخْتَارٌ	مُخْتَارٌ	اخْتِيَارٌ

실용 기독교 아랍어 앤드북

<표28> 간약동사 X 형 (…에서) 이득을 얻다

اِسْتَفَادَ / يَسْتَفِيدُ (مِنْ)

			능동태(ACTIVE)				수동태(PASSIVE)	
		완료형 الْفِعْلُ الْمَاضِي	미완료형 الْفِعْلُ الْمُضَارِعُ				완료형 الْفِعْلُ الْمَاضِي	미완료형
			직설법 مَرْفُوعٌ	접속법 مَنْصُوبٌ	단축법 مَجْزُومٌ	명령형 فِعْلُ الْأَمْرِ		직설법 مَرْفُوعٌ
3인칭	남성단수 هُوَ	اِسْتَفَادَ	يَسْتَفِيدُ	يَسْتَفِيدَ	يَسْتَفِدْ		أُسْتُفِيدَ	يُسْتَفَادُ
	여성단수 هِيَ	اِسْتَفَادَتْ	تَسْتَفِيدُ	تَسْتَفِيدَ	تَسْتَفِدْ		أُسْتُفِيدَتْ	تُسْتَفَادُ
	남성쌍수 هُمَا	اِسْتَفَادَا	يَسْتَفِيدَانِ	يَسْتَفِيدَا	يَسْتَفِيدَا		أُسْتُفِيدَا	يُسْتَفَادَانِ
	여성쌍수 هُمَا	اِسْتَفَادَتَا	تَسْتَفِيدَانِ	تَسْتَفِيدَا	تَسْتَفِيدَا		أُسْتُفِيدَتَا	تُسْتَفَادَانِ
	남성복수 هُمْ	اِسْتَفَادُوا	يَسْتَفِيدُونَ	يَسْتَفِيدُوا	يَسْتَفِيدُوا			
	여성복수 هُنَّ	اِسْتَفَدْنَ	يَسْتَفِدْنَ	يَسْتَفِدْنَ	يَسْتَفِدْنَ			
2인칭	남성단수 أَنْتَ	اِسْتَفَدْتَ	تَسْتَفِيدُ	تَسْتَفِيدَ	تَسْتَفِدْ	اِسْتَفِدْ		
	여성단수 أَنْتِ	اِسْتَفَدْتِ	تَسْتَفِيدِينَ	تَسْتَفِيدِي	تَسْتَفِيدِي	اِسْتَفِيدِي		
	남녀쌍수 أَنْتُمَا	اِسْتَفَدْتُمَا	تَسْتَفِيدَانِ	تَسْتَفِيدَا	تَسْتَفِيدَا	اِسْتَفِيدَا		
	남성복수 أَنْتُمْ	اِسْتَفَدْتُمْ	تَسْتَفِيدُونَ	تَسْتَفِيدُوا	تَسْتَفِيدُوا	اِسْتَفِيدُوا		
	여성복수 أَنْتُنَّ	اِسْتَفَدْتُنَّ	تَسْتَفِدْنَ	تَسْتَفِدْنَ	تَسْتَفِدْنَ	اِسْتَفِدْنَ		
1인칭	남녀단수 أَنَا	اِسْتَفَدْتُ	أَسْتَفِيدُ	أَسْتَفِيدَ	أَسْتَفِدْ			
	남녀쌍수·복수 نَحْنُ	اِسْتَفَدْنَا	نَسْتَفِيدُ	نَسْتَفِيدَ	نَسْتَفِدْ			

능동분사 (اِسْمُ الْفَاعِلِ)	수동분사 (اِسْمُ الْمَفْعُولِ)	동명사 (الْمَصْدَرُ)
مُسْتَفِيدٌ	مُسْتَفَادٌ	اِسْتِفَادَةٌ

이 동사가 수동태 문장에 사용될 때 수동형의 주어(نَائِبُ الْفَاعِلِ)로 사물이 사용되기 때문에 3인칭 단수와 3인칭 쌍수 형태만 사용된다.

<표29> 말약동사 원형   부르다, 초대하다

دَعَا/ يَدْعُو هـ إِلَى

			능동태(ACTIVE)					수동태(PASSIVE)	
			완료형	미완료형 الْفِعْلُ الْمُضَارِعُ				완료형	미완료형
			الْفِعْلُ الْمَاضِي	직설법 مَرْفُوعٌ	접속법 مَنْصُوبٌ	단축법 مَجْزُومٌ	명령형 فِعْلُ الأَمْرِ	الْفِعْلُ الْمَاضِي	직설법 مَرْفُوعٌ
3인칭	남성 단수	هُوَ	دَعَا	يَدْعُو	يَدْعُوَ	يَدْعُ		دُعِيَ	يُدْعَى
	여성 단수	هِيَ	دَعَتْ	تَدْعُو	تَدْعُوَ	تَدْعُ		دُعِيَتْ	تُدْعَى
	남성 쌍수	هُمَا	دَعَوَا	يَدْعُوَانِ	يَدْعُوَا	يَدْعُوَا		دُعِيَا	يُدْعَوَانِ
	여성 쌍수	هُمَا	دَعَتَا	تَدْعُوَانِ	تَدْعُوَا	تَدْعُوَا		دُعِيَتَا	تُدْعَوَانِ
	남성 복수	هُمْ	دَعَوْا	يَدْعُونَ	يَدْعُوا	يَدْعُوا		دُعُوا	يُدْعَوْنَ
	여성 복수	هُنَّ	دَعَوْنَ	يَدْعُونَ	يَدْعُونَ	يَدْعُونَ		دُعِينَ	يُدْعَوْنَ
2인칭	남성 단수	أَنْتَ	دَعَوْتَ	تَدْعُو	تَدْعُوَ	تَدْعُ	اُدْعُ	دُعِيتَ	تُدْعَى
	여성 단수	أَنْتِ	دَعَوْتِ	تَدْعِينَ	تَدْعِي	تَدْعِي	اُدْعِي	دُعِيتِ	تُدْعَيْنَ
	남녀 쌍수	أَنْتُمَا	دَعَوْتُمَا	تَدْعُوَانِ	تَدْعُوَا	تَدْعُوَا	اُدْعُوَا	دُعِيتُمَا	تُدْعَوَانِ
	남성 복수	أَنْتُمْ	دَعَوْتُمْ	تَدْعُونَ	تَدْعُوا	تَدْعُوا	اُدْعُوا	دُعِيتُمْ	تُدْعَوْنَ
	여성 복수	أَنْتُنَّ	دَعَوْتُنَّ	تَدْعُونَ	تَدْعُونَ	تَدْعُونَ	اُدْعُونَ	دُعِيتُنَّ	تُدْعَوْنَ
1인칭	남녀 단수	أَنَا	دَعَوْتُ	أَدْعُو	أَدْعُوَ	أَدْعُ		دُعِيتُ	أُدْعَى
	남녀 쌍수·복수	نَحْنُ	دَعَوْنَا	نَدْعُو	نَدْعُوَ	نَدْعُ		دُعِينَا	نُدْعَى

능동분사 (اسْمُ الْفَاعِلِ)	수동분사 (اسْمُ الْمَفْعُولِ)	동명사 (الْمَصْدَرُ)
دَاعٍ	مَدْعُوٌّ	دُعَاءٌ

<표30> 말약동사 원형 짓다(to build)

$$بَنَى / يَبْنِي هـ$$

			능동태(ACTIVE)					수동태(PASSIVE)	
			완료형 الْفِعْلُ الْمَاضِي	미완료형 الْفِعْلُ الْمُضَارِعُ				완료형 الْفِعْلُ الْمَاضِي	미완료형
				직설법 مَرْفُوعٌ	접속법 مَنْصُوبٌ	단축법 مَجْزُومٌ	명령형 فِعْلُ الأَمْرِ		직설법 مَرْفُوعٌ
3인칭	남성단수	هُوَ	بَنَى	يَبْنِي	يَبْنِيَ	يَبْنِ		بُنِيَ	يُبْنَى
	여성단수	هِيَ	بَنَتْ	تَبْنِي	تَبْنِيَ	تَبْنِ		بُنِيَتْ	تُبْنَى
	남성쌍수	هُمَا	بَنَيَا	يَبْنِيَانِ	يَبْنِيَا	يَبْنِيَا		بُنِيَا	يُبْنَيَانِ
	여성쌍수	هُمَا	بَنَتَا	تَبْنِيَانِ	تَبْنِيَا	تَبْنِيَا		بُنِيَتَا	تُبْنَيَانِ
	남성복수	هُمْ	بَنَوْا	يَبْنُونَ	يَبْنُوا	يَبْنُوا		بُنُوا	يُبْنَوْنَ
	여성복수	هُنَّ	بَنَيْنَ	يَبْنِينَ	يَبْنِينَ	يَبْنِينَ		بُنِينَ	يُبْنَيْنَ
2인칭	남성단수	أَنْتَ	بَنَيْتَ	تَبْنِي	تَبْنِيَ	تَبْنِ	اِبْنِ	بُنِيتَ	تُبْنَى
	여성단수	أَنْتِ	بَنَيْتِ	تَبْنِينَ	تَبْنِي	تَبْنِي	اِبْنِي	بُنِيتِ	تُبْنَيْنَ
	남녀쌍수	أَنْتُمَا	بَنَيْتُمَا	تَبْنِيَانِ	تَبْنِيَا	تَبْنِيَا	اِبْنِيَا	بُنِيتُمَا	تُبْنَيَانِ
	남성복수	أَنْتُمْ	بَنَيْتُمْ	تَبْنُونَ	تَبْنُوا	تَبْنُوا	اِبْنُوا	بُنِيتُمْ	تُبْنَوْنَ
	여성복수	أَنْتُنَّ	بَنَيْتُنَّ	تَبْنِينَ	تَبْنِينَ	تَبْنِينَ	اِبْنِينَ	بُنِيتُنَّ	تُبْنَيْنَ
1인칭	남녀단수	أَنَا	بَنَيْتُ	أَبْنِي	أَبْنِيَ	أَبْنِ		بُنِيتُ	أُبْنَى
	남녀쌍수·복수	نَحْنُ	بَنَيْنَا	نَبْنِي	نَبْنِيَ	نَبْنِ		بُنِينَا	نُبْنَى

능동분사 (اسْمُ الْفَاعِلِ)	수동분사 (اسْمُ الْمَفْعُولِ)	동명사 (الْمَصْدَرُ)
بَانٍ	مَبْنِيٌّ	بُنْيَانٌ، بِنَاءٌ

<표31> 말약동사 원형　만나다

لَقِيَ/ يَلْقَى هـ

			능동태(ACTIVE)					수동태(PASSIVE)	
			완료형 الْفِعْلُ الْمَاضِي	미완료형 الْفِعْلُ الْمُضَارِعُ				완료형 الْفِعْلُ الْمَاضِي	미완료형
				직설법 مَرْفُوعٌ	접속법 مَنْصُوبٌ	단축법 مَجْزُومٌ	명령형 فِعْلُ الْأَمْرِ		직설법 مَرْفُوعٌ
3인칭	남성단수	هُوَ	لَقِيَ	يَلْقَى	يَلْقَى	يَلْقَ		لُقِيَ	يُلْقَى
	여성단수	هِيَ	لَقِيَتْ	تَلْقَى	تَلْقَى	تَلْقَ		لُقِيَتْ	تُلْقَى
	남성쌍수	هُمَا	لَقِيَا	يَلْقَيَانِ	يَلْقَيَا	يَلْقَيَا		لُقِيَا	يُلْقَيَانِ
	여성쌍수	هُمَا	لَقِيَتَا	تَلْقَيَانِ	تَلْقَيَا	تَلْقَيَا		لُقِيَتَا	تُلْقَيَانِ
	남성복수	هُمْ	لَقُوا	يَلْقَوْنَ	يَلْقَوْا	يَلْقَوْا		لُقُوا	يُلْقَوْنَ
	여성복수	هُنَّ	لَقِينَ	يَلْقَيْنَ	يَلْقَيْنَ	يَلْقَيْنَ		لُقِينَ	يُلْقَيْنَ
2인칭	남성단수	أَنْتَ	لَقِيتَ	تَلْقَى	تَلْقَى	تَلْقَ	اِلْقَ	لُقِيتَ	تُلْقَى
	여성단수	أَنْتِ	لَقِيتِ	تَلْقَيْنَ	تَلْقَيْ	تَلْقَيْ	اِلْقَيْ	لُقِيتِ	تُلْقَيْنَ
	남녀쌍수	أَنْتُمَا	لَقِيتُمَا	تَلْقَيَانِ	تَلْقَيَا	تَلْقَيَا	اِلْقَيَا	لُقِيتُمَا	تُلْقَيَانِ
	남성복수	أَنْتُمْ	لَقِيتُمْ	تَلْقَوْنَ	تَلْقَوْا	تَلْقَوْا	اِلْقَوْا	لُقِيتُمْ	تُلْقَوْنَ
	여성복수	أَنْتُنَّ	لَقِيتُنَّ	تَلْقَيْنَ	تَلْقَيْنَ	تَلْقَيْنَ	اِلْقَيْنَ	لُقِيتُنَّ	تُلْقَيْنَ
1인칭	남녀단수	أَنَا	لَقِيتُ	أَلْقَى	أَلْقَى	أَلْقَ		لُقِيتُ	أُلْقَى
	남녀쌍수·복수	نَحْنُ	لَقِينَا	نَلْقَى	نَلْقَى	نَلْقَ		لُقِينَا	نُلْقَى

능동분사 (اسْمُ الْفَاعِلِ)	수동분사 (اسْمُ الْمَفْعُولِ)	동명사 (الْمَصْدَرُ)
لَاقٍ	مَلْقِيٌّ	لِقَاءٌ

<표32> 말약동사 IV형   실행하다, 수행하다

أَجْرَى / يُجْرِي هـ

			능동태(ACTIVE)					수동태(PASSIVE)	
			완료형 الْفِعْلُ الْمَاضِي	미완료형 الْفِعْلُ الْمُضَارِعُ				완료형 الْفِعْلُ الْمَاضِي	미완료형
				직설법 مَرْفُوعٌ	접속법 مَنْصُوبٌ	단축법 مَجْزُومٌ	명령형 فِعْلُ الْأَمْرِ		직설법 مَرْفُوعٌ
3인칭	남성단수	هُوَ	أَجْرَى	يُجْرِي	يُجْرِيَ	يُجْرِ		أُجْرِيَ	يُجْرَى
	여성단수	هِيَ	أَجْرَتْ	تُجْرِي	تُجْرِيَ	تُجْرِ		أُجْرِيَتْ	تُجْرَى
	남성쌍수	هُمَا	أَجْرَيَا	يُجْرِيَانِ	يُجْرِيَا	يُجْرِيَا		أُجْرِيَا	يُجْرَيَانِ
	여성쌍수	هُمَا	أَجْرَتَا	تُجْرِيَانِ	تُجْرِيَا	تُجْرِيَا		أُجْرِيَتَا	تُجْرَيَانِ
	남성복수	هُمْ	أَجْرَوْا	يُجْرُونَ	يُجْرُوا	يُجْرُوا			
	여성복수	هُنَّ	أَجْرَيْنَ	يُجْرِينَ	يُجْرِينَ	يُجْرِينَ			
2인칭	남성단수	أَنْتَ	أَجْرَيْتَ	تُجْرِي	تُجْرِيَ	تُجْرِ	أَجْرِ		
	여성단수	أَنْتِ	أَجْرَيْتِ	تُجْرِينَ	تُجْرِي	تُجْرِي	أَجْرِي		
	남녀쌍수	أَنْتُمَا	أَجْرَيْتُمَا	تُجْرِيَانِ	تُجْرِيَا	تُجْرِيَا	أَجْرِيَا		
	남성복수	أَنْتُمْ	أَجْرَيْتُمْ	تُجْرُونَ	تُجْرُوا	تُجْرُوا	أَجْرُوا		
	여성복수	أَنْتُنَّ	أَجْرَيْتُنَّ	تُجْرِينَ	تُجْرِينَ	تُجْرِينَ	أَجْرِينَ		
1인칭	남녀단수	أَنَا	أَجْرَيْتُ	أُجْرِي	أُجْرِيَ	أُجْرِ			
	남녀쌍수·복수	نَحْنُ	أَجْرَيْنَا	نُجْرِي	نُجْرِيَ	نُجْرِ			

능동분사 (اسْمُ الْفَاعِلِ)	수동분사 (اسْمُ الْمَفْعُولِ)	동명사 (الْمَصْدَرُ)
مُجْرٍ (الْمُجْرِي)	مُجْرًى	إِجْرَاءٌ

<표33> 말약동사 V형   자라나다, 교양받다, 육성되다

تَرَبَّى / يَتَرَبَّى

			능동태(ACTIVE)				수동태(PASSIVE)	
			완료형 الْفِعْلُ الْمَاضِي	미완료형 الْفِعْلُ الْمُضَارِعُ				완료형 الْفِعْلُ الْمَاضِي	미완료형
				직설법 مَرْفُوعٌ	접속법 مَنْصُوبٌ	단축법 مَجْزُومٌ	명령형 فِعْلُ الْأَمْرِ		직설법 مَرْفُوعٌ
3인칭	남성단수	هُوَ	تَرَبَّى	يَتَرَبَّى	يَتَرَبَّى	يَتَرَبَّ			
	여성단수	هِيَ	تَرَبَّتْ	تَتَرَبَّى	تَتَرَبَّى	تَتَرَبَّ			
	남성쌍수	هُمَا	تَرَبَّيَا	يَتَرَبَّيَانِ	يَتَرَبَّيَا	يَتَرَبَّيَا			
	여성쌍수	هُمَا	تَرَبَّتَا	تَتَرَبَّيَانِ	تَتَرَبَّيَا	تَتَرَبَّيَا			
	남성복수	هُمْ	تَرَبَّوْا	يَتَرَبَّوْنَ	يَتَرَبَّوْا	يَتَرَبَّوْا			
	여성복수	هُنَّ	تَرَبَّيْنَ	يَتَرَبَّيْنَ	يَتَرَبَّيْنَ	يَتَرَبَّيْنَ			
2인칭	남성단수	أَنْتَ	تَرَبَّيْتَ	تَتَرَبَّى	تَتَرَبَّى	تَتَرَبَّ	تَرَبَّ		
	여성단수	أَنْتِ	تَرَبَّيْتِ	تَتَرَبَّيْنَ	تَتَرَبَّيْ	تَتَرَبَّيْ	تَرَبَّيْ		
	남녀쌍수	أَنْتُمَا	تَرَبَّيْتُمَا	تَتَرَبَّيَانِ	تَتَرَبَّيَا	تَتَرَبَّيَا	تَرَبَّيَا		
	남성복수	أَنْتُمْ	تَرَبَّيْتُمْ	تَتَرَبَّوْنَ	تَتَرَبَّوْا	تَتَرَبَّوْا	تَرَبَّوْا		
	여성복수	أَنْتُنَّ	تَرَبَّيْتُنَّ	تَتَرَبَّيْنَ	تَتَرَبَّيْنَ	تَتَرَبَّيْنَ	تَرَبَّيْنَ		
1인칭	남녀단수	أَنَا	تَرَبَّيْتُ	أَتَرَبَّى	أَتَرَبَّى	أَتَرَبَّ			
	남녀쌍수·복수	نَحْنُ	تَرَبَّيْنَا	نَتَرَبَّى	نَتَرَبَّى	نَتَرَبَّ			

능동분사 (اسْمُ الْفَاعِلِ)	수동분사 (اسْمُ الْمَفْعُولِ)	동명사 (الْمَصْدَرُ)
مُتَرَبٍّ (الْمُتَرَبِّي)		تَرَبٍّ (التَّرَبِّي)

<표34> 말약동사 Ⅵ형   잊은체하다

تَنَاسَى / يَتَنَاسَى

			능동태(ACTIVE)					수동태(PASSIVE)	
			완료형 الْفِعْلُ الْمَاضِي	미완료형 الْفِعْلُ الْمُضَارِعُ				완료형 الْفِعْلُ الْمَاضِي	미완료형
				직설법 مَرْفُوعٌ	접속법 مَنْصُوبٌ	단축법 مَجْزُومٌ	명령형 فِعْلُ الْأَمْرِ		직설법 مَرْفُوعٌ
3인칭	남성단수	هُوَ	تَنَاسَى	يَتَنَاسَى	يَتَنَاسَى	يَتَنَاسَ		تُوسِيَ	يُتَنَاسَى
	여성단수	هِيَ	تَنَاسَتْ	تَتَنَاسَى	تَتَنَاسَى	تَتَنَاسَ		تُوسِيَتْ	تَتَنَاسَى
	남성쌍수	هُمَا	تَنَاسَيَا	يَتَنَاسَيَانِ	يَتَنَاسَيَا	يَتَنَاسَيَا		تُوسِيَا	يُتَنَاسَيَانِ
	여성쌍수	هُمَا	تَنَاسَتَا	تَتَنَاسَيَانِ	تَتَنَاسَيَا	تَتَنَاسَيَا		تُوسِيَتَا	تُتَنَاسَيَانِ
	남성복수	هُمْ	تَنَاسَوْا	يَتَنَاسَوْنَ	يَتَنَاسَوْا	يَتَنَاسَوْا		تُوسُوا	يُتَنَاسَوْنَ
	여성복수	هُنَّ	تَنَاسَيْنَ	يَتَنَاسَيْنَ	يَتَنَاسَيْنَ	يَتَنَاسَيْنَ		تُوسِينَ	يُتَنَاسَيْنَ
2인칭	남성단수	أَنْتَ	تَنَاسَيْتَ	تَتَنَاسَى	تَتَنَاسَى	تَتَنَاسَ	تَنَاسَ	تُوسِيتَ	تَتَنَاسَى
	여성단수	أَنْتِ	تَنَاسَيْتِ	تَتَنَاسَيْنَ	تَتَنَاسَيْ	تَتَنَاسَيْ	تَنَاسَيْ	تُوسِيتِ	تَتَنَاسَيْنَ
	남녀쌍수	أَنْتُمَا	تَنَاسَيْتُمَا	تَتَنَاسَيَانِ	تَتَنَاسَيَا	تَتَنَاسَيَا	تَنَاسَيَا	تُوسِيتُمَا	تَتَنَاسَيَانِ
	남성복수	أَنْتُمْ	تَنَاسَيْتُمْ	تَتَنَاسَوْنَ	تَتَنَاسَوْا	تَتَنَاسَوْا	تَنَاسَوْا	تُوسِيتُمْ	تَتَنَاسَوْنَ
	여성복수	أَنْتُنَّ	تَنَاسَيْتُنَّ	تَتَنَاسَيْنَ	تَتَنَاسَيْنَ	تَتَنَاسَيْنَ	تَنَاسَيْنَ	تُوسِيتُنَّ	تَتَنَاسَيْنَ
1인칭	남녀단수	أَنَا	تَنَاسَيْتُ	أَتَنَاسَى	أَتَنَاسَى	أَتَنَاسَ		تُوسِيتُ	أَتَنَاسَى
	남녀쌍수·복수	نَحْنُ	تَنَاسَيْنَا	نَتَنَاسَى	نَتَنَاسَى	نَتَنَاسَ		تُوسِينَا	نَتَنَاسَى

능동분사 (اسْمُ الْفَاعِلِ)	수동분사 (اسْمُ الْمَفْعُولِ)	동명사 (الْمَصْدَرُ)
مُتَنَاسٍ (الْمُتَنَاسِي)	مُتَنَاسًى	تَنَاسٍ (التَّنَاسِي)

<표35> 말약동사 Ⅷ형 구부러지다, 몸을 굽히다

اِنْحَنَى / يَنْحَنِي

			완료형 الْفِعْلُ الْمَاضِي	미완료형 الْفِعْلُ الْمُضَارِعُ				완료형 الْفِعْلُ الْمَاضِي	미완료형
				직설법 مَرْفُوعٌ	접속법 مَنْصُوبٌ	단축법 مَجْزُومٌ	명령형 فِعْلُ الْأَمْرِ		직설법 مَرْفُوعٌ
3인칭	남성단수	هُوَ	اِنْحَنَى	يَنْحَنِي	يَنْحَنِيَ	يَنْحَنِ			
	여성단수	هِيَ	اِنْحَنَتْ	تَنْحَنِي	تَنْحَنِيَ	تَنْحَنِ			
	남성쌍수	هُمَا	اِنْحَنَيَا	يَنْحَنِيَانِ	يَنْحَنِيَا	يَنْحَنِيَا			
	여성쌍수	هُمَا	اِنْحَنَتَا	تَنْحَنِيَانِ	تَنْحَنِيَا	تَنْحَنِيَا			
	남성복수	هُمْ	اِنْحَنَوْا	يَنْحَنُونَ	يَنْحَنُوا	يَنْحَنُوا			
	여성복수	هُنَّ	اِنْحَنَيْنَ	يَنْحَنِينَ	يَنْحَنِينَ	يَنْحَنِينَ			
2인칭	남성단수	أَنْتَ	اِنْحَنَيْتَ	تَنْحَنِي	تَنْحَنِيَ	تَنْحَنِ	اِنْحَنِ		
	여성단수	أَنْتِ	اِنْحَنَيْتِ	تَنْحَنِينَ	تَنْحَنِي	تَنْحَنِي	اِنْحَنِي		
	남녀쌍수	أَنْتُمَا	اِنْحَنَيْتُمَا	تَنْحَنِيَانِ	تَنْحَنِيَا	تَنْحَنِيَا	اِنْحَنِيَا		
	남성복수	أَنْتُمْ	اِنْحَنَيْتُمْ	تَنْحَنُونَ	تَنْحَنُوا	تَنْحَنُوا	اِنْحَنُوا		
	여성복수	أَنْتُنَّ	اِنْحَنَيْتُنَّ	تَنْحَنِينَ	تَنْحَنِينَ	تَنْحَنِينَ	اِنْحَنِينَ		
1인칭	남녀단수	أَنَا	اِنْحَنَيْتُ	أَنْحَنِي	أَنْحَنِيَ	أَنْحَنِ			
	남녀쌍수·복수	نَحْنُ	اِنْحَنَيْنَا	نَنْحَنِي	نَنْحَنِيَ	نَنْحَنِ			

능동분사 (اسْمُ الْفَاعِلِ)	수동분사 (اسْمُ الْمَفْعُولِ)	동명사 (الْمَصْدَرُ)
مُنْحَنٍ (الْمُنْحَنِي)		اِنْحِنَاءٌ

<표36> 말약동사 VIII형   구입하다, 사다

اشْتَرَى / يَشْتَرِي ـهـ

			능동태(ACTIVE)					수동태(PASSIVE)	
			완료형 الْفِعْلُ الْمَاضِي	미완료형 الْفِعْلُ الْمُضَارِعُ				완료형 الْفِعْلُ الْمَاضِي	미완료형
				직설법 مَرْفُوعٌ	접속법 مَنْصُوبٌ	단축법 مَجْزُومٌ	명령형 فِعْلُ الْأَمْرِ		직설법 مَرْفُوعٌ
3인칭	남성 단수	هُوَ	اشْتَرَى	يَشْتَرِي	يَشْتَرِيَ	يَشْتَرِ		اشْتُرِيَ	يُشْتَرَى
	여성 단수	هِيَ	اشْتَرَتْ	تَشْتَرِي	تَشْتَرِيَ	تَشْتَرِ		اشْتُرِيَتْ	تُشْتَرَى
	남성 쌍수	هُمَا	اشْتَرَيَا	يَشْتَرِيَانِ	يَشْتَرِيَا	يَشْتَرِيَا		اشْتُرِيَا	يُشْتَرَيَانِ
	여성 쌍수	هُمَا	اشْتَرَتَا	تَشْتَرِيَانِ	تَشْتَرِيَا	تَشْتَرِيَا		اشْتُرِيَتَا	تُشْتَرَيَانِ
	남성 복수	هُمْ	اشْتَرَوْا	يَشْتَرُونَ	يَشْتَرُوا	يَشْتَرُوا		اشْتُرُوا	يُشْتَرَوْنَ
	여성 복수	هُنَّ	اشْتَرَيْنَ	يَشْتَرِينَ	يَشْتَرِينَ	يَشْتَرِينَ		اشْتُرِينَ	يُشْتَرَيْنَ
2인칭	남성 단수	أَنْتَ	اشْتَرَيْتَ	تَشْتَرِي	تَشْتَرِيَ	تَشْتَرِ	اِشْتَرِ	اشْتُرِيتَ	تُشْتَرَى
	여성 단수	أَنْتِ	اشْتَرَيْتِ	تَشْتَرِينَ	تَشْتَرِي	تَشْتَرِي	اِشْتَرِي	اشْتُرِيتِ	تُشْتَرَيْنَ
	남녀 쌍수	أَنْتُمَا	اشْتَرَيْتُمَا	تَشْتَرِيَانِ	تَشْتَرِيَا	تَشْتَرِيَا	اِشْتَرِيَا	اشْتُرِيتُمَا	تُشْتَرَيَانِ
	남성 복수	أَنْتُمْ	اشْتَرَيْتُمْ	تَشْتَرُونَ	تَشْتَرُوا	تَشْتَرُوا	اِشْتَرُوا	اشْتُرِيتُمْ	تُشْتَرَوْنَ
	여성 복수	أَنْتُنَّ	اشْتَرَيْتُنَّ	تَشْتَرِينَ	تَشْتَرِينَ	تَشْتَرِينَ	اِشْتَرِينَ	اشْتُرِيتُنَّ	تُشْتَرَيْنَ
1인칭	남녀 단수	أَنَا	اشْتَرَيْتُ	أَشْتَرِي	أَشْتَرِيَ	أَشْتَرِ		اشْتُرِيتُ	أُشْتَرَى
	남녀 쌍수·복수	نَحْنُ	اشْتَرَيْنَا	نَشْتَرِي	نَشْتَرِيَ	نَشْتَرِ		اشْتُرِينَا	نُشْتَرَى

능동분사 (اسْمُ الْفَاعِلِ)	수동분사 (اسْمُ الْمَفْعُولِ)	동명사 (الْمَصْدَرُ)
مُشْتَرٍ (الْمُشْتَرِي)	مُشْتَرًى	اشْتِرَاءٌ (شِرَاءٌ)

<표37> 말약동사 X형   호출.소환하다 ; 소집하다(예:예비군)

اِسْتَدْعَى / يَسْتَدْعِي ه

			능동태(ACTIVE)				수동태(PASSIVE)	
			완료형 الْفِعْلُ الْمَاضِي	미완료형 الْفِعْلُ الْمُضَارِعُ				완료형 الْفِعْلُ الْمَاضِي	미완료형
				직설법 مَرْفُوعٌ	접속법 مَنْصُوبٌ	단축법 مَجْزُومٌ	명령형 فِعْلُ الْأَمْرِ		직설법 مَرْفُوعٌ
3인칭	남성단수	هُوَ	اِسْتَدْعَى	يَسْتَدْعِي	يَسْتَدْعِيَ	يَسْتَدْعِ		اسْتُدْعِيَ	يُسْتَدْعَى
	여성단수	هِيَ	اِسْتَدْعَتْ	تَسْتَدْعِي	تَسْتَدْعِيَ	تَسْتَدْعِ		اسْتُدْعِيَتْ	تُسْتَدْعَى
	남성쌍수	هُمَا	اِسْتَدْعَيَا	يَسْتَدْعِيَانِ	يَسْتَدْعِيَا	يَسْتَدْعِيَا		اسْتُدْعِيَا	يُسْتَدْعَيَانِ
	여성쌍수	هُمَا	اِسْتَدْعَتَا	تَسْتَدْعِيَانِ	تَسْتَدْعِيَا	تَسْتَدْعِيَا		اسْتُدْعِيَتَا	تُسْتَدْعَيَانِ
	남성복수	هُمْ	اِسْتَدْعَوْا	يَسْتَدْعُونَ	يَسْتَدْعُوا	يَسْتَدْعُوا		اسْتُدْعُوا	يُسْتَدْعَوْنَ
	여성복수	هُنَّ	اِسْتَدْعَيْنَ	يَسْتَدْعِينَ	يَسْتَدْعِينَ	يَسْتَدْعِينَ		اسْتُدْعِينَ	يُسْتَدْعَيْنَ
2인칭	남성단수	أَنْتَ	اِسْتَدْعَيْتَ	تَسْتَدْعِي	تَسْتَدْعِيَ	تَسْتَدْعِ	اِسْتَدْعِ	اسْتُدْعِيتَ	تُسْتَدْعَى
	여성단수	أَنْتِ	اِسْتَدْعَيْتِ	تَسْتَدْعِينَ	تَسْتَدْعِي	تَسْتَدْعِي	اِسْتَدْعِي	اسْتُدْعِيتِ	تُسْتَدْعَيْنَ
	남녀쌍수	أَنْتُمَا	اِسْتَدْعَيْتُمَا	تَسْتَدْعِيَانِ	تَسْتَدْعِيَا	تَسْتَدْعِيَا	اِسْتَدْعِيَا	اسْتُدْعِيتُمَا	تُسْتَدْعَيَانِ
	남성복수	أَنْتُمْ	اِسْتَدْعَيْتُمْ	تَسْتَدْعُونَ	تَسْتَدْعُوا	تَسْتَدْعُوا	اِسْتَدْعُوا	اسْتُدْعِيتُمْ	تُسْتَدْعَوْنَ
	여성복수	أَنْتُنَّ	اِسْتَدْعَيْتُنَّ	تَسْتَدْعِينَ	تَسْتَدْعِينَ	تَسْتَدْعِينَ	اِسْتَدْعِينَ	اسْتُدْعِيتُنَّ	تُسْتَدْعَيْنَ
1인칭	남녀단수	أَنَا	اِسْتَدْعَيْتُ	أَسْتَدْعِي	أَسْتَدْعِيَ	أَسْتَدْعِ		اسْتُدْعِيتُ	أُسْتَدْعَى
	남녀쌍수.복수	نَحْنُ	اِسْتَدْعَيْنَا	نَسْتَدْعِي	نَسْتَدْعِيَ	نَسْتَدْعِ		اسْتُدْعِينَا	نُسْتَدْعَى

능동분사 (اسْمُ الْفَاعِلِ)	수동분사 (اسْمُ الْمَفْعُولِ)	동명사 (الْمَصْدَرُ)
مُسْتَدْعٍ (الْمُسْتَدْعِي)	مُسْتَدْعًى	اِسْتِدْعَاءٌ